Heinrich von Sybel

Die Begründung des Deutschen Reiches durch Wilhelm I.

vornehmlich nach den preussischen Staatsakten

Heinrich von Sybel

Die Begründung des Deutschen Reiches durch Wilhelm I.
vornehmlich nach den preussischen Staatsakten

ISBN/EAN: 9783742871633

Hergestellt in Europa, USA, Kanada, Australien, Japan

Cover: Foto ©ninafisch / pixelio.de

Manufactured and distributed by brebook publishing software (www.brebook.com)

Heinrich von Sybel

Die Begründung des Deutschen Reiches durch Wilhelm I.

… … # Die Begründung
des
Deutschen Reiches
durch
Wilhelm I.

Sechster Band.

Die Begründung des Deutschen Reiches durch Wilhelm I.

Von

Heinrich von Sybel.

Sechster Band.

> Wir dürfen uns nicht täuschen: die Entwicklung Deutschlands auf dem Wege der Einigung schreitet langsam vorwärts.
> Chlodwig Fürst Hohenlohe-Schillingsfürst, 19. Januar 1867.

Erste bis vierte Auflage.

München und Leipzig 1894.
Druck und Verlag von R. Oldenbourg.

Vorrede.

Die beiden hier vorliegenden Bände enthalten die Darstellung der Ereignisse vom Ende des österreichischen bis zum Beginne des französischen Kriegs. Ich habe der Erzählung folgende Erläuterungen voraus zu schicken.

Einige Monate nach dem Rücktritte des Fürsten Bismarck wurde mir die Erlaubniß, die Acten des Auswärtigen Amts für mein Werk weiter zu benutzen, entzogen.

Im ersten Augenblick schien mir danach die Fortsetzung und Vollendung der Arbeit unmöglich geworden zu sein. Indessen gab mir eine nähere Erwägung doch den Muth zu einem Versuche, ob nicht trotz des Ausfalls jener wichtigen Materialien bis zu einem gewissen Grade eine authentische Kenntniß der Geschichte von 1866 bis 1870 zu erlangen wäre.

Immerhin war nach der Natur des Gegenstandes für das Studium dieser Friedenszeit die Benutzung jener Acten nicht ganz so unerläßlich, wie für die vorausgegangenen Kampf- und Kriegsjahre; auch bot die gedruckte Litteratur des In- und Auslandes eine umfangreiche Menge urkundlichen, zu großem Theile bisher wenig beachteten Materials. Für mich aber war die Hauptsache: ich hatte die zu erzählenden Ereignisse selbst erlebt, und zwar in so günstigen Verhältnissen während und nach denselben gelebt, daß eine große Zahl hervorragender Theilnehmer an den mächtigen historischen Actionen, Preußen und Nichtpreußen, mit einer Bereitwilligkeit, die mich zu dem höchsten Danke verpflichtet, mir vom Beginn meiner Forschung an über jeden entscheidenden Moment Auskunft ertheilte, um so bereitwilliger, darf ich wohl sagen, je weiter der Kreis ihrer eigenen Erinnerungen war. Auch von schriftlichen Quellen bedeutenden Inhalts durfte ich Kenntniß nehmen, gleichzeitigen Tagebüchern, interessanten Correspondenzen Verstorbener, ungedruckten oder noch nicht publicirter Selbstbiographien. Die mir verschlossenen Acten hätten mir vielleicht hier und da reichere Einzelheiten geliefert: für die zuverlässige Auffassung des wesentlichen Fortgangs der Ereignisse waren sie mir ersetzt.

Auf solche Weise ausgestattet, konnte ich also diesem Buche ein gewisses Recht zum Dasein zutrauen. Hätte ich noch Bedenken gehabt, so würde mich schließlich eine sehr einfache Thatsache entschieden haben: dem Verleger des Buchs, meinem langjährigen verehrten Freunde, hatte ich 1881 ohne nähere Bestimmungen eine Geschichte Preußens 1850 bis 1870 versprochen, und er bestand auf seinem Vertrag. Er begehrte die Erfüllung meiner contractmäßigen Pflicht, mit oder ohne Staatsacten. Ein gesetzliches Mittel, mich diesem juristischen Zwange zu entziehen, hatte ich nicht, und so ging ich an das Werk.

Es ist Sache des competenten Publicums, zu entscheiden, ob der Verleger weise gehandelt hat.

November 1894.

Heinrich von Sybel.

Inhalt des sechsten Bandes.

	Seite
Vorwort	V
Einundzwanzigstes Buch. Norddeutscher Bund	1

Erstes Capitel. Vorbereitung des Reichstags . . . 3

Unsichere Lage Europas S. 5. Sondergeist in Süddeutschland S. 7. Günstige Stimmung in Kurhessen und Nassau S. 9. Abwendung von Preußen in Schleswig-Holstein und Frankfurt S. 11. Parteien in Hannover S. 13. Militärverschwörung gegen Preußen S. 15. Preußische Verfügungen über Heerwesen und Niederlassungsfreiheit S. 19. Bismarck's Rückkehr nach Berlin S. 23. Entwurf der Verfassung des norddeutschen Bundes S. 25. Leitende Gesichtspunkte des Entwurfs S. 29. Abänderungsanträge S. 31. Beschlagnahme der Thurn- und Taxis'schen Post S. 33. Reichstagswahlen S. 35. Benedetti's erneuerte Anträge S. 37. Bismarck's dilatorische Verhandlung S. 39. Bismarck's frühere Kritik der Anträge S. 41. Ungeduld in Paris S. 43. Abbruch der Allianzverhandlung S. 45. Französische und preußische Thronrede S. 47.

Zweites Capitel. Die ersten Wochen des Reichstags 49

Eröffnung des Reichstags S. 51. Allgemeine Vorberathung der Verfassung S. 53. Twesten begehrt volles Budgetrecht des Reichstages S. 55. Waldeck verwirft den ganzen Verfassungsentwurf S. 57. Forderung eines verantwortlichen Ministeriums S. 59. Miquel's Rede über die Mainlinie S. 61. Bismarck's Stellungnahme S. 65. Gedanke eines Übergangsstadiums S. 67. Welfische Opposition S. 69. Ultramontane Opposition S. 71. Verhandlungen in Paris. S. 75. Drohendes Ergebniß der Pariser Debatte S. 79. Reichstagsdebatte über Luxemburg und die Südstaaten S. 81. Competenz der Bundesgesetzgebung S. 83. Mehrfache Erweiterungen des Entwurfs

S. 85. Debatten über Verantwortlichkeit der Minister S. 87. Änderung der Haltung der Nationalliberalen S. 89. Debatte über das allgemeine Wahlrecht S. 91. Die Mehrheit läßt es sich widerstrebend gefallen S. 93. Die Dauer der Legislatur-Periode S. 95. Diäten der Reichstags-Mitglieder S. 97.

Drittes Capitel. Luxemburg 98

Frankreich erklärt sein Luxemburger Programm S. 99. Preußens Rechtstitel auf die Besatzung in Luxemburg S. 101. Benedetti's Berichte aus Berlin S. 103. Bismarck's kategorische Erklärung S. 105. Hollands unbedachtes Verhalten S. 107. Letzte Unterhandlung über die Abtretung Luxemburgs S. 109. Bismarck und Benedetti S. 111. Interpellation Bennigsen S. 113. Bismarck's Antwort S. 115. Holland weigert die Abtretung S. 119. Frankreich verzichtet auf Luxemburg S. 123." Verhandlungen zwischen Bayern und Österreich S. 125. Preußen nimmt Theil. Österreich lehnt ab S. 127. Wachsende Kriegsgefahr. Die welfische Legion S. 129.

Viertes Capitel. Abschluß der norddeutschen Bundesverfassung 131

Parteien im Streit über Kriegswesen und Bundesfinanzen S. 133. Streit über die Cabinetsordre vom 22. December 1819 S. 135. Neue Stellung der Parteien S. 137. Die Fortschrittspartei S. 139. Die Nationalliberalen S. 141. Forckenbeck's Antrag S. 143. Die Conservativen. Moltke S. 145. Bundesfinanzen. Anträge Miquel und Wagener S. 147. Vermittlungsversuche S. 149. Sieg der Nationalliberalen S. 151. Forderung und Ablehnung eines Bundesgerichts S. 153. Verhältniß zu den süddeutschen Staaten S. 155. Bismarck genehmigt den Antrag der Nationalliberalen S. 157. Die Regierungen erlangen die Streichung der Diäten S. 159. Antrag Ujest-Bennigsen. Abschluß S. 161. Verkündung der Verfassung S. 165.

Fünftes Capitel. Verhältniß zum Auslande . . . 166

Vorbereitung der Londoner Conferenz S. 167. England macht Schwierigkeiten S. 169. Eröffnung der Conferenz S. 171. Collectiv-Garantie der Neutralität Luxemburgs S. 173. Schlimme Ausflüchte der englischen Regierung S. 175. Die welfische Legion S. 177. Französische Mißstimmung gegen Bismarck S. 179. Artikel vier des Prager Friedens S. 181.

Preußische und bayerische Auffassung des Artikels S. 183.
König Wilhelm und Bismarck in Paris S. 185. Mordversuch auf den Kaiser von Rußland S. 187. Artikel fünf
des Prager Friedens S. 189. Versuch einer französischen Einmischung S. 191. Preußen lehnt die Einmischung ab S. 193.
Franz Joseph und Napoleon in Salzburg S. 197. Gutes
Einvernehmen der Monarchen S. 199. Friedliche Erklärungen
auf allen Seiten S. 201.

Zweiundzwanzigstes Buch. Reform des Zollvereins 203

Erstes Capitel. Die neuen Zollvereinsverträge . . 205
Fürst Hohenlohe Ministerpräsident in Bayern S. 207. Hohenlohe's deutsches Programm S. 209. Süddeutsche Militär-
conferenz S. 211. Hessisch-preußische Militär-Convention S. 213.
Die Militärfrage in Württemberg S. 215. Denkschrift Eudow's.
Ministerwechsel S. 217. Militärische Einrichtungen nach
preußischem System S. 219. Hohenlohe's Antrag auf Reform
des Zollvereins S. 221. Bismarck's Vorgehen in Sachen des
Zollvereins S. 223. Rascher Abschluß mit Baden, Württemberg, Hessen S. 225. Verständigung mit Bayern. Vertrag
vom 8. Juli S. 227. Mißvergnügen in den von Preußen annectirten Landen S. 229. Streit über das Activ-Vermögen der
annectirten Staaten S. 231. Beruhigendes Eingreifen des
Königs S. 235. Besserung der Stimmung S. 237.

Zweites Capitel. Ratification der Zollvereinsverträge 238
Reichstagswahlen S. 239. Eröffnung des Reichstags. Adreß-
debatte S. 241. Verhandlung über den Etat für 1868 S. 243.
Militärconventionen. Marine S. 245. Salzvertrag und Salzsteuer S. 247. Postwesen. Gesetz über Kriegsdienstpflicht
S. 249. Verwaltung der Bundesschulden. Paßzwang S. 251.
Gesetz über Freizügigkeit S. 253. Aufhebung der Zinsbeschränkung S. 255. Antrag auf Coalitionsfreiheit der
Arbeiter S. 257. Schicksal des Antrages im Haus und Bundesrath S. 261. Stellung Badens und Württembergs zum norddeutschen Bunde S. 263. Moritz Mohl gegen Preußen S. 265.
Stimmungen in Bayern S. 267. Vorläufige Genehmigung
des Zollvereinsvertrages im Reichstag S. 269. Die Zollverträge in den bayerischen Kammern S. 271. Schlußberathung
im norddeutschen Reichstag S. 273. Allseitige Annahme der
Verträge S. 275. Minister Varnbüler über das Wehrbündniß
mit Preußen S. 277. Ergebniß S. 279.

Drittes Capitel. Preußische innere Politik. Anfang 1868 281
Charakter der deutschen Parlamente S. 283. Abfindungsvertrag mit König Georg V. S. 287. Absichten des Königs bei dem Vertrag S. 289. Opposition der liberalen Parteien S. 291. Feindschaft der Conservativen gegen Bismarck S. 293. Lebhafter Kampf über die Selbstverwaltung der Provinz Hannover S. 295. Die Nationalliberalen für die Regierung S. 297. Beschlagnahme des welfischen und kurhessischen Hausvermögens S. 299. Auflösung der welfischen Legion S. 301. Die Processe über parlamentarische Redefreiheit S. 303. Liberale Entrüstung über die Processe S. 307. Die Regierung gibt die Processe auf S. 309. Wahlen zum Zollparlament in Bayern und Württemberg S. 311.

Viertes Capitel. Italienische und spanische Wirren 315
Die römische Frage S. 317. Napoleon und Victor Emanuel S. 319. Ricasoli's Fall S. 321. Ratazzi und Garibaldi S. 323. Garibaldi's Freischaarenzug gegen Rom S. 325. Mentana. Napoleon's Congreßvorschlag S. 327. Bismarck's Stellung zu der Angelegenheit S. 329. Alle Großmächte sind dem Congreß abgeneigt S. 331. Rouher's Erklärung S. 333. Italien bietet Frankreich sein Bündniß an S. 335. Französische Heeresreform S. 337. Ungenügendes Ergebniß S. 339. Napoleon und Spanien S. 341. Spanische Revolution S. 343.

Fünftes Capitel. Deutsche und orientalische Frage 344
Napoleon betreibt in Rumänien die Wahl des Prinzen Karl von Hohenzollern S. 345. Stellung des preußischen Königs zu den Fürsten von Hohenzollern S. 347. Der König mahnt, die Wahl abzulehnen S. 349. Änderung der Ansichten in Berlin S. 351. Prinz Karl tritt die Regierung Rumäniens an S. 353. Die rumänische Armee. Eroberungspläne S. 355. Unruhen in Bulgarien. Bratianu's Agitation S. 357. Verdacht gegen Preußen und Rußland S. 359. Badische Anträge auf Eintritt in den Nordbund S. 361. Sendung Suckow's nach Berlin S. 363. Militärische Abreden zwischen Preußen und den Südstaaten S. 365. Besorgnisse in Wien und Paris S. 367. Verhandlung in Paris über Schritte gegen Preußen S. 369. Napoleon will keinen Antrag auf Abrüstung stellen S. 371. Aufregung der Magyaren gegen Rumänien S. 373. Preußen erzwingt die Absetzung Bratianu's S. 375. Bismarck bewirkt die Lösung der orientalischen Krisis S. 377.

Einundzwanzigstes Buch.

Norddeutscher Bund.

1. Capitel.

Vorbereitung des Reichstags.

Unser vorausgehender Band schloß mit den Worten: im Herbste 1866 war das deutsche Reich gegründet.

In der That, der Boden war geebnet und ein mächtiges Fundament gelegt. Jetzt galt es, auf diesem Grunde das Haus in stattlicher Wohnlichkeit und stolzer Höhe aufzurichten, und damit trat eine Fülle neuer Aufgaben an das Licht, deren Lösung ganz andere Mittel als die siegreichen Kämpfe der letzten Jahre erforderte. Seit 1863 war das Leben der preußischen Staatsgewalt in der vordringenden Kraft zuerst der Diplomatie, dann des Heeres aufgegangen, während die innere Politik während des Verfassungsstreits in völligem Stillstand lag. Mit dem Abschlusse des Krieges kehrte sich dies Verhältniß um. Die innern Fragen erfüllten sofort den ganzen Umfang der politischen Bühne; die Gestaltung Preußens in Folge seiner großen Annexionen, die Regelung seines Verhältnisses zu den norddeutschen Bundesgenossen, die Pflege seiner Beziehungen zu dem deutschen Süden, das Alles nahm gleichzeitig und vielfach sich bedingend die Arbeit der preußischen Staatsmänner in Anspruch. Ihr großer Lenker beschränkte seine diplomatische Thätigkeit auf die Sicherung des zu bebauenden Bodens; von weitausgreifendem Fortschritt war zur Zeit keine Rede; Preußens auswärtige Politik hatte damals keinen andern Inhalt als eine beobachtende, fest bewehrte Defensive.

Allerdings war die europäische Lage danach angethan, Preußen zu planmäßiger Vorsicht und entschlossener Festigkeit zu mahnen. Wenn man die Stimmungen und Strebungen der übrigen Großmächte überblickte, so erschienen ebenso viele bedrohliche wie erfreuliche Symptome. Österreich, durch seine innern Wirren noch mehr als durch die Folgen seiner Niederlage geschwächt, war für mehr als Ein Jahr ungefährlich, es verstand sich aber von selbst, daß einstweilen auf eine freundliche Gesinnung der Hofburg nicht zu rechnen war, zumal seit Kaiser Franz Joseph die Leitung seiner Regierung dem alten Gegner Preußens, dem Herrn von Beust, übertragen hatte. Anders zeigte sich das Verhältniß zwischen Berlin und Petersburg. Wir sahn, wie unangenehm dem Kaiser Alexander der Sturz der drei deutschen Dynastien gewesen; es lag auf der Hand, daß die energische Zusammenfassung Deutschlands der russischen Politik nicht bequem erscheinen konnte: trotzdem aber überwog doch die traditionelle Freundschaft der beiden Monarchen noch immer diese Schwierigkeiten um so mehr, als das nächste Ziel der russischen Diplomatie, die Zerreißung der Friedensclauseln von 1856, in Paris, Wien und London heftigeren Widerspruch als bei Preußen finden mußte. Man hatte hier also gute Freundschaft, ob aber eintretenden Falls auch wirksame Unterstützung, wer konnte es wissen? Völlig frei von einer solchen Ungewißheit war das Verhältniß zu England. Dort hatte nach manchen Schwankungen die öffentliche Meinung den preußischen Siegen und der deutschen Erhebung laut und rückhaltlos zugejubelt, was in Berlin natürlich angenehm empfunden wurde: freilich aber stand zugleich die Thatsache fest, daß bei neuen Kämpfen auf dem Continent England keiner der streitenden Parteien helfen, allen seine Neutralität zusichern würde. Die politischen Traditionen Pitt's und Palmerston's waren erloschen, anstatt der aristokratischen herrschten jetzt bürgerliche Tendenzen. England war stark zur See und im Welthandel, vervielfältigte hier seinen Reichthum und wünschte darin durch keine Theilnahme an politischen Händeln gestört zu werden, es wäre denn, wie es Lord Stanley sagte, daß jemand seine Hand nach Belgien oder Constantinopel ausstreckte. Endlich Italien, Preußens Kampfgenosse im letzten Kriege. Ohne Zweifel man wußte hier sehr bestimmt, wer der italienischen Einheit Venetien mißgönnt, wer es ihm verschafft hatte. Aber im Völkerrechte pflegt eine Dankespflicht, als eine Beeinträchtigung des nationalen Stolzes, eher zu einem stillen Grolle als zu echter Freundschaft zu führen, und hier trat der Umstand hinzu, daß mit Venetien der Kreis der italienischen Wünsche keineswegs geschlossen, und das Land für die Erfüllung seines höchsten Begehrens, der Hauptstadt Rom, wesentlich an das Wohlwollen Frankreichs gewiesen war. Es mußte demnach als wahrscheinlich gelten, daß trotz der Waffengemeinschaft von 1866 Italien in ein französisches Bündniß gegen Deutschland eintreten würde, wenn es dafür die Erlaubniß zur Aneignung Roms erlangen könnte.

So erblicken wir aller Orten getheilte Gefühle, hin und her schwankende Verstimmtheit, wenig zuverlässiges Wohlwollen.

Offenbar hing Preußens demnächstige Stellung in Europa von der Frage ab, ob mit Napoleon ein Einvernehmen zu erreichen, auf welche Weise also die im August von ihm begonnene Verhandlung zu gutem Ausgang zu führen sei. Man wußte sehr wohl, wie in Paris die verschiedenen Parteien um den Einfluß auf den unentschlossenen Kaiser stritten, wie freilich die Rüstung der Armee noch im Rückstand, andrerseits aber das nationale Selbstgefühl durch Preußens Erfolge in hohem Maaße verletzt war. Niemand konnte die Bürgschaft gegen einen plötzlichen Ausbruch übernehmen. Zu brennend peinigte dort die Vorstellung, daß Frankreich nicht mehr allein nach eignem Ermessen die Geschicke Europas lenke, sondern einen ebenbürtigen Nachbar an seiner Grenze zu ertragen habe. So kochte der Verdruß in vielen tausend Herzen schon jetzt gegenüber dem durch den Main begrenzten Nordbund. Was würde erst geschehn, wenn der Drang der deutschen Nation zu vollständiger Einheit durch alle Schranken hindurchrisse, und Nord und Süd sich zu einem geschlossenen Reiche vereinigten?

Indessen lag damals, im Spätherbst 1866, der Eintritt solcher Ereignisse noch in unbestimmbarer Ferne. Wir haben uns die Kammerverhandlungen der vier Südstaaten über die Friedensverträge und die dabei erscheinende Haltung ihrer Regierungen vergegenwärtigt. Wenn damals unter dem frischen Eindruck der preußischen Triumphe der nationale Gedanke überwog, so drängten sich mit dem Wiederbeginn der Friedenszeit und der alten Lebensgewohnheiten auch die alten Stimmungen, die Neigung zur particularen Eigenart und die Abwendung von Preußen, wieder an das Tageslicht. Von Neuem klagten die bayerischen Ultramontanen über die

Ausstoßung Österreichs und die damit vollzogene Zerreißung des deutschen Vaterlandes. Von Neuem ertönten in Schwaben alle demokratischen Schlagworte von 1849: man feierte das Verfassungswerk der Paulskirche mit seinen köstlichen Grundrechten, forderte aber mit gleichem Nachdruck die föderative Selbständigkeit aller einzelnen Stämme und Staaten. Man brandmarkte die preußische Tyrannei, welche das heilige Selbstbestimmungsrecht des Volkes in Schleswig-Holstein und Hannover zertreten habe; energisch wies man den preußischen Militarismus zurück und beantragte zum Schutz von Recht und Freiheit ein Wehrsystem nach Schweizer Muster mit kürzester Dienstzeit und geringsten Kosten. Ob der im Prager Frieden vorgesehene Südbund zu errichten sei, darüber gingen die Ansichten weit aus einander, um so einiger war man in der Ablehnung des Nordbundes, von dessen künftigen Freiheitsrechten sich niemand etwas versprechen wollte.

Immerhin ist hier das Geständniß nicht zurückzuhalten, daß diese feindliche Stimmung nicht bloß aus radikalen oder klerikalen Gesinnungen entsprang. Ganz abgesehen von Politik und Kirche erschien den Bayern und Schwaben damals der Preuße, und vollends der Berliner, als der Typus alles Preußenthums, durchaus abstoßend im Verkehr. Wie heute den Deutschen in Europa, so erging es damals den Preußen in Deutschland; in Respect hatte man sich gesetzt, aber die Keime der Neigung entwickelten sich verzweifelt langsam. Die wenigsten Bayern hatten damals eine nähere Kenntniß von norddeutschen Zuständen; was sie bei jeder persönlichen Berührung verletzte, waren die von den ihrigen abweichenden gesellschaftlichen Manieren, in denen sie ein für alle Mal den Ausdruck eines unerträglichen Hochmuths zu erblicken glaubten.

Das stramme, kurz angebundene Wesen der preußischen Beamten und Officiere contrastirte zu scharf mit der im Süden gewohnten bedächtigen und bequemen Art; dem von Natur und nicht selten aus Berechnung schweigsamen Bajuvaren mißfiel die fortdauernde Gesprächigkeit des Berliners, der, gewandt in der Rede und lebhaft im Ausdruck, überall rasch fertig und nicht immer gründlich im Urtheil war. Der Berliner Brauch, alle Schöpfungen der Stadt und des Staats jeden Tag kritisch oder witzig zu vernichten, war dem Süden fremd: um so mehr erregte die naive Selbstgefälligkeit, womit mancher norddeutsche Tourist draußen die Überlegenheit jeder preußischen Einrichtung über die süddeutsche weniger behauptete als voraussetzte, den Ärger des Münchener oder Stuttgarter Gastfreundes. Kein Theil konnte es dem andern recht machen, und Spott und Tadel flogen hinüber und herüber. Kladderadatsch beschäftigte sich gerne mit dickleibigen bayerischen Stabsofficieren, in den Fliegenden Blättern präsentirten sich dagegen starkgeschnürte preußische Garbelieutenants. Der Preuße sah in dem colossalen Bierverbrauch Bayerns ein Symptom innerer Rohheit; der Münchener höhnte über den Abendtrunk der Tasse Thee im Norden, dieses weibischen Geschlamps, beide ohne zu ahnen, daß Beides gleich sehr klimatischen Grund hatte und bennoch Beides schon im nächsten Menschenalter das ganze geeinte Deutschland überfluthen würde.

Das Alles scheinen nichtige Dinge. Aber sie betrafen die Gewohnheit des täglichen Daseins, die Abwendung von allem Neuen und Fremden, und damit die Macht des particularen Beharrens auch auf dem politischen Gebiet.

Preußen erfuhr es nicht bloß in den süddeutschen Staaten, sondern auch in den annectirten Landschaften des Nordens. Wir folgen hier nicht der geographischen Lage, sondern der Abstufung der Stimmungen.

Glimpflich genug verliefen sich die Dinge in Nassau und Kurhessen. In beiden kleinen Staaten hatte eine halb polizeiliche halb pfäffische Willkürherrschaft so schwer auf der Bevölkerung gelastet, daß ein Ereigniß, welches deren Träger mit einem Schlage entfernte und eine für den Augenblick dictatorische aber einsichtige und wohlwollende Verwaltung an die Stelle setzte, von der großen Mehrheit mit Freude begrüßt wurde. Wohl blieb in Kurhessen auch nach der Beseitigung des Kurfürsten die Erinnerung an die tausendjährige Eigenart des ruhmreichen chattischen Stammes lebendig, und auch die leitenden Männer der preußischen Partei, am Eifrigsten der alte constitutionelle Vorkämpfer, Friedrich Oetker, wünschten lebhaft die Bewahrung einer gewissen provinzialen Selbstverwaltung und Volksvertretung, des kurhessischen Staatsschatzes, und der unbeschränkten Competenz der Gerichte. Die Verhandlungen darüber zogen sich lange und nicht ohne heftige Erregung hin. Grundsätzliche Widerspenstigkeit zeigte sich jedoch in Kurhessen nur in dem Kreise der einst von Hassenpflug und Vilmar organisirten Partei, deren geringe Stärke wir früher kennen gelernt haben. Als thätige Genossen hatte sie jetzt noch eine Anzahl eifriger Pfarrer, deren fanatische Rechtgläubigkeit trotz ihres zur Schau getragenen Preußenhasses den preußischen Cultusminister Herrn von Mühler mit einer geduldigen Sympathie erfüllte.

Der Kurfürst hatte gleich nach der Annexion, um sich mit dem Könige über die Erhaltung seines Privatvermögens zu verständigen, seine bisherigen Unterthanen ihres Eides entbunden und sich aus Stettin auf seine böhmischen Güter zurückgezogen. Bald nachher behauptete man in der Umgebung des Königs von Hannover, daß der Kurfürst Agenten unterhalte, welche die Soldaten zur Meuterei gegen die neue Herrschaft verleiten sollten: wenn es, was nicht glaublich scheint, geschehn ist, so hat es schlechterdings keine Wirkung gehabt.

In Schleswig-Holstein dauerte der Zustand fort, wie wir ihn beim Anfange des Krieges kennen gelernt haben. Das Land lag äußerlich in tiefer Ruhe, als wenn es seit Jahrhunderten zur preußischen Krone gehört hätte. Etwa ein Drittel der Einwohner kam der Verbindung mit Preußen entweder freudig oder doch nicht widerwillig entgegen; die große Mehrheit aber hielt mit der dem Volksstamme eigenthümlichen Zähigkeit an ihren Gefühlen für Augustenburg in schweigendem Grolle fest, auch nachdem der Erbprinz durch eine Proklamation vom 2. Januar 1867 seine Getreuen von allen ihm dargebrachten Gelöbnissen freigesprochen hatte. Diese Stimmung war namentlich unter den Beamten so verbreitet, daß der Oberpräsident, wie einst General Manteuffel, sich veranlaßt fand, zu seinen nächsten Berathern Männer zu berufen, welche einst unter der dänischen Herrschaft einflußreiche Ämter bekleidet hatten, jetzt aber bereitwillig sich allen Anforderungen des preußischen Dienstes unterzogen. Andrerseits erhob sich lauter Widerstand in den Grenzbezirken Nordschleswigs. Sie hatten gegenüber den Eiderdänen treu und fest zu Schleswig-Holstein gehalten, so lange die Herzogthümer mit Dänemark verbunden blieben: seit dem Wiener Vertrage aber richteten sie ihre Blicke sehnsüchtig nach Kopenhagen und begehrten jetzt mit wachsender Ungeduld die Ausführung jenes Artikels des Prager Friedens, kraft dessen ihre eigne Abstimmung über ihre politische Zukunft entscheiden sollte. Hier war denn freilich erst eine wahrscheinlich recht weitschichtige Verhandlung zwischen den Höfen von Berlin und Kopenhagen erforderlich über die Abgrenzung des der Abstimmung zu unterziehenden Bezirks, über die Regelung des Stimmrechts und der Gruppirung der Stimmenden, endlich über die Garantien für die bei der Abstimmung sich ergebende Minorität.

Geradezu eine stille Wuth aber kochte unter den obern Einwohnerclassen in der alten Reichs- und Bundesstadt am Main. Die Frankfurter waren immer gut österreichisch gewesen, hatten die hochnasigen Preußen niemals leiden mögen; jetzt sollte diese Stätte der alten Kaiserwahlen, diese Haupt- und Residenzstadt des durchlauchtigsten deutschen Bundes, in die Stellung einer gemeinen preußischen Landstadt heruntergerissen werden, fast auf gleicher Linie mit den bisher unterthänigen Landgemeinden. Es war empörend. Bisher hatte man im alten, durch 1848 nicht allzusehr gestörten Brauche fortgelebt; das städtische Regiment war in guter Ordnung und auf das Gedeihen der Bürgerschaft bedacht; der ganze Zustand wurde durch eine Kette mannichfaltiger Privilegien geschirmt, hinter welcher sich die Bevorrechteten unter wechselseitiger Nachsicht sehr wohl aufgehoben fühlten. Und nun erhob sich gegenüber diesem abgeschlossenen Kreise ruhiges Behagens das Schreckbild preußischer Freizügigkeit, Gewerbefreiheit, Gleichheit vor dem Gesetz, allgemeiner Wehrpflicht; es war, als sollten drei Sturmfluthen auf einmal einen wohlgehegten Gartengrund überschwemmen. Der Zorn war gewaltig bei

Senatoren und Bürgern, dabei aber auch das Gefühl der völligen Ohnmacht um so entschiedener, als die niederen Classen, Beisassen, Gesellen, Bauern, wenngleich nicht preußisch, doch auch nicht altfrankfurtisch gesinnt waren. So sah man in düsterer Hoffnungslosigkeit der Zukunft entgegen.

Nicht so unthätig meinten in dem größten der annectirten Länder, in Hannover, die unzufriedenen Elemente den neuen Zustand zu ertragen. Es lag in der Natur der Dinge, daß, je bedeutender der alte Staat gewesen, desto stärker sich auch das Bewußtsein der politischen Eigenartigkeit in den Gemüthern geltend machte. Für die Annexion hätte außer Ostfriesland, wo man des Wohlstandes unter Friedrich dem Großen und der durch Georg V. erlittenen Mißhandlungen gedachte, nur eine verschwindende Minderheit freiwillig gestimmt. Trotzdem aber nahm ein ansehnlicher Theil der Bevölkerung, welcher noch beim Ausbruch des Krieges den König bringend zum Anschluß an Preußen und den neuen deutschen Bund unter Beschränkung seiner Kronrechte aufgefordert hatte, die vollendete Thatsache nicht bloß resignirt, sondern freudig hin, als Grundlage für die heranreifende deutsche Einheit, und bestrebte sich zugleich wie in Kurhessen, von dem heimischen Staatswesen jede den Verhältnissen nützliche Einrichtung fortan als provinziale Besonderheit zu bewahren. Am 1. Oktober bat eine zahlreiche Notabeln-Versammlung das preußische Ministerium, bei der Ordnung der dortigen Verhältnisse außer den Beamten auch eine Anzahl von Vertrauensmännern zu hören; sie erklärte, daß die Verblendung der frühern Regierung die Annexion unvermeidlich gemacht habe, und trug dann eine Reihe von Wünschen für die Zukunft des Landes vor, Erhaltung der Städte- und Landgemeinde-

Ordnung, der bäuerlichen Gesetzgebung, der Ämterverfassung, Einrichtung einer Provinzialvertretung für die Regelung provinzialer Verhältnisse mit einer Dotation aus dem bisherigen Staatsvermögen. Es war die Partei des Nationalvereins, die sich in diesem Sinne des Entgegenkommens für die Landesinteressen bemühte, an ihrer Spitze die alten Führer Rudolf von Bennigsen und Johannes Miquel, welchen beiden Männern sich fortan in dem neuen Zustande ein ihrer Bedeutung entsprechender Wirkungskreis eröffnete. Bennigsen hatte sich bereits als Parteihaupt und parlamentarischer Führer von seltener Begabung erwiesen, charakterfest und überzeugungstreu, scheinbar stets der fügsame Diener des Gesammtwillens der Genossen, aber im entscheidenden Augenblicke sicher, sie mit starker Hand auf der geraden Bahn zum erwählten Ziele zu erhalten, als Redner mit der vollen Herrschaft über Inhalt und Form ausgerüstet, sparsam in der Verwendung seiner Kraft, in der Krisis jedes Kampfes aber durch Gedankenfülle, ruhige Klarheit und wuchtige Energie allen Widersachern gewachsen. Miquel, etwas jünger als der Gefährte, war gründlich gebildet als Jurist, Historiker und Nationalökonom, einige Jahre hindurch ein gesuchter Sachwalter, vor Allem aber ein Kenner communaler und agrarischer Verhältnisse wie wenige Andere in Deutschland, überhaupt Verwaltungsbeamter von praktischem Blick, genialer Organisationskraft, niemals versagender Klugheit: kein Wunder, daß er bei solchen Fähigkeiten auch als Volksvertreter und schlagfertiger Redner vom ersten Tage an eine hervorragende Stellung behauptete.

Allein wie groß auch der Werth und das Gewicht dieser Männer und ihrer Freunde war, ungefähr die Hälfte der hannoverschen Bevölkerung vermochten sie einstweilen nicht auf ihre Wege herüber zu ziehen. Die mannichfachsten Ursachen wirkten hier zusammen. Jene Abneigung gegen das preußische, oder wie man auch hier kurzweg sagte, das Berliner Wesen war bei den Niedersachsen wie bei den Süddeutschen weit verbreitet. Andrerseits fiel der particulare Sinn zusammen mit der Loyalität gegen den König, dessen tragisches Geschick die Erinnerung an seine Wort- und Rechtsbrüche in tiefem Mitleid ausgelöscht hatte: unzählige Male wurde die Rede von dem tausendjährigen Verwachsensein des Landes mit dem hohen Welfenhause wiederholt, obgleich die geschichtliche Thatsache niemand unbekannt sein konnte, daß Georg V. gar kein Welfe, sondern der Nachkomme eines italienischen Fürsten, des Markgrafen Azzo von Este, war, und daß dessen Geschlecht erst im 12. Jahrhundert herrschende Macht in Niedersachsen gewonnen hatte. Gewerbliche, locale und Standesinteressen kamen dazu. Die Ritterschaften hatten zwar schon längst nicht mehr den Besitz der Regierungsgewalt wie in alten Zeiten gehabt, wohl aber im Vereine mit einer Anzahl patricischer Bürgerfamilien sich des größten Theils der Genüsse erfreut, die aus dieser Quelle zu schöpfen waren, der zahlreichen höheren Ämter am Hofe, in der Verwaltung, der Armee, den Gesandtschaften, sonstiger königlicher Gnadenerweisungen aller Art, einer bedeutenden, oft bestimmenden Wirksamkeit in der Gesetzgebung: das Alles wurde, wenn nicht vernichtet, so doch auf ein Zehntel beschränkt, wenn Hannover zur Provinz eines zehnfach größern Staates wurde. Dieselbe Sorge bedrängte die bisherige Residenzstadt, welche mit der Beseitigung des Hofes sofortige Veröbung und Verarmung aller Gewerbe im Anzug zu sehn glaubte. Den zünftigen Handwerkern graute es vor der preußischen Gewerbefreiheit, den wohlhabenden Bauern vor der allgemeinen Dienstpflicht, aller Welt vor den höhern preußischen Steuern. Endlich trug hier auch die Mehrheit der Geistlichkeit beider Confessionen laut ihre Opposition gegen Preußen zur Schau, die Einen nach dem üblichen ultramontanen Eifer, die Andern in dem Fanatismus lutherischer Rechtgläubigkeit gegenüber der, wie sie sagten, bekenntnißlosen preußischen Union.

Indessen würde dies Alles zu keiner Störung der öffentlichen Ordnung geführt haben, wären hier nicht zwei besondere Umstände hinzu getreten, die Aufrufe des vertriebenen Königs und die Stimmung der nach Langensalza aufgelösten hannoverschen Regimenter. Zwar die höhern Officiere hatten zum größten Theil das kriegerische Verfahren ihres Königs für aussichtslos und folglich für sinnlos gehalten, und die Mehrheit der Übrigen hatte geringe Neigung, ihr Lebensschicksal weiter an eine verlorene Sache zu knüpfen: immer aber blieb eine ansehnliche Gruppe nach ihrer Auffassung von Ehrenpflicht und Patriotismus fest in dem Entschlusse, bei ihrem Könige auszuharren und dessen Sache unter allen Umständen und mit allen Mitteln gegen den fremden Unterdrücker zu verfechten. Für die Erreichung dieses Vorsatzes fanden sie bereitwilliges Material bei den in die Heimath entlassenen Soldaten und den von diesen beeinflußten bäuerlichen Kreisen. Die wackern Kriegsleute waren erfüllt von dem stolzen Bewußtsein, die sonst überall siegreichen Preußen geschlagen zu haben, und so konnte nur ein schwarzer Verrath die Ursache der gleich darauf erfolgten Waffenstreckung gewesen sein. Sie knirschten vor Wuth bei diesen Erinnerungen und verbreiteten ihre Anschauung bei Vettern, Freunden und Nachbarn. Mit heimlichem Jubel schlugen sie ein, wenn einer ihrer frühern Officiere in ihre Mitte trat, ihnen die baldige Rückkehr des Königs und eine allgemeine Erhebung des Landes in Aussicht stellte, und dann sie zu diesem Zweck für einen geheimen Verein in Pflicht nahm. Solche Vereine bildeten sich rasch an zahlreichen Punkten des Landes; vornehme Edelleute stellten Geldmittel zur Verfügung und brachten Verstärkung aus den bürgerlichen Ständen herbei. Allmählich traten die Vereine in größere Verbände unter gemeinsamer Leitung zusammen, so daß die Organisation endlich den größten Theil des Königreichs umfaßte. Diese eifrigen Royalisten machten sich hier zu Nutze, was von den Einrichtungen der polnischen Nationalcomités von 1863 oder der Carbonari von 1820 bekannt geworden war, die strenge Disciplin der Mitglieder, die Allmacht der stets unbekannten Obern, die Spione im feindlichen Lager. Es gelang ihnen bald, da die preußische Verwaltung fast alle Civilbehörden gegen Gelöbniß des Gehorsams in ihrem Personal ungeändert gelassen hatte, an verschiedenen Stellen, namentlich unter den Polizei= und den Eisenbahnbeamten eifrige Genossen ihres Bundes zu werben; welche sie von allen gegen sie verfügten Maß= regeln rechtzeitig unterrichteten und damit zu deren Vereitlung in den Stand setzten. Die Aufgabe des Verbandes lautete bestimmt und einfach auf die Bereitstellung einer hannoverschen Legion, sobald die Zeit zum Losschlagen gekommen wäre. Vorsteher und Mitglieder hielten sich, um dieses höchste Ziel ungestört zu erreichen, von allen sonstigen Demonstrationen streng entfernt.

Übrigens war dafür, daß auch dergleichen nicht fehle, von anderer Seite her gesorgt. In der Residenz erschienen die patriotischen Damen in weiß-gelber, wie die Polinnen 1863 in schwarzer Toilette; am Morgen fand man oft die Bürgersteige auf den Straßen mit weiß-gelbem Sande bestreut. Den preußischen Soldaten rief das Volk „Bismarck" oder „Kukuk" nach (der Adler auf dem Helme wurde verspottet) und oft genug war Schlägerei und Tumult davon die Folge. Nach Herrnhausen und später zur Marienburg, wo auf Befehl ihres Gemahls die Königin Wohnsitz genommen, bildete sich eine Art von Wallfahrts-Cultus aus; lange Reihen beiderlei Geschlechts zogen dorthin, um ihre Hingebung oder kleine Geschenke der Majestät zu Füßen zu legen. Eine Adresse mit vielen tausend Unterschriften wurde zum Geburtstag des Kronprinzen nach Wien überbracht. Als König Georg dem preußischen Annexionsgesetze mit einer Rechtsverwahrung in Gestalt eines Manifestes antwortete, welches mit Glück den Stil päpstlicher Verfluchungsbullen nachahmte, brachten es die Getreuen zu Stande, daß an Einem Tage die Abdrücke der Urkunde in allen Städten und Dörfern des Landes placardirt oder in die Häuser getragen wurden. Damit endlich diesem Treiben auch ein politisches Parteiprogramm nicht fehle, unterzeichneten 110 Mitglieder der Ritterschaften am 7. November einen Beschluß, worin sie ihren tiefen Schmerz über die Annexion aussprachen, die bisherige Staatsverfassung für fortdauernd rechtskräftig und jede Änderung derselben ohne Zustimmung der Ständeversammlung und der Provinziallandschaften für null und nichtig erklärten.

All diese Agitation vollzog sich mit heiterer Unbefangenheit und stets wachsendem Umfang während des ganzen Oktober und November, da die preußische Regierung einst-

weilen sich jedes nachdrücklichen Einschreitens enthielt und
erst lange Zeit nach dem Erscheinen jener schmähenden Procla=
mation ihre Hand auf die dem König Georg gehörigen Schlösser
und Domänen legte: König Wilhelm hatte in seiner milden
Weise einigen vornehmen Gegnern der Annexion gesagt, er
ehre ihre Treue für ihr angestammtes Fürstenhaus, und in
diesem Sinne auch den Generalgouverneur, General von
Voigts=Rhetz, zu möglichst schonendem Verfahren gegen die
Unzufriedenen angewiesen. So wurde nach der Beendigung des
Kriegsstandes durch das Annexionsgesetz auch der Presse die
in Preußen verfassungsmäßige Freiheit ungestört gelassen,
worauf dann sofort eine Anzahl welfisch gesinnter Blätter
die giftigsten Schmähungen gegen Preußen weithin im Lande
verbreiteten. Die Localbehörden rührten sich nicht; die
Straßentumulte nahmen zu; in mehreren Städten wurde
die Insultirung preußischer Soldaten zum täglichen Sport des
Pöbels, wie ernst auch mehrere national gesinnte Notable
von solchem Unfug abriethen.

Die Regierung that indessen wichtige Schritte in der
innern Organisation der neuen Provinzen. Die ersten Maaß=
regeln betrafen das Heerwesen, die Bildung von drei Armee=
corps (Schleswig=Holstein, Hannover, Hessen=Nassau), die
Verkündung der allgemeinen Wehrpflicht, die Einführung der
preußischen Militär=Straf= und Disciplinargesetze, den Über=
tritt der bisherigen Officiere und Mannschaften in preußische
Regimenter. Das Letztere machte nur in Hannover Schwierig=
keit, da König Georg in dem Wunsche, sein Militär zu
weiterem Kampfe gegen Preußen verfügbar zu behalten, sich
weigerte, Officiere und Mannschaften von ihrem Fahneneide
loszusprechen, so daß die Verhandlungen darüber erst gegen

Weihnachten zum Abschluß kamen, und er sich endlich dahin bequemte, einem Jeden, der es wünschte, den Abschied zu bewilligen. Der Erfolg brachte ihm dann eine so bittere Enttäuschung, daß sie ihn für eine Weile auf das Krankenlager warf: 425 Officiere traten gleich nachher in das preußische Heer ein, 83 nahmen Dienst bei verschiedenen Kleinstaaten, 70 schworen dem Könige Wilhelm, um eine preußische Pension zu empfangen, und nur 81 hielten sich von jeder Beziehung mit Preußen fern, um nach wie vor für die Herstellung des Welfenreichs zu wirken.

Eine weitere tiefgreifende Maaßregel zur Verschmelzung der neuen mit den alten Provinzen erfolgte durch einen preußischen Ministerialerlaß vom 20. November 1866: da die gesonderte staatliche Existenz der neuen Landestheile aufgehört habe, und damit die rechtliche Wirksamkeit der bisher dort bestehenden Verfassungen erloschen sei, so seien auch die besondern Gesetze über Staatsangehörigkeit in Wegfall gekommen, und demnach alle Bestimmungen über die Befugniß der eignen Angehörigen zu Niederlassung und Gewerbetriebe ohne Weiteres auch auf die Angehörigen jedes andern preußischen Gebietes anzuwenden. Es war noch nicht die volle Freizügigkeit, aber ein starker Schritt in der Richtung darauf, für die Zukunft eine Vorbereitung zur allseitigen Mischung der Bevölkerung, für den Augenblick aber gerade deßhalb bei einem großen Theile der Einwohner in Frankfurt und in Hannover eine Quelle geschärftes Unmuths. Man wollte eben für sich bleiben und nicht allerlei zusammengelaufenes Volk in Stadt und Land sich eindrängen sehn.

So wechselte in dem Bilde der neuen Provinzen Erfreuliches und Widerwärtiges für die preußische Regierung in der mannichfaltigsten Weise. Wohl fühlte man sich stark genug, die verschiedenen Elemente zusammen zu halten, aber von einem Beginne des Zusammenwachsens hatten die sechs Monate der Herrschaft nur spärliche Spuren gebracht. Die Freunde Preußens verhielten sich ruhig, die Gegner lärmten in allen Gassen, daß das Getöse durch ganz Europa erscholl und namentlich in Paris und Wien schadenfrohe Zweifel an der Solidität der jungen preußischen Größe hervorrief. Stand doch auch im preußischen Altlande nicht Alles so, wie die Regierung es wünschen mußte. Was die Parteien des Landtags betrifft, der am 12. November seine Sitzungen wieder eröffnete, so hatte sich innerhalb der alten Majorität der Bruch zwischen den nationalen und den radicalen Elementen unwiderruflich vollzogen und am 27. September zu der öffentlichen Constituirung der nationalliberalen Partei geführt, mit dem Programm, die deutsche Politik der Regierung auch mit schweren Opfern zu unterstützen, im Innern aber die liberalen Grundsätze mit unbedingtem Nachdruck durchzuführen. Daß im Ganzen und Großen auch hier eine neue Zeit angebrochen war, zeigte sich, als die Regierung eine Vorlage einbrachte, welche die Bewilligung von 1½ Million zur Vertheilung an die im letzten Kriege wirksamsten Generale als Nationaldank begehrte. Die Commission, die den Antrag berieth, fügte darauf einstimmig den Ministerpräsidenten Grafen Bismarck hinzu, und als die Fortschrittspartei dagegen die Forderung erhob, Bismarck und Roon, die alten Feinde des Verfassungsrechts, von der Dotation auszuschließen, nahm das Haus ohne weitere Debatte den Commissionsantrag mit 219 gegen 81 Stimmen an. Im Einzelnen aber nahmen die Reibungen kein Ende. Vielfach empfanden die Minister des Innern, des Cultus und vor Allem der willkürlich durchfahrende Justizminister Graf Lippe die Abneigung der Liberalen, und wenn sie bei dem Armeebudget die gesonderten Summen bewilligten, so hielten sie doch gemeinsam mit der Linken die in der Conflictszeit erhobene Forderung, daß die Friedensstärke und folglich die Cadreszahl des Heeres nicht durch königliche Verordnung, sondern durch ein mit dem Landtage vereinbartes Gesetz festzustellen sei, mit großer Mehrheit aufrecht. Es war deutlich, daß es nur Ein Mittel gab, bei all diesem Auseinandergehn der Richtungen wieder einen sichern Vereinigungspunkt der Geister zu schaffen: dies hieß Fortschreiten auf der nationalen Bahn, zunächst also Beschleunigung der Verfassung des norddeutschen Bundes. So erging am 21. November die Einladung an die verbündeten Regierungen, am 15. December ihre Bevollmächtigten zur Berathung des dem Reichstage vorzulegenden Verfassungsentwurfs nach Berlin zu senden.

Eine solche Fülle verschiedenartiger Aufgaben empfing den Grafen Bismarck, als er am 1. December 1866 von Putbus nach Berlin zurückkam. Ruhe, Landleben, Seeluft hatten seine Nerven, wenn nicht hergestellt, so doch erfrischt, und mit gewohnter Raschheit und Sicherheit begann er auf allen Seiten einzugreifen. Wollen wir den Standpunkt bezeichnen, welcher damals all seinem Thun Maaß und Richtung gab, so reicht dafür ein einziges Wort aus: Friede. Drei Jahre lang hatte er die Auffassung vertreten, daß ein Krieg mit Österreich unvermeidlich und deshalb so rasch und so kräftig wie möglich zu führen sei. Jetzt war sein ganzes Streben von dem Gedanken beherrscht, die mächtige Schöpfung durch innere, dem Zweck entsprechende, hoffentlich ungestörte

Arbeit auszubauen und zu consolidiren. Dazu gehörte nicht bloß, jeden Zusammenstoß mit auswärtigen Gegnern zu vermeiden, sondern auch in Preußen und dem norddeutschen Bunde selbst die nationale Gesinnung zu steigern, die particularen Gefühle, so weit es anging, zu schonen, zugleich aber jede Spur einer offenen Auflehnung, wo es nöthig wäre, mit eisernem Griffe niederzuwerfen.

Über die auswärtige Politik, die ihn sofort mit drängenden Sorgen in Anspruch nahm, berichten wir weiter unten in besonderem Zusammenhang. Das Verhältniß zu den süddeutschen Staaten ruhte einstweilen; vor der Feststellung der norddeutschen Bundesverfassung fehlte jede Grundlage für eine nähere Verhandlung zwischen Berlin und München oder Berlin und Stuttgart. Was sodann die annectirten Provinzen betraf, so hatte Bismarck anfangs den Gedanken gehabt, die jetzt preußischen Lande zwischen Elbe und Mosel unter Austilgung der bisherigen Staatsgrenzen in vier große Provinzen, Rheinfranken, Thüringen, Westfalen, Niedersachsen, nach den altgeschichtlichen Stämmen einzuordnen. Dafür hätte offenbar die gründliche Verwischung der welfischen, hessischen und nassauer Erinnerungen gesprochen: hatte doch die 1790 in Frankreich vollzogene Bildung der neuen Departements binnen einem Menschenalter jeden Gedanken an die alten Landschaften ausgelöscht. Jedoch mußte zunächst einleuchten, in wie hohem Maaße bei einer solchen Umwälzung von Grund aus die Schwierigkeiten der neuen Verwaltung wachsen würden; zur Lösung dieser Aufgabe, fand Bismarck selbst, hätte eine größere Zahl geistreicher und willensstarker Beamten gehört, als ihm zu Gebote stand. Dann aber erklärten ihm die Führer gerade der preußischen Parteien in den annectirten Ländern ihren und ihrer Landsleute dringenden Wunsch, daß ihre alten Staaten zwar zu preußischen Provinzen gemacht, aber um des Himmels willen nicht zerrissen werden möchten. Das Volk hänge an den altgewohnten Zuständen, und bei der Abschneidung der politischen Vergangenheit würde eine Menge lebendiger Interessen auf das Schwerste betroffen, und eine tiefe Entrüstung in allen Herzen entflammt werden. Die Thatsache ist charakteristisch für die wahre Quelle des deutschen Particularismus. Hundert Mal hat man auf dieser Seite den Ruf erhoben, daß die Eigenartigkeit der deutschen Stämme respectirt werden müsse: hier aber sehn wir, daß eine politische Gliederung nach den alten Stämmen energisch verworfen wurde, weil sie den Grenzen der bisher bestehenden Staaten widersprach. Die Rechtsgemeinschaft des Staates überwiegt durchaus die Eigenartigkeit des Bluts; die Deutschen sind Particularisten geworden, nicht weil Franken oder Sachsen aus etwas anderem Stoffe gebildet waren, als Schwaben oder Bayern, sondern weil jeder ihrer Fürsten sein Territorium allmählich zu einem gesonderten Staate gebildet und der höhern Staatsgewalt des Reiches entzogen hatte. Nach der Herstellung des Reiches wird trotz aller Verschiedenheit der Stämme die Existenz des deutschen Staates auch der deutschen Gesinnung die Kraft zur normalen Einschränkung des Sondergeists verleihen.

Bismarck verzichtete also auf seinen idealen Plan, nach seinem steten Gedanken, von allen widerstrebenden Elementen nicht mehr zu fordern, als zur Erhaltung der Einheit schlechterdings unerläßlich wäre. Unerläßlich aber war zunächst in Hannover ein scharfes Vorgehn gegen die tumultuarische welfische Agitation. Zwei Tage nach seiner Ankunft erstattete er darüber dem Könige Bericht, und gleich am 3. December erging eine königliche Weisung an den Generalgouverneur, jeden Beamten, auf dessen rückhaltlose Mitwirkung er nicht glaube rechnen zu können, vom Amte zu suspendiren, und über die Frage seiner Dienstentlassung an das Ministerium zu berichten; hannoversche Militärpersonen, die sich an Agitationen gegen die Regierung betheiligen, seien nach Minden abzuführen und dort kriegsrechtlich gegen sie zu verfahren; wer sich Beleidigungen preußischer Militärpersonen erlaube, sei ebenfalls nach Minden zu bringen und dort bis auf Weiteres festzuhalten. Dies hatte zur Folge, daß sofort alle Beamte, welche die Resolution der Ritter vom 7. November unterzeichnet hatten, darunter eine Reihe der vornehmsten Edelleute des Landes, suspendirt, und eine Anzahl von Personen aller Stände, Grafen, Bankiers, Officiere, Bauern und Dienstknechte wegen verschiedener Bethätigung welfischer Gesinnung in der Festung Minden eingesperrt wurden. Der Schlag hatte wenigstens die Wirkung, daß der Straßenlärm völlig aufhörte und die öffentliche Ordnung nicht weiter gestört wurde.

Als damit Ruhe im Lande geworden, schritt Bismarck ohne Zögern zu der Behandlung der eigentlichen Lebensfrage der deutschen Politik, der Ausarbeitung des Entwurfs für die künftige Verfassung des norddeutschen Bundes. Denn nur durch wenige Tage war man noch von dem den verbündeten Regierungen zu diesem Zwecke gesetzten Termine getrennt, und auch hier war noch recht viel, oder eigentlich Alles zu schaffen. Allerdings fand Bismarck zwei fertige Entwürfe vor, den einen von Max Duncker, den andern von Savigny verfaßt, allein keiner von beiden entsprach seinen Intentionen auch nur insoweit, um ihn zur Grundlage weiterer Erörterung zu nehmen. Er schob sie vollständig auf die Seite, angeblich weil sie zu tief in die Selbständigkeit der Einzelstaaten einschnitten[1]). Dann, im Nachmittage des 13. December, dictirte er aus dem Kopfe seinem vertrauten vortragenden Rathe Lothar Bucher die eigentlich constituirenden Artikel der Verfassung, über den Bundesrath (wie er den alten Bundestag umtaufte), das Bundespräsidium und den Reichstag, und gab für die übrigen Abschnitte die bestimmenden Gesichtspunkte. Bucher, und wenn ich nicht irre Delbrück, arbeiteten darauf das Ganze aus; am Morgen des 14. war der Entwurf fertig, wurde am Nachmittag von dem unter dem Vorsitze des Königs versammelten Ministerrathe genehmigt und war damit zur Vorlage an die Conferenz der verbündeten Regierungen bereit.

Am folgenden Tage, 15. December, waren die Bevollmächtigten pünktlich erschienen. Bismarck eröffnete die Sitzung mit einer Rede, worin er die beiden Hauptmängel des alten Bundes, die fehlende Sicherheit nach Außen und die Unfähigkeit zur Hebung der innern Wohlfahrt durch gemeinnützige Einrichtungen, betonte und zugleich den Verfassungsentwurf vorlegte, welcher diesen Mängeln abhelfen sollte. „Die unbedingte Selbständigkeit der dynastischen Gebiete", sagte er, „war der wesentliche Grund der politischen Unmacht unserer großen Nation, weil ihr die wirksamen Organe zur Herstellung einheitlicher Entschließungen fehlten; die gegenseitige Abgeschlossenheit aller Bruchtheile bildete ein wirksames Hinderniß

---

[1]) So berichtet es Benedetti. Die Entwürfe sind bisher auf das Strengste geheim gehalten worden. Im Übrigen vgl. Köppen, Fürst Bismarck S. 385.

der Pflege derjenigen Interessen, welche nur in größern nationalen Kreisen ihre legislative Förderung finden können."

„Die preußische Regierung," fuhr er fort, „hat sich in dem vorliegenden Entwurfe auf die Berücksichtigung der allseitig anerkannten Bedürfnisse beschränkt, ohne über dieselben hinaus die Bundesgewalt in die Autonomie der einzelnen Staaten eingreifen zu lassen. Nichts destoweniger verkennt sie nicht, daß die Durchführung der hier unerläßlichen Änderungen gewohnter Zustände den einzelnen Regierungen schwierige Aufgaben stellt, und daß die Opfer für die Herstellung allseitig gleicher Rechte und Pflichten von den bisher leichter Belasteten schwer werden empfunden werden. Sie zweifelt aber nicht, daß der einmüthige Wille ihrer Verbündeten, getragen von dem Verlangen des deutschen Volks, seine Sicherheit, seine Wohlfahrt, seine Machtstellung unter den europäischen Nationen dauernd verbürgt zu sehen, alle Hindernisse überwinden werde."

Auf solche Mittheilungen und Mahnungen waren die Hörer gefaßt gewesen. Aber als sie dann den Verfassungsentwurf lasen und wieder lasen, war doch die Überraschung groß. In ihrem Bundesvertrag vom 18. August war ihnen in Aussicht gestellt „eine Verfassung auf der Basis der Grundzüge vom 10. Juni". Nun, auf dieser Basis war der Entwurf allerdings aufgebaut: sie aber hatten bisher völlig andere Vorstellungen von dem zu errichtenden Bauwerk gehabt, so zu sagen einen hinreichenden Um- und Ausbau des niedrigen Frankfurter Bundespalastes; und statt dessen sahen sie jetzt eine in überraschender Weise aufgethürmte Pyramide mit hoher und starker Spitze vor sich. Wohl erschien auch hier der Bundestag, oder nach seinem neuen Namen der Bundesrath, als der vornehmste Träger der gesetzgebenden wie der regierenden Gewalt, ja die Competenz der erstern war in Betreff der so oft geforderten „gemein= nützigen Einrichtungen" bedeutend erweitert. Von der Er= richtung eines Kaiserthums mit verantwortlichen Ministern über den souveränen Fürsten war keine Rede; sie Alle standen in gleichem Range neben einander; jener hochgeschätzte Schmuck ihrer Kronen, das Gesandtschaftsrecht, wurde gar nicht berührt. Auch die Befugnisse des Reichstages waren nicht so weit be= messen, um dem monarchischen Princip im Bunde Gefahr zu drohn. Aber da gab es in dem Bundesrathe ein Mitglied, welches nicht wie einst in Frankfurt 4 Stimmen unter 70, oder eine unter 17, sondern 17 unter 43 führte und mit Heranziehung einiger Zwergstaaten nach seinem Willen über die Beschlüsse der Mehrheit verfügte. Dann fand sich vor ein Bundespräsidium, welches nicht bloß wie im alten Bundes= tag die formelle Leitung der Verhandlung führen, sondern die völkerrechtliche Vertretung des Bundes nach Außen, volles Gesandtschaftsrecht, das Recht über Krieg und Frieden, das Recht des Vertragsschlusses, die Überwachung der Ausführung der Bundesbeschlüsse, die Ernennung aller Bundesbeamten, in bringenden Fällen das Recht der Execution gegen wider= spenstige Bundesglieder besitzen sollte. In andern Artikeln erschien ein Bundesfeldherr mit dem Oberbefehl in Krieg und Frieden über das einheitliche Bundesheer, zu dem alle Con= tingente der Bundesglieder zusammen zu schmelzen wären, ein Heer, dessen Stärke und Geldbedarf, dessen Gesetze, Reglements und Verwaltung genau nach preußischem Muster die Verfassung selbst vorschrieb. Sodann verfügte ein weiterer Abschnitt, daß die norddeutsche Kriegsflotte unter preußischem Oberbefehl und unter preußischer Verwaltung stehn würde.

Und wie man weiß, dieses Mitglied mit 17 Stimmen, dies Präsidium, dieser Bundesfeldherr und Flottenchef, es war Alles dieselbe Persönlichkeit, derselbe König von Preußen, welcher durch die Vereinigung dieser mannichfaltigen Befugnisse die Geschicke Norddeutschlands nach seinem Ermessen leiten, und durch seine Souveränität die kommende deutsche Einheit verkörpern sollte.

Nach Preußens gewaltigen Triumphen und überwiegender Macht (25 Millionen Einwohner unter den 30 des Bundes) war freilich eine starke Führerstellung seines Königs ganz natürlich. Dennoch aber waren die anwesenden Minister der verbündeten Staaten tief betroffen. Allerdings sollten für alle jene dem Präsidium überwiesenen Verwaltungszweige dauernde Ausschüsse des Bundesraths eingesetzt, und diesem also ein bleibender Einfluß auf die Executivgewalt gesichert werden. Allein wie gering blieb dieser neben der präsidialen Machtfülle bemessen! Namentlich die Rechte des Bundesfeldherrn ließen von der Militärhoheit der Fürsten gar zu wenig übrig, während sie, die bisher ihre Kriegsmacht nach dem alten Bundesschlendrian auf wohlfeilem Fuße gehalten, jetzt ihren Unterthanen durch Einführung des preußischen Heersystems erdrückende Lasten, wie sie meinten, auferlegen sollten. Dazu kamen dann die in der Verfassung der Bundesgesetzgebung überwiesenen gemeinnützigen Einrichtungen, deren Gestaltung weitere Eingriffe in die sonst den Einzelstaaten vorbehaltenen Verwaltungsgebiete voraussehn ließ. Gleich an der Spitze stand die Erklärung eines gemeinsamen Indigenats für alle Bundesangehörige, ein Grundsatz, der überall die bestehenden Gemeindeordnungen und die damit zusammenhängenden Vorschriften mit schwerer Umwälzung

bedrohte. Vorbehalten für die künftige Bundesthätigkeit
waren Gesetze über Freizügigkeit und Gewerbebetrieb, über
geistiges Eigenthum und Patente, über Flußschifffahrt und
Eisenbahnen, über Papiergeld und Bankwesen, über Civil=
prozeß und Concursverfahren. Genug, die Grenze zwischen
der Competenz der Bundesgewalt und der des Einzelstaats
wurde nicht nach den Ministerialressorts gezogen (etwa für
jene Auswärtiges, Handel, Krieg und Marine, für diese
Inneres, Justiz, Cultus, Unterricht), sondern wo sich in
irgend einem Ressort ein gemeinsames deutsches Interesse
zeigte, würde die Bundesgewalt in irgend einer Weise, gesetz=
geberisch, verwaltend, beaufsichtigend, eingreifen, dafür aber
auch, wo dies nicht der Fall wäre, der Thätigkeit des Einzel=
staats freie Hand lassen. So würde die Armee nach Bundes=
gesetz organisirt, die Ernennung der Officiere aber verbliebe
zum größten Theil den Landesfürsten. Die Kosten des Heer=
wesens setzte der Etat des Bundes fest, die Art der Auf=
bringung derselben aber würde den Regierungen der Einzel=
staaten überlassen bleiben. In der Diplomatie wäre neben
der Thätigkeit der großen norddeutschen Botschafter jedem
Einzelstaat eine besondere Vertretung für die speciellen In=
teressen seiner Einwohner freigestellt. Jeder Einzelstaat möchte
seine Eisenbahnen bauen und verwalten nach seiner Weise,
nur behielte sich der Bund eine gewisse Aufsicht und das
Recht vor, im Interesse der Landesvertheidigung selbst einen
Bahnbau zu veranlassen.

Offenbar hatte bei dem ganzen Entwurf ein großer
Sinn für das praktische Bedürfniß, ohne Rücksicht auf Theorie
und Doctrin gewirkt; es sei unmöglich, klagte später ein be=
rühmter Professor des Staatsrechts, anzugeben, in welches

der von der Wissenschaft festgesetzten Fächer der Verfassungsarten dies Erzeugniß gehöre. Um so gewisser war es, daß durch ein solches System alle bestehenden Verhältnisse berührt und vielfach in Frage gestellt wurden. So erhoben sich in der Versammlung Bedenken von allen Seiten, und bald lag eine lange Reihe von Änderungsvorschlägen der preußischen Regierung vor. Es wäre heute eine zwecklose Mühe, sie im Einzelnen durchzugehen; es genügt, die Richtungen zu bezeichnen, in denen sie sich bewegten. Oldenburg und Coburg hätten eine von Grund aus verschiedene Verfassung gewünscht. Oldenburg beklagte die Abwesenheit eines aus den Fürsten gebildeten Oberhauses; dann hätte man zu Gunsten des Bundespräsidiums die Rechte des Bundesraths beschränken, und jenem die Bundesregierung durch ein verantwortliches Bundesministerium übertragen können; zur Sicherung der Einzelstaaten wäre ein Bundesgericht einzusetzen, zur Stärkung des parlamentarischen Einflusses an die Stelle eines festen Pauschquantums für die Militär-Ausgaben die Vereinbarung eines Etats mit dem Reichstag anzuordnen. Coburg war ebenfalls für die Errichtung eines mit dem Reichstag gleichberechtigten Fürstenhauses und hätte die Abgrenzung der Competenz zwischen Reichsgewalt und Einzelstaaten nach den Geschäften der einzelnen Ministerien gewünscht; daß den Einzelstaaten gewisse Befugnisse im Auswärtigen, im Heerwesen u. s. w. gewahrt blieben, däuchte ihm nicht ein Vortheil, sondern eine drückende Last, während umgekehrt die Befugnisse des Bundes in der innern Verwaltung alle Selbständigkeit der Einzelstaaten zu untergraben schienen.

Ähnliche Betrachtungen machten dem Weimar'schen Minister Watzdorff das Herz schwer. Ich hatte geglaubt, sagte er später, nach den großen Kriegserfolgen hätte sich etwas Besseres schaffen lassen. Doch, setzte er dann hinzu, bei näherer Untersuchung habe ich mich schließlich überzeugt, daß das Verhältniß zwischen Bundesgewalt und Einzelstaat in angemessener Weise geregelt ist. Eine ganze Reihe besonderer Anträge hatte dann Darmstadt in Folge seiner unnatürlichen Lage, nach der es zur Hälfte Bundesland, zur Hälfte Ausland war, vorzulegen. Die übrigen Kleinstaaten richteten, so weit die Protokolle es erkennen lassen, ihre Aufmerksamkeit hauptsächlich auf die Fragen des Heimathsrechts und, was damit zusammenhing, auf die Beschränkung des Rechtes, Reichssteuern aufzulegen, auf die Verminderung der furchtbaren Militärlast, auf die Bindung gewisser Entschließungen des Bundespräsidiums an die Zustimmung des Bundesraths. Wie natürlich, gingen im Einzelnen ihre Begehren vielfach aus einander und gegen einander. Stoff zu endlosen Verhandlungen wäre reichlich vorhanden gewesen.

Indessen ermöglichte die damalige Lage der Dinge der preußischen Regierung ein summarisches und durchgreifendes Verfahren. Was einst Österreich 1851 in Dresden und 1863 in Frankfurt fruchtlos versichert hatte: es muß etwas zu Stande kommen — das lebte 1867 in Aller Herzen. Als die Berathung über die eingebrachten Anträge am 18. Januar durch Herrn von Savigny eröffnet und am 28. fortgesetzt wurde, erklärte der preußische Bevollmächtigte, daß seine Regierung von den begehrten Abänderungen der Vorlage achtzehn genehmige, alle übrigen jedoch ablehne. In einer dritten Sitzung am 2. Februar wurden dann die bis dahin vorbehaltenen Artikel über Kriegswesen, Marine und Posten besprochen, und hier jede wesentliche Änderung von Preußen verbeten. Die übrigen Regierungen gaben darauf den Inhalt mancher Amendements als Wünsche und Erwartungen zu Protokoll, genehmigten aber den so festgestellten Text des Entwurfs als gemeinsame Vorlage für den Reichstag.

In denselben Wochen wurde dem Abschluß eine andere Verhandlung entgegengeführt, nicht von so umfassender Bedeutung wie der Verfassungsentwurf, immer aber auf einem höchst wichtigen Gebiete eine stärkende Grundlage für das künftige Bundesleben: die Abtretung der fürstlich Thurn und Taxis'schen Posten an Preußen, welches damit die Möglichkeit gewann, das gesammte Postwesen im Umfange des Bundesgebiets der Bundesgewalt zu übertragen.

Noch während des Kriegs, im Juli 1866, hatte der damalige Referent für die Postangelegenheiten im preußischen Handelsministerium, Geheimrath von Stephan (der spätere Generalpostmeister), einer der genialsten und thatkräftigsten Männer unserer Zeit, ein sofortiges factisches Vorgehn gegen Thurn und Taxis, die Beschlagnahme seines gesammten Postwesens und die Einsetzung einer provisorischen Verwaltung desselben vorgeschlagen und durchgesetzt, als den einzigen Weg, um in kürzester Frist zu einem rechtsgültigen Übergang desselben an Preußen und vollständiger Verschmelzung mit dem preußischen zu gelangen. Stephan selbst wurde darauf zur Vollziehung der Maaßregel nach Frankfurt gesandt. Er löste dort die Taxis'sche Generaldirection auf, setzte sich an deren Stelle, ließ die übrigen Beamten gegen Gelobung unbedingten Gehorsams in ihrer Thätigkeit und brachte sehr bald die bisherige, durch den Krieg überall unterbrochene

Verwaltung wieder in den gewohnten regelmäßigen Gang. Der Fürst von Thurn und Taxis war in Folge der großen Kriegsereignisse überzeugt, daß in Deutschland die Zeiten des Bundestags, der österreichischen Suprematie und Alles, was damit zusammenhing, folglich auch seiner kaiserlichen Lehns= post, vorüber waren, und da Preußen sich bereit erklärte, für seinen Verzicht ihn durch eine Capitalzahlung zu ent= schädigen, sandte er bereits im September 1866 einen seiner tüchtigsten Postbeamten, Freiherrn von Gröben, nach Frank= furt, um mit Stephan die Höhe der Ablösungssumme fest= zustellen. Dies Geschäft wäre leicht gewesen, wenn es sich lediglich um die Capitalisirung der letzten Jahreseinnahmen hätte handeln können, da Bücher, Registraturen und Cassen der bisherigen Verwaltung sich in bester Ordnung befanden. Allein Stephan stellte den Grundsatz auf, daß nicht für die Einnahmen des alten Zustandes, sondern für die der neuen Zeit, angenommen, daß die Lehnspost bestehn bliebe, Ent= schädigung zu leisten sei: und so berechtigt dieser Satz auch war, schwierig und verwickelt zeigte sich die praktische Durch= führung desselben. Das kaiserliche Lehn, welches vor mehreren Jahrhunderten dem Fürsten die Post im ganzen Reiche über= wiesen hatte, war im Laufe der Zeiten durch die wachsende Selbständigkeit der Einzelstaaten vielfach durchbrochen worden. Die größern Staaten hatten für ihre Gebiete eigne Posten eingerichtet, die übrigen die Rechtsverhältnisse der Taxis'schen in der mannichfaltigsten Weise beschränkt oder geändert, z. B. die fürstlichen Postbeamten der Dienstpragmatik ihrer eignen Behörden unterworfen, die nun nach beliebter deutscher Art in jedem Territorium abweichend von der des Nachbarstaats war. Stephan zollte der Klugheit und der Arbeitskraft der

Taxis'schen Direction, welche unter so schwierigen Verhältnissen ihr Institut doch immer in einem ganz ehrenwerthen Bestande erhalten hatte, rückhaltlose Anerkennung: immer aber hatten die üblen Folgen eines solchen Verhältnisses nicht ausbleiben können. Der Fürst hatte auf seinem Reinertrag bestanden; mehr und mehr war also in der Verwaltung der volkswirthschaftliche Gesichtspunkt gegen den fiscalischen in den Hintergrund getreten, so daß eine Menge auch nothwendiger Aufgaben zum Schaden des Ganzen unterlassen oder hinausgeschoben wurden. Den Bedürfnissen des wachsenden Verkehrs genügten weder die Postgebäude selbst auf den wichtigsten Stationen, noch die meist bescheidenen Gehälter im Vergleich zu den ebenmäßig wachsenden Anstrengungen der Beamten. Stephan berechnete die dringend hienach erforderlichen Ausgaben auf mehrere Millionen, woraus dann eine entsprechende Verminderung der Ablösungssumme sich ergab. Genug, am 7. Januar 1867 konnte Stephan den mit Gröben vereinbarten Vertragsentwurf dem preußischen Staatsministerium vorlegen. Dieses hatte übrigens schon früher nach Stephan's Berichten auf Grund eines im Finanzministerium durch Geh. Rath von Hoffmann ausgearbeiteten Gutachtens das Entschädigungskapital auf drei Millionen Thaler festgestellt und beharrte bei diesem Betrage, auch als der Fürst von Taxis durch persönliches Erscheinen in Berlin eine Erhöhung der Summe zu erwirken suchte, vom Könige aber nicht empfangen wurde. Darauf bequemte man sich Taxis'scher Seite zur Annahme des preußischen Angebots, und der endgültige Vertrag, auf Überlassung der Taxis'schen Postgerechtsame, vom 1. Juli 1867 ab, an die Krone Preußen gelangte am 28. Januar zum Abschluß.

Gleich an dieser Stelle mag vorweg genommen werden, daß Stephan unterdessen die Umgestaltung des gesammten Taxis'schen Postwesens nach den Grundsätzen der preußischen Organisation bereits so weit vorbereitet hatte, daß sie noch im Laufe des Jahres zur Verwirklichung gelangte. Ebenso rasch erwirkte er bei den zehn Regierungen, in deren Staaten die Taxis'sche Post noch bestanden hatte, die Zustimmung zu dem Abtretungsvertrage, welche dann ohne Schwierigkeit auch von dem preußischen Landtage ertheilt wurde. Die preußische Regierung konnte ihren Verbündeten erklären, daß in dem ganzen Umfange des Bundes die Postverwaltung vom 1. Januar 1868 ab in die Hand der Bundesregierung übergehen würde.

So war im Innern alles wohl geordnet und für die parlamentarische Behandlung vorbereitet, als mit dem 12. Februar 1867 der mit allseitiger Spannung erwartete Tag der Reichstagswahlen nach dem allgemeinen, gleichen, directen Wahlgesetz von 1848 erschien.

Das nach lebhaften Wahlkämpfen gewonnene Ergebniß stimmte im Wesentlichen mit jenem der letzten preußischen Landtagswahlen, unter einer leichten Verschiebung zu Gunsten der Regierung und ihres nationalen Werkes überein. Unbedingt für sie zu stimmen, zeigten sich 59 Altconservative, 36 Freiconservative, sowie die Gruppe der 27 sogenannten Altliberalen geneigt. Unbedingt in oppositioneller Haltung erschien eine bunte Reihe höchst verschiedenartiger Elemente, die auf 19 Mitglieder heruntergekommene Fortschrittspartei, dann eine „freie Vereinigung" von 14 Köpfen, ferner eine „bundesstaatlich constitutionelle Vereinigung" von Ultramontanen und strammen Particularisten aus Hannover und Holstein, im Ganzen 18 Personen, neben ihnen als einziger

3*

Socialdemokrat, August Bebel, endlich zwölf Polen und zwei Dänen. Höchst erfreulich für die preußische Regierung waren die Wahlen in Hessen und Nassau ganz überwiegend im nationalen Sinne ausgefallen; ja selbst in Hannover hatten zu großer Überraschung nach allen welfischen Demonstrationen nur 129000 Wähler particularistisch, 144000 national gestimmt.

Unter diesen Umständen lag die Entscheidung überall in der Hand der auch in Altpreußen herangewachsenen und durch große Contingente der verbündeten Länder bis auf 79 Mitglieder verstärkten nationalliberalen Partei. Sie war entschlossen, das Verfassungswerk zu sicherem Abschluß hindurch zu führen, den Verfassungsentwurf der Regierungen zunächst als Grundlage der Berathungen anzunehmen, mit dem Vorbehalte jedoch, die parlamentarischen und Freiheitsrechte, die sie in dem Entwurfe keineswegs in ausreichendem Maaße anerkannt fand, überall nach liberalen Grundsätzen auch gegen Bismarck's Widerspruch festzustellen. So war eine erfolgreiche, aber auch eine bewegte Session zu erwarten.

Immer aber waren mit allen diesen innern Momenten, Stimmung der annectirten Provinzen, Bestrebungen des preußischen Landtags, Entwurf der Bundesverfassung und Ergebniß der Reichstagswahlen, die Voraussetzungen noch nicht vollständig aufgezählt, unter deren Einwirkung das wieder geborene Deutschland seine ersten Schritte hinaus in das Leben thun sollte.

Denn der Tag von Königgrätz hatte zugleich die deutsche Frage gelöst und eine europäische Frage geschaffen. Der österreichisch-preußische Dualismus war beseitigt; dafür kündigte sich mit drohendem Grollen eine neue französisch-deutsche

Rivalität an. Während Savigny mit den deutschen Fürsten die Verfassung des Nordbundes berieth, nahm Graf Benedetti die Aufmerksamkeit Bismarck's äußerst dringlich in Anspruch. Frankreich bot Freundschaft und Bündniß, wenn ihm Preußen einen ansehnlichen Landgewinn verschaffen wollte; würde es nicht geschehn, so würde die gereizte öffentliche Meinung den friedfertigen Kaiser unaufhaltsam zum Bruche zwingen. Wir erinnern uns, daß im August 1866 bei der ersten Anmeldung dieser Dinge Bismarck in die Erörterung der einzelnen französischen Forderungen eingetreten war, jede Abtretung deutschen Landes nachdrücklich abgelehnt, sonst aber dem Könige volle Freiheit der Entschließung vorbehalten hatte. Jetzt also stellte Benedetti die Frage nach der königlichen Entscheidung über den Entwurf, wie er ihn im Verlauf der Augustgespräche niedergeschrieben hatte. Es würde hienach Frankreich den neuen Zustand Norddeutschlands anerkennen und sich einer föderalen Vereinigung des Nordbundes mit den süddeutschen Staaten nicht widersetzen. Preußen aber sollte der französischen Regierung die Erwerbung Luxemburgs erleichtern, deshalb mit dem König der Niederlande eine Unterhandlung eröffnen und ihm für die Abtretung eine angemessene Entschädigung anbieten, wobei Frankreich, wenn eine Geldzahlung nöthig werden sollte, dieselbe leisten würde. Ferner sollte Preußen, wenn Frankreich durch die Umstände bewogen würde, Belgien zu besetzen oder zu erobern, ihm dabei mit allen seinen Streitkräften gegen jeden Widersacher Beistand leisten. Um die Ausführung dieser Bestimmungen zu sichern, würden beide Mächte eine Offensiv- und Defensiv-Allianz schließen, für alle Fälle, in denen ihre Staaten, deren Integrität sie sich gegenseitig verbürgen, von einem Angriff bedroht werden sollten.

Es war, wie man sieht, zugleich ein Angebot und ein Begehren der umfassendsten Art. Die beiden Mächte, die seit den Tagen des ersten Napoleon sich argwöhnisch und eifersüchtig gegenüber gestanden, würden jetzt in enger Vereinigung und überwältigender Kraft die Leitung eines neugestalteten Europa übernehmen. Wir haben uns im Anfang dieses Capitels die Unsicherheit der damaligen Weltlage vergegenwärtigt: eine französische Allianz, wenn sie ehrlich gemeint sein konnte, hätte die europäische Stellung des norddeutschen Bundes für den Augenblick gestärkt, und einen solchen Vorschlag kurzweg zurückzustoßen, erschien Bismarck, auch nach der Beendigung des deutschen Kriegs, nicht nützlich. Aber was konnte man von einer Verhandlung darüber hoffen? und wenn ein Abschluß gelänge, wie groß wäre die Aussicht auf sichere Dauer der neuen Freundschaft? In Paris herrschte die Gesinnung, die in dem mächtigen Wachsthum Preußens unter allen Umständen eine Verletzung der nationalen Ehre und der Machtstellung Frankreichs in Europa sah. Deshalb hatte Bismarck schon seit dem dänischen Kriege keinen Zweifel darüber gehabt, daß die hier begonnene deutsche Entwicklung nicht ohne einen Kampf mit Frankreich zum Schlusse geführt werden könnte. Er hatte bei seiner ersten Anregung der Erwerbung Schleswig-Holsteins, December 1863, es ausgesprochen, man werde sie, ebenso wie jene Schlesiens, mit großen Kriegen vertheidigen müssen. Und nun vollends nach der Umgestaltung Deutschlands im Jahre 1866 hielt er den Losbruch eines französischen Angriffs nur noch für eine Frage der Zeit, wobei er es allerdings als seine Aufgabe erkannte, den Beginn des Conflicts nach Möglichkeit hinauszuschieben, und Frankreich durch scheinbares Eingehn auf seine Wünsche hinzuhalten.

Denn jeder Zeitgewinn stärkte die deutsche Macht durch die Einführung des preußischen Heersystems in den verbündeten Staaten, und verminderte die Gefahr einer österreichisch-französischen Coalition, die man bei der damals noch frischen Verstimmung Österreichs nicht außer Rechnung lassen durfte. Zu diesen militärischen Gründen für eine hinhaltende Behandlung der französischen Anträge kamen aber allgemeine Erwägungen, welche trotz der deutlich angeschauten Kriegsgefahr doch noch einen letzten Rest der Hoffnung auf bleibende Erhaltung des Friedens bei jenem Verfahren bekundeten. Wer könnte, hörte man Bismarck während des weitern Verlaufes oft erörtern, wer könnte läugnen, daß mit jedem gewonnenen Friedensjahre auch die Wahrscheinlichkeit weiterer Verlängerung der Eintracht steige, daß die gereizten Gemüther sich allmählich beruhigen, die auf den Frieden angewiesenen materiellen Interessen entscheidenden Einfluß erlangen könnten? Indem er weiter in die Zukunft blickte, hielt er es bei der hohen Erregung der nationalen Leidenschaft und den gewaltigen Kriegermassen auf beiden Seiten für zweifellos, daß ein hier losbrechender Kampf nicht wie zur Zeit Ludwig's XIV. sich lange Jahre hin und her über die Grenze schieben würde: nein, er würde vom ersten Tage an den tödtlichen Stoß auf das Herz des Gegners zu führen suchen, und wie dann auch der Ausgang fiele, der Besiegte würde mit Haß und und Verzweiflung den Gedanken der Rache festhalten, und damit auf mehr als ein Menschenalter hinaus den Frieden Europas gefährden.

In Paris galt die Einverleibung Luxemburgs als Compensation für Preußens bisherigen Gewinn, die preußische Allianz zur Eroberung Belgiens als Preis für Preußens künftige Leitung des deutschen Südens. An beiden Punkten hatte Bismarck schon bei den Gesprächen im August 1866 seine Bedenken erhoben. Er bemerkte dem Grafen Benedetti, der Abschluß einer Offensivallianz würde in ganz Europa den Argwohn gegen eine große Friedensstörung erwecken. Was Luxemburg betreffe, so sei er bereit, dem Könige den Abzug der vertragsmäßig preußischen Besatzung aus der ehemaligen Bundesfestung zu empfehlen, wenn ein festes Freundschaftsverhältniß mit Frankreich zu Stande komme. Unter keinen Umständen aber könne Preußen, wie der Pariser Entwurf es begehre, die Initiative im Haag für die Abtretung des Landes an Frankreich ergreifen, und vollends nicht dem König von Holland zur Entschädigung für Luxemburg ein anderes deutsches Land abtreten[1]). Preußen habe nicht weniger als Frankreich auf eine erregte öffentliche Meinung Rücksicht zu nehmen; durch das vorgeschlagene Verfahren würde seine nationale Stellung in ganz Deutschland compromittirt werden. Ihr wollt Luxemburg einverleiben, sagte er, so ist es Euere Sache, Euch zuerst zu compromittiren, und wir sehen dann, was wir thun können. Ihr habt gute Freunde unter den Luxemburger Notabeln; bewirkt durch sie dort eine Agitation für den Abzug unserer Besatzung, eröffnet dann ohne unser Vorwissen eine geheime Unterhandlung im Haag, und wenn Ihr darüber eine vollendete Thatsache vorlegen könnt, so würde vielleicht die Anerkennung derselben in Deutschland durchgehn. Mit einem Worte, eine positive Unter-

---

[1]) Rothan (nach Benedetti's Berichten) affaire de Luxembourg p. 29 ff.: Auch Bismarck erwähnt die Landabtretung an Holland nach den in Cercey weggenommenen französischen Acten, Preußischer Staatsanzeiger October 1871.

stützung dieser Sache ist für uns unmöglich; das Einzige, was wir vermögen, ist Geschehnlassen, und darüber werde ich mit dem Könige im Interesse unserer Freundschaft berathen.

Dabei blieb es während dieser Gespräche bis zu Bismarck's Abreise nach Putbus Anfang September. Kaum war er am 1. December nach Berlin zurückgekehrt, so meldete sich bereits am 3. der französische Botschafter, um die Entschließungen des Königs über Luxemburg und Belgien einzuholen. Bismarck erfuhr mit Überraschung, daß alle seine frühern Erörterungen in den Wind gesprochen waren, daß Frankreich die Eröffnung der Unterhandlung mit Holland nach wie vor Preußen zuschob, nach wie vor in der belgischen Frage von Preußen die Offensiv-Allianz begehrte. Er verhehlte dem Botschafter sein Befremden nicht. Er sei seit dem September von Berlin entfernt gewesen, wie hätte er die Stimmung des Königs über so große Fragen erkunden, wie einen günstigen Entschluß bewirken, wie die Schwierigkeiten aus dem Wege räumen sollen? Noch sei der König ununterrichtet, schon aber sei das feierlich angelobte Geheimniß gebrochen. Gestern habe ihn der Kronprinz darauf angeredet; ich höre, habe er gesagt, von einer preußisch-französischen Allianz; gegen wen soll sie gerichtet sein? Ist der Prinz, fragte Benedetti, der Allianz feindlich? Er fürchtet unter Anderem, erwiderte Bismarck, daß unsere Allianz der Regierung seiner Schwiegermutter mißfällig sein würde. Bismarck besorgte seinerseits wiederholt französische Indiscretionen in London, wie wir sie im August 1866 kennen gelernt haben. Um so zurückhaltender war sein Gespräch. Benedetti drängte auf die Nothwendigkeit, einen Beschluß zu fassen.

Bismarck sagte, er werde das Mögliche thun, ihm bald eine Antwort zu verschaffen.

Also nach drei Monaten, klagte Benedetti, sei noch nichts in der Sache geschehn. Er meinte, Bismarck habe seinen Sinn geändert, denke hinzuhalten und schließlich abzubrechen. Da sei es für Frankreich am Besten, eine nutzlose und damit gefährliche Unterhandlung auf der Stelle fallen zu lassen. Der Minister Moustier, seit langer Zeit kein Freund Bismarck's, war derselben Meinung. Napoleon aber, stets von dem Wunsche beseelt, irgend einen Territorialerwerb zu machen und damit durch Beruhigung der französischen Chauvinisten den Frieden zu sichern, befahl, einstweilen sich zu gedulden und Bismarck's weitere Eröffnungen abzuwarten[1]). Er blieb um so fester in diesem Entschlusse, als er für den schlimmen Fall den Entwurf zu einer Verdopplung des französischen Heeres hatte ausarbeiten lassen, dann aber, gleich nach der Veröffentlichung dieses Plans einen Sturm der Entrüstung im ganzen Lande losbrechen sah über diese unerträgliche Vermehrung der Militärlast, so daß er sich beeilte, den Entwurf wieder zurückzuziehn. Der Contrast zwischen dem chauvinistischen Geschrei und dem Zurückstoßen der Mittel zu seiner Wirksamkeit war so grell wie möglich.

Unterdessen ging in Norddeutschland die Errichtung der drei neuen Armeecorps aus den annectirten und eines vierten aus den verbündeten Staaten ihren raschen Gang, und Bismarck legte dem Könige die französischen Anträge vor. Es geschah, was er vorausgewußt hatte: für eine französische Allianz zeigte der König überhaupt keine Neigung, und insbesondere hielt er die Bewahrung Luxemburgs für seine,

---

[1]) Rothan, Luxembourg p. 94 ff.

durch europäische Verträge ihm übertragene Pflicht. Zunächst wurde Moltke mit einem Gutachten über die militärische Bedeutung der Festung beauftragt, und wie man sich denken kann, mahnte der General zu ihrer Behauptung, eine Ansicht, der einige Wochen später ein Gutachten Roon's nicht widersprechen konnte. Bismarck erörterte dagegen, daß unter den heutigen Verhältnissen das enge Felsennest doch entschieden nicht mehr für uns die Wichtigkeit habe, wie vor hundert Jahren als östliche Deckung für das österreichische Belgien, und hob als den entscheidenden Punkt die Frage hervor, welcher Nachtheil für Preußen größer sei, die Räumung von Luxemburg oder der verfrühte Ausbruch des französischen Kriegs. Denn daß die Räumung ein Nachtheil sei, war auch seine Meinung; er hielt sie nur für das kleinere Übel im Vergleich zum sofortigen Krieg.

So verging der December, und sehr bald nach dem Beginn des Jahres 1867 war in Paris die abwartende Geduld zu Ende[1]). Der Staatsminister Rouher erklärte dem Grafen Goltz: in kurzer Frist steht uns die Eröffnung der Kammern bevor, ich habe dort die öffentliche Meinung über das Verhältniß zwischen unsern beiden Ländern zu beruhigen; die seit Monaten fortdauernden Gespräche müssen zum Schluß kommen; wir müssen erfahren, ob Preußen seine Besatzung in Luxemburg stehn lassen, ob Graf Bismarck seine durch hohe Weisheit eingegebene Politik aufgeben will. In gleicher Weise lautete Moustier's Auftrag vom 7. Januar an Benedetti. Wir wollen nicht drängen und nicht drohn, aber die herannahende Eröffnung der Kammern nöthigt uns eine bestimmte Erklärung zu fordern. Benedetti, obgleich nicht ohne Sorge

---

[1]) Rothan p. 115 ff.

über den Ausgang, beeilte sich den Befehl zu vollstrecken, und hatte am 10. Januar das entscheidende Gespräch mit Bismarck.

Benedetti begann mit der Luxemburger Frage. Würde der König sich nicht bestimmen lassen, aus eignem freiem Entschlusse bei der Veränderung der deutschen Verfassung seine Truppen aus Luxemburg abzurufen? Bismarck verneinte sehr bestimmt. Der König, sagte er, ist der Sclave seiner Pflicht, und er hält es für seine Pflicht, einen Platz zu bewahren, dessen Hut ihm von Europa aufgetragen worden ist. Er erinnerte jetzt den Botschafter an den ihm schon vor fünf Monaten gemachten Vorschlag, Frankreich möge in Luxemburg ein Votum der Bevölkerung veranlassen, aus dem der König ersehn könne, wie lebhaft der Abzug seiner Truppen dort gewünscht werde. Oder noch besser, fuhr er fort, laßt eine Gruppe von Notabeln oder die Handelskammer der Stadt außer dem Abzug der Truppen auch die Schleifung der Festung als ein Pfand des Friedens begehren. Benedetti wüthete im Herzen, daß Frankreich selbst die Vernichtung eines Werks seines großen Vauban betreiben sollte, verbiß aber seinen Zorn, und erkundigte sich über das Schicksal seiner zweiten Frage, des Schutz- und Trutzbündnisses. Aber er erlebte auch hier geringen Trost. Bismarck mußte ihm erklären, daß der König von einer Offensiv-Allianz nichts wissen wollte, die ihn zu bewaffneter Unterstützung der Einnahme Belgiens durch die Franzosen verpflichten würde. Im günstigsten, heute aber keineswegs schon sichern Falle, sagte Bismarck, würde sich der König zu einer einfachen Defensiv-Allianz bestimmen lassen, welche dem Kaiser Napoleon Preußens wohlwollende Neutralität bei jedem Unternehmen verbürgte¹). Es war überall derselbe Standpunkt: eine thätige Mitwirkung zu den französischen Plänen auf Luxemburg und Belgien ist für uns unmöglich, wir können aber auf dieser Seite Vieles geschehen lassen, wenn seinerseits Frankreich die nationale Neugestaltung Deutschlands in redlicher Freundschaft sich vollenden läßt.

Wäre der hier zur Sprache gebrachte Neutralitätsantrag bereits ein sicheres, vom Könige genehmigtes Angebot gewesen, so hätte er für Frankreich eine große Bedeutung gehabt, da er unter den damaligen Verhältnissen jede europäische Coalition gegen Frankreich unmöglich gemacht hätte. Wie er aber auftrat, ohne königliche Genehmigung, unter Unsicherheit der Energie, mit der Bismarck die Neutralität dem Könige empfehlen und sie bei einem französischen Angriff auf Belgien aufrecht halten würde — und dazu noch Preußens Weigerung, im Haag die Abtretung Luxemburgs vorzuschlagen, und endlich die Zumuthung an Frankreich, die Schleifung der Festung Luxemburg selbst zu veranlassen: da mußte in Paris die übelste Wirkung entstehen.

Napoleon war entrüstet. Er wünschte, Belgien ohne Kampf gegen eine Großmacht zu erwerben; das hätte ihm Preußens Offensivbund geleistet. Aber eine so unsichere Aussicht auf preußische Neutralität gab ihm keine Gewähr gegen Englands Widerstand. So brach er kurz ab. Ich will Luxemburg, erklärte er, nicht ohne die Festung; die Ablehnung der Offensiv-Allianz zeigt mir, daß Preußen überhaupt keinen Drang hat, mit mir in eine feste und wirksame Verbindung zu treten; ich aber bin nicht geneigt, mich mit einem Genossen

¹) Rothan S. 124, aus der gleich nach dem Gespräch geschriebenen, zwanzig Seiten langen Depesche Benedetti's.

einzulassen, der mir eine so unsichere Gesinnung entgegen
bringt; möge also die große Bündnißfrage auf sich beruhn
bleiben. Sie war in der That damit begraben.

Einige Wochen nachher ließ Moustier noch einmal in
Berlin erklären, man sei stets zum Bündniß bereit. Es hatte
den Werth einer Visitenkarte, die man bei einem Bekannten
zu einer Zeit abgibt, wo er sicher nicht zu Hause ist.

Napoleon's Stimmung hatte unter dem Eindruck der
Berliner Nachrichten eine vollständige Wandlung erfahren.
In diesem Moment entschied sich, wie wir später darlegen
werden, ein gründlicher Umschlag seiner innern Politik, und
zugleich ein fester Entschluß, trotz aller Hindernisse Frank-
reichs Streitkräfte so stark wie möglich zu vermehren. Denn
ganz entschieden hielt er an dem Gedanken der Erwerbung
Luxemburgs fest, die er ebenso wie seine Minister und der
Graf Benedetti als die erste Station auf der Straße nach
Brüssel betrachtete. Es wurde beschlossen, da Preußen im
Haag nicht dafür wirken wollte, die Sache jetzt selbst in die
Hand zu nehmen, und zwar gerade auf dem von Bismarck
bezeichneten Wege, zunächst einer populären Agitation in
Luxemburg, sodann einer geheimen Unterhandlung im Haag.
Nach dem Contraste des letzten Gesprächs mit den im August
von Bismarck zugelassenen Hoffnungen regte sich in Paris
gegen den Minister, der freilich nie ein Versprechen gegeben,
ein starkes Mißtrauen, jedoch blieb man auch jetzt bei dem
Gedanken, wenn man lediglich dessen eigne Rathschläge aus-
führe, könne er doch unmöglich hindernd eingreifen; er werde
eben geschehen lassen, und demnach auch ohne förmliche
Allianz Preußens Neutralität in dieser Angelegenheit thatsächlich gesichert sein. Marquis Moustier sandte bereits einige

Agenten nach Luxemburg, um dort Stimmung für den Anschluß an Frankreich zu machen.

So blieben die französischen Gefühle gegen Preußen gemischte und schwankende. Die Aussicht auf eine gemeinsame Lenkung Europas durch die große Allianz der beiden Mächte war verflogen, noch aber rechnete man auf eine, wenn nicht helfende, doch freundliche Stellung Preußens zu den französischen Annexionsplänen. Als man Anfang Februar die Materialien zu dem den Kammern vorzulegenden Gelbbuch zusammenstellte, nahm man darin auch den preußenfreundlichen Satz auf: die deutschen Südstaaten haben das unbedingte Recht, festzustellen, welche Beziehungen unter ihnen selbst, und welche zwischen ihnen und dem Nordbunde Statt finden sollen. Noch war hier also der Gedanke nicht aufgekommen, daß dieses unbedingte Recht durch die Bestimmungen des Prager Friedens eine enge Beschränkung erhalten hätte. Lange nicht so freundschaftlich klang dagegen ein Satz der französischen Thronrede bei der Eröffnung der Kammer am 14. Februar. Kaiser Napoleon hatte sich verletzt gefühlt, als König Wilhelm bei der Eröffnung des preußischen Landtags im vorigen Herbste bei der Besprechung des Nikolsburger Friedenswerkes die französische Vermittlung mit keiner Sylbe erwähnt hatte. Napoleon holte jetzt dieses Versäumniß am 14. Februar gründlich nach, indem er den französischen Volksvertretern zurief, Frankreichs Wort habe genügt, um den preußischen Heeren den Einzug in Wien zu verbieten und binnen wenigen Wochen dem gewaltigen Kriege einen allerseits befriedigenden Abschluß zu geben.

Um so weniger fand sich König Wilhelm am 24. veranlaßt, in seiner Thronrede eine vom Reichstag mit Ungeduld erwartete Verheißung deshalb zu streichen, weil sie die französischen Gefühle an empfindlicher Stelle aufregen konnte. Er erklärte dem Reichstage, so bald wie irgend möglich werde man zu Verträgen mit Süddeutschland auf Grund des Prager Friedens schreiten, welcher die Ordnung der nationalen Beziehungen zwischen Nord und Süd dem freien Übereinkommen beider Theile anheimstellte.

In Paris konnte man nichts dagegen einwenden, um so mehr aber schärfte sich in den Gemüthern Besorgniß und Widerwille gegen die begonnene Neugestaltung der deutschen Dinge. Es lag vor aller Welt Augen, daß das Wirken der beiden Parlamente von der großen und zur Zeit noch unsicheren Frage, der Stellung des neuen Deutschland zu dem französischen Reiche, beherrscht sein würde. Von ihrer Beantwortung hüben und drüben hing die Zukunft der beiden Nationen und der Friede der Welt ab.

2. Capitel.

Die ersten Wochen des Reichstags.

Bei der feierlichen Eröffnung des Reichstags, Sonntag den 24. Februar 1867, erläuterte die von König Wilhelm verlesene Thronrede den Standpunkt der verbündeten Regierungen.

Die frühere Größe Deutschlands sei durch Uneinigkeit versunken. Die Sehnsucht nach den verlorenen Gütern habe nie aufgehört, unsere Zeit sei erfüllt von solchen Bestrebungen. Diese haben bisher die Zerrissenheit nur gesteigert, weil man sich durch Ideale über die Bedeutung der Thatsachen verwirren ließ. Es sei nothwendig, die Einigung an der Hand der Thatsachen zu suchen, und nicht wieder das Erreichbare dem Wünschenswerthen zu opfern. So haben die Regierungen im Anschluß an gewohnte Verhältnisse sich über eine Anzahl bestimmter und begrenzter, aber praktisch bedeutsamer Einrichtungen verständigt, die im Bereiche der unmittelbaren Möglichkeit wie des zweifellosen Bedürfnisses liegen. Der Selbständigkeit der Einzelstaaten werden nur die Opfer zugemuthet, die unentbehrlich für den Schutz des Friedens, die Sicherheit des Bundesgebiets und die Entwicklung der Volkswohlfahrt sind.

Unsern Verbündeten sei für die Bereitwilligkeit zu solchen Opfern um so wärmer zu danken, je mehr bei den Verhandlungen die Schwere der Aufgabe hervorgetreten sei, eine volle Übereinstimmung so vieler Regierungen zu erzielen, die noch dazu die Meinungen ihrer Landtage zu beachten haben. Eine schwere Gefahr für das ganze Werk würde entstehn, wenn der Reichstag Änderungen vornähme, für welche das Einverständniß der Regierungen nicht zu gewinnen wäre.

Zum Schlusse dann der bereits angeführte Satz über das Verhältniß zu den süddeutschen Staaten.

Die Thronrede wurde von der Mehrheit des Hauses in kühler Stimmung aufgenommen. Der wesentliche Inhalt des Verfassungsentwurfs war bereits durch die Presse bekannt geworden und hatte Lob, Tadel und besonders durch sein Abweichen von allen gewohnten Verfassungsformen zweifelnde Verwunderung erregt.

Nachdem in den nächsten Tagen die erforderliche Zahl von Wahlprüfungen Statt gefunden hatte, schritt man am 2. März zu der Constituirung des Hauses durch die Wahl der Präsidenten und Schriftführer. Sehr bestimmt zeichnete sich hiebei die allgemeine Signatur der Versammlung.

Keine Partei verfügte geschlossen über die Mehrheit des Hauses. Auch eine Verbindung mehrerer verwandter Gruppen erreichte oft nur mit wenigen Stimmen das Übergewicht über die Gegner. Dieses Mal hatten Nationalliberale, Altliberale und Fortschrittsmänner sich geeinigt, dem Andenken der Nationalversammlung von 1848 eine Huldigung darzubringen, indem sie den trefflichen Mann, der einst als deren Präsident die damals beschlossene Verfassung unterzeichnet hatte, auch hier wieder zum Vorsitz beriefen. Aber erst in einem zweiten

Wahlgang siegte Simson mit 127 Stimmen (nur sieben über die absolute Mehrheit) gegen die 95 des conservativen Candidaten. Zum ersten Vicepräsidenten wurde der freiconservative Herzog von Ujest mit drei, zum zweiten der alte Führer des Nationalvereins Herr von Bennigsen mit zwei Stimmen über die absolute Majorität gewählt. Es war nach diesen Abstimmungen sofort zu erkennen, daß die große Mehrheit der Versammlung das Gelingen des Verfassungswerkes lebhaft wünschte, daß aber die Beschlüsse über die einzelnen Sätze der Regierungsvorlage einstweilen unberechenbar sein würden.

Am 4. März brachte Bismarck als Präsident der Bundescommissarien den Verfassungsentwurf amtlich beim Hause ein. Er erinnerte daran, daß der vorläufige Bundesvertrag vom 18. August 1866 nur auf ein Jahr abgeschlossen sei, daß mithin bis zu demselben Datum 1867, wenn nicht Alles in Auflösung zurückfallen sollte, die Verfassung von den Regierungen mit dem Reichstag vereinbart und von den Landtagen anerkannt sein müsse. Er bat also um möglichst rasche Arbeit. Sodann bemerkte er, im deutschen Charakter liege ein Zug, welcher der Vereinigung widerstrebe, ein gewisser Überschuß männlicher Selbständigkeit, welcher in Deutschland die Einzelnen, Personen und Stämme, verführt, sich mehr auf die eigene Kraft, als auf die der Gesammtheit zu verlassen, ein Mangel jener Gefügigkeit der Einzelnen zu Gunsten des Gemeinwesens, durch welche die andern Nationen früher als wir zur Einheit gekommen sind. Die Regierungen, schloß er, haben Ihnen im jetzigen Falle ein gutes Beispiel gegeben: es war nicht Eine unter ihnen, die nicht erhebliche Bedenken und berechtigte Wünsche der Erreichung des Ziels geopfert hätte.

Er sollte bald erfahren, wie vielen Grund er zu diesen Mahnungen gehabt hatte.

Was die Raschheit der parlamentarischen Arbeit betraf, so entspann sich zunächst eine lange Verhandlung, ob nicht die provisorisch angenommene Geschäftsordnung vor jeder andern Thätigkeit im Einzelnen erwogen und endgültig festgestellt werden müsse, was mindestens mehrere Wochen gekostet hätte. Es war hauptsächlich Georg Vincke's Verdienst, daß diese Verschleppung abgelehnt, und die provisorische Geschäftsordnung kurzer Hand zur definitiven gemacht wurde. Dann aber erhob sich am 6. März neuer Streit über die Frage, ob der Verfassungsentwurf sofort im vollen Hause berathen, oder zunächst einem Ausschusse zu gründlicher Vorprüfung überwiesen werden solle. Es war die demokratische Partei, welche mit großem Eifer das letztere Verfahren begehrte. Niemals, rief Waldeck, habe man eine Verfassung in anderer Weise berathen, als durch eine Commission, immerhin möge man eine kurze allgemeine Berathung im ganzen Hause Statt finden lassen; dann aber werde die Verweisung des Entwurfs an eine Commission um so unvermeidlicher sein, als in aller Geschichte kaum ein so abnormes Erzeugniß wie diese Verfassung vorgekommen sei; sie bilde ein Mittelding zwischen Verfassung und Vertrag, zwischen Bundesacte und Bundesverfassung oder Bundesstaatsverfassung, und bedrohe durch verschiedene Artikel das errungene verfassungsmäßige Leben in Deutschland mit vollständiger Auflösung; hier also müsse in der allergründlichsten und genauesten Weise vorgegangen werden. Er erhielt nur die kurze Antwort, daß gerade bei der Theilnahme aller Mitglieder die Prüfung umfassender und vielseitiger sein würde, als bei ihrer Vornahme durch einen Ausschuß, und sofort wurde nach dem Antrage des Präsidenten folgendes Verfahren beschlossen: zuerst eine allgemeine Besprechung des Entwurfs, dann eine Specialberathung der einzelnen Artikel, endlich die definitive Beschlußfassung, alles im gesammten Hause. Der Geschäftsordnung entsprechend konnte darauf die allgemeine Verhandlung am 9. März beginnen, zwei Wochen nach der Eröffnung der Versammlung.

Diese allgemeine Vorberathung füllte vier Sitzungen, bis zum 13. März. Sie erhielt ihr eigenthümliches Gepräge durch den Umstand, daß in ihr zwei Principienkämpfe neben einander hergingen und sich unaufhörlich kreuzten, da dieselben Parteien in dem einen der Regierungsvorlage widersprachen, in dem andern sie unterstützten oder noch überboten. Es handelte sich um die beiden Hauptfragen, um die Sicherung sowohl der Einheit als der Freiheit, oder genauer gesagt, um die Rechte der künftigen Bundesgewalt gegenüber den Einzelstaaten, und innerhalb dieser Bundesgewalt um die Rechte der Volksvertretung gegenüber den verbündeten Regierungen. Während über die letztere Frage Conservative, Liberale und Demokraten in festen Gruppen ihre Kräfte maaßen, schlossen sich bei der erstern die verschiedensten Elemente zusammen, auf der einen Seite gemäßigte und radicale Unitarier, auf der andern demokratische, feudale und klerikale Particularisten. Dazwischen wurden auf der preußischen Linken bittere Erinnerungen aus ihrem eben geschlossenen Verfassungsstreit wirksam, während katholische Redner ihrem Schmerze über die Abtrennung von Österreich Ausdruck gaben, und Polen und Dänen überhaupt mit einem deutschen Bundesstaat nichts zu schaffen haben wollten. Wenigstens einige Hauptvertreter der verschiedenen Richtungen wollen wir hier in ihren

Erörterungen begleiten: es werden uns dann die Kräfte und Motive des Widerstandes, allmählich aber auch die Punkte anschaulich werden, an welchen die Ansammlung einer regierungsfreundlichen Majorität sich erreichbar zeigte.

Die Verhandlung eröffnete mit einer ausführlichen Rede der Abgeordnete Twesten, einer der Führer der preußischen Nationalliberalen, ein ebenso liebenswürdiger wie achtungswerther Mann, fest in seinen liberalen Grundsätzen, aber ohne doctrinäre Steifigkeit, stets bereit, auf die Forderungen der praktischen Bedürfnisse Rücksicht zu nehmen, frei von persönlicher Verbitterung durch die früher durchlebten Kämpfe. Nicht ohne Sorge gestand er, an die Prüfung der Vorlage heran zu treten. Er befürchtete, daß unausbleibliche Reibungen zwischen der Bundesgewalt und der preußischen Regierung die Wirksamkeit der Verfassung, sowie daß Zerwürfnisse zwischen dem Reichstag und dem preußischen Landtag die Lebenskraft des parlamentarischen Systems lähmen könnten. Dennoch aber wolle er loyal auf den Entwurf eingehn: denn etwas müsse zu Stande kommen. Preußens ungeheuere Erfolge hätten dafür den Boden geschaffen, und der Entwurf scheine für Norddeutschland der augenblicklichen Lage zu entsprechen, sowie auch eine enge Vereinigung mit dem Süden zu ermöglichen, welcher sich einer strafferen Centralgewalt schwerlich unterwerfen würde. Nichts aber sei wichtiger als die baldige Vereinigung mit dem Süden, für unsere Kultur im Innern, für unsere Sicherheit nach Außen, da wir nur zu gut wissen, welche feindselige Nachbarn unser Aufstreben bedrohn.

Dann erkennt der Redner an, daß der Entwurf eine starke Bundesregierung liefere, wenn auch das Wort an keiner

Stelle vorkomme. Dies führt ihn zu der Forderung, daß zwar die Centralgewalt Kraft und Freiheit der Bewegung haben müsse, um den Bund mit Entschiedenheit zu leiten, daß aber nichts in die Verfassung hineinkommen dürfe, was in der Zukunft der Entwicklung der Freiheit, d. h. der rationellen, einflußreichen Theilnahme des Volks an der Bestimmung seiner Geschicke, die Wege verlegen könnte. Hier möchte nun der Mangel jeder Verantwortlichkeit der Bundesregierung gegenüber dem Reichstag bedenklich erscheinen. Aber es sei eben unmöglich, im Bundesstaate eine parlamentarische Verantwortlichkeit der Minister herzustellen. Die preußische Regierung könne nicht zugleich dem Reichstag und dem Landtag verantwortlich sein; auch sei sie durch die Beschlüsse des Bundesraths sowohl gedeckt als gebunden. Um so mehr aber, fuhr der Redner mit gesteigerter Lebhaftigkeit fort, sei darauf zu bestehn, daß die Gesetzgebung über Heer- und Flottenangelegenheiten der Bundesgewalt und damit der Mitwirkung des Reichstags überwiesen, daß nach der alten Forderung ein Heeresorganisations-Gesetz dem Reichstag vorgelegt werde, und vor Allem, daß der Reichstag das volle Budgetrecht erhalte, mindestens das Recht, alle Ausgaben zu bewilligen, ohne daß das Militärbudget ein für alle Male festgestellt wäre. An dieser Stelle drängte, offenbar durch die Erinnerung an die preußische Conflictszeit aufgeregt, bei dem sonst so gemäßigten Manne das liberale Gefühl den nationalen Gedanken in den Hintergrund; in Verläugnung des ersten Wortes seiner Rede rief er: würde hier keine Änderung der Vorlage erreicht, so müßte ich die Ablehnung der ganzen Verfassung durch den preußischen Landtag wünschen, selbst auf die Gefahr hin, daß auch dieses Mal nichts zu Stande gebracht würde.

Indessen kam Twesten am Schlusse seines Vortrags noch einmal auf die europäische Lage und das sichtbare Übelwollen Frankreichs und damit auch zu einer ruhigeren Auffassung der Budgetfrage zurück. Ich könnte mir denken, sagte er, daß für die Dauer einer solchen Spannung es vielleicht rathsam wäre, zur Verhütung jeder Erschütterung unseres Heerwesens ein Pauschquantum für eine festbegrenzte Übergangszeit zu bewilligen, innerhalb dieser Periode also auf das volle Budgetrecht des Reichstags zu verzichten.

Wir werden sehn, daß dieses Wort später für den Abschluß der Verfassung entscheidend geworden ist.

Für den Augenblick aber warf sich ihm das berühmte Haupt der preußischen Fortschrittspartei mit zürnender Entschiedenheit entgegen.

Seit 1848 hatte Waldeck die höchste Verehrung aller preußischen Demokraten genossen, und sie durch fleckenlose Ehrenhaftigkeit des Charakters und unbedingte Festigkeit seiner politischen Überzeugung wohl verdient. Er war offener Bekenner der französischen Lehre von dem gleichen Rechte aller Menschen und folglich der souveränen Gewalt des Volkes; als preußischer Patriot war er bereit, den König zu ehren, nur daß dieser seinen Beruf allein in der Ausführung der Beschlüsse der von dem Volke gesandten Vertreter finde. In diesen Sätzen sah er das einzige Maaß für alles politische Thun, und so wurde die Unbeugsamkeit seiner Consequenz ihm freilich leichter, als andern Menschen, welche nicht bloß die Schablone der Theorie, sondern auch deren Anwendbarkeit auf die gegebenen Zustände, Interessen und Leidenschaften in's Auge fassen. Waldeck begann seine Rede mit dem Ausdruck der Empörung seines preußischen Herzens, daß nach der vorliegenden Verfassung im Bundesrath die Vertreter der 25 Millionen Preußen durch die Commissare der nur 5 Millionen Einwohner zählenden Kleinstaaten überstimmt werden könnten. Es war dieselbe Sorge, aus der einst Walded's politische Antipoden, die altpreußischen Feudalen, sich gegen die Erfurter Verfassung erhoben hatten, Preußen würde durch den Bund mit den Kleinstaaten nicht gestärkt sondern gelähmt werden. Walded's Mittel gegen eine solche Schädigung Preußens war sehr einfach: am Besten, rief er, wäre es gewesen, wenn Preußen diese Kleinstaaten sämmtlich annectirt hätte. Vor Allem aber grollte er dem jetzt vorgeschlagenen Bundesrathe, weil er nicht wie einst der Erfurter Fürstenrath auf die Theilnahme an der Gesetzgebung beschränkt sein, sondern gemeinsam mit dem Präsidium die Bundesregierung führen sollte. Daß gerade durch jene Bestimmung der Unionsverfassung der erste schwere Keil in den Zusammenhalt der Union getrieben worden, hatte wohl Bismarck beobachtet, und deshalb die Änderung beschlossen, Walded aber sah über diesen Zusammenhang hinweg und verurtheilte den neuen Bundesrath, weil dessen Antheil an der Regierung die Einsetzung eines dem Reichstag verantwortlichen Ministeriums und damit nach Walded's Auffassung die erste Grundbedingung der Freiheit unmöglich machte. Wieder war sein Antrag zur Abhülfe ganz einfach: der König von Preußen sei das Haupt der Centralgewalt mit verantwortlichen Ministern, der Reichstag aber habe nicht bloß über die Gesetzgebung, sondern auch jährlich über die Einnahmen und Ausgaben aller Dienstzweige zu entscheiden. Wenn seiner Prüfung, bemerkte er, der Etat für Heer und Marine entzogen bliebe, so hätten wir ein Zoll=, ein Post=, ein

Telegraphen-Parlament, aber von einem wirklichen Parlament sei nicht zu reden. Nur durch die Erfüllung dieser Forderung, betheuerte er, können wir die Zustimmung des preußischen Landtags erhalten; er gibt sie nicht ohne die Bewilligung eines vollen Budgetrechts. Jahre lang hat er für dessen Erhaltung gestritten; nimmermehr wird er es hier zerstören lassen, auch auf die Gefahr hin, daß dieser dritte Versuch der deutschen Neugestaltung scheitere. Man fragt, sagte er, was dann zu geschehn habe? Auch hier ist die Antwort einfach: Sicherung der Wehrkraft durch Militärconventionen, Entwicklung des Wohlstandes durch Erhaltung des Zollvereins; mehr bedarf es nicht, wenn wir die constitutionelle Freiheit bewahren.

Auch über die Frage der künftigen Vereinigung mit Süddeutschland hatte Waldeck keinen andern Gedanken als dieselben Schlagworte der radicalen Theorie. Die süddeutschen Staaten sind constitutionell, sagte er, wir werden sie haben, wenn wir echte constitutionelle Freiheit schaffen, ein anderes Mittel, sie zu locken, gibt es nicht. Es war wieder die völlige Nichtachtung der Erfahrungen von 1849 und 1859, und die absolute Unkenntniß der süddeutschen Zustände im Jahre 1867. Er hatte keine Ahnung davon, wie sehr im Süden damals noch der particulare Sinn überwog, wie viel weniger dort die Mehrheit sich um die Gestaltung der norddeutschen Bundesgewalt, als um die eigne Unabhängigkeit von derselben kümmerte, wie also sein parlamentarischer Einheitsstaat dort nicht eine Lockung, sondern ein Gegenstand des Abscheus gewesen wäre. Daß der bayerische Ministerpräsident, Fürst Hohenlohe, ein durchaus gegen Preußen freundlich gesinnter Mann, gleich nach dem Bekanntwerden des norddeutschen Verfassungsentwurfs der bayerischen Kammer erklärt hatte, Bayerns Eintritt in einen solchen Bund sei unmöglich, weil damit die Selbständigkeit des Landes und der Krone zerstört würde, war eine für Walded nicht vorhandene Thatsache. Er hoffte vielmehr von der Verwirklichung seines Ideals noch viel größere Dinge. Eine völlig freisinnige Verfassung, sagte er, wird uns nicht bloß die Verbindung mit dem Süden bringen, die wir um so weniger entbehren können, als Preußen jetzt die Vormauer Deutschlands gegen Frankreich geworden ist: sie wird uns auch, wenn Österreich demnächst zerfällt, Böhmen und Mähren zuführen, die ja von Rechtswegen zu Deutschland gehören; man hört zwar oft von dem Hader zwischen Deutschen und Slaven in jenen Ländern reden, aber alle diese Schwierigkeiten würden sehr leicht sich lösen, wenn wir nur erst eine freie demokratische Verfassung für den deutschen Gesammtstaat hätten. Die Czechen also sollten einem deutschen Parlamente unterthänig zu Füßen fallen, die österreichische Regierung aber die deutsche Annexion von zwei ihrer Kronlande pflichtmäßig genehmigen, sobald nur Deutschland eine schöne demokratische Verfassung hätte. Und das Alles wurde mit der tiefsten Überzeugung als schlechthin selbstverständlich vorgetragen, als wenn unter vernünftigen Menschen von einer verschiedenen Meinung darüber gar nicht die Rede sein könnte.

Ein größerer Gegensatz ließ sich nicht denken, als zwischen diesem großpreußischen radicalen Idealisten und dem ihm auf der Rednerbühne folgenden nationalgesinnten liberalen Praktiker, Miquel. Der Contrast war um so schärfer, als der in seinen Gedankenbildern aufgehende Doctrinär ein Greis, der alle Wirklichkeiten erkennende und erwägende Politiker ein junger Mann war.

Walbeck's grundsätzliche Verwerfung des Entwurfs schob Miquel mit wenigen kurzen Sätzen auf die Seite. Ich werde, begann er, weniger vom preußischen Landtag und der preußischen Verfassung reden, als von Deutschland und dem deutschen Verfassungsentwurf. Die Vorlage, erklärte er sodann, entspricht den Thatsachen und den Bedürfnissen. Ihre Bundesgewalt erscheint an einigen Stellen stärker, an andern schwächer, als in den gewohnten Vorstellungen von einem Bundesstaat. Aber wir meinen, daß in der Praxis der Entwurf ausreichen wird.

Sofort ging er dann auf die Beziehungen zu Süd-Deutschland über. Die Mainlinie, war sein geflügeltes Wort, ist allerdings nichts, als eine Haltestelle, um Kohlen und Wasser einzunehmen, Athem zu schöpfen und nächstens weiter zu gehn. Zur Zeit aber machen wir hier eine Verfassung nur für Norddeutschland, wir müssen sie berechnen für das heutige Bedürfniß Norddeutschlands, und nicht für zukünftige, noch nicht übersehbare Combinationen. Locken, wie der Vorredner sich ausgesprochen hat, locken werden wir die Süddeutschen nicht dadurch, daß wir das eine oder das andere Freiheitsrecht in die Verfassung aufnehmen: nur ein machtvoller Staat, der nach Außen imponirt und nach allen Seiten hin Sicherheit gewährt, gleichsam eine Feste, die nicht bloß ihre Einwohner, sondern schon jetzt auch ihre Außenbürger schützt, nur eine solche starke Feste kann uns Süddeutschland gewinnen. Daß dies im Süden anerkannt, und also dort der Eintritt in unsern Bund gewünscht wird, haben wir ruhig zu erwarten, ohne unsererseits den Süden zu einem solchen Schritte zu drängen.

Dennoch aber tadelte Miquel den Verfassungsentwurf, daß er in seinem Schlußartikel nur von Verträgen spreche, welche nach Errichtung des Nordbundes von diesem mit den Südstaaten abzuschließen seien. Denn damit werde ja die internationale Sonderung beider Theile rechtlich anerkannt, während doch für das patriotische Gefühl jedes Deutschen ihre künftige Vereinigung unausbleiblich sei. Die Verfassung müsse also unsere Bereitwilligkeit positiv aussprechen, dem Süden den Eintritt, sobald er ihn wünsche, weit zu eröffnen. Denn über die Schranken des Nikolsburger Friedens werde Deutschland seiner Zeit ebenso hinwegschreiten, wie einst Italien über den Vertrag von Villafranca zur Tagesordnung übergegangen sei. Keine fremde Macht könne eine wirthschaftlich bereits geeinigte Nation daran hindern, sich auch ein einheitliches Staatsgebäude zu gründen. Wir vertrauen, daß Kaiser Napoleon und die besonnene Partei in Frankreich stark genug sein werden, Leidenschaften zu überwinden, die zuletzt stets zum Verderben des französischen Volkes selbst ausgeschlagen sind. Müßte es aber dennoch sein, nun so hätten wir Wehr und Waffen, um unser Recht und unsern Willen zur Geltung zu bringen. Ein lebhafter Beifall antwortete dem Redner von allen Seiten des Hauses.

Er ging dann über zu der Besprechung der constitutionellen Streitfragen. Zunächst wies er die Geringschätzung zurück, mit der Waldeck von dem künftigen Reichstag geredet hatte, wenn derselbe nicht volles Budgetrecht auch für den Militäretat erhielte, und zählte die wichtigen Gebiete der nationalen Gesetzgebung auf, welche der Entwurf der Competenz des Reichstag eröffnete, Gebiete, die sich vielleicht durch inhaltreiche Zusätze noch erweitern ließen. Dann aber, zu den Regierungen gewandt, mahnte er sie mit schwungvoller Wärme, den Reichstag und die Nation nicht durch Verstümmelung des Budgetrechts zu erbittern. Denn dann würden maaßlose und revolutionäre Forderungen auftreten, während ein in sein volles Recht eingesetzter Reichstag conservativ und stets bereit sein würde, für Deutschlands Sicherheit alle erforderlichen Mittel zu bewilligen. Hier also stimmte er ganz dem Begehren Twesten's und Waldeck's zu, immer aber blieb der Unterschied bedeutend. Denn er sprach Wünsche aus, machte ihre Erfüllung aber nicht zur Bedingung der Annahme der Verfassung.

Am Regierungstische hatte man geringes Vertrauen auf die Zuverlässigkeit seiner Verheißungen, sah aber die Hoffnung auf ungeänderte Annahme dieses Theils der Verfassung mehr und mehr verschwinden. Bismarck's Vertrauter, Wagener (Neustettin), machte geringen Eindruck mit der Erörterung, daß, wenn der Reichstag die jährliche Beschlußnahme über den Militäretat empfange, dasselbe Recht auch dem Bundes= rathe nicht vorenthalten werden könne, und dadurch der Bund sich in einen Vertrag mit jährlicher Kündigung verwandeln würde. Vergeblich forderte er die Linke auf, dem Beispiele der Rechten zu folgen, welche um der Einheit willen eine lange Reihe ihrer Lieblingswünsche zum Opfer zu bringen bereit sei (sehr richtig, rechts). Statt dessen wurde von meh= reren Seiten her mit großem Pathos der Satz verkündigt, jeder preußische Abgeordnete, welcher die preußische Verfassung beschworen, breche seinen Eid, wenn er hier für eine Minde= rung der preußischen Verfassungsrechte stimme — als wenn diese Verfassung nicht selbst einen Artikel über gesetzliche Änderungen hätte, so daß der Eid nur die Theilnahme an

Änderungen in gesetzwidriger Weise verbietet. Sogar ein parlamentarischer Veteran wie Bockum=Dolffs, früher der Führer einer in der Conflictszeit einflußreichen Partei, hatte sich in jene wunderbare Schwurtheorie verbissen, und ein katholischer Caplan erklärte unter Mißbrauch eines Bibelworts: was hülfe es mir, wenn ich die ganze Welt gewänne, und Schaden nähme an meiner Verfassung?

In ganz anderer Weise verständig und wirksam redete der jüngste Virtuose in Deutschlands parlamentarischem Or= chester, der von hier an zu einer großen Führerstellung empor= steigende Eduard Lasker. Im Wesentlichen sprach er nach Twesten's Sinn, unter Anerkennung der allgemeinen Structur des Verfassungsentwurfs, jedoch mit der sich Waldeck an= nähernden Bemerkung, daß zwar jetzt die Majorität der Klein= staaten im Bundesrathe unbedenklich sei, bei dem Eintritt des Südens aber durch eine neue Einrichtung Preußens Über= gewicht für alle Zukunft gesichert werden müßte. Twesten's Forderung eines allseitigen Budgetrechts des Parlaments ver= stärkte er dann noch durch weitere Begehren sonstiger im Entwurfe nicht erwähnter parlamentarischer Privilegien. Wie er zu Twesten, stellte sich darauf der Nassauer Braun zu Miquel, indem er die Streitfragen über die Rechte des Reichs= tags zwar im liberalen Sinne erwähnte, zugleich aber die preußischen Particularisten an ihre Pflicht, dem deutschen Gemeinwohl Opfer zu bringen, erinnerte, das Hauptgewicht seiner Rede auf die nationale Seite legte, und das Verhält= niß zu den Südstaaten ganz in Miquel's Sinne mit vielfach verstärktem Ausdruck erörterte. Es wäre, führte er aus, ein schwerer Irrthum, wenn wir jetzt schon bei dem Süden den Wunsch zum Eintritt voraussetzten; im Gegentheil, je eifriger wir ihm nachlaufen, desto sicherer wird er uns zu entwischen suchen. Wir müssen uns darauf beschränken, unsere Bereitwilligkeit auszusprechen, diese aber auf das Bestimmteste auch dem Auslande gegenüber behaupten. Ihm folgte der rheinpreußische Abgeordnete Groote, ein geistreicher Sonderling, welcher in langer, das Haus ermüdender Rede die völlige Unbrauchbarkeit und Verderblichkeit des Verfassungsentwurfs darzulegen suchte.

Hier endlich nahm, von allen Seiten des Hauses mit Spannung erwartet, Bismarck das Wort.

Er begann mit erneuerter Ausprägung des Standpunkts der verbündeten Regierungen. Nicht einem theoretischen Ideal habe man nachgestrebt, bei dem die deutsche Einheit auf ewig verbürgt und zugleich den Einzelstaaten unbedingte Freiheit gesichert sei. Dieser Quadratur des Kreises um einige Dezimalstellen näher zu kommen, überlasse man der Zukunft. Für die Gegenwart habe man, der Hindernisse gedenkend, an welchen Frankfurt und Erfurt gescheitert sind, diese Widerstandskräfte nicht wieder herauszufordern gestrebt, und also den Einzelstaaten nur das Minimum der Opfer auferlegt, ohne welches die Festigkeit und Sicherheit des Bundes unmöglich geblieben wäre. Man hat dagegen Einwendungen von zwei Seiten her erhoben, von der unitarischen und der particularistischen. Von jener ist die Forderung einer constitutionellen Monarchie mit verantwortlichen Ministern erschienen. Aber wie sollen 22 Regierungen ein solches Ministerium ernennen? Schließen Sie 21 derselben von jeder Theilnahme an der Executive aus, so sind sie mediatisirt, und noch haben die deutschen Fürsten keine Lust, ihre Stellung mit jener der englischen Pairs zu vertauschen. Unsere Macht, meinen Sie, sei groß genug, sie dazu zu zwingen. Aber die Grundlage unseres Verhältnisses soll nicht die Gewalt sein, weder den Fürsten noch dem Volke gegenüber; sie soll das Vertrauen zu der Vertragstreue Preußens sein, und dies Vertrauen darf nicht erschüttert werden, so lange man uns die Verträge hält.

Mit noch größerer Energie wandte Bismarck sich dann gegen die Einwendungen von particularistischer Seite, insbesondere gegen die preußischen Abgeordneten, welche bei jeder — auch jeder gesetzmäßigen — Änderung des preußischen Verfassungsrechts die Ablehnung der hier mit den Vertretern von 30 Millionen Deutscher vereinbarten Verfassung durch den preußischen Landtag in Aussicht stellten. Ganz dasselbe Recht wie der preußische hätte jeder der 21 Landtage, jeder der 21 Fürsten der kleinern Staaten. Was würden Sie sagen, wenn einer derselben hier erklärte, er werde sein Veto gegen die Bundesverfassung einlegen, wenn dieser oder jener Rechtssatz sich nicht darin vorfände? Glauben Sie wirklich, rief er, daß die großartige Bewegung, die im vorigen Jahr die Völker vom Belt bis an die Meere Siciliens, vom Rhein bis an den Pruth zum Kampfe geführt hat, zu dem eisernen Würfelspiel, wo um Königs- und Kaiserkronen gespielt wurde, daß die Millionen deutscher Krieger, die gegen einander gekämpft und geblutet haben, daß die Tausende und aber Tausende von Gebliebenen und der Seuche Erlegenen, die durch ihren Tod diese nationale Entscheidung besiegelt haben, mit dem Beschlusse eines Landtags zu den Acten geschrieben werden können? Dann stehen Sie wirklich nicht auf der Höhe der Zeit, sondern Sie machen sich eine vollständig unmögliche Situation.

Ich wende mich gerne, fuhr er fort, von diesen phantastischen Unmöglichkeiten in das reale Gebiet zurück zu einigen Einwendungen, die gegen den Inhalt der Verfassung gemacht worden sind. Hier gab er dann die für den günstigen Verlauf der Verhandlung wichtigen Erklärungen.

Zunächst die allgemeine, „daß wir das Werk der Verbesserung fähig halten, daß wir für keinen Vorschlag, der es mit der Erleichterung des Zustandebekommens und der Verbesserung des Werkes ernstlich meint, unempfänglich sind".

Sodann die Zurückweisung des Verdachts, daß die Regierungen eine Zerstörung des constitutionellen Lebens, eine Zerreibung der Parlamente durch deren gegenseitige Bekämpfung im Sinne trügen. Was hätten wir denn davon? Ist denn auf die Dauer eine Regierung denkbar, die zu allen auswärtigen Schwierigkeiten sich systematisch auf ein wildes Reactionswesen einlassen und sich in stetem Hader mit der eignen Bevölkerung aufhalten möchte?

Und daran knüpfte er das für den Fortgang des Werkes entscheidende Wort: „Wir wollen den Grad der Freiheits-Entwicklung, der mit der Sicherheit des Ganzen nur irgend verträglich ist. Es kann sich nur handeln um die Grenze: wie viel, was ist mit dieser Sicherheit auf die Dauer verträglich? was ist jetzt mit ihr verträglich? ist ein Übergangsstadium nöthig? Wie lange muß dies dauern?"

Damit war der Streit über die Principien des Budgetrechtes aufgegeben und in Erinnerung an Twesten's letzten Vorschlag in eine Verhandlung über ein Mehr oder Weniger verwandelt. Bismarck erklärte nicht wörtlich, daß die Regierungen Twesten's Vorschlag annähmen, wohl aber ließ er die Möglichkeit desselben zu, indem er die Gestaltung der

Dinge im Falle der Annahme entwickelte. Allerdings warnte er mit großem Ernst, auf dem Gebiete des Heerwesens das Streben nach Erhöhung des parlamentarischen Einflusses nicht so hoch zu überspannen, daß endlich der ganze Bestand der Armee von wechselnden Majoritäten abhängig würde: niemals würden die Regierungen bei einer solchen Erschütterung des Fundaments der nationalen Sicherheit sich nachgiebig zeigen können. Um so entgegenkommender redete er über die sonstigen Ausstellungen, welche in den Verhandlungen an dem Entwurfe gemacht worden waren, erkannte bei mehreren die Richtigkeit an und verhieß für die übrigen wohlwollende Erwägung, entweder gleich hier bei der Verfassung oder bei der spätern Gesetzgebung. Zugleich betonte er, stets die Verhütung europäischer Schwierigkeiten im Auge, die Mahnung, sich nicht so viel mit dem künftigen Schicksal Süddeutschlands zu beschäftigen: Waldeck's Antrag enthalte das sicherste Mittel, die Südstaaten vom Eintritte zurückzuschrecken; die bevorstehenden Verhandlungen über den Zollverein würden die beste Vorbereitung für weitere Annäherung sein; die Hauptsache, das kräftige Zusammenwirken des Nordens und des Südens bei jeder auswärtigen Gefahr, sei schon jetzt vollkommen gesichert. Also, schloß er, kommen wir rasch zum Abschluß: setzen wir Deutschland in den Sattel, reiten wird es schon können.

Mit diesen Darlegungen war eine vollständige, principielle Umgestaltung des Verfassungsentwurfs kräftig zurückgewiesen, auf dem Boden desselben eine Reihe der erhobenen Bedenken aus dem Wege geräumt, und für die Hauptschwierigkeit, das Armeebudget, der Weg zur Verständigung genau bezeichnet. Das Interesse der allgemeinen Debatte war damit im Grunde erschöpft, und so lebhaft und talentvoll die jetzt noch auftretenden Redner der Fortschrittspartei, Schulze-Delitzsch und Franz Duncker, für ihr System zu werben suchten, so waren sie doch nicht in der Lage, neue Gesichtspunkte aufzustellen oder die sich vollziehende Annäherung zwischen den Regierungen und der Majorität zu stören. Es gelang ihnen um so weniger, als die sächsischen Abgeordneten, die man Anfangs nach den Vorgängen von 1866 für widerwillige Particularisten gehalten hatte, sich in ihrer Stellung kaum von jener Miquel's unterschieden, zwar mehrfache Wünsche für die Verbesserung der Verfassung äußerten, in erster Linie aber für das Zustandekommen des Werks als eine unerläßliche Nothwendigkeit waren und kräftig eintraten. In schroffem Gegensatze zu ihnen machte sich auf andern Seiten ein particularistischer Zorn gegen den ganzen 1866 geschaffenen Zustand in heftigen Ergüssen Luft. Freiherr von Münchhausen aus Hannover begann zwar mit der Erklärung, loyal an der neuen Verfassung mitzuarbeiten, und schloß mit der Warnung, nicht durch Ablehnung derselben das vorhandene Übel ärger zu machen, ließ aber in der nähern Prüfung des Entwurfs keinen Stein desselben auf dem andern. Er fand darin den Mangel einer scharfen Begrenzung und Beschränkung der Befugnisse der Centralgewalt gegenüber den einzelnen Regierungen, ferner, in wunderbarem Widerspruch mit diesem Tadel, den Mangel an verantwortlichen Bundesorganen gegenüber bem Reichstag, endlich den Mangel eines Reichsgerichts zum Schutze der persönlichen Freiheit und der berechtigten Eigenthümlichkeiten der Einzelstaaten. Dies führte ihn dann zu einer Schilderung der Volksstimmung in Hannover und des dort eingehaltenen preußischen Verfahrens. Das

Volk sei der Annexion von Anfang an gründlich abgeneigt gewesen, zunächst weil dort der Rechtssinn und damit die Anhänglichkeit an die angestammte Dynastie unerschütterlicher sei als anderwärts, und sodann, höchst charakteristisch für den kleinstaatlichen Patriotismus, weil eine Großmacht einen erheblichen Theil ihrer Kräfte zur Sicherung nach Außen verwenden müsse, deshalb nicht wie ein Kleinstaat alle Mittel ausschließlich zur Pflege der localen Interessen benutzen könne, und man ohne Zweifel also besser und behaglicher im Kleinstaat lebe. Und nun vollends, wenn wie hier die Großmacht ihr Heerwesen zu solcher Masse entwickelt, daß für das Volk ein unerträglicher Steuerdruck entsteht, und nach Außen eine solche Rüstung als eine stete Gefährdung des europäischen Friedens erscheinen muß. Weiter aber wurde der Despotismus des bisherigen preußischen Säbelregiments über Hannover dem Abscheu des Hauses Preis gegeben; wir wollen zur Ehre des edlen Freiherrn hoffen, daß er von der Existenz der großen welfischen Militärverschwörung nichts wußte, durch welche die Schärfung jenes Regiments hervorgerufen und gerechtfertigt wurde [1]).

Mit noch größerer Deutlichkeit zeichnete sich ein angesammelter, wahrhaft giftiger Ingrimm gegen Preußens mächtige Erfolge in der Rede des ultramontanen Herrn

---

[1]) Unmittelbar vor dem Schluß der Verhandlung legte noch ein anderer Hannoveraner, der Bürgermeister Grumbrecht von Stade, das Zeugniß ab, die Anschauungen des Herrn von Münchhausen lebten nur in einem Theile der höchsten und einem der niedrigsten Schicht der Bevölkerung, namentlich in den altwelfischen Bezirken Lüneburg, Kalenberg, Göttingen; der von Münchhausen gepriesene Rechtssinn sei durch die Verfassungsbrüche der beiden letzten Könige stark erschüttert, dadurch die Annexion vorbereitet und zuletzt durch die unverständige Politik der Regierung unvermeidlich geworden.

von Mallinckrodt. Justitia est regnorum fundamentum, rief er, aber an der Wiege dieses norddeutschen Bundes hat die Justitia nicht gestanden. Er entwickelte dann, wie Preußen die Sünde der rechtlosen Eroberung doppelt schwer gegen Schleswig-Holstein begangen, indem es sich dort als Befreier eingenistet und dann als Vergewaltiger geendigt habe, wie Preußen weder gegen Österreich noch gegen den Bundestag einen rechtlichen Grund zum Kriege gehabt, also nur aus Herrschsucht und Habgier den Bund gesprengt, Österreich hinausgestoßen, drei Fürstenhäuser verjagt, die Stadt Frankfurt confiscirt habe, wie es durch diese Annexionen einen wahren Bundesstaat unmöglich gemacht, und dennach jetzt in Wirklichkeit den Einheitsstaat, ein Großpreußen anstatt eines Kleindeutschland, vorbereite. Bismarck habe nach all diesen Thaten von einem sechshundertjährigen Elend der deutschen Nation gesprochen; mit bitterer Ironie bemerkte dazu der Redner, er könne nicht füglich annehmen, daß Bismarck den Beginn dieses Elends von der Bändigung der Raubritter durch Rudolf von Habsburg datire; er scheine mit gewissen Historikern (hier fiel ein Blick auf den im Hause anwesenden Verfasser dieses Buchs) anzunehmen, daß der ganze Verlauf unserer Kaisergeschichte eine Verkehrtheit gewesen, weil er nicht zur Centralisation geführt habe, während doch die Welt wisse, daß die Menge unserer Fürstenhöfe die Quelle eines reichen und fruchtbaren Geisteslebens in allen Theilen des Reichs geworden sei. Jedermann verstehe das Wort deutsche Freiheit und ebenso die Worte preußische Disciplin und Uniform. Zwinge man den deutschen Westen und Süden in die Monotonie eines preußischen Einheitsstaats, so sei die Folge unausbleiblich: der Despotismus und dagegen die Revolution.

Es scheint einleuchtend, daß ein Staat, wo in einer durch allgemeines Stimmrecht gewählten Versammlung eine solche Rede gehalten werden kann, die Freiheit nicht erdrückt, und daß eine reiche innere Mannichfaltigkeit einem Gemeinwesen nicht fehlt, welches die rheinisch-westfälische Heimath des Redners neben Ostpreußen und Posen in sich schließt. Bismarck begnügte sich, auf Mallinckrodt's historische Andeutungen mit dem niederschmetternden Worte zu antworten: die sechshundert Jahre führen, genau genommen, über Rudolf von Habsburg hinaus in die Zeit der Anarchie, in der die Raubritter entstanden; wodurch aber entstand die Anarchie? durch den Sturz der Staufer, und wodurch der Sturz der Staufer? durch den Sieg der Welfen und der Ultramontanen.

Ganz wie Münchhausen redete dann auch ein hanseatischer Ministerresident außer Diensten, Schleiden, damals Abgeordneter eines Holsteiner Wahlbezirks, zu Gunsten kleinstaatlichen Behagens, wo man sich der ersten nationalen Pflicht, der Sicherung gegen Außen, unbefangen entzieht, um draußen niemand Anstoß zu geben. Wie Münchhausen eine Verminderung des Landheers begehrte, erhob sich Schleiden gegen die Gründung einer deutschen Flotte. Hätten wir, sagte er, eine starke Flotte gehabt, niemals hätte der Großhandel der Hansestädte eine solche Entfaltung gewinnen können. Ganz richtig: mit einer starken Flotte hätte Deutschland vielleicht auch Kriege zur See geführt, während deren durch Unterbrechung der stillen Neutralität der Hamburger Handel zeitweise gestört worden wäre. Auf diesem Standpunkte mußten allerdings die glorreichen Vorfahren der Hansa einiger Maßen blödsinnig erscheinen, welche Mühe und

Kosten auf die Gründung einer Flotte verwandten, mit der sie in mehr als einem Jahrhundert den ganzen europäischen Norden ihren Handelsinteressen dienstbar machten — bis dann ein deutscher Kaiser, Carl V., selbst dazu half, Deutschlands maritime Größe zu brechen.

Auf Schleswig-Holstein übergehend, verstieg sich Schleiden zu dem Satze, niemals habe eine Regierung von Gottes Gnaden so viel dazu gethan, das monarchische Princip zu compromittiren, wie die preußische durch die Verdrängung Augustenburgs und die Annexion der Herzogthümer. Offenbar waren diesem Diplomaten die Frankfurter und Londoner Verhandlungen von 1852 und das dänische Thronfolgegesetz von 1853 völlig unbekannt geblieben.

Indessen so heftig diese Stimmungen bei einzelnen Gruppen aufschäumten, die Particularisten vermochten so wenig wie die Demokraten den Gang der Dinge und das Streben der Mehrheit zu wenden. In einem warmen und klaren Vortrag sprach Bennigsen es aus: durch die Verhandlung sind die aus einander gehenden Ansichten sich wesentlich näher gekommen: es ist ein fester Boden für die Verständigung gewonnen worden. Georg Vincke ging darauf noch einmal in einer von schneidendem Witze und patriotischer Gluth funkelnden Rede die Einwendungen der Gegner durch, und auf gewisse Äußerungen, daß die Annahme der Verfassung oder der Eintritt der Südstaaten den Zorn des Auslandes erregen könnte, antwortete er mit wegwerfendem Eifer: in jedem französischen oder englischen Parlament hätte ein solches Wort einen Sturm der Entrüstung hervorgerufen; sollte Deutschland eine geringere Selbstachtung besitzen?

Mit diesen kräftigen Sätzen hatte er der überwältigenden Mehrheit aus der Seele gesprochen. Es gab bei ihr, so wenig wie überhaupt beim deutschen Volke, eine feindselige Stimmung gegen irgend einen ihrer Nachbarn. Fest aber stand der Entschluß, keine fremde Einmischung in die deutschen Angelegenheiten zuzulassen, und wenn man aus Rücksichten der innern Politik für den Augenblick auf die Erweiterung des Bundes zur vollständigen deutschen Einheit noch verzichtete, so stimmte doch eine jubelnde Begeisterung Miquel's Rede zu, daß die deutsche Einheit sich vollenden müsse, möchten die fremden Mächte darob Freude oder Zorn empfinden. Nur der leitende Minister, dessen deutscher Patriotismus keinem andern etwas nachgab, warnte bringend im Interesse des Friedens, keinen Schritt zu thun, der von anderer Seite als Verletzung der Verträge gerügt werden könnte.

Die Versammlung sollte sofort inne werden, daß zu dieser Aufforderung guter Grund vorlag. Am 13. März hatte sie die erste Lesung der Verfassung geschlossen; am 14. eröffnete in Paris der gesetzgebende Körper eine nicht minder erregte Verhandlung über Frankreichs auswärtige Politik, insbesondere über seine Beziehungen zu Italien und Deutschland. Hier erschien gegen Preußens bisherige Erfolge ein tiefes Mißtrauen und bitterer Verdruß, vollends aber gegen eine weitere Entwicklung der deutschen Einheit erhob sich unverhüllt der kriegschnaubende Protest. Oft hat man sonst von der Entzündung schlimmer Kämpfe durch eine selbstsüchtige Cabinetspolitik gesprochen: hier drohte umgekehrt, wenn nicht den Cabinetten ein- und abzulenken gelang, die populäre Leidenschaft der beiden Nationen einen heftigen Zusammenstoß herbeizuführen.

Es war wieder, wie im Mai des vorigen Jahres, Thiers, welcher zu jenen übermüthigen Auslassungen die Losung gab, indem er eine Interpellation an die Regierung über deren weiteres Verhalten gegen Italien und Deutschland einbrachte, und dieselbe am 14. März in einer die ganze Sitzung ausfüllenden Rede begründete. Es war das Programm der alten französischen Überlieferung, daß Frankreich in sich geeinigt und dadurch stark, seine Nachbarn aber in ihrem Innern zerspalten und dadurch schwach sein müßten. In weitläufigen Erörterungen, die bis auf Franz I., Richelieu und Mazarin zurückgriffen, geißelte er das Verfahren der Regierung, welches diese echte Interessenpolitik zu Ehren eines phantastischen Nationalitätsprincips verlassen, die Einheit Italiens geschaffen, und damit die deutsche Einheit unter preußischer Herrschaft ermöglicht hätte. Man habe gemeint, im Trüben fischen zu können, und deshalb Preußen erlaubt, im Kriege gegen Österreich und dem deutschen Bunde um sich zu greifen, damit man selbst anderweitig um sich greifen könne. Das aber heiße, für ein schnödes Trinkgeld Frankreichs Lebensinteressen verrathen. Jetzt sei das Unheil geschehn, und sehr verkehrt würde es sein, etwa mit Waffengewalt die heute erreichte Größe Preußens wieder zertrümmern zu wollen. Denn damit würde man erst recht die Vollendung der deutschen Einheit beschleunigen, Süddeutschland in Preußens Arme und Preußen in Rußlands Bündniß treiben. Er bekämpfe also das neue Militärgesetz, welches die Armee verdoppeln und ganz Frankreich in eine große Caserne verwandeln wolle. Alles komme darauf an, weitere Fortschritte des preußischen wie des russischen Ehrgeizes zu verhindern, und dazu gebe es jetzt nur noch ein Mittel, eine große Allianz aller conservativen Mächte zu strenger Aufrechthaltung des heutigen Besitzstandes. Eine solche Allianz werde ohne Krieg die großen Störenfriede im Zaume halten. Aber freilich sei dafür die erste Bedingung, daß Frankreich selbst seine auswärtige Politik in den Dienst der conservativen Idee stelle und jeden Gedanken an eigne Vergrößerung weit von sich hinweg weise. Dann werde es jene starke Allianz erlangen und, auf sie gestützt, jede weitere Ausdehnung Preußens in Deutschland und Rußlands im Orient verhindern können.

Trotz des Talents, womit die Rede entworfen war, machte sie auf die Mehrheit geringen Eindruck. Denn diese war ministeriell; es war ihr nicht unbekannt, daß die Regierung nach Annexionen strebte, und noch mehr, sie war damit nicht bloß einverstanden, sondern begehrte sie selbst. So verhielt sie sich kalt und ablehnend gegen Thiers' conservatives Programm, begreiflicher Weise ohne den eignen Gedanken offen zu verkünden. Einen Widerspruch gegen Thiers erhob nur einer seiner sonstigen Genossen in der Opposition, Emil Ollivier, ein höchst talentvoller Sohn des französischen Südens, ein Mann von leidenschaftlicher Erregbarkeit, ohne innern Halt, den wechselnden Eindrücken des Augenblicks zu widerstehn, damals von dem Ehrgeiz erfüllt, aus einer erfolglosen Opposition sich zum Besitze der Macht emporzuschwingen, deshalb in geheime Beziehung zum Kaiser getreten, den er zu einem Systeme constitutioneller Regierung zu bekehren hoffte. Gerade nach seinen demokratischen Gesinnungen fand er es unbegreiflich, wie Thiers seine Theorie vom europäischen Gleichgewicht als den Schutz für die Unabhängigkeit aller Staaten pries, und kraft desselben allen

Völkern verbieten wollte, zu thun, was sie am Lebhaftesten wünschten. Dabei kannte er die Friedensliebe des Kaisers und warf sich also mit verdoppeltem Nachdruck dem Strome der deutschfeindlichen Majorität entgegen. Er erklärte die deutsche Einheit für das unzerstörbare Erzeugniß einer geschichtlichen, vollkommen berechtigten Entwicklung, die sich nicht eher beruhigen werde, als bis das Ziel erreicht und die Vereinigung aller deutschen Stämme vollzogen sei. Freilich seien Bismarck's Annexionen eine nicht zu entschuldigende Gewaltthat, aber auf völlig gesetzlicher Grundlage werde der norddeutsche Bund beruhn, auf freiem Vertrage der Fürsten und der Zustimmung einer Volksvertretung aus allgemeinem Stimmrecht. Die deutsche Einheitsbewegung zeige keine Spur einer feindseligen Richtung gegen Frankreich; dieses habe ihr gegenüber jetzt den bedeutungsschwersten Entschluß zu fassen: erkenne man sie rückhaltlos in vollem Umfange an, so sei der Friede auf lange hin gesichert; verbiete man ihre Vollendung, so gehe Frankreich einer unabsehbaren Kette furchtbarer Kämpfe entgegen.

Diese prophetischen Worte gingen spurlos an der Versammlung vorüber.

Es ist für uns ebenso unmöglich, erläuterte gleich nachher Graf Latour, Rußland in den Besitz Constantinopels, wie Preußen zur Herrschaft über Süddeutschland und vielleicht Deutschösterreich gelangen zu lassen: unsere eigne Sicherheit wäre durch das Eine wie durch das Andere auf das Höchste gefährdet. Der Staatsminister Rouher vertheidigte darauf nach Kräften gegen Thiers' Angriffe die bisherige Politik der Regierung. Allerdings räumte er ein, daß der Schlag von Sadowa für sie eine Quelle patriotischer

Beklemmung gewesen, doch habe die Vermittlung, zu der sie sich rasch entschlossen, jeden wünschenswerthen Erfolg gehabt. Über die jetzigen Bestrebungen der Regierung hüllte er sich in vorsichtiges Schweigen: wenn aber Thiers, sagte er, besorgt sei, daß Preußen demnächst die Hand nach der Eroberung von Holland oder Süddeutschland ausstrecken werde, so wolle er hiemit erklären, daß Preußen in dieser Beziehung die bündigsten Zusicherungen gegeben habe; sollte es einmal davon abgehn, so würden Frankreich und England ihm energisch darthun, daß die Zeit thörichter Ehrsucht vorüber sei.

Mochte der französische Minister noch so scharf gegen Thiers auftreten, mochte er über französische Annexionspläne schweigend hinweggehn: was Preußen betraf, machte auch er kein Hehl aus dem patriotischen Kummer über dessen Heranwachsen und aus dem bestimmten Entschluß, die Verschmelzung von Nord- und Süddeutschland nicht zu gestatten. Von Ollivier's nationalen Sympathien war er so weit wie möglich entfernt.

Gegen diese erhob sich auch aus den Reihen der Opposition ein weiterer kräftiger Widerspruch.

Jules Favre stimmte in der Bekämpfung jeder kriegerischen Politik und folglich auch des neuen Militärgesetzes vollständig mit Thiers überein; wie dieser erklärte er Bismarck's Annexionen für eine ruchlose Gewaltthat und die Vollendung der deutschen Einheit für eine schwere Schädigung Frankreichs. Aber für die Abwendung dieser preußisch-deutschen Gefahr meinte er ein besseres Heilmittel als Thiers' große Allianz vorschlagen zu können. Man hat uns gesagt, rief er, in Deutschland sei der Drang zur Einheit unaufhaltsam. Nun wohl, in diesem großen Lande gebe es ohne Zweifel einige

Völkerschaften, welche Ähnlichkeiten unter einander haben. Aber ebenso groß, ebenso zahlreich seien die Verschiedenheiten, die sich unter einander abstoßen. Deutschland sei offenbar mehr für einen Staatenbund als für die Einheit geschaffen. Jener biete ihm immense Vortheile, deren erster und größter es sei, die Nachbarn nicht zu beunruhigen. (Wie erquicklich mußte den Herrn von Münchhausen und Schleiden diese Belobung ihrer Ansichten durch den französischen Redner sein.) Unter diesen Umständen müsse Frankreich es vermeiden, die deutschen Stämme mit seinen Waffen zu bedrohn und dadurch im ganzen deutschen Volke die nationale Leidenschaft zu entflammen. Um die deutsche, oder vielmehr die preußische Einheit aufzulösen, habe Frankreich nur ein Mittel, aber ein untrügliches, es heiße Beschützung der verjagten Fürsten, Herstellung der annectirten Staaten und Befreiung der unterdrückten Völker. Thiers hatte als Staatsmann gesprochen, hier redete der Demagog. Aber um damit Glauben zu finden, fuhr Favre fort und kam wieder zu Thiers zurück, sei es unerläßlich, daß Frankreich auf jede eigne Vergrößerung verzichte. (Bewegung in der Versammlung.) Keine Annexionen! wiederholte der Redner. Der Augenblick ist feierlich. Würdet Ihr eine Annexion annehmen? (Lärm.) Wenn Belgien besetzt, wenn Luxemburg annectirt werden könnte, würdet Ihr besetzen und annectiren wollen?

Die Versammlung antwortete durch eine unwillig tobende Mißbilligung. Zugleich aber ergriff aus ihrer Mitte Granier de Cassagnac das Wort, ein eifriger, nicht eben glänzend beleumdeter Bonapartist. Er begann in gemäßigtem Tone: ich meine, wir sollen rüsten, niemand bedrohn, abwarten. Niemand bedrohn, also auch niemand tadeln. Ich tadele

Preußen nicht, denn ich will auch unsere Vorfahren nicht tadeln, welche unser Frankreich durch die Eroberung von Roussillon, Franche-Comté, Elsaß, Algerien geschaffen haben. Wie Ollivier denke ich, daß Preußens Werk sich weiter ausdehnen wird, und wie Thiers, daß dies für Frankreich gefährlich werden kann. Nun hat mein Patriotismus allerdings einige besondere Vorurtheile. Er glaubt an die natürlichen Grenzen; er glaubt, daß ein Berg oder ein Fluß größere Sicherheit gibt, als ein preußischer Grenzpfahl. Er glaubt ferner an das Recht der Intervention überall, wo ein französisches Interesse auf dem Spiele steht. Diese Vorurtheile, meine Herrn, erscheinen mir als nationale Rechte. (Lebhafter Beifall.) Es war die nackte Erklärung, Preußen möge die deutsche Einheit vollenden, wenn Frankreich die Rheinlande erhalte. Wenn nicht, nicht.

Die Verhandlung neigte sich zum Abschluß. Noch einmal kreuzten Thiers und Rouher in langen Erörterungen die Waffen. Neue Gesichtspunkte aber traten nicht hervor, und nach Rouher's Rede ging die Kammer mit 219 gegen 45 Stimmen zur einfachen Tagesordnung über.

So war ein positiver Beschluß nicht gefaßt worden. Dennoch aber konnte über das Ergebniß kein Zweifel bestehn.

Auch wenn man annahm, daß dem Staatsminister Rouher die Widerlegung der von Thiers und Favre gegen die bisherige Politik der Regierung gerichteten Angriffe glänzend gelungen wäre, immer mußten solche Vorwürfe für Napoleon einen brennenden Antrieb enthalten, den hier in Frage gestellten Ruhmesglanz Frankreichs durch greifbare Erfolge zu erhöhen. An Annexionsplänen gegen Belgien und Luxemburg zweifelte niemand mehr.

Gegen Preußen hatte sich auf allen Seiten das Gegentheil nachbarliches Wohlwollens gezeigt. Nicht einmal die ruhige Zulassung der bisherigen preußischen Erfolge war ohne Widerspruch geblieben; bis auf den einzigen Ollivier waren Minister und Volksvertreter einig in der Erklärung, in Deutschland nicht einen Schritt über den Nikolsburger Frieden hinaus ohne Compensation zu dulden. Die preußischen Großsprecher und die deutschen Einheitsschwärmer sollten es sich gesagt sein lassen.

Von einer solchen Wirkung war nun bei dem deutschen Reichstag nicht das Geringste zu spüren. Man fühlte sich bei dem Einheitsstreben zu sehr in gutem Rechte, um das französische Übelwollen dagegen eigentlich ernst zu nehmen, und meinte auch stark genug zu sein, wirkliche Feindseligkeit sofort niederzuschlagen. So dachte man viel mehr an die Regelung der innern Freiheitsfragen, als an die drohenden Mienen einer Nachbarmacht. Es war beinahe ein Zufall, daß am 18. März die Verhandlung des Reichstags eine Wendung nahm, welche die auswärtigen Beziehungen streifte.

Es handelte sich um Artikel 1 des Verfassungsentwurfs, welcher die Staaten aufzählte, die sich zu dem Norddeutschen Bunde vereinigten. Dagegen erschien zunächst ein Protest der polnischen Abgeordneten aus der Provinz Posen, und ein anderer der dänischen aus Nord-Schleswig, die sich kraft ihrer Nationalität dagegen verwahrten, in einen deutschen Bund einzutreten. Nach einer langen, mehrmals sehr hitzig geführten Erörterung über beide Fragen erhob sich ein sächsischer Demokrat Namens Schraps, um zu rügen, daß in jenem Verzeichniß der Bundesstaaten ein echt deutsches Land, das Großherzogthum Luxemburg, fehle. Bei dem jetzigen System werde Deutschland immer kleiner; nachdem man Österreich abgetrennt, blieben die süddeutschen Staaten draußen, und jetzt werde auch im Nordwesten die Verbindung mit Luxemburg, und dadurch mit Niederland, zerrissen. Bismarck erwiderte, er freue sich des Anlasses, hier öffentlich den gehässigen und thörichten Gerüchten entgegen zu treten, daß Preußen Annexionsgelüste gegen Niederland im Sinne trage; bekanntlich habe Niederland längst gewünscht, wenigstens Limburg aus dem deutschen Bunde heraus zu ziehn; Preußen habe also nach dem Zerfall des alten Bundes keine Aufforderung zum Eintritt in den neuen an den König gelangen lassen; ebenso wenig sei von dort eine entsprechende Meldung gekommen. Preußen habe nichts begehrt, auf nichts verzichtet, sei aber so weit wie möglich von jedem Gedanken an Beeinträchtigung der Selbständigkeit Niederlands entfernt. Darauf ergriff Herr von Carlowitz das Wort, um wieder auf die Klage über Luxemburg zurückzukommen; freilich dürfe man den Großherzog nicht zum Bundesfürsten machen, da er zugleich König von Holland sei, und man die Schädlichkeit fremder Souveräne als Mitglieder im alten deutschen Bunde hinreichend kennen gelernt habe. Aber das Land gehöre zu Deutschland und sei jetzt bedroht, in die Hand eines auch für Deutschland sehr gefährlichen Nachbars zu fallen. Sodann fand der Redner, wenn er auch nicht auf den sofortigen Eintritt der Südstaaten bringen wollte, es doch sehr mißlich, daß dieselben nicht einmal wie im alten Bunde verpflichtet seien, keine Bündnisse gegen die Sicherheit Deutschlands zu schließen; wenn z. B. Würtemberg heute sich mit Frankreich verbündete, so wäre das zwar abscheulich, aber sein formelles Recht dazu unleugbar. Er hoffe also, daß der vielgewandte

Graf Bismarck für diese Übelstände Abhülfe schaffen würde. Bismarck bemerkte darauf, daß Carlowitz ein besonderes Geschick habe, heikle Fragen zur Sprache zu bringen. Was Luxemburg betreffe, so gebe es kein Drittes, entweder müsse man den König-Großherzog in den Bund aufnehmen oder auf die Aufnahme des Landes verzichten. Wolle Carlowitz die Luxemburger Frage weiter behandeln, so werde er vielleicht Gelegenheit finden, eine europäische Frage zu schaffen. Über das Bündnißrecht der süddeutschen Staaten habe er, Bismarck, schon einmal Äußerungen gethan, welche Carlowitz nicht gehört oder nicht verstanden habe; so wolle er denn ausdrücklich wiederholen, daß ihr Zusammenstehn mit uns gegen jede auswärtige Gefahr seit den Friedensschlüssen vertragsmäßig gesichert sei.

Die Verhandlung hatte doch im Hause so großen Eindruck gemacht, daß Bismarck sich veranlaßt fand, die Trutzund Schutzbündnisse mit Baden, Würtemberg und Bayern am folgenden Tage, dem 19. März, zu veröffentlichen. Er that dies um so unbedenklicher, als er selbst kurz vorher dem Grafen Benedetti Kenntniß von ihrem Inhalt gegeben, und zugleich erfahren hatte, daß derselbe schon längst der französischen Diplomatie kein Geheimniß geblieben war. Dennoch sollte, wie wir bald sehn werden, die Veröffentlichung für Napoleon äußerst unangenehme Folgen haben.

Der Reichstag begann an diesem Tage die Berathung über die Competenz der Bundesgesetzgebung. Der Entwurf bestimmte, daß die verfassungsmäßigen Bundesgesetze den Landesgesetzen vorgehn würden, daß die Übereinstimmung der Mehrheitsbeschlüsse im Bundesrath und im Reichstag zu einem Bundesgesetz erforderlich und ausreichend sei, daß im ganzen Bundesgebiete ein gemeinsames Indigenat bestehn sollte, kraft dessen jeder Angehörige eines Bundesstaats in jedem andern als Inländer zu behandeln sei. Sodann zählte ein Artikel die Angelegenheiten auf, welche der Aufsicht und der Gesetzgebung des Bundes unterliegen würden: er beschränkte sie beinahe ganz auf die Gebiete des Handels und Verkehrs, so wie der materiellen Interessen überhaupt; der Bund sollte Zölle und indirecte Abgaben, folglich keine directen Steuern erheben.

Diese Abgrenzung erschien auf verschiedenen Seiten in verschiedener Richtung zu enge. Zuerst begehrte Schulze-Delitzsch die Bildung einer Commission mit dem Auftrage, die Grundrechte der Deutschen zu redigiren, und die katholische Gruppe schloß sich ihnen an mit der Forderung, die Freiheitsrechte der Religion und der Kirche ebenfalls durch die Bundesverfassung festzustellen. Aber zu lebhaft erinnerte sich die Mehrheit des Zeitverlustes, welchen 1848 das Parlament durch die endlose Berathung der Grundrechte erlitten; man wollte nicht wieder an derselben Klippe scheitern, und wies, da fast in allen Staaten die Grundrechte bereits einen Theil der Landesverfassungen bildeten, beide Anträge mit großer Stimmenmehrheit ab. Kaum ein besseres Schicksal hatte ein vermittelnder Antrag der Nationalliberalen, durch ein künftiges Bundesgesetz möge ein Minimum der Grundrechte festgestellt werden, welches keine Regierung ihren Unterthanen vorenthalten dürfe. Von links her wurde bemerkt: und wenn es einmal einen servilen Reichstag gäbe, wie würde dieser kraft eines solchen Gesetzes das Minimum in ein Nichts auflösen. Auf der Rechten wollte man von Grundrechten überhaupt nichts wissen; vom Regierungstische

6*

kam ein kräftiger Widerspruch), und der Antrag fiel durch 130 gegen 128 Stimmen.

Besseres Glück hatten die Nationalliberalen mit einem Antrag, das Wort „indirecten" (Steuern) zu streichen, und damit der Bundesgewalt das Recht zur Erhebung directer Steuern offen zu halten. Trotz einer Verwahrung des hessischen Bundescommissars, welche pflichtmäßig aber nicht energisch der preußische Finanzminister unterstützte, wurde der Antrag mit 125 gegen 122 Stimmen angenommen.

Ebenso wichtig war ein weiterer Erfolg auf dem Gebiete der Rechtseinheit. Miquel und Gerber beantragten, das gesammte bürgerliche Recht, das Strafrecht und das gerichtliche Verfahren der Bundesgesetzgebung zu überweisen. Eine andere juristische Autorität, Herr von Wächter, sonst damit einverstanden, wollte das Strafrecht ausschließen; die nationalliberale Fraction beschloß nach langer Erwägung, Strafrecht und Proceß, von dem Civilrecht aber nur das Obligationenrecht in den Antrag aufzunehmen, und beauftragte Lasker mit der Vertretung dieses Standpunkts. Das Haus entschied darauf im Sinne der Fraction. Wie bekannt hat einige Jahre später Miquel's Ansicht es davon getragen, ob mit Recht, wird sich erst nach Vollendung und Einführung des neuen deutschen Civilgesetzbuchs entscheiden lassen.

Endlich wurde auf Twesten's Antrag den Gegenständen der Bundesgesetzgebung noch hinzugefügt das Heerwesen und die Kriegsmarine. Für jetzt sollten nach dem Entwurf die preußischen Militärgesetze im ganzen Bunde gelten, daraus folge aber von selbst, daß deren künftige Fortbildung Bundessache sein müsse. Um die Autorität des Bundesfeldherrn zu sichern, fügte Twesten, unter lebhaftem Widerspruch der

Linken, die Clausel hinzu, daß keine Neuerung auf diesem Gebiete ohne dessen Zustimmung erfolgen dürfe. Bismarck erklärte den Antrag mit der Clausel für annehmbar, und das Haus beschloß die Genehmigung.

Die Versammlung trat darauf in die Berathung über den wichtigsten Theil ihrer Aufgabe ein, die rechtliche Stellung der Organe der Bundesgewalt, des Bundesraths, des Bundespräsidiums, des Reichstags. Wir haben uns schon früher die wesentlichen Bestimmungen des Entwurfs vergegenwärtigt: der Bundesrath als der eigentliche Träger der Souveränität in Gesetzgebung und Regierung; in demselben ist das Bundespräsidium ganz ausschließlich mit der Vertretung des Bundes nach Außen beauftragt, nur daß Verträge, deren Gegenstand unter die Bundesgesetzgebung fällt, der Genehmigung des Bundesraths bedürfen; das Präsidium ist sodann ausgestattet mit der obersten Leitung des Heer- und Flottenwesens, der Posten und Telegraphen, so jedoch, daß für jeden dieser Verwaltungszweige, so wie für Zoll- und Steuerwesen, für Handel und Verkehr, für Justiz und Rechnungswesen der Bundesrath je einen Ausschuß bestellt und durch diesen auf die Verwaltung Einfluß übt, über dessen Ausdehnung weiter nichts gesagt ist. Das Präsidium ernennt einen Bundeskanzler, der im Bundesrath den Vorsitz führt, die Geschäfte leitet und die hienach zu erlassenden Verfügungen des Präsidiums gegenzeichnet, übrigens sich durch jedes Mitglied des Bundesraths vertreten lassen kann. Jedes Mitglied des Bundesraths kann im Reichstag erscheinen und jeder Zeit das Wort ergreifen (wie die Minister in den Landtagen). Das Präsidium beruft, vertagt und schließt den Reichstag; zur Auflösung bedarf es der Zustimmung des Bundesraths.

Execution gegen eine bundeswidrig handelnde Regierung hat, wo Gefahr im Verzuge ist, das Präsidium, in allen andern Fällen der Bundesrath zu beschließen.

Man sieht deutlich, wie hier ganz planmäßig eine scharfe Abgrenzung der Befugnisse des Bundesraths und des Präsidiums vermieden ist. Ohne Frage hat das Präsidium auf allen Gebieten eine überragende Stellung, aber auf jedem findet sich in irgend welcher Weise auch der Bundesrath wirksam. Gewisse Grundlagen sind festgestellt, aber ein breiter Raum ist für die freie Entwicklung der Zukunft gelassen.

Es scheint einleuchtend, daß in einem solchen System kein Raum für ein im juristischen Sinne verantwortliches Ministerium war. Alle conservativen Mitglieder des Hauses waren damit von Herzen einverstanden. Ebenso bestimmt aber erhob sich dagegen die demokratische Linke. Wenn die dem Bundesrath hier gegebene Stellung, rief Schulze-Delitzsch, ein verantwortliches Ministerium unmöglich macht, so folgt daraus nur, daß der Bundesrath jeder Theilnahme an der Executive entkleidet und streng auf das Gebiet der Gesetzgebung beschränkt werden muß. Ganz in diesem Sinne stellte die Fraction den Antrag, die Ausschüsse des Bundesraths ganz zu streichen, und dann zu erklären: Die Bundesgewalt steht der Krone Preußen zu, und sie übt dieselbe durch verantwortliche Minister. Mit düsterem Eifer prophezeite Waldeck, wenn dieses Palladium aller politischen Freiheit in der Verfassung fehle, werde der neue Bund nichts als eine elende Fortsetzung des alten sein, ohnmächtig nach Außen, reactionär im Innern. Die Welt weiß es, wie sehr der Erfolg seine Sehergabe in jeder Hinsicht Lügen gestraft hat.

Bei der Kleinheit der Fraction wäre die Sache schnell erledigt gewesen, wenn sich nicht damals bei den National=liberalen ein bemerkenswerther Umschwung vollzogen hätte. Anfangs hatte die Partei, wie uns Twesten's Rede am 9. März gezeigt hat, die Ministerverantwortlichkeit als un=verträglich mit dem Bundesrathe anerkannt. Dann aber war ein neues Mitglied, der Obergerichtsrath Planck aus Hannover, eingetreten, einer der scharfsinnigsten Juristen der Zeit, höchst geachtet als politischer Charakter, dabei geistreich und anziehend im persönlichen Verkehr, mithin einflußreich wo er erschien. Er räumte nun ein, daß freilich in dem Wirkungskreise des Bundesraths verantwortliche Minister undenkbar seien, meinte aber, daß der Entwurf dem Bundes=präsidium die wichtigsten Verwaltungszweige so gut wie ausschließlich übertrage, und auf diesen Gebieten also der Bundesrath der Anstellung verantwortlicher Minister nicht im Wege stehe, hier vielmehr alle Gründe für dieselbe, die Erhebung der Krone über die Angriffe der Parteien und der Schutz der Volksrechte gegen gesetzwidrige Willkür der Re=gierung, wieder in volle Kraft treten. Planck gewann die Zustimmung der Mehrheit der Fraction, und es wurde nun erwogen, daß der Bundeskanzler allein die Verantwortung für eine solche Masse verschiedenartiger Geschäfte unmöglich tragen könne; es seien also verantwortliche Commissare für die einzelnen dem Präsidium überwiesenen Verwaltungszweige zu bestellen. Da die Verantwortlichkeit eine streng juristische, eintretenden Falls gerichtlich geltend zu machende sein sollte, da es aber unmöglich schien, bei der knapp bemessenen Zeit des Reichstags sofort die zu verfolgenden Vergehn zu definiren und das babei einzuhaltende Verfahren festzusetzen, so wurde der weitere Antrag beschlossen, in Nachahmung der preußischen Verfassung ein Bundesgesetz dieses Inhalts für die Zukunft zu verheißen.

Bennigsen und Lasker übernahmen es, diese Anträge in dem Hause vorzulegen und zu vertreten. Dreimal gaben sie den Anlaß zu einer Fluth von Reden und Gegenreden, aus deren Verlauf wir freilich, nach dem Raume dieses Buchs, nur wenige charakteristische Punkte hervorheben können. Gegen die Anträge wurden Bedenken verschiedener Art erhoben. Die Grundlage derselben, Planck's Unterscheidung der allein dem Präsidium zugetheilten Ressorts von jenen, wo der Bundesrath mitwirke, wurde, namentlich im Hinblick auf die Ausschüsse des letztern, als Täuschung bezeichnet; der Bundesrath, mit größeren oder geringern Rechten, finde sich eben überall[1]. Die juristische Verantwortlichkeit, bemerkte Gneist, setze ein ausgebildetes Verwaltungsrecht und gesetzliche Regeln über die Wirksamkeit der Minister voraus; davon aber sei natürlich bei einem erst zu gründenden Bunde noch keine Spur zu finden. Es wurde ferner auf die Vorgänge im preußischen Landtag hingewiesen, wo sich trotz dreimaliger Anstrengung die Aufgabe, das in Aussicht gestellte Gesetz zu liefern, unlösbar gezeigt habe; es würde dem Reichstag nicht besser ergehn[2]; es handle sich hier nicht so sehr um eine Rechts- als eine Machtfrage, über welche nicht gerichtlich, sondern innerhalb der großen politischen Körperschaften zu entscheiden sei[3]. Etwas ganz Anderes sei die Forderung, daß bei jedem Regierungsacte klar sei, wem die Vertretung

---

[1] Vincke, gegen Lasker.
[2] Sybel.
[3] Braun (Wiesbaden).

desselben zustehe, wer also die moralische oder historische Verantwortlichkeit gegenüber dem Urtheil der öffentlichen Meinung trage, einem Urtheil, welches auf diesem Gebiete wirksamer sei, als irgend ein Spruch auch des höchsten Gerichtshofs[1]).

Mit großem Nachdruck griff Bismarck mehrmals in die Verhandlung ein, um sämmtliche Anträge entschieden zurückzuweisen. Eine Bundesregierung durch verantwortliche Minister stehe im Widerspruch mit den Verträgen und sei unmöglich ohne Wegweisung des Bundesraths aus der Executive. Unmöglich sei auch eine Regierung, in welcher der Minister des Auswärtigen dem Reichstage juristisch verantwortlich sei, der Handelsminister aber nicht. Die ihm zugedachten Collegen müsse er sich verbitten, da Preußens Stellung im Bundesrathe geschwächt werde, wenn sie statt der einheitlichen eine collegiale Vertretung erhalte. Die ganze Frage sei an dieser Stelle eine müßige; zum Schutze der Volksrechte sei anderwärts gesorgt, da ja die Minister der Einzelstaaten ihren Landtagen auch für die ihren Bundescommissaren ertheilten Weisungen verantwortlich blieben[2]).

Das endliche Ergebniß stellte sich folgender Maaßen: Die Anträge der demokratischen Linken wurden mit starker Mehrheit verworfen.

Zu dem Artikel: das Präsidium ernennt den Bundeskanzler — wurde Bennigsen's Zusatz: so wie die Vorstände

[1]) Weber (Stade). Sybel.
[2]) Miquel bezeichnete diese Theorie als eine Auflösung des Bundes. In der Praxis ist es indessen häufig vorgekommen, daß ein Landtag Anträge auf gewisse dem Bundescommissar zu ertheilende Weisungen gestellt hat, ohne daß der Bund sich aufgelöst hätte. Will man es verbieten, so muß man entweder den befehlenden Minister von jeder Verantwortung freistellen, oder ihn dem Reichstag verantwortlich machen.

der einzelnen Verwaltungszweige — mit einer geringen Mehrheit angenommen. Als dann aber der ganze Artikel mit dem Zusatz zur Abstimmung kam, hatten Bennigsen's conservative Gegner noch einige Reserven herangeholt, und der ganze Artikel wurde mit 127 gegen 126 Stimmen abgelehnt, der Bundeskanzler also aus der Verfassung hinausgeworfen.

Natürlich konnte es dabei nicht bleiben. In einem spätern Artikel wurde er durch einen Antrag des Grafen Bethusy-Huc wieder in das Leben zurückgerufen; als darauf Bennigsen seinen Zusatz auch hier einzuschalten wünschte, wurde er mit verstärkter Mehrheit, 140 gegen 124 Stimmen, abgewiesen.

Zu einem folgenden Artikel: Die Anordnungen des Präsidiums bedürfen zu ihrer Gültigkeit der Gegenzeichnung des Bundeskanzlers — beantragte Bennigsen den Zusatz: welcher dadurch die Verantwortlichkeit übernimmt — und hatte die Genugthuung, daß eine ansehnliche Mehrheit ihn genehmigte.

Aber die Befriedigung dauerte nicht lange. Denn der, die Verantwortlichkeit als eine juristische charakterisirende, weitere Antrag auf Verheißung eines künftigen Gesetzes darüber wurde mit einer ebenso starken Mehrheit zurückgewiesen, und dadurch der Wille des Hauses ausgesprochen, daß es in der Bundesverfassung nur eine moralische Verantwortlichkeit des Ministers, nur eine Beurtheilung derselben durch die öffentliche Meinung und die Geschichte geben solle.

Am 28., 29. und 30. März behandelte darauf das Haus die Artikel über die künftige Stellung des Reichstags. Einige der üblichen parlamentarischen Privilegien, welche dem Entwurfe fehlten, wurden demselben ohne erheblichen Widerspruch hinzugefügt: die Freiheit wahrheitsgetreuer Berichte über die

Reichstagsverhandlungen und das Recht des Reichstags, Bittschriften zu empfangen und der Regierung zu überweisen. Desto lebhafter aber entwickelte sich die Verhandlung über das allgemeine Wahlrecht und die Wählbarkeit der Staatsbeamten. Zu der Bestimmung des allgemeinen, gleichen und directen Wahlrechts des Entwurfs begehrte Fries noch die geheime Abstimmung hinzu, weil bei unsern socialen Zuständen für die Mehrheit der Wähler nur das Geheimniß die Freiheit der Abstimmung sichere — worauf ihm bald nachher Windthorst die bündige Antwort gab, wenn unsere Zustände wirklich dieser Art seien, so folge daraus nicht die geheime Abstimmung, sondern die Verwerfung des allgemeinen Wahlrechts. Brünneck beantragte statt dessen das Haushalt-Wahlrecht (Bedingung des Wahlrechts ist Führung eines eignen Haushalts). Zachariä wollte neben dem Reichstag ein Oberhaus einrichten. Was das allgemeine gleiche Wahlrecht betraf, so zeigte sich die eigenthümliche Erscheinung, daß die Mehrzahl der Redner es für sehr bedenklich, ja gefährlich, in seinen Folgen unberechenbar erklärten; bei den posener Wahlen hatten sie die blinde Abhängigkeit der katholischen Proletarier von ihrem Klerus gesehn; seit Lassalle's Auftreten hatte sich die socialistische Agitation gegen Capital und Eigenthum energisch angemeldet: genug, es war ihnen durchaus keine Freude, die bittere Pille zu schlucken. Aber sie schluckten. Bei vielen Conservativen wirkte der fest ausgesprochene Wille Bismarck's neben dem Wunsche, möglichst schnell zum Abschluß der Verfassung zu gelangen, bei vielen Liberalen das Vorurtheil, man habe die politischen Rechte der Menschen nicht nach deren Fähigkeit, Gemeinsinn und Leistung abzustufen, sondern man sei um so liberaler, je mehr man gleiches und volles Recht jedem Individuum zutheile. Um die stillen Zweifel zurückzuschieben, waren gewisse Formeln beliebt: wir haben das allgemeine Stimmrecht einmal, es ist eine gegebene Thatsache, ich discutire es nicht weiter[1]). Oder: das allgemeine Stimmrecht birgt große Gefahren, aber wir vertrauen auf die Weisheit und Tugend des deutschen Volks[2]). Oder: das allgemeine Stimmrecht bedroht die Rechte des Mittelstandes, aber es ist eine Ehrensache für diesen, den Kampf auch in ungünstiger Stellung aufzunehmen[3]). Oder: das allgemeine Stimmrecht mag sonst seine Bedenken haben, jetzt und hier aber dürfen wir es nicht verwerfen, weil es den Ruf an alle Classen und Stände enthält, sich dem nationalen Bunde anzuschließen und dem blöden Sonderthum zu entsagen[4]). In solcher Weise wurden die Besorgnisse beschwichtigt, welche bei manchem Redner halb wider Willen doch zum Ausdruck kamen, die Unmöglichkeit einer rationellen Begründung, die Ausbeutung des Systems im napoleonischen Frankreich, die Vorgänge in Posen und Hannover, die Masse der abhängigen und ungebildeten Existenzen, welche der Beeinflussung und Bestechung Thür und Thor eröffnen, da sie ohne Beeinflussung rathlos dastehen würden: das Alles wurde erwähnt, als Einleitung zu dem annehmenden Votum. Bismarck konnte sich unter diesen Umständen die Vertheidigung des Entwurfes leicht machen. Das preußische Dreiclassensystem, dem ich den Vorzug vor dem gleichen Wahlrecht gegeben hatte, erklärte er für das unsinnigste aller denkbaren Systeme, weil

---

[1]) Fries, Windthorst.
[2]) Weber (Stade), Grumbrecht.
[3]) Meyer (Thorn).
[4]) Miquel.

es von zwei im Übrigen gleichgestellten Bürgern den Einen, der z. B. 100 Thlr. und 1 Groschen Steuer zahlt, in die erste, den Andern, der 100 Thlr. weniger 1 Groschen zahlt, in die zweite Abtheilung der Wähler bringt: ein Argument, welches offenbar jede Bestimmung, die irgend eine Grenze festsetzt, als gleich absurd erweisen würde. Nicht zwingender war seine Polemik gegen die indirecten Wahlen, durch deren Abstufung recht leicht der Vertreter einer Minorität zum Siege gelangen könnte. Das ist an sich unbestreitbar, war aber schon damals in der Praxis durch die Bildung von Wahlcomités erledigt, welche nur Anhänger eines gewissen Candidaten auf die Liste der Wahlmänner bringen. Mit Brünneck's Antrag auf Haushalt=Wahlen fand sich Bismarck auf das Einfachste ab, indem er ihn nicht bloß todtschwieg, sondern positiv erklärte: wir haben genommen, was uns vorlag; ich kenne kein besseres Wahlgesetz; bisher ist diesem kein einziges entgegengestellt worden. Niemand erhob Ein=spruch, und so verschwand der Antrag Brünneck von der Bildfläche.

In der langen Reihe der Redner finde ich nur zwei, Herrn von Below und mich selbst, welche rückhaltlos mit eingehender Erörterung dem allgemeinen gleichen Stimmrecht als der Vorstufe der demokratischen Dictatur entgegentraten, und nur drei, den Frankfurter Domcapitular Thissen, Wagener (Neustettin) und Schulze=Delitzsch, die ihm mit warmer Be=geisterung Lob und Preis darbrachten. Von Wagener ist es bekannt, daß er in jener Zeit sich in hohem Maaße socialistischen Anschauungen angenähert hatte. Schulze=Delitzsch dagegen hatte mit Lassalle die heftigsten litterarischen Kämpfe gehabt, wo er freilich in Gelehrsamkeit, dialektischer Schneidig=

keit und Stilgewandtheit dem Gegner nicht gewachsen war, ihn aber an echter Freiheitsliebe und praktischer Fähigkeit weit überragte, wie er denn in seinem redlichen Enthusiasmus und seiner stets opferbereiten Thätigkeit auch außerhalb seiner Partei sich unbedingter Anerkennung erfreute. In dem allgemeinen Wahlrecht sah er eine ideale Errungenschaft der fortschreitenden Cultur, das Princip, in dem es wurzele, sei das der freien Arbeit; als dies in der Geschichte einmal durchgedrungen, komme man nothwendig auf die Bahn zum allgemeinen gleichen Wahlrecht. „Die vollständige, politische Gleichberechtigung, rief er, ist das einzig berechtigte und wirksame Gegengewicht gegen die socialistische Gleichmacherei in den äußern Lebensloosen und Lebensstellungen, und dieses große Princip ist daher wohl das conservativste für den Staat und für die Gesellschaft, was wir nur denken können." Der colossale Aufschwung, welchen seitdem die socialistische Forderung der Gleichmacherei in den äußern Lebensloosen gewonnen hat, enthält die genügende Antwort auf die Sätze des wohlmeinenden Mannes, welcher die künftige Wirkung seiner Rathschläge so wenig wie Waldeck vorauszusehn vermochte.

Außer dem allgemeinen Wahlrecht verfügte der Entwurf die Ausschließung der Beamten von der Wählbarkeit, fand jedoch dafür kaum einen Vertheidiger, wohl aber eine Wolke von Widersachern. Niemals sonst, glaube ich, sind die Bureaukraten so begeistert auch von liberalen Rednern gelobt und als der Stand gepriesen worden, der zahlreichere Vertreter der wissenschaftlichen Bildung als jeder andere in seinen Reihen zähle und folglich dem Parlamente unentbehrlich sei. Windthorst wollte im damaligen Reichstag nicht weniger als

190 Staatsbeamte gezählt haben, ein Umstand, der nicht bloß die Menge der Reden gegen den Antrag, sondern auch die Berechtigung des Widerspruchs sattsam erläuterte.

Das Ergebniß war, daß nach Ablehnung des Antrags Zachariä auf Einsetzung eines Oberhauses das allgemeine gleiche Wahlrecht, directe Wahl und geheime Abstimmung beschlossen wurde. Statt der Ausschließung der Beamten wurde ein Antrag des Grafen Henckel-Donnersmarck angenommen: Beamte bedürfen keines Urlaubs zum Eintritt in den Reichstag. In Betreff des Wahlrechts hatte also trotz aller Besorgnisse der Reichstag schließlich noch liberaler, oder besser noch demokratischer, als Bismarck sich verhalten.

Von geringerer Bedeutung war die sich hier unmittelbar anschließende Verhandlung über die Länge der Legislaturperiode des Reichstags. Der Entwurf schlug drei Jahre vor, dagegen verlangte, dieses Mal von der conservativen Seite, ein Antrag die sechsjährige, ein anderer mindestens die fünfjährige Dauer. Es waren wesentlich zwei Gründe, welche für die Anträge von Vincke, den Grafen Schwerin und Eulenburg, so wie dem Fürsten Solms angeführt wurden: die größere Selbständigkeit des Reichstags von den wechselnden Stimmungen der Wähler, und eine stetigere und sicherere Behandlung der Geschäfte; daneben wurde auch die Gefahr erwähnt, daß bei kürzern Perioden das Land gar nicht mehr zum Ausruhn von den Wahlagitationen komme, und der politische Sinn bei der Bevölkerung sich endlich abstumpfe. Miquel und Waldeck wandten dagegen ein, daß die Anträge eine Stärkung der Executive bezweckten, welche bei dieser Verfassung unnöthig sei, Gneist und Lasker warnten, daß man zur Zeit nicht absehn könne, wie die nächsten Wahlen ausfallen würden; wie, wenn sie eine particularistische Mehrheit lieferten, und dann der Bundesrath seine Zustimmung zur Auflösung weigerte?

Die Anträge wurden mit 138 gegen 127 Stimmen abgelehnt. Wie man weiß, hat die praktische Erfahrung der folgenden Zeit in dieser Frage die Wünsche der damaligen Minderheit zur Verwirklichung gebracht.

Am 30. März erledigte dann das Haus den Rest des Abschnitts vom Reichstag, wobei nur noch ein Artikel des Entwurfs den Anlaß zu einer weitschichtigen und lebhaften Verhandlung gab, nämlich der Satz: die Mitglieder des Reichstags dürfen als solche keine Besoldung oder Entschädigung beziehn. Von der einen Seite wurde offen erklärt, daß man den Artikel als ein sehr angemessenes Gegengewicht gegen die Gefahren des allgemeinen Stimmrechts betrachte; es wurde weiter bemerkt, daß auch die Geschworenen keine Diäten erhielten, daß überhaupt das System der Ehrenämter zur Geltung zu bringen sei. Die Gegner erklärten mit leidenschaftlichem Nachdruck, die Versagung der Tagegelder würde den größten Theil unserer gebildeten Classen, Beamte, Gelehrte, Ärzte, ausschließen und eine gehässige Aristokratie des Geldsacks erschaffen; wenn man für unbesoldete Ehrenämter schwärme, so möge man doch auch die Minister in diese treffliche Classe versetzen; man würde, wenn man nur reiche Leute in den Reichstag zulasse, die Erbitterung der Besitzlosen erst hervorrufen. Bismarck gab darauf die bestimmte Erklärung ab, daß die Regierungen unter keinen Umständen sich auf Tagegelder einlassen würden, und der sächsische Minister von Friesen bestätigte den Spruch. Aber die Stimmung des Hauses blieb hier wie bei der Wählbarkeit der

Beamten ungeändert. Ein Antrag auf Einführung von Diäten wurde mit 136 gegen 130 Stimmen angenommen.

Der Aufbau der Bundesgewalten oder die Organisation der gesetzgebenden und regierenden Gewalt war damit vollendet. Ehe sich jetzt aber das Haus der Einrichtung der einzelnen Verwaltungszweige zuwenden konnte, wurde seine Thätigkeit plötzlich und heftig auf dem Gebiet der auswärtigen Politik in Anspruch genommen. Bereits in den Debatten der letzten drei Tage war hier und da ein Wetterleuchten sichtbar geworden, welches die Nähe eines schweren Gewitters ankündigte. Es war die Luxemburger Frage, in deren Entwicklung der Reichstag jetzt einzugreifen berufen wurde. Wir haben uns also den bisherigen Verlauf im Zusammenhange zu vergegenwärtigen.

3. Capitel.

Luxemburg.

Wir haben gesehn, wie im Januar 1867 der französische Minister Moustier politische Agenten nach Luxemburg sandte, um bei der dortigen Bevölkerung die Einverleibung in das Nachbarreich zu empfehlen, und wenn möglich den Ausdruck eines darauf gerichteten Wunsches hervorzulocken. Ihre Berichte klangen günstig, und obgleich wenige Wochen früher der französische Geschäftsträger im Haag, Baudin, versichert hatte, das Volk im Großherzogthum begehre nichts als die Erhaltung seiner Unabhängigkeit[1]), fand sich Moustier doch bemüßigt, im Laufe des Februar einen Ministerialbeamten hinzuschicken, welcher die immer gesteigerte Agitation ganz unbefangen mit den Luxemburger Behörden besprach. Zugleich traf es sich, daß die holländische Regierung, stets besorgt gegen Preußens Eroberungssucht, in Paris sondirte, wie sich Frankreich in einem solchen schlimmen Falle verhalten würde. Moustier ließ darauf Ende Februar durch Baudin antworten, man thue einer so rasch verfahrenden Macht wie Preußen gegenüber sehr wohl, vorsichtig zu sein, immer aber würde

---

[1]) Minister Rouher im gesetzgebenden Körper, 15. Juli 1867.

Frankreich den Niederlanden seine lebhafte Theilnahme widmen. Unmittelbar nachher erhielt dann Baudin den Auftrag, den holländischen Minister van Zuylen über den Abschluß eines geheimen Bundesvertrags zu sondiren, dessen Verhandlung eine passende Einleitung zu der Anregung der Luxemburger Sache sein würde.

Hier aber fand Baudin verwickelte Verhältnisse und mannichfaltige Schwierigkeiten[1]). Luxemburg war mit Holland nur durch Personalunion des Herrschers verbunden und hatte eine von Niederland unabhängige Verwaltung, unter dem Prinzen Heinrich, Bruder des Königs, als Statthalter, und dem Baron Tornaco als leitendem Minister. Dessen politische Weisheit bestand in der Ansicht, die übermächtigen Geschicke geduldig über sich ergehn zu lassen, aber sie nur nicht durch eignes Handeln zu beschleunigen, also überhaupt nichts zu thun, um auf keiner Seite Anstoß zu geben. Die holländischen Minister wären dies Luxemburg, das jetzt einen europäischen Haber hervorzurufen drohte, von Herzen gerne los geworden; als aber Baudin Napoleon's Wünsche hinsichtlich des kleinen Landes erwähnte, und zugleich erklärte, daß Preußen keine Schwierigkeit machen würde, rief Herr van Zuylen: ja, Ihr sagt das wohl, aber Ihr gebt uns keine Beweise dafür. Die Hauptsache aber war, daß weder der König noch sein Bruder Heinrich von der Abtretung etwas wissen, sondern dem Lande die bisherige Unabhängigkeit unter oranischer Herrschaft sichern wollten. Der König lud den Baron Tornaco nach dem Haag, um ihm mit großem Nachdruck

---

[1]) Über das Folgende vgl. neben Rothan das aus den holländischen und luxemburger Acten geschöpfte Buch Servais, la question du Gd. Duché de Luxembourg.

die Weisung zu geben, daß durch den holländischen Gesandten in Paris, Baron Lightenfeld, dieser Entschluß Sr. Majestät dem französischen Minister mitzutheilen sei. Zugleich befahl Prinz Heinrich, den Königlichen Willen öffentlich und laut im Lande zu verkündigen, und damit die Gefühle der Unabhängigkeit und Nationalität zu befestigen.

Mit schwerem Herzen trat Lightenfeld in das ihm aufgetragene Gespräch mit dem französischen Minister ein. Dieser ließ ihm denn auch keinen Schatten eines Zweifels bestehn. Gewiß, sagte er, ist der Wunsch der Luxemburger auf Erhaltung des bisherigen Zustandes begreiflich; hätten sie aber zwischen der Vereinigung mit andern Ländern zu wählen, so würde die große Mehrheit sich zweifellos für Frankreich entscheiden. Darauf aber fuhr er fort, Napoleon wünsche lebhaft die Annexion, die nach den Ereignissen des vorigen Jahrs für ihn unerläßlich sei. Baudin solle also dem König zwei geheime, von einander untrennbare Abmachungen vorschlagen, ein Defensivbündniß mit französischer Garantie gegen jedes preußische Ansinnen, und dafür die Abtretung von Luxemburg. Preußen würde sich die Abtretung, wenn sie als vollendete Thatsache vorläge, gefallen lassen, weil es dann in allen Ehren die Festung räumen könnte, was vorher nicht wohl thunlich wäre. Napoleon handle hier nicht aus Eroberungssucht: Preußens Vergrößerung und dessen jetzt willkürliche Besetzung der Festung zwängen ihn dazu. Strategisch könne er eine solche Festung ersten Ranges nahe an der französischen Grenze nicht in Preußens Hand lassen, das jetzt kein Recht mehr darauf habe. Politisch würde er, wenn er dies auf Kosten von Frankreichs Sicherheit verstatte, das Selbstgefühl (amour propre) seines Volks verletzen. Dieses Selbstgefühl, schon in hohem Grade verwundet, würde ihn zum Kriege zwingen, und wer dann auch siege, immer würde der König-Großherzog die Kosten zu zahlen haben.

Lightenfeld setzte seinem Berichte hinzu: ich kann nur bestätigen, daß hier alle Welt einstimmig über die Nothwendigkeit des Krieges ist, wenn Preußen nicht seine Besatzung aus Luxemburg herauszieht.

Was den von Napoleon bestrittenen Rechtstitel Preußens zur Besetzung der Festung Luxemburg betrifft, so ist darüber Folgendes zu sagen.

Durch Vertrag vom 31. Mai 1815 zwischen den Niederlanden und den vier damals verbündeten Großmächten wurde die Stadt Luxemburg zur deutschen Bundesfestung erklärt; der König der Niederlande würde den Gouverneur und den Commandanten ernennen unter Bestätigung des Bundestags, und überhaupt unter den Bedingungen, die sich aus der künftigen Bundesverfassung ergeben würden. Dies wurde in die Wiener Congreßacte aufgenommen. In einem Protokoll vom 20. November 1815, welches neben Luxemburg auch Mainz und Landau zu Bundesfestungen erhob, versprachen Rußland, Österreich und England, für Preußen das Besatzungsrecht in Luxemburg gemeinsam mit dem König der Niederlande, und zugleich das Recht der Ernennung des Gouverneurs zu erwirken. Dies geschah dann durch einen Vertrag zwischen Preußen und Niederland vom 8. November 1816, nach welchem in der Bundesfestung Luxemburg Niederland ein Viertel der Besatzung, Preußen aber drei Viertel stellen und den Gouverneur und den Commandanten ernennen sollte. Die vier Mächte bestätigten dies durch Vertrag mit den Niederlanden vom 12. März 1817, und die deutsche Bundesversammlung durch Beschluß vom 5. October 1820.

Es leidet hienach keinen Zweifel, daß das preußische Besatzungsrecht sich auf die Stadt Luxemburg als Bundesfestung bezog, und Napoleon konnte mit Grund behaupten, daß es seit der Auflösung des deutschen Bundes hinfällig geworden war. Seit jenem Ereigniß gab es keine Bundesfestungen mehr, und der Landesherr hatte wieder volle Verfügung über Stadt und Festung zurückgewonnen.

Eben deshalb aber hätte einstweilen Preußen auf Napoleon's Begehren erwidern können, daß nicht Frankreich, sondern allein der König-Großherzog das Recht habe, den Abzug der preußischen Besatzung zu fordern; dies sei aber bisher nicht geschehn, und so befinde sich Preußen noch völlig rechtmäßig in dem Besitz der ihm durch die europäischen Verträge eingeräumten Stellung. Allerdings, wenn der König-Großherzog seine Souveränität über Luxemburg an Frankreich abtrat, so ging auch das Recht, der preußischen Besatzung zu kündigen, an dieses über.

Im Übrigen gab es noch eine weitere Instanz, wo die Frage im Nothfall anhängig gemacht werden konnte: die europäischen Großmächte, welche die Bundesfestung Luxemburg nebst dem preußischen Besatzungsrecht geschaffen und im Jahre 1839 die Verhältnisse zwischen Belgien und Luxemburg geregelt hatten. Hier wäre nun zu einem bindenden Beschlusse Einstimmigkeit erforderlich; indessen würde schwerlich eine einzelne Macht der vereinigten Autorität aller übrigen sich entgegensetzen, vielmehr sich in einem solchen Falle unbeschadet der eignen Ehre zur Nachgiebigkeit entschließen können.

Marquis Moustier erkundigte sich denn auch auf alle Fälle über die Ansicht der Großmächte hinsichtlich der Luxemburger Annexion. Der englische Botschafter verhielt sich gleichgültig, der russische ermunterte zum Vorgehn. Dagegen sandte aus Wien Baron Beust eine dringende Warnung. Ein Land, schrieb er, mit deutscher Bevölkerung, früher zum deutschen Bunde, jetzt noch zum deutschen Zollverein gehörig, die Festung in preußischem Besitz, dies für Frankreich zu fordern, heiße Bismarck das Mittel geben, alle nationalen Leidenschaften in ganz Deutschland zu entflammen. Er bot also dem französischen Hofe seine guten Dienste für Berlin an. Moustier, der gerade von Beust stärkere Hülfe gegen Berlin erwartet hatte, war höchlich enttäuscht und verdrießlich, beschwerte sich, daß Beust Luxemburg ein deutsches Land nenne, was Bismarck nie gethan habe, und lehnte Österreichs gute Dienste um so mehr ab, als eben jetzt ein erfreulicher Bericht Benedetti's über Bismarck's letzte Erklärungen einlief.

Benedetti meldete, Bismarck habe beklagt, daß sein Souverän über die Räumung der Festung nicht zum Entschlusse komme, während der Kronprinz jetzt günstiger gestimmt sei, da man zur Erhaltung des Friedens und zur Befestigung des Gewonnenen auf gutes Einvernehmen mit Frankreich bedacht sein müsse. Auch erkenne Bismarck an, daß Preußens Rechtstitel für eine Besatzung in Luxemburg zweifelhaft geworden sei. Wenn Holland selbst, sage er, den Abzug derselben fordere, so würde sich Vieles erleichtern.

In einer weiteren Depesche berichtete Benedetti, er habe eine Niederschrift dieser Äußerungen dem preußischen Minister vorgelegt, und dieser die Richtigkeit anerkannt, mit der weiteren

Bemerkung, der König habe gemeint, er, Bismarck, sei dabei etwas weit vorgegangen, habe aber keinen Widerruf gefordert. Benedetti habe darauf gefragt: darf ich dies dem Kaiser mittheilen? und Bismarck geantwortet: ich autorisire Sie dazu; der König ist in guter Stimmung; gestern noch sagte er zu mir: wenn Luxemburg an Frankreich abgetreten wird, so habe ich mir dem deutschen Volke gegenüber nichts vorzuwerfen; es kann sich dann nur an den König der Niederlande halten.

Hierauf erhielt Baudin aus Paris den Befehl, die officielle Unterhandlung mit dem König-Großherzog zu eröffnen. Der König empfing ihn am 18. März. Baudin legte die beiden geheimen Verträge vor, stellte für Luxemburg eine Geldentschädigung (etwa 4 bis 5 Millionen Franken) in Aussicht, und forderte, daß der König der französischen Regierung überlasse, mit Preußen zu verhandeln. Da aber trat die Wendung ein. Der König kam lebhaft auf die durch Lightenfeld gegebene Erklärung zurück, daß er dem Großherzogthum die bisherige Unabhängigkeit zu erhalten wünsche; in keinem Falle könne er eine Zusage geben, wenn nicht das Luxemburger Volk, die Großmächte, und vor Allen Preußen vorher eingewilligt hätten; also kein geheimer Vertrag, kein Versprechen, niemand eine Mittheilung zu machen; ich sage nicht Nein, schloß er, behalte mir aber die Freiheit meiner Entschließung vor, und will weiter erwägen.

Es war der Tag, an welchem in Paris Thiers seine letzte Rede hielt, in Berlin aber Carlowitz den Grafen Bismarck über die Politik der Südstaaten befragte, und dadurch am 19. die Veröffentlichung der Schutz- und Trutzbündnisse mit ihnen veranlaßte.

Bismarck, sahn wir, that den Schritt zur Beruhigung der öffentlichen Meinung in Deutschland. Der König von Holland aber sah darin eine drohende Demonstration gegen Frankreich, und erklärte dem französischen Gesandten jetzt seine endgültige Entschließung, die Abtretung Luxemburgs erst nach ausdrücklicher Einwilligung Preußens und der übrigen Großmächte zu vollziehn.

Bereits am 19. März, nach Baudin's erstem Bericht, hatte Benedetti Weisung erhalten, Bismarck auf diesen Fall vorzubereiten, und zu ermitteln, ob Preußens Zustimmung nicht zu erlangen sei. Jetzt aber verhielt sich Bismarck kalt und gemessen. Wir lassen geschehn, sagte er. Aber gegenüber dem Könige, dem Reichstage und der öffentlichen Meinung kann ich niemand zu der Erklärung Vollmacht geben, daß die Abtretung Luxemburgs im Einverständniß mit Preußen erfolge. Bei einem weitern Gespräche nach Baudin's Bericht vom 22. blieb er unerschütterlich bei diesem Satze. In Ihrem Interesse, setzte er hinzu, bitte ich Sie, daß Frankreich den König der Niederlande von jeder Mittheilung an Preußen abhalte.

Aber die Warnung kam zu spät. Ehe eine solche Einwirkung auf den König geschehn konnte, hatte dieser den gefährlichen Schritt gethan. Am 26. März sandte er seinen Sohn, den Prinzen von Oranien, mit einem Briefe an Napoleon nach Paris: seine Intention sei, ihm Luxemburg zu überlassen, in der Erwägung, daß diese Maaßregel den europäischen Frieden befestigen würde; dazu sei aber Preußens Theilnahme erforderlich, und so müsse er darauf bringen, daß für den förmlichen Vertrag Napoleon Preußens Beitritt (adhésioh) erlange. Zugleich aber berief er den preußischen

Gesandten, Grafen Perponcher, theilte ihm Napoleon's Begehren und seine Antwort unter der Erklärung mit, daß er nichts ohne Vorwissen des preußischen Königs thun wolle, und ersuche ihn, dies Alles seinem Monarchen zu melden. Perponcher, wie sich versteht, telegraphirte dies auf der Stelle nach Berlin.

Nach allen bisherigen Verhandlungen stand man hiemit dicht vor dem Ausbruch des Kriegs. Hundert Mal hatte Bismarck dem französischen Gesandten erklärt, Preußen könne der Abtretung Luxemburgs nimmermehr positiv zustimmen, die öffentliche Meinung Deutschlands erlaube das nicht. Und ebenso bestimmt hatte Marquis Moustier dem Baron Lightenfeld gesagt, wenn die Abtretung scheitere, und in Folge dessen die Preußen in Luxemburg blieben, so sei der Krieg unvermeidlich, die öffentliche Meinung Frankreichs zwinge dazu. Jetzt aber hatte, so schien es, der Schritt des holländischen Königs die Abtretung an jene unmögliche Bedingung geknüpft. In Holland hatte man sich nach den preußischen Siegen und Annexionen von 1866 in die ungeheuerlichsten Vorstellungen von Preußens Ehrsucht und Habgier eingelebt; man war erfüllt von der Sorge, zur nächsten Beute des gefräßigen Nachbars bestimmt zu sein, und wie immer verdunkelte auch hier die Furcht die Unbefangenheit des Urtheils. In der Angst vor dem Ausbruch eines furchtbaren Kriegs ergriff man gerade die Maaßregel, welche die Flamme entzünden mußte.

In Berlin war die Regierung fest in ihrer Haltung. Gleich am Abend des 27. März wiederholte Bismarck dem französischen Botschafter: der König von Preußen kann die Abtretung geschehn lassen, aber nicht zugeben, daß jemand behaupte, er habe ihr im Voraus zugestimmt. Den Grund hatte Benedetti vor Augen. Napoleon's Absichten auf Luxemburg waren längst kein Geheimniß mehr; die zornige Aufregung darüber wuchs in ganz Deutschland mit jedem Tage; es hätte Preußens Aussichten im Reichstage vernichtet, wenn man die französischen Pläne unterstützt hätte. Die deutsche wie die französische Presse hatte bereits den Kampf darüber mit gleicher Hitze aufgenommen; von allen Seiten her erscholl der Ruf, daß hier an feige Nachgiebigkeit nicht zu denken sei. Graf Goltz meldete aus Paris, mit athemlosem Eifer werde die Heeresrüstung betrieben, und der französische Generalconsul in Frankfurt, Rothan, lieferte drohende Schilderungen von der hastigen Bildung neuer Armeecorps in Preußen.

Trotzdem gab die preußische Regierung die Hoffnung auf Erhaltung des Friedens nicht auf. Auch der König, so unerfreulich ihm die Räumung Luxemburgs war, hatte bei der Klarheit der Rechtslage seinen Entschluß in diesem Sinne festgestellt. Da man selbst weder für noch gegen die Abtretung Luxemburgs sich aussprechen wollte, so kam es darauf an, die Entscheidung an eine andere Instanz zu bringen, und so telegraphirte der König zurück nach Holland: ich kann keine Meinung aussprechen, bis ich die Signatärmächte von 1839 gehört habe.

Sodann aber bot sich noch ein anderer Weg, den König der Niederlande über Preußens friedliche Absichten auch ohne förmliche Zustimmung zu der Abtretung Luxemburgs zu ermuthigen. Am 12. October 1866 hatte die luxemburger Regierung, stets in derselben Angst vor Preußens Feindseligkeit, eine Mittheilung nach Berlin gerichtet, worin sie das preußische Besatzungsrecht durch die Auflösung des deutschen Bundes als erloschen bezeichnete, damit aber den Wunsch verband, mit Preußen eine völkerrechtliche Allianz unter Fortbauer der gemeinsamen Besatzung abzuschließen. Diese Eröffnung war bis dahin ohne Antwort geblieben: jetzt, am 27. März, telegraphirte Bismarck nach dem Haag die Ablehnung des Vorschlags.

Der luxemburger Geschichtsschreiber der Krisis, Servais, bemerkt, diese Ablehnung eines Vertrags, welcher der preußischen Besatzung einen neuen unangreifbaren Rechtstitel gegeben hätte, war ein zwingender Beweis für die Absicht Preußens, die Abtretung des Landes an Frankreich nicht zu hindern.

So war es in der That. Zugleich kam Bismarck auf den Gedanken, einen Versuch zur Beschwichtigung der immer stärkern Unruhe der Gemüther in Deutschland zu machen. Er lud den Führer der Nationalliberalen, Herrn von Bennigsen, zu sich ein, und verabredete mit ihm eine nächster Tage im Reichstage zu stellende Interpellation über Luxemburg, wobei dann Bennigsen den nationalen Widerspruch gegen die Abtretung betonen, Bismarck aber beruhigend antworten würde; eine weitere Verhandlung sollte nicht Statt finden[1]. Napoleon würde daraus die doppelte Belehrung schöpfen können, daß er Preußen nicht als Gegner zu betrachten habe, wohl aber bei bewaffnetem Vorgehn die gesammte deutsche Nation an Preußens Seite finden würde[2].

---

[1] Mittheilung Bennigsen's an den Verfasser.
[2] Rothan, S. 466, druckt eine von ihm am 12. April nach Paris gesandte Depesche ab, worin er nach Berliner Mittheilungen die friedliche Tendenz der Interpellation nachdrücklich bestätigt.

Allein während die Depesche vom 27. im Haag ihren Eindruck nicht verfehlte, sollte die auf Sicherung des Friedens berechnete Interpellation die gerade entgegengesetzte Wirkung haben und die Spannung auf die höchste Spitze steigern.

Am 28. März empfing Napoleon aus der Hand des Prinzen von Oranien den Brief des Königs-Großherzogs. Er faßte ihn auf als das Zugeständniß der Abtretung. Er berief sofort Baudin telegraphisch nach Paris, gab ihm mündliche Weisungen nebst einem Briefe an den König-Großherzog, worin er die Annahme der Abtretung aussprach und die Verantwortlichkeit Preußen gegenüber vollständig auf sich nahm. Baudin eilte schleunig nach dem Haag zurück; der König-Großherzog erklärte sich einverstanden[1]); die Verträge wurden ausgefertigt, und Baudin meldete nach Paris, am 31. werde die Unterzeichnung Statt finden. Moustier telegraphirte dann an Benedetti: wir stehn am entscheidenden Augenblick; trefft in Berlin alle Vorkehrungen; der Kaiser betrachtet die Sache als erledigt und hält jedes Zurückweichen für unmöglich. Als man aber im Haag zur Unterzeichnung schreiten wollte, bemerkte der holländische

---

[1]) Rothan, der sonst Servais' Buch mehrmals citirt, geht unbegreiflicher Weise über die preußische Depesche vom 27. März hinweg, und erzählt dafür, der König-Großherzog sei durch die diplomatie occulte gewonnen worden, nachdem alle Anstrengung der officiellen Diplomatie vergeblich gewesen. Er deutet damit wohl auf Madame Musard, die Geliebte des Königs, welche angeblich durch französisches Gold bestochen worden sei. Ich kann dies weder bestätigen noch widerlegen, will aber bei diesem Anlaß bemerken, daß Rothan's an einer frühern Stelle geäußerte Behauptung, die Königin Sophie sei eine Hauptstütze der französischen Partei in der Luxemburger Sache gewesen, auf Irrthum beruht. Die Königin war eine intime Freundin Napoleon's und Gegnerin Preußens, lebte aber damals von dem Könige vernachlässigt und getrennt, von allem politischen Einfluß entfernt.

Minister van Zuylen, daß dies nicht seine, sondern die Sache des luxemburger Ministers, Tornaco, sei. Man werde ihn sofort hieher berufen; der kurze Aufschub werde nichts verschlagen. Darauf sandte in der Nacht vom 31. März auf den ersten April Moustier eine neue Depesche an Benedetti: Tornaco ist in den Haag berufen zur Zeichnung der Abtretung; die Stimmung des Königs ist vortrefflich; der Vertrag wird im Laufe des Tags abgeschlossen.

Napoleon's Wunsch schien erfüllt. Aber auch hier sollte das Wort gelten: zwischen dem Becher und der Lippe liegt ein Abgrund.

Benedetti begab sich am Vormittag des 1. April zu Bismarck und erklärte ihm, nachdem er ihm seine Glückwünsche zu dem heutigen Geburtstag dargebracht, er habe ihm eine wichtige Mittheilung zu machen[1]). Bismarck, welcher den Inhalt vermuthen konnte, unterbrach ihn auf der Stelle. Ich habe, sagte er, jetzt keine Zeit zu einer geschäftlichen Besprechung; ich bin im Begriffe, in den Reichstag zu gehn, um auf Bennigsen's Interpellation zu antworten, auf die Fragen: was ist der Regierung über die angebliche Abtretung Luxemburgs an Frankreich bekannt? und ist sie fest entschlossen, auf jede Gefahr dies deutsche Land bei Deutschland zu behalten? Wollen Sie mich begleiten, fuhr er fort, so können wir unterwegs weiter darüber reden. Im Gehn entwickelte er ihm dann, er denke zu antworten, der Regierung sei allerdings bekannt, daß solche Verhandlungen

---

[1]) Ich folge hier der Darstellung des meist sehr gut unterrichteten Mebling III, 206. Wo Rothan davon abweicht, stehn seine Angaben mit Bismarck's sonstiger, von ihm selbst bestätigter Haltung im Widerspruch.

im Haag schwebten; nach einer Anfrage des Königs der
Niederlande über Preußens Auffassung der Sache sei auf
ein Benehmen mit den Großmächten und die Rücksicht auf
die öffentliche Meinung verwiesen worden; die Regierung
wisse nicht, ob ein Abschluß im Haag schon erfolgt sei, und
könne deshalb im Augenblick auf die zweite Frage keine
Antwort mit Ja oder Nein geben; sie glaube aber, daß
keine fremde Macht zweifellose Rechte deutscher Staaten
beeinträchtigen werde; sie hoffe im Stande zu sein, solche
Rechte im Wege friedlicher Verhandlungen zu schützen. Sie
sehn, bemerkte er dann dem Grafen Benedetti, daß auf diese
Art jeder Anlaß zum Bruche vermieden wird; Sie sehn aber
auch, daß die Voraussetzung meiner ganzen Darlegung die
Thatsache ist, daß ich von einem Abschluß des Vertrags
nichts weiß. Und ebenso deutlich wird Ihnen sein, daß,
wenn Sie mir jetzt eröffneten, der Vertrag sei geschlossen,
und ich dies dem Reichstag mittheilen müßte, bei der hoch=
gradigen Erregung der Versammlung eine Explosion von
unberechenbarer Wirkung die nothwendige Folge sein würde.
Die Herrn waren darüber an der Thüre des Reichstags
angekommen. Nun, fragte Bismarck, diese Folge und deren
Verantwortung vor Augen haben Sie mir eine wichtige
Depesche zu übergeben? Benedetti war kein kriegslustiger
Mann. Er sann einen Augenblick nach; dann erklärte er:
Nein — und empfahl sich. Bismarck trat in den Reichs=
tag ein.

Sofort erhob sich Bennigsen zur Begründung seiner
Interpellation. Mit wachsender Stärke trete die Behauptung
auf, begann er, der Abtretungsvertrag sei bereits abgeschlossen;
ein Fürst aus deutschem Geschlechte, aus welchem einst ein

Mitglied die deutsche Krone getragen, habe also ein von jeher deutsches Land, welches dem Reiche mehrere Kaiser geliefert, über welches Holland niemals Herrschaftsrechte besessen, einer fremden Macht verkauft. Dazu könne der Reichstag nicht schweigen. Die Interpellation, erklärte er weiter, ist absichtlich gerade von uns Liberalen ausgegangen, die wir mit den Regierungen über einzelne noch ungelöste Verfassungsfragen im Streite stehn, weil wir das Bedürfniß fühlten, kund zu geben, daß es in Fällen ungerechter Gelüste des Auslandes in diesem Hause keine Parteien gibt, daß unsere Differenzen in den innern Fragen nicht den geringsten Einfluß auf unsere feste Entschlossenheit gegenüber dem Auslande haben werden, wo es gilt, die kräftige Politik, welche die Regierung und der Ministerpräsident bisher geführt haben, auf das Entschiedenste zu unterstützen. Jeder dieser Sätze wurde von steigendem Beifall des Hauses begrüßt. Bennigsen fuhr fort: bei der jetzigen Auflösung des Bundes ist allerdings die Versuchung für das Ausland groß, wie in alten Zeiten unsere Zerrissenheit zum Abreißen deutscher Landestheile zu benutzen: treten wir nicht dem ersten Versuche dieser Art mit Nachdruck entgegen, so wird unsere Neubildung uns nicht einen starken Bundesstaat liefern, sondern uns nur zur Fortdauer der alten Schwäche und Spaltung führen. Wir müssen unser Vertrauen auf die Energie der preußischen Politik bewähren durch unsere Festigkeit, die allein uns den Frieden erhalten kann, die aber auch den Krieg nicht scheuen darf, wo es sich um die Abwehr eines ungerechten Angriffs handelt. Ein stürmischer Ausbruch des Enthusiasmus erscholl hier von allen Seiten des Hauses. Bennigsen warf darauf einen Blick auf die letzten Verhandlungen der Pariser Volks=

vertretung, wo die Reste alter Parteien unter altgewordenen
Führern die Leidenschaften in der Armee und im Volke
aufzureizen suchten, vielleicht nicht bloß um Eroberungen
für Frankreich zu machen, sondern auch um der jetzigen
französischen Regierung Schwierigkeiten zu bereiten. Geben
wir, rief er, rasch und sicher die richtige Antwort auf solche
Tendenzen, und wir werden sie im Keime ersticken. Blieben
wir hier aber unthätig und stumm, welch' ein untilgbarer
Flecken auf Deutschlands Ehre, welch' ein Stempel undeutscher
Schwäche auf unserer Politik, wenn in dem Augenblicke der
Begründung unserer nationalen Einheit nicht das Äußerste
aufgeboten würde, die Abreißung einer deutschen Provinz
zu verhindern. Wir suchen den Krieg nicht. Bricht er aus,
so wird Frankreich die Verantwortung treffen. Die beiden
Nationen können in Frieden und Freundschaft neben einander
leben, in gegenseitiger Achtung, in Förderung der gemeinsamen
Interessen, in Förderung der Gesittung und Cultur in Europa.
Aber wenn das Ausland uns stören will in unserem Ver=
fassungswerke, so soll es auf eine geschlossene Nation stoßen,
die keinen Zweifel darüber lassen wird, daß wie unter uns
alle Parteien, so auch alle Theile des deutschen Volkes einig
sind in dem Entschlusse, jede kräftige Politik der Regierungen
gegen feindselige Versuche der Fremden auf jede Gefahr hin
zu unterstützen. Ein nicht endenwollender begeisterter Jubel
des ganzen Hauses begleitete diese Schlußworte des Redners.

An der Auffassung der Frage durch den Reichstag konnte
kein Zweifel sein. In der Abtretung Luxemburgs an Frank=
reich sah er die blutige Verletzung eines nationalen deutschen
Rechts und drängte die Regierungen, dagegen Verwahrung
einzulegen und wenn nöthig mit den Waffen einzuschreiten.

Bismarck's Antwort begann mit der ruhigen Erklärung, das Haus werde es natürlich finden, wenn er in einer Frage von solcher Tragweite zur Zeit auf eine Darlegung des Sachverhältnisses, soweit es den verbündeten Regierungen bekannt geworden, sich beschränke. Zunächst entwickelte er dann die Ursachen, nach welchen man auf den Eintritt des Großherzogthums in den norddeutschen Bund verzichtet habe, den bestimmten Wunsch des Luxemburger Volkes, in dem jetzigen Zustande voller Unabhängigkeit zu bleiben, die gleiche Stimmung seiner Regierung, welche das preußische Besatzungsrecht als erloschen betrachte, endlich die im alten deutschen Bunde erfahrenen Unannehmlichkeiten, die sich aus der Mitgliedschaft eines auswärtigen Souverains ergeben. Dazu komme die geographische Lage des Landes, welche bei der Behandlung der Frage einen höheren Grad von Vorsicht erforderlich mache. „Man erweist, sagte er, der preußischen Politik nur Gerechtigkeit, wenn an einer hervorragenden Stelle ausgesprochen worden ist, die preußische Politik suche die Empfindlichkeit der französischen Nation, natürlich so weit es mit der eignen Ehre verträglich ist, zu schonen. Die preußische Regierung fand und findet zu einer solchen Politik Anlaß in der gerechten Würdigung, welche die friedlichen und freundlichen Beziehungen zu einem mächtigen und ebenbürtigen[1]) Nachbarvolke auf die Entwicklung der deutschen Frage ausüben könnten." Aus dieser Rücksicht, erklärte er, sich einer bestimmten Beantwortung der zweiten Frage enthalten zu müssen. Was die erste betreffe, so habe die Regierung bis jetzt keinen Anlaß, anzunehmen, daß ein

---

[1]) Bismarck sah in dem Worte einen verbindlichen Ausdruck, französische Schriftsteller aber beinahe eine Insulte.

Vertrag über Luxemburg bereits abgeschlossen sei (große Bewegung im Hause), sie könne freilich auch das Gegentheil nicht mit Bestimmtheit behaupten, auch nicht wissen, ob der Abschluß vielleicht nahe bevorstehe. Die einzigen Thatsachen, welche die Regierung veranlaßt hätten, von der Frage amtlich Kenntniß zu nehmen, seien folgende. Der König der Niederlande habe den Grafen Perponcher befragt, wie Preußen es auffassen würde, wenn Seine Majestät sich der Souveränität über Luxemburg entäußerte. Graf Perponcher habe darauf die Anweisung erhalten, zu antworten, daß Preußen in diesem Augenblick sich zu einer solchen Äußerung nicht berufen fühlte und, wenn dazu genöthigt, jedenfalls sich vorher versichern würde, wie die Frage von ihren deutschen Bundesgenossen, von den Mitunterzeichnern der Verträge von 1839, wie von der öffentlichen Meinung in Deutschland, die gerade jetzt in dieser hohen Versammlung ein angemessenes Organ besitze, aufgefaßt würde. (Bravo.) Sodann habe die niederländische Regierung uns ihre guten Dienste behufs unserer Verhandlungen mit Frankreich über Luxemburg angeboten. (Heiterkeit.) Wir haben darauf geantwortet, daß wir nicht in der Lage seien, von diesen guten Diensten Gebrauch zu machen (Bravo, sehr gut), weil solche Verhandlungen nicht schwebten. „Bei dieser Lage der Dinge, schloß Bismarck, werden Sie von mir nicht verlangen, daß ich, wie es einem Volksvertreter anstehn mag, bestimmte Entschlüsse der Regierung für diesen oder jenen Fall öffentlich ankündige. (Sehr richtig.) Die verbündeten Regierungen glauben, daß keine fremde Macht zweifellose Rechte deutscher Staaten beeinträchtigen wird; sie hoffen, solche Rechte auf dem Wege friedlicher Verhandlung schützen und wahren zu können; sie werden sich dieser

Hoffnung um so sicherer hingeben dürfen, je mehr das eintrifft, was Interpellant vorher zu meiner Freude andeutete, daß wir durch unsere Berathungen das unerschütterliche Vertrauen und den unzerreißbaren Zusammenhang des deutschen Volkes mit und unter seinen Regierungen bethätigen werden."

Der Reichstag nahm diese Erklärung mit lebhafter Zustimmung auf und ging nach einem kurzen Schlußwort des Präsidenten zur Tagesordnung über.

Auffallen könnte in Bismarck's Rede zunächst das Wort, daß keine Verhandlungen über Luxemburg zwischen Preußen und Frankreich schwebten, nach seinen monatelangen Besprechungen mit Benedetti, ja nach dem letzten Gespräche unmittelbar vor dem Beginne der Reichstagssitzung. Auch die französische Regierung gab vierzehn Tage später öffentlich dieselbe Erklärung trotz ebenso zahlreicher Unterredungen zwischen Marquis Moustier und Goltz. Und doch besteht Beides zu Recht, auf Grund der jedem Staatsmann und jedem Diplomaten geläufigen Unterscheidung zwischen einer Unterhandlung in amtlicher Form (Einreichung von Noten, Mittheilung von Depeschen u. s. w.) und der Vorbereitung einer solchen durch vertrauliche Sondirungen vermittelst privater Gespräche oder Correspondenzen zwischen den beiderseitigen Ministern und Gesandten. Wir werden später Anlaß haben, an einer wichtigen Stelle auf diese Unterscheidung zurückzukommen.

Im Übrigen war Bismarck's Wunsch, durch seine Erklärungen die aufgeregte öffentliche Meinung in Deutschland zu beschwichtigen, keineswegs erfüllt. Seine Hörer hielten sich an seine Schlußworte, daß jedes zweifellose Recht Deutschlands geschützt werden sollte, ohne zu beachten, daß die von ihm vorher angeführten Thatsachen den Beweis für die Nichtexistenz solcher Rechte in dieser Frage enthielten. Sie gingen, da Bismarck diesen Schluß nicht ausdrücklich zog, darüber hinweg; denn bei ihnen war, wie Bennigsen's Rede vom ersten bis zum letzten Worte darthat, die Zweifellosigkeit des deutschen Rechts die selbstverständliche Voraussetzung. Bei den stürmischen Ausbrüchen, womit sie Bennigsen's Vortrag begleitet hatten, mochte Bismarck sich beglückwünschen, in dem ganzen Verlauf der Frage Napoleon gegenüber unerschütterlich bei dem Satze geblieben zu sein: zwar geschehn lassen, aber nicht zustimmen. Welch' ein Aufruhr gegen die preußische Regierung, und damit gegen das ganze Verfassungswerk wäre losgebrochen, wenn Preußen nach dem Wunsch des Königs-Großherzogs den Abtretungsvertrag genehmigt oder gar mitunterzeichnet hätte! Bismarck, der die patriotische Leidenschaft kaum so glühend erwartet hatte, beeilte sich, einige Rücksichtnahme darauf sowohl in Paris als im Haag zur Sprache zu bringen.

Allein er fand wenig Gehör. Beide Regierungen verkannten seine Absicht, allerdings in völlig entgegengesetzter Weise.

In Paris erschien spät Abends am 1. April Graf Goltz bei Moustier, erklärte, daß Bismarck jedes früher gesprochene Wort aufrecht erhalte, schilderte dann die leidenschaftliche Erregung des deutschen Volkes und gab deshalb anheim, die Zeichnung des Vertrags bis nach dem Schlusse der Session des Reichstags, etwa um vierzehn Tage, hinauszuschieben. Da aber brauste bei Moustier auch die französische Leidenschaft und zugleich ein tiefes Mißtrauen gegen Bismarck auf. Der König-Großherzog, rief er, hat durch seinen Sohn dem

Kaiser sein königliches Wort gesandt; damit ist der Vertrag perfect auch ohne die diplomatischen Formalitäten; Luxemburg ist seitdem französischer Besitz, und schon morgen geht ein höherer Beamter dahin ab, um die Einrichtung unserer Behörden vorzubereiten. Graf Bismarck, setzte er hinzu, könnte sich nicht beschweren, wenn sein Antrag auf Aufschub bei uns den Verdacht erweckte, daß er uns in eine Lage ohne Ausweg zu verlocken sucht, um uns damit vor Europa zu prostituiren. Es war nicht möglich, grimmiger an das Schwert zu schlagen und den Handschuh auf das Kampffeld zu werfen.

Dagegen hatte im Haag schon das erste Telegramm über die Reichstagsdebatte den König in seine alte Stellung zurückgeworfen. Bismarck sagt, sein König werde sich in der Frage mit Rücksicht auf die Wünsche des Reichstags entscheiden, der Reichstag aber ist heftiger Gegner der Abtretung, die Folgerung ist klar: Preußen wird sich der Abtretung widersetzen. Am 2. April erschien eine preußische Depesche: der König sei völlig frei in seinen Entschließungen, jedoch bitte man, daß er einige Rücksicht auf die gereizte Stimmung in Deutschland nehmen möge. Damit war bei König Wilhelm der letzte Zweifel geschwunden. Meine Zusage an Napoleon, meinte er, hatte den Beitritt Preußens zur Bedingung; die Bedingung ist nicht erfüllt, folglich bin ich von meiner Zusage entbunden. Während Bismarck den Großmächten die Frage vorlegte, ob sie in den Verträgen von 1839 ein Hinderniß gegen die Abtretung Luxemburgs an Frankreich sähen, während darauf Lord Stanley sofort dem französischen Botschafter seine persönliche Ansicht dahin aussprach, daß die Abtretung in jeder Hinsicht rechtmäßig sei, erschien gleichzeitig die

Erklärung des Königs-Großherzogs, daß wegen der Weigerung Preußens die Abtretung nicht Statt finden würde.

Auf diese Nachricht erreichte begreiflicher Weise in Paris die Erbitterung den höchsten Grad, und richtete ihre Spitze nicht gegen die Furchtsamkeit Hollands, sondern gegen die, wie man meinte, jetzt offenbar gewordene Arglist Preußens. Bismarck, rief Napoleon[1]), hat mich zu dupiren gestrebt, ein Kaiser der Franzosen darf sich nicht dupiren lassen. Die erste Regung war verdoppelte Eile der Rüstungen. Denn bisher war man immer noch weit von voller Kriegsbereitschaft entfernt, und stand doch dicht vor dem Ausbruch des Krieges, da man einstweilen noch fest an dem Satze hielt, die Abtretung sei durch den Brief des Königs-Großherzogs vom 26. März und Napoleon's Antwort darauf unwiderruflich geworden, und danach die Preußen aus Luxemburg hinauszuwerfen. Dazu kamen Tag für Tag weitere Berichte von dem Generalconsulate in Frankfurt, wie Alles in Deutschland zu einer übermächtigen Invasion nach Frankreich vorbereitet werde, wie so eben durch eine Militärconvention mit Darmstadt die ganze hessische Division dem preußischen Heere einverleibt, also auch an dieser Stelle die Mainlinie überschritten worden sei, wie die preußische Regierung in diesem Augenblick große Geldsummen zur Ergänzung ihres Kriegsmaterials flüssig mache, wie nach sicherer Kunde in Berlin die Militärpartei die Oberhand gewinne. Also Alarm auf allen Seiten; es schien unmöglich, ohne Entehrung Frankreichs den Frieden zu bewahren.

Von den Angaben jener Berichte waren nun die beiden Thatsachen, die hessische Militärconvention und die Ausgabe

[1]) Bei einem Gespräche mit dem Verfasser.

einer preußischen Anleihe, richtig, waren aber in Wahrheit ohne alle kriegerische Bedeutung. Die Anleihe war, wie wir gesehn haben, von dem Landtag im Sommer 1866 zur Erneuerung des im österreichischen Kriege verbrauchten Materials bewilligt worden; die hessische Convention war eine nothwendige Folge des verzwickten Zustandes, in welchem die Hälfte des kleinen Staates zum norddeutschen Bunde gehörte und die andere nicht, und dadurch jede Thätigkeit der Regierung im Militärwesen gestört und unterbunden war. Dagegen war im ganzen norddeutschen Bunde noch nicht von dem kleinsten Schritt zur Mobilmachung die Rede; kein Reservist war einberufen, kein Pferd angekauft, kein Festungswall armirt. Wer nun vollends von dem wachsenden Einfluß einer Berliner Militärpartei redete, kannte weder das preußische Officierscorps jener Zeit noch den alten König Wilhelm. In seiner strengen Pflichttreue handelte der Monarch stets nach genau erwogener Überzeugung, bildete sie sich aber nie, ohne das Urtheil des amtlichen Vertreters des betreffenden Ressorts zu hören. In seiner langen Regierung hat er außer seinen amtlichen Rathgebern nie einen Günstling oder Vertrauten gehabt, dem er einen Einfluß auf öffentliche Angelegenheiten oder nur Äußerungen darüber verstattet hätte, und am Wenigsten hätte nach seinen Begriffen von militärischer Disciplin auch ein hoher Officier einen solchen Versuch sich erlauben dürfen. Er äußerte einmal, er habe zwei Freunde, von seinen Jugendjahren her, an denen er sehr gehangen, treffliche Männer, die niemals von ihm etwas verlangt hätten[1]). Damals nun, in der Krisis der Luxemburger Frage, waren fast alle seine Generäle, Moltke an ihrer Spitze, eifrig für

---

[1]) Schneider aus dem Leben Kaiser Wilhelm's I. 123.

die Behauptung des Besatzungsrechts, also für den Krieg. Während nur Roon und Steinmetz Bismarck's Friedensstimmung theilten, im Hinblick auf die gewaltige Verstärkung, welche dem deutschen Heere binnen drei Jahren durch die militärischen Organisationen des Nordbundes zuwachsen würden; meinten dagegen die Andern, bei dem jetzigen unfertigen Zustande der französischen Armee würden sie mit der Zündnadel in vierzehn Tagen die französischen Vorderlader auf Paris zurückwerfen, später aber nach Vollendung der französischen Rüstung und Bewaffnung würde der Kampf unendlich opfervoller sein. Aber keiner von ihnen, auch Moltke nicht, wagte bei dem Könige dieser Ansicht Ausdruck zu geben[1]). Als der Bibliothekar des Königs diesem einmal, am 20. April, erzählte, alle Welt in Berlin rede von dem bevorstehenden Kriege gegen Frankreich, sagte der König sehr ernst: „Ich habe das Wort Krieg noch gegen keinen Menschen ausgesprochen, und selbst meinen eignen Gedanken noch nicht vorgelegt. Bismarck und Roon haben bei allen Verhandlungen über die unangenehme Sache nicht einmal die Möglichkeit eines Kriegs gegen mich erwähnt; und ich habe Roon auch noch nicht gefragt, ob er mit der Herstellung der Fahrzeuge und Ergänzung der im letzten Feldzug verbrauchten Vorräthe fertig ist"[2]). Die preußische Regierung also war so weit wie möglich von kriegerischen Gelüsten entfernt. Die populäre Bewegung aber in Nord- und Süddeutschland schlug immer höhere Wellen, allerdings von verschiedenen Farben. Fort und fort erschienen begeisterte Beschlüsse von nationalgesinnten Volksversammlungen und Kammermajori-

---

[1]) Mittheilung des Feldmarschalls an den Verfasser.
[2]) Schneider l. c. S. 306.

täten, daß zur Vertheidigung Luxemburgs alle deutschen Stämme sich unter Preußens Führung schaaren würden. Dagegen erklärten die preußenfeindlichen Parteien, in patriotischer Hoffnung auf preußische Niederlagen, nicht weniger geräuschvoll den Kampf gegen Frankreichs Übergriffe für Preußens heiligste deutsche Pflicht, wobei natürlich die Südstaaten den Bündnißfall bestreiten und neutral bleiben würden. Dieser doppelten Gährung gegenüber beschloß Bismarck, zunächst die erregten Gemüther sich etwas austoben zu lassen und keinesfalls vor dem Schlusse des Reichstags in irgend eine Verhandlung über Luxemburg einzutreten.

Indessen begann doch auch in Paris die ungeduldige Hitze der ersten Aufwallung allmählich nachzulassen. Je stärker man selbst die Empfindlichkeit des französischen Selbstgefühls betont hatte, desto weniger konnte es befremden, wenn auch Bismarck auf die öffentliche Meinung Deutschlands Gewicht legte. Vielleicht war der vorgeschlagene kurze Aufschub doch ehrlich gemeint, um Frankreich Zeit zu gewähren, Hollands Besorgniß wegen preußischer Feindseligkeit zu zerstreuen. Man beschloß also zunächst, sich durch keine Reizung oder Herausforderung fortreißen zu lassen, und am 6. April ging ein Schreiben an Benedetti ab, sich bei Bismarck über den Sinn seiner Rede vom 1. zu erkundigen, deren freundliche Worte doch nicht wohl ohne alle praktische Bedeutung sein könnten. Will Preußen zur Befestigung des europäischen Friedens beitragen? Wir haben kein anderes Ziel im Auge, und denken nicht an eine Einmischung in die inneren Verhältnisse Deutschlands. Eine unbequeme Interpellation Jules Favre's wurde am 8. April auf den Wink der Regierung nach einer kurzen Erklärung Moustier's, obgleich Thiers diese als ungenügend bezeichnete, in die Bureaux verwiesen und dort begraben. Gleich darauf kam aus Wien, wo Moustier im ersten Eifer eine enge Allianz gegen Preußen mit der Aussicht auf die Erwerbung Schlesiens in Anregung gebracht hatte, die Antwort, daß Österreich eines dauernden Friedens bedürfe, also in ein Kriegsbündniß nicht einzutreten vermöge; zumal in der vorliegenden Sache könne der Souverän von zehn Millionen deutscher Unterthanen unmöglich die Waffen zur Unterstützung einer fremden Annexion deutschen Landes ergreifen[1]). Dies kühlte natürlich die Kampfluft weiter ab, und vollends erstickt wurde sie durch das fernere Verhalten des Königs der Niederlande. Dieser, der sich zur Abtretung Luxemburgs nur widerwillig aus Furcht vor Frankreich herbeigelassen, hatte mit wahrer Herzensfreude das Ausbleiben der preußischen Zustimmung als Grund zum Abbruch ergriffen, und dachte nicht daran, den glücklich wiedergewonnenen Boden zu verlassen. Als jener französische Beamte, Herr von Boigne, in Luxemburg erschien, sich der dortigen Regierung als Bevollmächtigter des neuen Landesherrn vorstellte und die Form der künftigen französischen Verwaltung und den Austritt des Landes aus dem deutschen Zollverein ankündigte, da zuckte Baron Tornaco die Achseln, und der Statthalter, Prinz Heinrich, erließ gleich nachher Befehl, überall der französischen Erklärung der erfolgten Abtretung entgegen zu treten und die Autorität des Königs-Großherzogs aufrecht zu erhalten. Ein Freudenruf ging darauf durch die ganze Bevölkerung.

Man erkannte in Paris wohl, daß hier nicht durchzubringen war. Der Gedanke war angenehm gewesen, mit

---

[1]) Beust, aus drei Vierteljahrhunderten II, 337.

der Erwerbung Luxemburgs einen großen Schritt auf der Straße nach Brüssel vorwärts zu thun: noch einmal ließ man in Berlin durch Benedetti an die alten Bundesvorschläge erinnern, nach welchen Preußen den deutschen Süden erhalten, dafür aber Frankreich bei der Einverleibung Belgiens unterstützen würde[1]). Allein weniger als jemals war jetzt an die Annahme zu denken, und das Pariser Cabinet mußte einstweilen verzichten, wollte man nicht vor Europa, an welches man zu appelliren gedachte, die Rolle des rechtlosen Angreifers auf sich nehmen. Herr von Boigne wurde demnach aus Luxemburg abberufen. Um so entschiedener aber hielt man an dem Begehren fest, die preußische Besatzung aus der Festung Luxemburg zu entfernen, und da dies bei dem König-Großherzog nicht mehr zu erlangen war, sich an die höhere Instanz, die europäischen Großmächte, zu wenden. Am 15. April ging ein Circular nach Petersburg, Wien und London unter stolzer Betheuerung französischer Uneigennützigkeit mit der Frage ab, ob Preußen jetzt noch einen Rechtstitel zur Aufrechthaltung seiner Besatzung in Luxemburg habe. An der Entscheidung dieses Tribunals hatte Moustier keinen Zweifel: dann mochte Preußen sehen, wie es sich mit Europa auseinandersetzte.

Die großen Cabinette hatten nun sehr geringe Neigung, sich mit der dornigen Angelegenheit zu befassen. Der englische Premier, Lord Derby, hatte bereits auf Bismarck's entsprechende Anfrage am 5. April im Oberhause erklärt, die Regierung denke darauf eine Antwort nicht zu ertheilen.

---

[1]) In die Zeit nach dem Scheitern der Luxemburger Unterhandlung setzt Bismarck in den berühmten Enthüllungen, Juli 1870, diese Mittheilung.

Ebenso lehnte jetzt auch Kaiser Alexander von Rußland jede Einmischung ab. Was Österreich betraf, so hatte sich damals zwischen ihm und den Höfen von Berlin und München eine Verhandlung besonderer Art entsponnen. Nach der Veröffentlichung der süddeutschen Schutz- und Trutzbündnisse mit Preußen hatte Beust eine Depesche nach München gerichtet, daß er nicht Protest erheben, aber erklären wolle, daß Österreich zu einem Proteste berechtigt sei, da jene Bündnisse thatsächlich die Unabhängigkeit der süddeutschen Staaten in einem Grade beschränkten, welcher mit der Bestimmung des Prager Friedens unvereinbar sei. Darauf hatte der bayerische Gesandte in Wien Anfang April erläutert, Bayern könne bei den bloßen Allianzverträgen mit Preußen nicht lange stehn bleiben, sondern wünsche, den Abschluß eines internationalen Staatenbundes mit Norddeutschland durch die süddeutschen Staaten herbeizuführen[1]), welcher Staatenbund dann dem Wiener Cabinet eine völkerrechtliche Allianz vorschlagen sollte. Beust erwiderte sehr kühl, ein solcher Allianzvorschlag sei für Österreich eine einfache Interessenfrage vom höchsten Range, wo weder Gefühle noch Erinnerungen, sondern nur Österreichs Sicherheit und etwaige Vortheile in Betracht kämen. Also für jede Verbindlichkeit vollste Gegenleistung, gegen jede feindliche Tendenz sehr solide Garantien, dergleichen aber könne ihm freilich nicht Bayern, sondern nur Preußen gewähren. Der Münchener Hof beeilte sich darauf, den Ministerialrath

---

[1]) Beust in seiner Depesche an den österreichischen Gesandten in München vom 5. April bezeichnet als Hohenlohe's Absicht, seine Combinationen mit dem Abschluß des Südbundes zu beginnen. Nach Hohenlohe's Erklärungen an die zweite Kammer in München vom 19. Januar und 8. Oktober muß Beust den bayerischen Gesandten mißverstanden haben.

Grafen Tauffkirchen nach Berlin zu senden, um mit Bismarck die Frage einer österreichischen Allianz zu verhandeln. An demselben Tage, an welchem Tauffkirchen sich bei Bismarck meldete, dem 12. April, erschien auch der Vertreter Österreichs bei dem Minister, um ihm dessen gute Dienste in der Luxemburger Sache anzubieten und seine vorläufige Meinung über zwei Vorschläge einzuholen, welche das Wiener Cabinet den Mächten als Vermittlung zu unterbreiten gedenke: entweder bleibt Luxemburg unabhängig unter ewiger von Europa garantirter Neutralität, oder es fällt an Belgien, welches dafür Philippeville und Marienburg an Frankreich abtritt; in jedem der beiden Fälle räumt Preußen die Festung. Bismarck antwortete, daß er Österreichs gute Dienste dankbar annehme, und in dem zweiten Vorschlag eine sehr glückliche Auskunft finde, übrigens die eigne Entschließung mit Rücksicht auf die öffentliche Meinung in Deutschland sich noch vorbehalten müsse. Immer konnte dieser neue Schritt Österreichs als ein Zeichen freundlicher Gesinnung gedeutet werden, und Bismarck gab also ohne Zaudern dem Grafen Tauffkirchen Vollmacht, in Preußens und Bayerns Namen Herrn von Beust zur Sicherung des europäischen Friedens ein Vertheidigungsbündniß anzubieten, worin die deutschen Regierungen dem Donaureiche die Garantie seiner deutschen Besitzungen auf immer, und seiner ungarischen auf eine näher zu verabredende Zeit zusagten.

Es war, was in frühern Zeit Österreich stets begehrt und zweimal erhalten, es war zugleich, was Bismarck schon auf dem Schlachtfelde bei Königgrätz dem König als erstrebenswerth bezeichnet hatte. Aber Beust's Gedanken lagen jetzt in anderer Richtung. Es war deutlich, daß für Österreich die Annahme des eben gebotenen Allianzvertrags thatsächlich auch die Zustimmung zu der nähern Verbindung Süddeutschlands mit dem Nordbunde in sich schließen würde, sei es nun nach der von Hohenlohe gewünschten Form eines Staatenbundes, sei es nach dem Drängen der Unitarier auf einfachen Eintritt des Südens in den Nordbund. Beust hätte in dem Einen wie dem Andern eine Schädigung des österreichischen Interesses gesehn. Er wünschte die bleibende Vereinzelung der süddeutschen Staaten, um allmählich einen jeden derselben in den Kreis des österreichischen Einflusses zu ziehn, und dadurch zu verhindern, daß Preußen nicht bloß im Norden sondern auch im Westen das Donaureich umklammere. Als die beiden Gesandten ihm den Allianz-Antrag vorlegten, bemerkte er: „Ihr sagt, das Bündniß würde den Frieden Europas sichern. Angenommen, es wäre so, dann würde das jetzt gar nicht bedrohte Österreich den Haß Frankreichs auf sich laden und dadurch von Preußen unbedingt abhängig werden. Aber wäre der Friede dann in der That so sicher? Es wäre denkbar, daß gerade das Wort Coalition Frankreich zum Losbruch reizte. Es wäre kein erfreuliches Schicksal, wenn wir besiegt würden. Aber wenn wir siegten, was gäbe uns Preußen dann? Können wir es darauf ankommen lassen, daß uns Preußen dann ein Exemplar des Prager Friedensvertrags in die Hand drückte, mit schönem Dank für dessen Vertheidigung?"[1])

Werther und Tauffkirchen bedauerten nach dieser Rede, daß Beust die vorgeschlagene Allianz ablehne. Beust fiel ein, er verwahre sich bestimmt dagegen, daß er dies gesagt habe, würdigte auch dann aber die angebotenen Garantien

---

[1]) Aus Beust's Depesche an Graf Wimpfen in Berlin, 19. April.

keiner weitern Erwähnung. Er war weit entfernt von dem Gedanken einer preußischen Allianz; im Gegentheil, so sehr er zur Zeit den Frieden nicht bloß für Österreich, sondern in ganz Europa zu erhalten wünschte, so hoffte er für die Zukunft Preußen zu isoliren, Rußlands Gunst durch ein Anerbieten zu gewinnen, die für dieses so lästigen Bedingungen des Pariser Friedens aus der Welt zu schaffen[1]), und zugleich nach einem französischen Schutzbündniß zu streben, zu welchem dann Napoleon vielleicht auch Italien herbeibringen könnte. In solchem Sinne erzählte er jetzt dem Herzog von Gramont, wie nachdrücklich er Tauffkirchen's Mittheilungen abgewiesen habe[2]). „Es gibt Handlungen, habe er dem bayerischen Agenten gesagt, die man im Angesicht Europas sich nicht ohne Entehrung erlauben darf. Vor kaum zehn Monaten hat Napoleon Wien und die Unverletzlichkeit unseres Gebiets gerettet, und heute wagt man uns zu einem Bunde gegen Frankreich aufzufordern? Nie wird Kaiser Franz Joseph sich zu einer solchen Ungeheuerlichkeit herbeilassen; er wird nicht begreifen, wie man ihm eine Zumuthung dieser Art hat stellen können."

So tapfere Freundesworte blieben nicht ohne Einfluß auf Napoleon, der Tag für Tag zwischen Zorn und Resignation auf und nieder schwankte, nach dem Verzichte auf Landerwerb aber mit wachsender Ungeduld der Lösung der Krisis durch die Räumung der Festung entgegen sah. Am

---

[1]) Er hatte bereits am 1. Januar 1867 eine Revision dieses Friedens bei Gortschakoff in Anregung gebracht, aber freilich kein Entgegenkommen gefunden, da er nur eine Revision durch einen neuen Vertrag der Großmächte vorgeschlagen, nicht aber die Unterstützung eines einseitigen Vorgehns Rußlands versprochen hatte.

[2]) Rothan 338.

15. April hatte er im Sinne des Friedens diesen Ausweg ergriffen; schon am 17. aber erklärte er, als ihm Österreichs Vermittlungsvorschläge amtlich vorgelegt wurden, ihm sei jede Lösung genehm, nach welcher Preußen die Festung räume; jedoch, setzte er hinzu, die Entscheidung muß rasch erfolgen, denn nicht lange mehr kann ich die Anwesenheit der Preußen in Luxemburg dulden. Die kriegerische Stimmung hatte wieder Oberwasser gewonnen. Nicht eben mit großen Hoffnungen, immer aber mit entschiedenem Wohlgefallen nahm er damals die Anträge zweier Agenten des Königs Georg von Hannover entgegen, die ihm ein Angriffsbündniß mit dem vertriebenen Monarchen gegen Preußen vorzuschlagen hatten. Sie schilderten ihm die große Militärverschwörung, die ganz Hannover mit ihren Netzen überspannt und Soldaten und Bauern mit brennendem Eifer zum Aufstande erfüllt habe. König Georg habe sich mit den von Preußenhaß erfüllten Demokraten Süddeutschlands verbündet: wenn Napoleon Geld und Waffen zur Verfügung stelle, würden im Augenblick der Kriegserklärung 20000 hannoversche Soldaten nebst ihren Officieren nach Holland übertreten, König Georg selbst sich an ihre Spitze stellen, und als Vortrab der französischen Befreier in Deutschland einrücken. Napoleon's Vertrauen zu diesen Helfern, wie gesagt, war mäßig, immerhin aber waren es erfreuliche Möglichkeiten, die sich hier eröffneten. Als nun Bismarck, unaufhörlich von England gedrängt, am 18. April nach London antwortete, seinerseits wolle er den österreichischen Vorschlägen nicht widersprechen, noch aber sei die öffentliche Meinung in Deutschland nicht beruhigt genug, um ihm eine amtliche Entschließung bereits zu verstatten: da fand es Napoleon angemessen,

die scharfe Seite hervorzukehren. Der Kriegsminister, Marschall Niel, rief alle beurlaubten Officiere und Unterofficiere zu ihren Truppentheilen zurück; einige Tage später fand in ganz Frankreich eine Musterung der Reservisten Statt, und eine officiöse Zeitung, der Constitutionel, brachte eine Erklärung, daß die politische Lage bedenklich geworden sei [1]).

Da weder König Wilhelm noch Bismarck vor einer Drohung zurückzuweichen pflegten, so war zum zweiten Male der Krieg in nahe Aussicht gestellt.

Es war Kaiser Alexander von Rußland, welcher jetzt entscheidend zu Gunsten des Friedens eingriff. Auf eine vertrauliche Erkundigung hatte er auch in Berlin günstige Antwort erhalten, und obwohl Anfangs ebenso wenig wie England zur Einmischung geneigt, erklärte er jetzt dem Londoner Hofe, das einzige Mittel, Europa vor einem gewaltigen Kriege zu bewahren, sei ein verbundenes Auftreten der Großmächte. Die neutralen Höfe seien einstimmig darüber, daß mit der Auflösung des deutschen Bundes Preußens Besatzungsrecht in Luxemburg weggefallen sei. Wenn die Mächte dies als Rechtsansicht Europas aussprächen, so müßte die öffentliche Meinung in Deutschland sich dabei beruhigen.

Hienach schlug Rußland eine Conferenz der Großmächte vor, die in London auf der Basis der von Europa zu garantiren= den Neutralität Luxemburgs, wonach sich der Abzug der Preußen aus der Festung von selbst ergäbe, zusammentreten sollte. Es war der erste Schritt zum Ausgleich; jedoch war auf dem Wege dorthin noch manches Hinderniß zu überwinden.

---

[1]) Marschall Niel erklärte der Kammer am 16. Juli 1867, Frank= reich habe am 1. April 385000, am 15. Mai aber 455000 Mann unter den Fahnen gehabt. Also eine Vermehrung von 70000 Mann, wenn die Zahlen richtig waren.

4. Capitel.
Abschluß der norddeutschen Bundesverfassung.

Unmittelbar nach der Beantwortung der Interpellation Bennigsen, am 1. April, trat der Reichstag in die Berathung der einzelnen Verwaltungszweige ein, deren Leitung oder Beaufsichtigung der Bundesgewalt anvertraut werden sollten. Der erste dieser Abschnitte, Zoll- und Handelswesen, wurde rasch erledigt. Sein Hauptgedanke, Verschmelzung aller Bundesstaaten zu einem festen Zollverein, mit einziger Ausnahme der Hansestädte, deren Freihafen-Stellung unberührt bleiben würde, bis sie selbst die Aufhebung beantragten, war nicht bloß populär, sondern erschien selbstverständlich. Auch die einzelnen Bestimmungen des Entwurfs über Zölle, indirecte Steuern, Competenz des Präsidiums und des Bundesraths auf diesem Gebiete machten keine Schwierigkeit.

Man gelangte sofort zu dem folgenden Abschnitt über das Eisenbahnwesen. Der Entwurf gab hier der Bundesgewalt das Recht, Eisenbahnen zu militärischen Zwecken selbst zu bauen und zu verwalten, überließ dies Recht im Übrigen den Regierungen der Einzelstaaten und behielt dem Bunde nur eine allgemeine Aufsicht, wie Einwirkung auf Gleichheit der Tarife u. s. w. vor. Es erschien eine Reihe von Verbesserungsanträgen, genauere Bestimmungen zur Verhütung administrativer Willkür, über welche ohne Mühe eine Verständigung mit dem Ministerialdirector Delbrück, der hier die Regierungen vertrat, erreicht wurde. Einen Antrag auf Erweiterung der Bundescompetenz wies Delbrück als im Widerspruch mit dem Bundesvertrag der Regierungen stehend zurück.

Ebenso einmüthig fielen am 2. April die Beschlüsse über das Post- und Telegraphenwesen, welches der Entwurf für das ganze Bundesgebiet unter die Leitung des Präsidiums stellte. Ein Antrag auf gänzliche Aufhebung des Postzwangs und des Postmonopols wurde abgelehnt, alle Artikel des Entwurfes angenommen.

Auch bei dem folgenden Abschnitte über Marine und Consulate erhob sich kein bemerkenswerther Widerspruch. Es entspann sich eine lebhafte Verhandlung über die Nothwendigkeit einer mächtigen deutschen Flotte, welche der Chef des norddeutschen Lloyd, Meier aus Bremen, ebenso nachdrücklich behauptete, wie der Hamburger Chapeaurouge sie bestritt, worauf dann Schleiden eine lange Rede hielt, über die Minister von Roon nachher erklärte, er habe nicht entdecken können, ob der Redner für oder gegen eine Flotte sei. Für die Handelsschiffe sah der Entwurf die schwarz-weiß-rothe Flagge vor; das Haus beschloß, diese Bestimmung auch auf die Kriegsflotte auszudehnen. Franz Duncker widmete darauf dem romantischen Schwarz-roth-gold von 1848 einen wehmüthigen Nachruf, der jedoch ohne Erwiderung oder Folgen blieb. Der Satz des Entwurfs über den Etat der Marine wurde hier gestrichen, als zu dem Abschnitt über die Bundesfinanzen gehörig.

So gelangte man am 3. April zu den wichtigen Titeln Kriegswesen und Finanzen, und hier trat an die Stelle der letzten Meeresstille ein von verschiedenen Seiten einherbrausender Sturm, welcher dicht vor dem Hafen das Verfassungsschiff dem Untergang nahe brachte. Die preußischen Liberalen lieferten hier ein großes Nachspiel zu ihrem Kampfe gegen die Heeresreform von 1862 bis 1866. Zum Verständniß des Folgenden wird es zweckmäßig sein, was darüber im zweiten Bande dieses Buchs berichtet ist, in Erinnerung zu bringen und zu ergänzen.

Wie wir gesehn, bekämpfte damals die Opposition die neue Heerverfassung zuerst auf dem Felde des Budgets: als sie die Kosten desselben gestrichen hatte, erwartete sie anderweitige Vorschläge oder die Auflösung der neuen Bataillone. Statt dessen verwarf das Herrnhaus ihr ganzes Budget, und die Regierung führte in diesem Nothstande ein budgetloses, nach Ansicht der Opposition verfassungswidriges Regiment, bis 1866 die Regierung die Anerkennung ihrer Ausgaben durch den Landtag vermittelst der Annahme ihrer Indemnitätsbill erwirkte.

Zwei andere, während des Kampfes von der Opposition aufgestellte Behauptungen aber blieben 1866 unerledigt, wurden vielmehr von ihr durch neue Beschlüsse bekräftigt. Sie faßten sich in dem Satze zusammen, daß, auch abgesehn von den Kosten, die neue Heerverfassung in Widerspruch mit zwei rechtskräftigen Gesetzen stehe, also nicht durch einseitigen Willensact des Königs, sondern nur unter Zustimmung des Landtags hätte angeordnet werden können.

Schon im Jahre 1860 wurde bemerkt, daß das grundlegende Gesetz vom 3. September 1814 der Kriegsreserve der Linie nur zwei Jahrgänge der ausgedienten Mannschaft, die neue Heerverfassung aber deren 4 oder 5 zuweise, also gegen das Gesetz 2 oder 3 Jahrgänge der Landwehr zu Reservisten der Linie mache. Die Regierung erwiderte, daß die Reservisten erst bei einer Mobilmachung zur Fahne einberufen würden, daß aber auch für die Landwehr gerade nach dem Gesetze vom 3. September die Mobilmachung den Beginn des Kriegsstandes bedeute, in welchem die Regierung freie Verfügung über alle Mannschaftsclassen habe. Daß die Einwendungen der Opposition gegen diese Sätze unhaltbar waren, haben wir oben gesehen.

Bis zum Jahre 1863 hatte niemand einen Zweifel dagegen geäußert, daß, abgesehn von dem Geldpunkte, der König nach dem Gesetze von 1814 freie Hand habe, jeder Zeit die Stärke und die Formation des Heeres zu bestimmen und abzuändern. In jenem Jahre aber glaubte Rudolf Gneist die Entdeckung gemacht zu haben, Friedrich Wilhelm III. selbst habe durch eine in der Gesetzsammlung publicirte Cabinetsordre vom 22. December 1819 die Formation des Linienheeres nach Stärke, Zahl und Gruppirung seiner Truppenkörper gesetzlich festgelegt, so daß also zu ihrer Abänderung ein neues Gesetz, mithin jetzt die Zustimmung des Landtags erforderlich, und bis zu deren Erlangung die Heerverfassung von 1861 verfassungswidrig sei. Gneist fügte dieser Behauptung eine allgemeine Erörterung hinzu, in welcher er mit weitem politischem Blicke und glänzender Beredsamkeit darlegte, wie zu allen Zeiten die gesetzliche Feststellung der Heerverfassung ein Interesse ersten Ranges für Staat und Volk sei, um eine so wichtige Einrichtung sowohl gegen ministerielle als gegen parlamentarische Willkür zu sichern.

Gegen die Richtigkeit dieser allgemeinen Ausführung (de lege ferenda) besteht heute kein Widerspruch mehr. Eine andere Frage ist es, ob seine historische Behauptung (de lege lata) damals begründet war.

War die Ordre von 1819 im Sinne des Königs in der That ein Gesetz, also jetzt ihre Änderung der Zustimmung des Landtags bedürftig? oder war sie nur eine jeder Zeit allein durch königliches Belieben zu ändernde Verordnung?

Ihre Veröffentlichung durch die Gesetzsammlung liefert keinen Beweis für das erstere. Denn unter dem absoluten Königthum nahm man es nicht so genau mit der Unterscheidung von Gesetz und Verordnung. Damals sind eine Menge Cabinetsordres in die Gesetzsammlung aufgenommen worden, denen heute kein Mensch den Charakter eines Gesetzes beilegen und für ihre Änderung einen Landtagsbeschluß fordern würde: Ernennung einzelner Personen zu gewissen Ämtern, Regulirung des innern Dienstes in einem Ministerium, kleine Verwaltungsmaaßregeln, wie z. B. Bestimmung des Passirgeldes bei einer gewissen Brücke u. s. w.

Wollte man nun auch einräumen, die Ordre von 1819 sei deshalb als Gesetz zu betrachten, weil sie einige Änderungen eines älteren Gesetzes, der Landwehrordnung von 1815, vorschreibt, so käme man damit in der wesentlichen Frage, der Formation des Linienheeres und deren gesetzlicher Festlegung, nicht um einen Schritt weiter. Die Ordre gibt eben eine neue Formation der Landwehr, nicht aber eine solche der Linie. Die letztere war durch zwei Ordres aus dem Mai 1817 und dem September 1818 vollständig geregelt, beide Ordres aber nicht in die Gesetzsammlung aufgenommen worden — und wenn die Aufnahme den Gesetzcharakter zweifelhaft läßt, so ist nichts sicherer, als daß die Nichtaufnahme ihn ausschließt. Der wesentliche Gedanke, welchen die Ordre von 1819 für die Landwehr durchführt, ist der Satz, daß ihre Infanterie der acht Armeecorps in den Provinzen dieselbe Zahl der Bataillone, Regimenter und Brigaden mit gleicher Kriegsstärke haben soll, wie sie die Linie das Jahr zuvor erhalten hat. Offenbar folgt daraus, auch wenn die Ordre als Gesetz zu betrachten wäre, nicht im Mindesten der Schluß, mit der gesetzlichen Feststellung der Landwehr-Regimenter sei auch die Formation der Linientruppen gesetzlich festgelegt. Höchstens ließe sich aus der geforderten Gleichheit beider folgern, es müßte auch künftig mindestens ebenso viele Linien- wie Landwehrbataillone geben, oder umgekehrt, es müßten bei einer Vermehrung der erstern auch die letztern entsprechend vermehrt werden. Nimmermehr aber läßt sich aus der Ordre von 1819 die Nothwendigkeit eines Gesetzes für jede neue Organisation oder jede Vermehrung der Linientruppen ableiten.

Sicher ist 1819 der König selbst nicht dieser Meinung gewesen. Dies steht fest durch die Thatsache, daß er gleich in den beiden folgenden Jahren mehrere Linienregimenter neugeschaffen oder umgestaltet, sowie, daß er der Garde-Landwehr in Abänderung der Ordre von 1819 eine neue Formation gegeben hat, Alles durch Ordres, welche nicht in der Gesetzsammlung publicirt sind, also nur den Charakter von königlichen Verordnungen haben. Friedrich Wilhelm III. ist weit von dem Gedanken entfernt gewesen, daß er seit dem 22. December 1819 nur auf dem Wege der Gesetzgebung an seiner Heerverfassung zu ändern befugt sei.

Jedoch hatte sich in den Jahren des Verfassungsstreits die Opposition zu fest in den einmal ergriffenen Stellungen eingelebt, als daß eine entgegengesetzte Auffassung hätte Boden gewinnen können. Allerdings war in der Beurtheilung dieser Fragen die Opposition nicht gleiches Sinnes. Die radicalen Demokraten blieben fest auf ihrer Behauptung, das Haus der Abgeordneten habe jährlich kraft seines Budgetrechts die Kosten und damit die Stärke der Armee festzustellen. Sie konnten also folgerichtig nicht wie Gneist und Genossen den Erlaß eines Gesetzes wünschen, welches für ihre Budget= abstriche ebenso wie für willkürliche Truppenvermehrung feste Grenzen setzte. Indessen so lange der Verfassungsstreit dauerte, hielten beide Gruppen in dem Widerstande gegen das Mini= sterium fest zusammen, und eigneten sich einstweilen eine jede die Forderung der andern an. Umgekehrt lehnte das Mini= sterium, wie die Budgettheorie der Opposition, so auch die Feststellung der Heeresstärke durch ein Gesetz ab, und trat hier für das unbeschränkte königliche Verordnungsrecht ein.

Mit dem Beginne des norddeutschen Bundes aber und der Vorlage des Verfassungsentwurfs änderte sich diese Lage auf das Gründlichste. Jetzt war es die preußische Regierung, welche zur Sicherstellung des Bundesstaats die gesetzliche Sanction der Heerverfassung von 1860 zuerst bei den ver= bündeten Regierungen erwirkte und dann bei dem Reichstage in Antrag brachte. Gneist und seine Freunde sahen also ihr Princip gesetzlicher Feststellung der Heerverfassung durch die Regierungen anerkannt: jetzt hatten sie zu prüfen, ob der Inhalt gerade des ihnen vorgelegten Gesetzes annehmbar erscheine. Der Entwurf verfügte die Einheit des Bundes= heeres, die Befugnisse des Bundesfeldherrn, den Präsenzstand, die Gliederung und Eintheilung der Contingente und die Organisation der Landwehr; er erklärte die Gültigkeit der bisherigen preußischen Militärgesetze und Reglements für sämmtliche Bundesstaaten; er sprach ferner die allgemeine Dienstpflicht ohne Stellvertretung aus, und zwar sieben Jahre bei der Linie (davon, wie bei der Verhandlung hinzugesetzt wurde, drei unter der Fahne, vier bei der Reserve), fünf Jahre bei der Landwehr. Sodann setzte er für die nächsten zehn Jahre die Friedensstärke des Heeres auf ein Procent der Bevölkerung fest, und verordnete, daß für die Gesammt= kosten der Heeresverwaltung ein jährlicher Betrag von 225 Thalern für jeden Kopf der Friedensstärke dem Bundes= feldherrn einzuzahlen, für die Kosten der Marine aber ein Etat mit dem Reichstage zu vereinbaren sei. Sodann verfügte der Abschnitt über die Finanzen, die sonstigen Ausgaben seien auf dem Wege der Bundesgesetzgebung, und zwar das Ordinarium für drei Jahre festzustellen. Zu ihrer Bestreitung würden die Einnahmen aus den Zöllen, den gemeinsamen Steuern, die Erträge der Posten und der Telegraphen dienen. Wo sie nicht hinreichen, schriebe der Bundesfeldherr Beiträge der Einzelstaaten nach Maaßgabe ihrer Bevölkerung aus. Über die Verwendung der Einnahmen würde der Bundes= feldherr dem Bundesrathe und dem Reichstage Rechnung ablegen.

Gegen dies ganze System erhob sich zunächst Waldeck im Namen der Fortschrittspartei, vor Allem zur Errettung des kostbarsten aller Freiheitsrechte, des Budgetrechtes der Volksvertretung, welches allerdings durch die Vorlage für die Kosten des Heers beseitigt, für die sonstigen Verwaltungs= zweige in enge Grenzen gebracht war. Ohne sich auf eine nähere Erörterung einzulassen, rief er den Nationalliberalen zu, wer an diesem Punkte nachgebe, habe den Ruhm der liberalen Gesinnung und damit die Achtung der Nation verwirkt. Dieser Reichstag sei gewählt, um eine Verfassung zu berathen; wie dürfe er sich herausnehmen, ein Armeegesetz zu beschließen, was ihm hier zugemuthet werde? Und zwar ein Gesetz, welches alle die von der preußischen Volksvertretung fünf Jahre lang mannhaft vertheidigten Forderungen des Volkes, die zweijährige Reservezeit, die Belassung der Landwehr in ihrer historischen Stellung und die Erhaltung der großen Gesetze von 1814 und 1819 mit einem Streiche zerschlage, und über die Formation des Heeres die nackte Anerkennung der gesetzwidrigen Reorganisation enthalten solle. Das solle geschehn von einem Reichstag, dessen nichtpreußische Mitglieder gar keine Kenntniß von diesen ebenso verwickelten wie wichtigen Sachen hätten. Das Alles sei unerhört. Vollends aber der Antrag, die Stärke des Friedensheers für immer auf ein Procent der Bevölkerung und die Kosten auf 225 Thaler für jeden Kopf der Mannschaft zu fixiren, sei gleichbedeutend mit der Vernichtung des Budgetrechts[1]); hier dürfe auch (gegen die Nationalliberalen gewandt) von Compromissen und Vermittlungen keine Rede sein; unerschütterlich, wie das Volk es begehrt, müßte der Reichstag auf seinem Rechte bestehn,

---

[1]) Im Verlauf der Debatte erläuterte Wiggers dies ziffermäßig dahin, daß nach Abzug der Ausgabe für Heer und Marine der Reichstag nur noch über eine Million Thlr. budgetmäßig zu verfügen haben werde, setzte freilich hinzu, daß vielleicht die Zölle künftig einige Überschüsse liefern möchten.

Das Budget des deutschen Reichs für 1892/93 stellt sich auf 1200 Mill. Mk., davon 4—500 für die Armee. Wäre der Entwurf von 1867 unverändert geblieben, so hätte der Reichstag immer noch über ein recht stattliches Budget von 7—800 Mill. Mk. zu beschließen.

alljährlich die Präsenzstärke und die Kosten durch die Festsetzung des Etats zu bestimmen. Wir wollen, schloß er, ein Volksheer, nicht ein stehendes Soldatenheer.

Waldeck's Gesinnungsgenossen brachten in der folgenden, eine Woche lang sich fortsetzenden Verhandlung durchgängig nur nähere Ausführungen zu einzelnen von ihm angeführten Momenten. Waldeck hatte wiederholt erklärt, auch ohne die Bundesverfassung würde der Schutz gegen das Ausland durch preußische Militärconventionen mit den Kleinstaaten vervollständigt werden; die auswärtige Gefahr gebe also keinen Grund, eine volksfeindliche Verfassung anzunehmen. Erweiternd führte darauf Schulze aus, gerade im Gegentheil, wenn inmitten aller Gefahren ein Volk seine Freiheitsrechte hochhalte und schirme, werde es dadurch die Bewunderung der Welt erwerben und jedem feindlichen Nachbar unbesieglich erscheinen. Nochmals entwickelte Bockum-Dolffs seine Lehre, daß jeder preußische Abgeordnete eibbrüchig werde, wenn er im Reichstage einem Beschlusse zustimme, welcher in Preußen ein Recht des Abgeordnetenhauses beschränke. Franz Duncker erklärte, daß er heute wie früher den Krieg von 1866 für ein frevelhaftes Spiel der preußischen Regierung halte, und wenn jetzt die ehemaligen Genossen, die Nationalliberalen, unter heuchlerischen Vorwänden die Sache des Volks und der Freiheit verriethen, so könne er das nicht hindern, wohl aber den schmählichen Abfall von den einst heilig gehaltenen Grundsätzen öffentlich verkünden.

Der hitzige Angriff war, wenn nichts Schlimmeres, jedenfalls in hohem Maaße übertrieben. Denn die Nationalliberalen waren durchaus von dem Wunsche beseelt, dem Reichstag ein starkes Budgetrecht zu bewahren, und den Etat des Kriegsministers ebenso wie den der übrigen Verwaltungszweige ihrer Prüfung zu unterwerfen. Ebenso, aber nicht weiter. Niemals hatte bisher das preußische Abgeordnetenhaus die Befugniß begehrt, die durch Gesetz organisirten Bezirksregierungen oder Landgerichte gelegentlich zur Hälfte durch Streichung der Geldmittel abzuschaffen, während die Fortschrittspartei jetzt die Stärke der Aushebung und damit den ganzen Heerbestand jährlich durch den Etat zu bestimmen begehrte. Eine solche Unsicherheit des für die Existenz des Staates wichtigsten Instituts verwarf die nationalliberale Partei entschieden: sie wollte, wie für Verwaltung, Gericht, Unterricht u. s. w., die wesentlichen Grundlagen auch für die Armee gesetzlich feststellen und nur die jährlich wechselnden Einzelheiten oder ganz neue Anforderungen von den Beschlüssen über den Etat abhängig machen. Hier ergab sich nun die Frage, welche Stücke der Organisation zu dem wesentlichen Bestande, welche zu den wechselnden Einzelheiten gehörten, welche also gesetzlich festzulegen, welche der Entscheidung durch den jährlichen Etat zu überlassen wären, und wenn man dann zu den gesetzlichen Bestimmungen schritt, in welcher Höhe diese bleibenden Lasten ohne Schädigung des nationalen Wohlstandes bemessen werden dürften. In diesen Beziehungen zeigte sich nun innerhalb der Partei nicht gerade eine Spaltung, wohl aber eine verschiedene Stimmungsfarbe, indem die Einen, Forckenbeck, Lasker, Miquel, etwas schärfer für die parlamentarischen Rechte eintraten, die Andern, Bennigsen, Braun, Sybel, Baerst, den größern Nachdruck auf eine Verständigung mit den Regierungen legten.

Unter diesen Umständen faßte innerhalb der Partei jene Andeutung Bismarck's (in der ersten allgemeinen Verhandlung) über die Möglichkeit einer Übergangszeit Wurzel und fand bald allgemeine Zustimmung. Auch Forckenbeck und seine Freunde erkannten die Unmöglichkeit, in diesem Augenblick, wo jeder Tag die französische Kriegserklärung bringen konnte, irgendwie den Bestand der vorhandenen Armee in das Ungewisse zu stellen, und damit die Nothwendigkeit, weitere Wünsche einer künftigen Entscheidung aufzubewahren. Wir wollen, sagte Lasker, die Vergangenheit friedlich abschließen, die Gegenwart reichlich ausstatten, die Zukunft nicht compromittiren. Daraus ergab sich die positive Anerkennung der Heeresformation von 1860 als feste Grundlage. Es ist unrichtig, erklärte Lasker, wenn Walbeck behauptet, daß dies außerhalb des von den Wählern uns gegebenen Mandates liege; ich bin von meinen Wählern darüber befragt worden und habe ihnen geantwortet, wenn ich von der Trefflichkeit der Heeresreform überzeugt würde, so würde ich sie anerkennen; nun, schloß er, ich bin überzeugt worden. Forckenbeck führte aus, daß es in der gegebenen Lage unmöglich sei, an dem bestehenden Heerwesen irgend wie zu rütteln; er erkenne also die Reorganisation unbedingt an. Aber die Friedenspräsenz von einem Procent der Bevölkerung und die jährliche Zahlung von 225 Thlr. auf den Kopf der Mannschaft auf immer zu bewilligen, das sei gleichbedeutend mit der Vernichtung des Budgetrechts, wie es der preußische Landtag besitze und wie es für den Reichstag zu bewahren sei. Hienach komme es auf die Bestimmung einer Übergangszeit an, und deren Länge ergebe sich aus folgenden Daten. Drei Jahre seien erforderlich, um in den neuen Provinzen und in den übrigen Bundesstaaten die preußische Heeresorganisation zu verwirklichen; dies dürfe auch nicht zum Gegenstand eines Wahlkampfes für den nächsten Reichstag gemacht werden; erst der darauf folgende zweite sei mit den definitiven Beschlüssen zu betrauen.

Demnach beantragte Forckenbeck, die Forderung der Regierungen, ein Procent der Bevölkerung als Friedensstärke des Heeres und die 225 Thlr. für jeden Kopf der Mannschaft als festen jährlichen Kostenbetrag nicht für immer, sondern auf vier Jahre, also bis zum 31. December 1871, zu bewilligen. Von da ab sollten die beiden Sätze, nicht jährlich durch den Etat, sondern durch ein Bundesgesetz bestimmt werden. Man wende dagegen ein, bemerkte er, was denn werden solle, wenn ein solches Gesetz nicht zu Stande komme; dann würde ja ein Vacuum, und mit ihm die Möglichkeit eines neuen Verfassungsstreites eintreten. Forckenbeck lehnte diese Besorgniß ab. Gesetzlich stehe fest die allgemeine Dienstpflicht, die dreijährige Dienstzeit, die Zahl der Regimenter, die Kriegsstärke der Bataillone: es würde also die Verhandlung über den Etat sich nur innerhalb bestimmter Grenzen bewegen und nie zu einer gefährlichen Zerrüttung der Armee führen können. Auch die mildere Gruppe der Parteigenossen erhob gegen diese Ausführungen keinen principiellen Widerspruch, nur daß die Dauer der Übergangszeit Manchen etwas zu kurz bemessen erschien. Sonst hatten sie das Vertrauen, daß 1871 ebenso wie 1867 der Armee das überwiegende Wohlwollen der Nation und des Reichstags gesichert sein würde, und hofften andrerseits nach Bismarck's früheren Worten, auch bei den Regierungen Eingang für ihre Auffassung zu finden.

Diese Erwartung aber zeigte sich für's Erste trügerisch. Bismarck betheiligte sich an der Verhandlung mit keiner Sylbe, sondern begnügte sich, persönlich gegen ihn gerichtete Angriffe einiger Fortschrittsmänner oder grundlose Behauptungen dänischer Nordschleswiger scharf abzuweisen; in der Sache selbst überließ er die Vertretung des Entwurfs ganz und gar dem Kriegs- und dem Finanzminister, den anwesenden Generalen und den Rednern der conservativen Partei. Und hier fand Forckenbeck's Antrag kaum eine bessere Aufnahme, wenn auch eine größere Beachtung und gründlichere Kritik als die kurz abgefertigten Begehren der kleinen demokratischen Fraction.

Da auch die Forderung der zweijährigen Dienstzeit wieder wie 1861 vorgebracht worden war, erläuterte in klarer, knapper und um so eindringlicherer Weise General von Moltke nach den Erfahrungen des letzten Kriegs den mächtigen Nutzen des bestehenden Systems. „Wir haben, sagte er, 50000 Gefangene gemacht und kaum 3000 Vermißte, die nicht einmal Alle gefangen waren, eingebüßt. Woher kam dieser ungeheuere Unterschied? Ich kann ihn nur der längern Dauer unserer Dienstzeit zuschreiben. Die Österreicher waren ebenso tapfer wie unsere Soldaten. Aber bei schwierigen Verhältnissen, bei Dorf- oder Waldgefechten, lockerte sich die Ordnung; sie wurden schaarenweise gefangen. Unsere Leute hielten stets zusammen; das kann nicht einexercirt, das kann nur eingelebt werden." Er drang überhaupt auf Festigkeit in den Einrichtungen des Heerwesens; bei der zwölfjährigen Dienstzeit in Linie und Landwehr müsse jede Änderung in der Aushebung zwölf Jahre lang fortwirken; sie könne in einem Jahre tiefer europäischer Friedensruhe beschlossen werden, und ihre Folgen inmitten einer schweren Kriegsgefahr zu Tage treten. Ganz unmöglich sei es, sie von den jährlichen Etatsberathungen schwankender parlamentarischer Majoritäten abhängig zu machen; wolle man sie nicht nach dem Wunsche der Regierung zu einem Stück der Verfassung machen, so daß sie nur in den Formen der Verfassungsänderung herabgesetzt werden könnte, so beantrage er, daß sie fortbestehn solle bis zu ihrer Änderung durch ein Bundesgesetz.

Moltke's Waffenbrüder, die Generale Vogel von Falkenstein und Steinmetz, blieben auch bei diesem parlamentarischen Kampfe nicht unthätig. Sie verlangen von uns Siege, rief Falkenstein, so geben Sie uns auch die hinreichende Zahl tüchtiger Soldaten. Seine Rede sauste auf die Opposition hernieder, wie ein Hagel kräftiger Schwadronshiebe, so daß die Gegner selbst ihre Freude an dem alten und doch so frischen Helden hatten. Steinmetz meinte, ehe er die Rednerbühne bestieg, hier sei es ihm unheimlicher zu Muth als bei dem Kanonendonner von Nachod und Skalitz: um so grimmiger und bissiger aber sprach er, als er oben stand. Die Linke, brummte er, ist mißgünstig gegen die Armee; es sind dieselben Menschen, die 1866 in das Mauseloch krochen, als der König sich zu thun entschloß, was Preußens Ehre von ihm forderte. Andere Mitglieder wollten der Opposition vermittelnd einen Schritt entgegenthun, und auf eine begrenzte Übergangszeit sich einlassen, wenn sie nur länger wäre, als in Forckenbeck's Antrag, etwa sechs oder sieben Jahre. Vergeblich machte der Fürst zu Solms-Lich den weiter gehenden Vorschlag, als bleibendes Recht zu verfügen, daß die Friedensstärke des Heeres nach Ablauf von je sieben Jahren durch ein Bundesgesetz festgestellt werde. Aber er machte damit nicht den geringsten Eindruck im Hause: niemand ahnte, daß diesem Satze die Zukunft gehören würde. Die entscheidende Frage war überall, in wie weit man in militärischen Dingen ben künftigen Volksvertretungen Vertrauen schenken könne; wer dies bejahte, stimmte für Forckenbeck, wem es zweifelhaft erschien, für Moltke. Ich freue mich, sagte der Kriegsminister von Roon damals einem nationalliberalen Abgeordneten, über so viele freundliche Worte von Ihrer Seite und bin dankbar dafür; aber sie sichern uns nicht für die Zukunft: wer steht uns dafür ein, daß Ihre Nachfolger im Parlament dieselbe Gesinnung haben wie Sie, und — setzte er hinzu — daß unsre Nachfolger im Ministerium ebenso feste Kniee haben werden wie wir. Als es endlich im Reichstag zur Abstimmung kam, war das Ergebniß die Annahme des Forckenbeck'schen Antrags mit 137 gegen 127 Stimmen.

Der Streit setzte sich in erweitertem Umfange fort, als es zur Behandlung der Geldfrage, der 225 Thlr. im Militärbudget, und dann überhaupt der Bundesfinanzen kam. Hier übernahm von Seiten der Opposition Miquel die Führung. Mit einleuchtender Bündigkeit legte er dar, wie vielfache Unklarheit in den Sätzen der Vorlage sich zeige, wie unerläßlich vor Allem ein jährlicher Voranschlag der sämmtlichen Einnahmen und Ausgaben sei, auf dessen Grund dann das Etatsgesetz für das kommende Jahr festgestellt werde. Denn da die Einzelstaaten ein etwaiges Deficit des Bundes durch Matricularbeiträge zu decken hätten, werde ohne ein solches Verfahren für sie Alle ihr Staatshaushalt einer völligen Unsicherheit Preis gegeben. Am Schlusse des Jahrs müsse dann eine Nachweisung über alle Einnahmen und Ausgaben dem Reichstag nicht bloß zur Kenntniß, sondern zur Prüfung und Entlastung vorgelegt werden. Weiter forderte er für die Bundesgewalt die ausdrückliche Anerkennung des Rechtes, directe Steuern zu erheben, Anleihen zu contrahiren,

Garantien zu ihren Lasten zu übernehmen. Dringend wiederholte er die früher ausgesprochene Empfehlung, dem Reichstage nicht durch unbegründetes Mißtrauen das übliche Budgetrecht zu verkümmern, und dadurch bei ihm Mißtrauen und Erbitterung zu erwecken. In Bezug auf die feste Summe für das Heeresbudget führte er aus, wie rasch trotzdem der parlamentarische Einfluß auch auf diesem Gebiete sich geltend machen würde. Nur zu bald würden die 225 Thlr. nicht mehr genügen; dann würde der Reichstag bei der ersten Mehrforderung die Bedingung stellen, zunächst zu prüfen, ob bei sparsamerer Wirthschaft der Betrag sich nicht in dem bisherigen Budget unterbringen ließe, und damit auch dieses in den Kreis seiner Erörterungen ziehen; so habe man es in Hannover und in Nassau erlebt, dann aber auch erfahren, daß das erzwungene Recht mit geringerer Nachgiebigkeit als ein freiwillig gegebenes ausgeübt worden. Auch hier also beharrte er auf Forckenbeck's Standpunkt, das feste Pauschquantum nur für die Übergangszeit bis Ende 1871 zu genehmigen.

Dagegen ergriff von der conservativen Seite Wagener das Wort. Es sei unerhört, für den wichtigsten Theil des Staatshaushalts ein Provisorium zu verfügen, ohne Angabe des Definitivums, zu dem es hinüber führen solle. Stets rede man von der Pflicht, dem Reichstag dasselbe Budgetrecht zu wahren, dessen sich der preußische Landtag erfreue. Man schließe dabei die Augen vor der Thatsache, daß man die Forderung weit über das preußische Maaß hinaus steigere. Denn in Preußen besitze der Landtag zwar das Recht der Bewilligung der Ausgaben, keineswegs aber jener der Einnahmen, da diese, einmal genehmigt, der Staatscasse unweigerlich weiter zufließen. Mit gutem Grunde erinnerte Wagener daran, von welcher Bedeutung dieser Unterschied für den Verlauf des preußischen Verfassungsstreits gewesen sei. Jetzt aber wolle man auch die Bundeseinnahmen von einer jährlichen Bewilligung des Reichstags abhängig machen: unmöglich könnten die verbündeten Regierungen darauf eingehn. Was insbesondere das Heerwesen betreffe, so käme man damit vollständig auf den englischen Fuß des Meuterei-Gesetzes, auf welchem die ganze Existenz des Heeres jährlich von der Gnade des Parlaments abhängig ist. Dieser Erörterung entsprach dann ein neuer Antrag Moltke's, um der Bundescasse wenigstens ihre Einnahmen für das Heerwesen zu sichern, es sollten bis zum Erlaß eines abändernden Bundesgesetzes die bestehenden Beiträge unverändert forterhoben werden.

Einen besonderen Standpunkt zwischen den Parteien ergriffen die frühern hannoverschen Minister Windthorst und Exleben. Sie erklärten sich für den Antrag der Regierungen auf dreijährige Budgetperioden, im Übrigen aber für Miquel's Forderungen, nur daß für Heer und Marine die einmal bewilligten Summen nicht verweigert werden dürften. Dann aber wollten sie von der Form des Etatsgesetzes nichts wissen, von dessen Zustandekommen die bindende Kraft aller einzelnen Budgetbeschlüsse nach der preußischen Verfassung abhängt. Statt dessen sollte nach ihrer Meinung die Regel gelten, daß bei einem Streite über die Höhe eines Ansatzes die niedrigste Ziffer angenommen sei, da ja über die Nothwendigkeit dieses Betrags Übereinstimmung beider Theile vorliege. Hier ist jedoch der Trugschluß offenbar. Wer für einen Zweck einen höhern Betrag für nothwendig hält, kann sehr wohl einen geringern als schädliche Vergeudung erachten und deshalb ablehnen. Eine Übereinstimmung beider Parteien ist dann nur scheinbar, aber nicht wirklich vorhanden.

An Versuchen, zwischen den streitenden Parteien zu vermitteln, fehlte es nicht. Der nationalliberale Bennigsen vereinigte sich mit dem altliberalen Vincke-Olbendorf zu dem Antrage, für die Zeit nach 1871 sei die auf Grundlage dieser Verfassung gesetzlich bestehende Heeresorganisation der weitern Vereinbarung des Militärbudgets zu Grunde zu legen. Danach wäre der künftigen Einwirkung des Reichstags auf den Militäretat der Weg zur Specialkritik der einzelnen Posten eröffnet geblieben, nur hätte er die Friedenspräsenz und die Gesammtkosten nicht maaßlos bis zum Umsturz des ganzen bisherigen Systems herabsetzen dürfen. Principiell traten dann Georg Vincke und Gneist übereinstimmend der übermäßigen Ausdehnung des Budgetrechts entgegen. Vincke erklärte, die Bedeutung des Budgetrechts liege nicht in der beliebigen Bewilligung oder Streichung bestehender Einrichtungen, sondern in der Genehmigung neuer Einnahmen und Ausgaben; bei der vorliegenden Frage werde der Kriegsminister bald genug durch neue Forderungen dem Hause Gelegenheit geben, Einfluß auf den Haushalt der Armee zu üben. Die Richtigkeit dieser Auffassung wurde durch Miquel's Behauptung, daß sie eine absolutistische sei, nicht widerlegt, sondern durch seine Mittheilungen aus den frühern Erfahrungen in Nassau und Hannover lediglich bestätigt. In einer ebenso wuchtigen wie glänzenden Rede wies dann Gneist die steten Berufungen der Linken auf das angeblich unbeschränkte Budgetrecht des englischen Unterhauses zurück. Freilich sei es weder durch den König noch durch das Oberhaus beschränkt, um so mehr aber beschränkt durch Gesetze. Vier Fünftel der jährlichen Einnahmen und die Hälfte der Ausgaben seien durch gesetzliche Bestimmungen festgestellt und damit der Willkür des Unterhauses entzogen. Wenn jährlich über den Bestand der Armee abgestimmt werde, so gelte das in England selbst für eine reine Formalität, und was bei einem Söldnerheere etwa möglich werden könnte, wäre bei unserem Landwehrsystem unsinnig und verderblich. In jeder Beziehung sei es hier durch das Interesse des Staats und der Bevölkerung geboten, den Bestand des Heeres gesetzlich festzustellen und dadurch gegen die Schwankungen der parlamentarischen Parteien zu sichern: auch dann würde Raum genug zur Kritik einzelner Theile des Militäretats bleiben.

Aber so unläugbar dies Alles war, die herrschende Strömung ließ sich dadurch nicht ablenken. Vergebens wies der sächsische Minister von Friesen darauf hin, daß es sich um die Verfassung nicht eines Einheits-, sondern eines Bundesstaats handle. Hier kämen nicht alle Gebiete der Verwaltung, sondern nur einzelne zur Sprache, an denen nicht gerüttelt werden dürfe, wenn der Bund nicht seine Grundlagen verlieren solle. Als es zur Abstimmung kam, wurde zuerst Forckenbeck's und dann Miquel's Antrag unter Ablehnung sämmtlicher Amendements angenommen. Man hoffte bei der ungewohnten Stärke der Mehrheit, etwas über dreißig Stimmen, auf Nachgiebigkeit der Regierung. Gutes Muthes schritt man zu den letzten Titeln der Verfassung, bei denen allerdings noch wichtige Fragen ihrer Entscheidung warteten.

Ohne weitläufige Verhandlung wurde die Bestimmung des Entwurfs genehmigt, daß politische Verbrechen gegen den Bund ebenso bestraft werden sollten, als wären sie gegen den Einzelstaat, zu dem der Verbrecher gehörte,

begangen worden. Als Spruchbehörde in erster und letzter
Instanz wurde für Fälle des Hochverraths das Ober=
appellationsgericht in Lübeck bezeichnet.

Aber um so stärker rührten sich principielle Bedenken
gegen den folgenden Artikel, nach welchem Streitigkeiten
zwischen verschiedenen Bundesstaaten, so weit sie nicht rein
privatrechtlicher Natur und deshalb von den competenten
Gerichten zu entscheiden seien, auf Anrufen einer Partei durch
den Bundesrath erledigt werden sollten. Verfassungsstreitig=
keiten aber in solchen Bundesstaaten, deren Verfassung dafür
keine Behörde zur Entscheidung bestimmt, hätte auf Anrufen
einer Partei der Bundesrath gütlich auszugleichen, oder wenn
das nicht gelinge, auf dem Wege der Bundesgesetzgebung
zum Austrage zu bringen. Eine Phalanx berühmter Juristen,
Wächter, Zachariä, Reichensperger, Schwarze, Windthorst,
erklärten diese Bestimmungen für ungenügend, gefährlich,
den heiligsten Rechtsbegriffen zuwider. Hier handle es sich
um Urtheile in streitigen Rechtsfragen; das sei nicht Sache
des Gesetzgebers, sondern des Richters; so wenig wie der
Richter Gesetze machen dürfe, so wenig habe der Gesetzgeber
Urtheile zu finden. Ein Bundesgericht also sei zur Ent=
scheidung jener Streitigkeiten einzusetzen. Ein Bundes=
gericht, sagte Reichensperger, sei bereits 1815 von Wilhelm
von Humboldt der Schlußstein jeder geordneten Verfassung
genannt worden. So finde es sich als Bundesschiedsgericht
in den Beschlüssen des alten Bundestags von 1834, so in
der Verfassung der Paulskirche, so in der von Preußen
vorgeschlagenen Unionsverfassung, so in dem österreichischen
Vorschlag von 1863; alle deutschen Regierungen hätten also
seine Nothwendigkeit anerkannt. Zachariä beantragte gleich

sieben specielle Zuständigkeiten für das künftige Bundesgericht, darunter einen bisher noch nicht zur Sprache gekommenen Punkt, Streitigkeiten über Thronfolge, Regierungsfähigkeit und Regentschaft in den Einzelstaaten; alles Übrige, die Einsetzung, Organisation und Verfahren des Gerichts, solle ein künftiges Bundesgesetz regeln. Mit diesem letzten Satze stimmten auch die übrigen Antragsteller überein, und begehrten für jetzt nur die Erklärung, es solle künftig ein Bundesgericht erschaffen und einstweilen das Lübecker Gericht mit jenen Functionen betraut werden. Diejenigen, bemerkte Windthorst, welche eine Verletzung der Souveränität in einer gerichtlichen Entscheidung über Verfassungsstreitigkeiten sehn wollen, gehn viel zu weit; es hat noch nie der Souveränität geschadet, wenn sie sich dem Rechte gebeugt hat.

In der Generaldiscussion antwortete auf dies Alles nur der preußische Commissar von Savigny. Er erklärte, der Bundesrath werde bei der ihm hier zugedachten Thätigkeit Alles thun, um in jedem Falle ein juristisch unanfechtbares Ereigniß herbeizuführen, nach Umständen also z. B. die Entscheidung einer Austrägelinstanz übertragen. Reichensperger's geschichtliche Darstellung erkannte er als ganz richtig an; nur sei sie durch die ebenfalls unbestreitbare Thatsache zu ergänzen, daß alle jene Entwürfe zu einem Bundesgericht fruchtlos geblieben seien; begreiflich genug, da nicht leicht ein Staat für politische Streitigkeiten seinen souveränen Willen ein für alle Male einem Richtercollegium unterzuordnen bereit sein würde. Das Haus drängte unaufhörlich zum Schluß: als dadurch Zachariä sich nicht abhalten ließ, in der Specialdiscussion seinen Antrag ausführlich zu begründen, erwiderte ihm Braun (Wiesbaden), es sei verkehrt, Streitfragen politischer Art nur vom juristischen Standpunkt ohne politische Rücksicht beurtheilen zu wollen; unwillkürlich würden dabei die Juristen zu Politikern, und vor dieser Gefahr wünsche er den trefflichen Lübecker Gerichtshof zu bewahren. Übrigens scheine ihm bei Zachariä's Antrag des Pudels Kern in dem Artikel zu stecken, welcher dem Bundesgericht die Entscheidung über eine streitige Thronfolge überweise; er aber wolle nicht die Hand dazu bieten, daß dann ein Prätendent oder Depossedirter einen letzten Versuch auf diesem Wege mache. Das Haus stimmte zu, schloß die Debatte und nahm unter Verwerfung aller Anträge den Entwurf an.

Der hier sich anschließende letzte Titel der Verfassung bestimmte: Verfassungs-Änderungen erfolgen im Wege der Gesetzgebung, jedoch ist zu denselben im Bundesrathe eine Mehrheit von zwei Dritteln der vertretenen Stimmen erforderlich. Es wurde trotz der Wichtigkeit des Satzes an dieser Stelle im Reichstage kein Wort mehr darüber geredet, da er bei einer frühern Gelegenheit (Artikel 7 des Entwurfs) bereits beschlossen und zugleich, der Logik entsprechend, an den Schluß der Verfassung versetzt worden war. Es war bei den frühern Verhandlungen vornehmlich Miquel's Verdienst, auf die fundamentale Bedeutung einer solchen Vorschrift hingewiesen und, durch Lasker unterstützt, sie in den Text der Verfassung hinein gebracht zu haben. Als ihr Gegner war Zachariä erschienen, der in verschiedenen Anträgen jede Änderung der Verfassung, und insbesondere die Erweiterung der Bundesgesetzgebung über die im 4. Artikel gezogenen Schranken hinaus, von dem einstimmigen Beschlusse aller verbündeten Regierungen abhängig machen wollte. Alle seine Anträge wurden jedoch gegen wenige Stimmen verworfen, und bei weitern Verhandlungen über den Gegenstand zeigte es sich in unwidersprechlicher Weise[1]), daß an dem Regierungstische wie bei der großen Mehrheit der Abgeordneten kein Zweifel über den Sinn des Wortes „Verfassungs-Änderung" bestand, daß vielmehr auf beiden Seiten gerade die Befugniß zu künftiger Erweiterung der Bundes-Competenz gegenüber den Einzelstaaten als die wesentliche Hauptsache betrachtet wurde. Wenn die Gegner einwandten, daß damit ja die Möglichkeit eröffnet würde, durch Zweidrittel-Mehrheit den Bund in einen Einheitsstaat umzugestalten und die Selbständigkeit der Einzelstaaten völlig zu vernichten, so wurde ihnen geantwortet, daß keine Verfassung etwas tauge, wenn man ihre Träger für unvernünftig und gewaltthätig halte, und weiter, daß man bei ihrer Forderung, neu hervortretende nationale Bedürfnisse nur bei einstimmigem Beschlusse aller Regierungen zu befriedigen, wieder auf dem Boden des alten Bundestags anlange, bei dessen unvermeidlicher Unfruchtbarkeit die letzte Rettung ebenso unvermeidlich die Revolution und der Bürgerkrieg gewesen.

Wie gesagt, dies Alles war früher vorgekommen; jetzt wurde die Verhandlung nicht erneuert.

Am 10. April war zum Schlusse ein transitorischer Zusatzartikel zu berathen: die Beziehungen des Bundes zu den süddeutschen Staaten werden sofort nach Feststellung der Verfassung durch besondere, dem Reichstag zur Genehmigung vorzulegende

---

[1]) (Prosch, Abgeordneter von Schwerin) die Competenz des norddeutschen Bundes S. 48 ff. stellt die betreffenden Äußerungen von Bismarck, Savigny, Hofmann Seitens der Regierungen, so wie Miquel's, Lasker's u. s. w. zusammen.

Verträge geregelt werden. Es war noch einmal eine Frage ersten Ranges, die hier zur Entscheidung gestellt wurde, die Frage, in welcher Weise durch die Verbindung von Nord und Süd das hohe Ziel der nationalen Sehnsucht, die deutsche Einheit, erreicht, das deutsche Reich erschaffen werden sollte. Noch einmal trat hier der Charakter der verschiedenen Parteien in helles Licht. Tags zuvor hatte Graf Solms-Laubach die Regierungen interpellirt, ob es nicht möglich sei, den unerträglichen Zuständen des nur zur Hälfte dem Bunde angehörigen Großherzogthums Hessen durch vollständige Aufnahme desselben in den Bund Abhülfe zu schaffen. Bismarck hatte darauf erklärt, daß er eingehend nur dann antworten könne, wenn die Frage amtlich von der Großherzoglichen Regierung gestellt würde; in diesem Falle würde er zunächst mit Österreich sich in ein, hoffentlich zum Ziele führendes Einverständniß setzen, zugleich aber auch in München Erkundigung einziehn, ob die bayerische Politik durch einen solchen Vorgang gefördert oder gekreuzt würde; für jetzt komme Alles auf die Wünsche der hessischen Regierung an. Es war deutlich, daß er solche Wünsche gerne unterstützen würde, zugleich aber zeigte die Rede sehr bestimmt, daß bei einer Erweiterung des Bundesgebiets noch andere Factoren außer dem Bundesrath und dem Reichstag zu berücksichtigen wären. Davon aber wollten keineswegs alle Parteien Notiz nehmen. Die demokratische Linke beantragte: allen ehemaligen deutschen Bundesländern, so weit sie die Bedingungen dieser Verfassung zu erfüllen gewillt sind, steht der Eintritt in den Bund jeder Zeit frei; ein Bundesgesetz bestimmt dann die etwa nöthig werdenden Änderungen der Bundesverfassung. Noch schärfer trat dem Regierungsentwurf der Antrag einer kleinen Fraction, in der sich die Ultramontanen mit holstein'schen und hannover'schen Particularisten zusammen fanden, entgegen: der Eintritt in den Bund steht jedem süddeutschen Staate frei, der sich der Verfassung unterordnet; besonderer Verträge bedarf es nicht. Auf der anderen Seite begehrten Miquel und Lasker Namens der nationalliberalen Partei einen Zusatz zu dem Regierungsentwurf: der Eintritt der süddeutschen Staaten oder eines derselben erfolgt auf den Vorschlag des Bundespräsidiums auf dem Wege der Bundesgesetzgebung — wobei die Meinung war, der Krone Preußen die Wahl des richtigen Zeitpunkts für den Vorschlag zu überlassen; wenn er aber gekommen sei, bei einem so erfreulichen Ereigniß die nöthig werdenden Verfassungsänderungen mit einfacher Mehrheit auch des Bundesraths zu beschließen. Denn es herrschte überall die Ansicht, daß bei dem Eintritt der Süddeutschen eine Verstärkung der preußischen Stimmen im Bundesrathe unumgänglich sein würde. Der Abgeordnete Bebel zog daraus sogar den Schluß, daß Bismarck den Eintritt der Süddeutschen gar nicht wolle, weil er größere Staaten wie Bayern und Würtemberg unmöglich mit solcher Allmacht würde beherrschen können, wie die norddeutschen Kleinstaaten, deren Fürsten nach dieser Verfassung nur noch Präfecten eines despotischen Militärstaates seien. Er bemerkte bei dieser Gelegenheit, daß er nicht zu den Socialisten aus Lasselle's Schule, sondern zur radical-demokratischen Volkspartei gehöre. In einer meisterhaften Rede widerlegte ihn Miquel, Preußen habe die Kleinstaaten mit der höchsten, ja mit übertriebener Billigkeit behandelt; der Staat, der zuerst in Deutschland sich zur religiösen Toleranz bekannt, der die Befreiung der Bauern durchgeführt, die Städteordnung geschaffen, das Joch des ersten Napoleon gebrochen, der sei kein bloßer Militärstaat, sondern ein großer Träger der nationalen Cultur. In einer wunderbaren Gruppe, rief er, stehn unsere Gegner uns gegenüber: die Demokraten, die sich in bodenlosen Träumereien republikanischer Utopien ergehn, die Ultramontanen, deren Vaterland nirgend wo als in Rom ist, die Vertreter der abgestorbenen Souveränität einzelner Fürsten, diejenigen, die nichts kennen als die kleinen Staaten, in denen sie gelebt und geherrscht haben, die noch nicht gelernt haben, an das große deutsche Vaterland zu denken. Hieran knüpfte er dann die Erörterung des eignen Antrags, die preußische Regierung, die allein den richtigen Zeitpunkt nach der europäischen Lage zu erkennen vermöge, nicht zu drängen, aber bestimmter als es im Entwurf geschehe, jedem Widersacher unserer nationalen Entwicklung zu erklären, daß es sich hier um eine innere deutsche Angelegenheit handle, in welche einzureden keine fremde Macht das Recht besäße. In gleichem Sinne sprach Weber (Stade), der zugleich auf Luxemburg zurückgriff und dessen untrennbare Zugehörigkeit zu Deutschland mit lebhaftem Nachdruck behauptete, und ebenso Lasker und Vincke, welche sonst in diesem Reichstag nicht leicht sich auf demselben Wege zusammen fanden. Vincke führte mit ätzender Schärfe den Particularisten zu Gemüthe, daß ihr scheinbar so unitarisch gedachter Antrag nur die Folge haben könne, (ich darf, schaltete er ein, nach parlamentarischer Ordnung nicht sagen, aus der Absicht entsprungen ist), der nationalen Sache Verlegenheiten zu bereiten. Er legte dies so einleuchtend dar, daß der Antragsteller sich beeilte, seinen Vorschlag zu Gunsten des demokratischen zurückzuziehn. Bismarck nahm darauf das Wort zur Erklärung, daß die

Tendenz des Antrags Miquel-Lasker den Wünschen und Bestrebungen der verbündeten Regierungen nicht widerspreche, besonders weil es dem Präsidium, oder was richtiger wäre, dem Bundesrath, die Initiative für die Aufnahme der Südbeutschen in den Bund vorbehalte. Übrigens bleibe er auch hier auf dem Standpunkt, einer Verhandlung mit Österreich und den südbeutschen Staaten nicht vorgreifen zu wollen.

Mit großer Majorität nahm darauf das Haus den Zusatzantrag Miquel-Lasker an und schloß damit die zweite Lesung der Verfassung, über deren Ergebniß jetzt vor dem Eintritt des Hauses in die dritte die verbündeten Regierungen Entschluß zu fassen hatten.

Über den Verlauf ihrer Berathungen sind wir nicht näher unterrichtet. Das Ergebniß theilte Bismarck am 15. April dem Reichstag mit. Etwa vierzig Abänderungen des Entwurfs seien in der zweiten Lesung vom Hause beschlossen worden. In mehreren hätten die Regierungen entschiedene Verbesserungen anerkannt; bei andern sei ihnen die Zustimmung schwer geworden; sie würde jedoch nach dem bei ihnen herrschenden Geiste der Vermittlung dennoch erfolgen, wenn es gelänge, über zwei Punkte, in deren jetziger Fassung die Regierungen ein Hinderniß gegen das Zustandekommen der Vereinbarung erblickten, eine Verständigung zu erzielen, die Frage über die Bewilligung von Diäten, und die Sicherstellung der Heereseinrichtungen.

Damit war der Kreis, in dem sich die Verhandlungen des Hauses zu bewegen hätten, genau bezeichnet. Freilich war an sonstigen Amendements über allerlei Artikel nach deutscher Weise kein Mangel, so verschwindend klein auch die Möglichkeit war, jetzt noch gegen das Einverständniß der Regierungen und der Mehrheit aufzukommen. Das zeigte sich im ganzen Verlauf der Berathung. Alles Interesse sammelte sich auf die Abstimmung über die beiden noch streitigen Punkte; sonst wollte man weder von schönen Reden noch von gutgemeinten Änderungen etwas wissen. Wie im Sturme wurden die ersten 31 Artikel der Verfassung angenommen. Artikel 32 enthielt die früher beschlossene Bewilligung von Diäten an die Mitglieder des Reichstags. Hier entspann sich eine längere Debatte über einen Antrag der Conservativen, an die Stelle dieses Artikels die Worte zu setzen: die Mitglieder des Reichstags dürfen als solche keine Besoldung oder Entschädigung beziehn. Neue Beweisgründe für oder gegen kamen in den Reden nicht vor; die Parteien hatten ihre feste Stellung; nur die Nationalliberalen spalteten sich. Ich bin, sagte Lasker, so entschieden für das allgemeine gleiche Wahlrecht, daß es mir unmöglich ist, für eine Beschränkung desselben bei der passiven Wählbarkeit zu stimmen. Dagegen erklärte Bennigsen: ich habe mich zu meinem großen Bedauern überzeugen müssen, daß die Regierungen fest entschlossen sind, bei diesem Punkte nicht nachzugeben; so will ich die Verantwortung nicht auf mich nehmen, wegen einer solchen Frage das Verfassungswerk zum Scheitern zu bringen. Die Mehrheit war eben so gestimmt. Mit 178 gegen 90 Stimmen wurde der Bezug von Besoldungen oder Entschädigungen den Mitgliedern des Reichstags als solchen untersagt.

Bismarck's Hoffnung, auf diesem Wege den besitzenden und steuerzahlenden Classen den gebührenden Einfluß im Reichstag trotz des allgemeinen Stimmrechts zu sichern, beruhte auf dem Gedanken, daß der wirkliche Bezug von Geldentschädigung fortan für Abgeordnete eine im Gesetz verbotene Bestechung bilden würde, und den Verlust des Mandats, allerdings nicht durch Urtheil des bürgerlichen Gerichts, wohl aber durch Beschluß des Reichstags selbst nach sich ziehn müsse.

Wie man weiß, hat sich Bismarck in diesen Erwartungen getäuscht. Es hat nicht an Abgeordneten gefehlt, welche Entschädigungen bezogen haben, niemals aber hat der Reichstag seine Disciplinargewalt auf die Ahndung dieser Verletzung der Verfassung ausdehnen wollen.

Nachdem dann noch in Einem Zuge die Artikel 33 bis 59 angenommen worden, beschloß die Mehrheit auf Bennigsen's Antrag die Vertagung der Berathung über Armee und Finanzen auf den folgenden Tag. Es waren Verhandlungen über eine mögliche Vermittlung im Gange, welche noch nicht zum Abschlusse geführt hatten. Es handelte sich, nach den sonstigen Zugeständnissen der Regierungen, nur noch um die Frage über die Stärke der Friedenspräsenz von einem Procent der Bevölkerung und die Bewilligung von jährlich 225 Thlrn. für jeden Kopf der Mannschaft nach Ablauf der von Forckenbeck durchgesetzten Übergangszeit am 31. December 1871. Nach den Beschlüssen der zweiten Lesung sollte dann die Friedensstärke durch ein Bundesgesetz festgestellt werden, und die Frage entstand, was soll geschehen, wenn ein solches Gesetz nicht zu Stande kommt. Darauf antwortete die conservative Partei jetzt wie früher: die bisherige Friedensstärke soll fortdauern, bis ein Gesetz sie abändert; die liberale Seite aber begehrte: nach 1871 wird die Friedensstärke durch die Bewilligung ihrer Kosten im Etatsgesetz normirt, ganz wie es bisher nach preußischem Budgetrecht geschehn. Und wie, erklärten darauf die Gegner, wenn das Etatsgesetz nicht zu Stande kommt, erleben wir dann nicht im Reiche eine Wiederholung des preußischen Verfassungsstreits von 1862?

Es war, soweit wir sehn, das Verdienst Bennigsen's, daß hier ein Mittelweg gefunden wurde. Wir erinnern uns der Erörterung Wagener's, daß wenn die Liberalen sich auf das preußische Budgetrecht beriefen, in diesem zwar die Ausgaben, nicht aber die Einnahmen von der Bewilligung des Landtags abhängig waren, während dem Reichstag durch die letzten Beschlüsse beide Rechte gleichmäßig zugewiesen wurden. Bennigsen beschloß, auch in diesem der Regierung vortheilhaften Punkte das preußische Budgetrecht wenigstens für die Kosten der Armee in die Bundesverfassung aufzunehmen. Sodann wiederholte er einen schon früher vergeblich gestellten Antrag, nach 1871 sollten die Ausgaben für das Heer nach dessen gesetzlich bestehender Organisation bemessen, dann also nicht mehr willkürlich durch Abstriche im Budget verringert werden. Es gelang ihm, sowohl die Nationalliberalen wie die Freiconservativen für diese Concessionen zu gewinnen, so daß er sie am 16. April gemeinschaftlich mit dem Herzog von Ujest als einen von 114 Mitgliedern unterstützten Antrag in das Haus bringen konnte. Das Entscheidende aber war, daß noch am Abend des 15. April auch die Regierungen zu dem Entschlusse kamen, zwar das Mögliche zu thun, um die oben erwähnten conservativen Anträge durchzusetzen, wenn sich dies aber nicht erreichen ließe, sich mit dem Antrage Ujest-Bennigsen zu begnügen. Es war dies auch kein Geheimniß mehr, als am 16. April die Verhandlung begann. Das Haus ließ, so zu sagen, einige Reden sich noch gefallen, aber weder Vincke's Energie, noch Lasker's Schärfe, noch Schulze's Pathos vermochten die allgemeine Unruhe und Ungeduld zu beherrschen. Bismarck bat wiederholt in bringendem Tone um die Annahme der durch zwei Grafen Stolberg eingebrachten conservativen Anträge, damit nicht im letzten Augenblick das Schicksal der ganzen Verfassung in Frage gestellt würde. Als ihm aber Graf Bethusy-Huc erklärte, er wünsche für Ujest zu stimmen, werde aber zu Stolberg übertreten, wenn Bismarck ausdrücklich ausspreche, daß der Antrag Bennigsen-Ujest für die Regierungen unannehmbar sei: da entgegnete Bismarck, dazu habe er keine Vollmacht; würde der Antrag Ujest angenommen, so würde der Bundesrath darüber die Entscheidung der Souveräne einholen. Damit schwand der letzte Zweifel. Die Anträge Stolberg wurden abgelehnt, und darauf der Antrag Ujest-Bennigsen mit 202 gegen 80 Stimmen angenommen. In der Mehrheit befanden sich außer den Antragstellern drei Viertel der Conservativen, darunter Prinz Friedrich Carl und Bismarck's Vertrauter Wagener (Neustettin), so wie Vincke mit den Altliberalen. Minister von Roon fehlte. Bismarck selbst hielt auch hier an der einmal angenommenen Haltung fest und befand sich mit einem kleinen Häuflein conservativer Genossen in der sonst durch Demokraten, Ultramontanen, Particularisten, Polen und Dänen gebildeten Minderheit.

Die weitern Artikel gingen, hier und da von kurzen Bemerkungen begleitet, ohne Schwierigkeit durch, und Simson konnte die Vollendung des großen Werkes erklären.

Am 17. April verkündete darauf Bismarck die Annahme der Verfassung durch die norddeutschen Regierungen, und verlas eine Botschaft König Wilhelm's, welche den Reichstag zum feierlichen Schlusse seiner Sitzung in das königliche Schloß entbot.

Die Thronrede sprach die Anerkennung des patriotischen Sinnes aus, welcher die Arbeiten des Reichstags geleitet habe, so wie der allseitigen Opferwilligkeit, in welcher Regierungen und Volksvertretung das gemeinsame Ziel erreicht und auf festem Grunde ein die Zukunft sicherndes Verfassungswerk aufgerichtet haben.

„In diesem allseitigen Entgegenkommen," fuhr der König fort, „in der Ausgleichnng und Überwindung der Gegensätze, ist zugleich die Bürgschaft für die weitere fruchtbringende Entwicklung des Bundes gewonnen, mit dessen Abschluß auch die Hoffnungen, welche uns mit unsern Brüdern in Süddeutschland gemeinsam sind, ihrer Erfüllung näher gerückt werden. Die Zeit ist herbei gekommen, wo unser deutsches Vaterland durch seine Gesammtkraft seinen Frieden, sein Recht und seine Würde zu vertreten im Stande ist. Das nationale Selbstbewußtsein, welches im Reichstag zu erhebendem Ausdruck gelangt ist, hat in allen Gauen des deutschen Vaterlandes kräftigen Wiederhall gefunden. Nicht minder aber ist ganz Deutschland in seinen Regierungen und in seinem Volke darüber einig, daß die wieder gewonnene nationale Macht vor Allem ihre Bedeutung in der Sicherstellung der Segnungen des Friedens zu bewähren hat."

Die königlichen Worte wurden weithin durch Deutschland und Europa vernommen. Sie sprachen mit unverkennbarem Nachdruck den Willen aus, mit Jedermann im Frieden zu leben, Deutschlands weitere Entwicklung sich ruhig vollziehn zu lassen, aber schlechterdings keinen Eingriff des Auslandes in unser nationales Leben zu gestatten.

Was die Bundesverfassung betrifft, so fand Bismarck's kräftiges Wort vom 10. März vollständige Erfüllung. Wie ausdrücklich auch der preußische und der Mecklenburger Landtag sich das Recht der Bestätigung oder der Verwerfung vorbehalten hatten: keiner der 22 Landtage wagte es, die Anerkennung zu versagen. Fortan gab es kraft des Inhalts dieser Verfassung und insbesondere kraft ihres Artikels 78 wieder eine gemeinsame Obrigkeit über alle Staaten des Bundes, mochte sie auch noch so bedeutende Stücke der politischen Befugnisse den Einzelstaaten für jetzt überlassen haben. Allerdings streiten noch heute die gelehrten Juristen, ob das Werk des 17. April 1867 ein Staat im prägnanten Sinne, oder ein Bundesstaat oder ein Staatenbund nach den von der Wissenschaft angeblich festgestellten Schulbegriffen ist, ob die angeblich untheilbare Souveränität in ihm dem Kaiser oder dem Bundesrath oder nach Vertragsrecht den verbündeten Fürsten angehört. Das politische Leben der Nation hat sich nicht viel darob gekümmert. Die Verfassung hat sich bald ein Menschenalter hindurch weit genug gezeigt, um sowohl eine fruchtbare Entwicklung der particularen Eigenthümlichkeiten als der constitutionellen Volksrechte zuzulassen. Weder ein preußischer noch ein monarchischer Eigenwille hat den einen oder den andern Eintrag gethan. Auf der andern Seite hat sich die Bundes-Centralgewalt, selbst nach ihrer starken Beschränkung durch die Verträge von 1871, in Bismarck's Händen stark genug bewiesen, die gesammte Nation zu einem deutschen Reiche fest zusammen zu fassen, und ihr eine gesicherte und ruhmreiche Stellung unter den Völkern der Erde zu verschaffen. Wir wissen nicht, was uns die Zukunft bringen, ob sie uns stets vor schweren eignen Fehlern und vor feindlicher Übermacht bewahren wird. Aber wie dem auch sei, schon jetzt hat eine völlig ausreichende Erfahrung dargethan, daß die Arbeiter von 1867 ein Werk geschaffen haben, dessen weitere Entwicklung, nach König Wilhelm's Worten, wir mit Vertrauen der Zukunft überlassen können. Stat mole sua.

5. Capitel.

Verhältniß zum Auslande.

Die Verfassung des Norddeutschen Bundes war abgeschlossen, und die preußische Regierung hatte freiere Hand für die auswärtigen Beziehungen. Zwar hatte die bedenkliche Luxemburger Sache noch am letzten Tage des Reichstags die Gemüther wiederum erregt und Bismarck gezeigt, wie gefährlich für seine nationale Politik ein ungünstiger Ausgang werden konnte. So erwünscht ihm also der russische Vorschlag einer europäischen Conferenz auch kam, so erklärte er doch am 26. April dem englischen Botschafter, Lord Loftus, daß eine Conferenz ihm ganz genehm sei, daß er sich aber dem deutschen Nationalgefühl anbequemen müsse, und daß über dessen Entschließungen noch keine sichere Erfahrung vorliege. So sei es ihm zur Zeit unmöglich, eine bestimmte Basis für die Verhandlungen der Conferenz anzunehmen, (Rußland hatte als solche, wie wir sahn, die Räumung der Festung und die Neutralisation des Landes unter europäischer Garantie vorgeschlagen), oder im Voraus sich zur Unterwerfung unter die Beschlüsse der Conferenz zu verpflichten. Immerhin sei es möglich, daß Preußen im Verlaufe der

Conferenz den Großmächten oder der holländischen Regierung etwas einräume, was es vorher nicht versprechen und am Wenigsten einer drohenden französischen Forderung zugestehn könne. Auf der andern Seite erklärte Marquis Moustier dem Lord Cowley, Frankreich genehmige die Conferenz und die russische Basis, bemerkte aber dazu, wie er sagte privatim und vertraulich, Alles unter der Voraussetzung, daß die preußische Besatzung aus Luxemburg abziehe. Lord Stanley, der hierauf schon mehrmals in Berlin gedrungen hatte, war über Bismarck's Zurückhaltung sehr verdrießlich. Wozu eine Conferenz? rief er, ehe sich Preußen über die Festung ausgesprochen, ehe die beiden Parteien ihre Unterwerfung unter die Conferenzbeschlüsse zugesagt haben. Indessen ebneten sich die Wellen, als man in Berlin erfuhr, daß Frankreich mit der europäischen Garantie für Luxemburgs Neutralität einverstanden sei; dann, meinte Bismarck, könne Preußen die Räumung der Festung bewilligen. Nur möge England, schrieb er am 27. April nach London, die Berufung der Conferenz beeilen, damit nicht durch das Anwachsen der französischen Rüstungen Preußen zu entsprechender Gegenrüstung genöthigt werde. Die Wirkung dieser Worte erschien auf der Stelle in Paris, wo man doch mit schweren Sorgen in den Kampf eingetreten wäre. Der Moniteur rechtfertigte am 30. April die bisherigen militärischen Maaßregeln[1]), erklärte aber zugleich, die Kriegsgefahr sei vorüber.

---

[1]) Nach Rothan, Luxemburg S. 386 die Verdoppelung der Truppenstärke im Lager von Chalons, die Bewaffnung der Festungen, Pferdekäufe in Ungarn, Italien, der Schweiz, Vereinigung eines „immensen" Artillerieparks in Metz, Sendung von Kanonenbooten nach Straßburg, Einziehung der Reserven von 1864 und 1865, Nichtentlassung der Mannschaften von 1860.

Jetzt fügte sich denn auch Lord Stanley. Zwar er selbst wollte die ihm widerwärtige Conferenz nicht veranlassen, er forderte aber den König der Niederlande auf, die Einladung als Landesherr des streitigen Gebiets an die Mächte auf den 7. Mai zu versenden. In Luxemburg war auf diese Kunde die Aufregung groß. Alles war einstimmig in dem Wunsche, unabhängig zu bleiben, und zahlreiche Adressen brachten an den König die Bitte, in diesem Sinne auf der Conferenz zu wirken. Zugleich ging aber auch eine Deputation der Stadt Luxemburg nach London, um dort die Schmälerung ihres Nahrungsstandes durch den Abzug der schlimmen Preußen zu beklagen und eine Entschädigung dafür bei der Conferenz zu erflehn.

Sobald die Berufung der Conferenz feststand, meldeten sich eine Menge Bewerber, in diesen Rath der Großmächte aufgenommen zu werden: Dänemark, Portugal, Italien, Spanien, Belgien[1]). Ernstlich konnte dabei nur von Belgien, dem Nachbarlande, und dann von Italien nach dessen politischer Bedeutung die Rede sein. Weder Frankreich noch Preußen erhoben Widerspruch, und die beiden Regierungen erhielten darauf die ersehnte Einladung[2]).

So schien Alles vereinbart und im Grunde die Conferenz nur berufen zu sein, die Siegel der Gesandten auf die fertige Urkunde zu drücken. Da kam noch in den letzten Tagen eine unvermuthete Schwierigkeit von englischer Seite. Lord Stanley, sahn wir, hatte von Anfang an den Wunsch gehabt,

---

[1]) Rothan S. 363.
[2]) Woher Rothan die Notiz hat, Bismarck hätte Italien lieber ausgeschlossen, weiß ich nicht. Auf die erste Anfrage darüber hat der Minister umgehend zugestimmt.

Preußen ohne Weiteres vor der französischen Kriegsdrohung aus Luxemburg weichen zu sehn, hatte dann unlustig genug dem russischen Antrag auf Berufung der Conferenz und deren Basis im Allgemeinen zugestimmt, hatte aber nicht die geringste Neigung, England mit der dort vorgeschlagenen Garantie für Luxemburgs künftige Neutralität zu belasten. So sandte er am 3. Mai, um, wie er sagte, die Arbeit der Conferenz abzukürzen, einen Vertragsentwurf an die Mächte, der allerdings das Verdienst hatte, durch den ersten Artikel den Abzug der Preußen und die Schleifung der Festung zu bestimmen, und durch einen folgenden dem Großherzog die Abtretung der Stadt an eine andere Macht zu verbieten und damit die französische Annexion zu verhindern, sonst aber weder von der Neutralität des Landes noch von deren europäischer Garantie ein Wort sagte. Bismarck antwortete umgehend, daß Neutralität und Garantie an die Spitze des Vertrags gehörten, als die unerläßliche Voraussetzung, unter der Preußen die Räumung der Festung bewilligen könne; Rußland und Österreich seien damit einverstanden, und er glaube, daß dieselbe Forderung auch in Paris erhoben werden würde. In der That erklärte Moustier, wenn er nicht bestimmten Widerspruch gegen den Entwurf erheben wolle, so sei er doch überzeugt, daß Preußen sich dabei nicht beruhigen werde; denn ohne die Sicherung der Neutralität blieben immer noch Durchmärsche fremder Truppen möglich. Offenbar hatte Frankreich an der Garantirung der Neutralität dasselbe Interesse wie Preußen. Lord Stanley trat gegenüber diesem Zusammenwirken der beiden Parteien verdrießlich einen Schritt zurück und legte am 6. Mai den Höfen telegraphisch einen neuen Entwurf vor, dessen erster Artikel die Fortdauer der oranischen Herrschaft in Luxemburg feststellte, während der zweite die ewige Neutralität des Landes aussprach, die europäische Garantie aber auf die Erklärung zusammengeschrumpft war, daß die Mächte den Grundsatz dieser Neutralität zu respectiren versprachen. Es war die Formel, welche einst bei der Neutralisation der jonischen Inseln den Beifall der Mächte gefunden hatte, und nach diesem Vorgang, wie Lord Stanley hoffte, auch für Luxemburg genügen würde. Aber diese angenehme Täuschung zerrann ihm gleich am folgenden Tage, wenige Stunden vor der Eröffnung der Conferenz.

Am Morgen des 7. Mai erhielt er ein Schreiben des preußischen Botschafters, Grafen Bernstorff, er sei zu der Erklärung angewiesen, daß die bloße Verheißung der Mächte, ihrerseits die Neutralität Luxemburgs zu respectiren, nicht ausreiche, um Preußen die Räumung des Platzes zu ermöglichen; er dürfe sich an den Verhandlungen der Conferenz nicht eher betheiligen, als bis der wichtigste Punkt der von allen andern Mächten angenommenen russischen Basis, der wirksame Schutz der Neutralität durch die europäische Garantie, auch von England anerkannt sei. Da war denn die Noth des Lord Stanley groß. Auf der einen Seite ein heftiger Sturm im Unterhause, wenn er Englands bewaffnetes Einschreiten gegen eine Verletzung der Luxemburger Neutralität zusage: denn in der That, nachdem Lord Palmerston England in so viele auswärtige Händel nicht immer mit glänzendem Erfolge verwickelt hatte, wollte dort kein Mensch von irgend einer Einmischung in fremde Streitigkeiten etwas wissen. Auf der andern Seite aber, wenn er das Versprechen weigerte, so war die Folge der Ausbruch eines großen europäischen Kriegs, schwere Schädigung der britischen Handelsinteressen und ein Schrei der Entrüstung im ganzen Welttheil, daß Englands Eigensinn all dieses Elend verursacht habe. Niemals, sagte Stanley nachher im Unterhause, habe er eine so peinliche Unterhandlung durchgemacht. In dieser schweren Stunde erschien ihm als rettender Engel der russische Botschafter, der uns aus der Londoner Conferenz von 1864 bekannte Baron Brunnow. Er brachte den vermittelnden Vorschlag, nicht jede einzelne Macht solle für sich die Garantie übernehmen, sondern eine gemeinsame oder collective Garantie möge festgesetzt werden. Hienach würde bei einem Streitfalle zunächst ein Gesammtbeschluß der Mächte zu erfolgen haben, ob eine Verletzung wirklich vorliege, und welche Maaßregeln dagegen zu ergreifen seien. Bei einem solchen Verfahren würde dann auch wohl das Unterhaus sich beruhigen. Dies leuchtete dem englischen Minister ein; er stellte wenigstens die Möglichkeit einer Verständigung auf diesem Wege in Aussicht. Bernstorff telegraphirte darauf nach Berlin; Bismarck gab zustimmende Draht=Antwort, und so konnte endlich das große Werk beginnen.

Nachdem Lord Stanley einmüthig zum Vorsitzenden der Conferenz ernannt, und die üblichen Förmlichkeiten erledigt worden waren, legte Stanley seinen letzten Vertragsentwurf zur Berathung vor. Sofort erklärte Graf Bernstorff, daß darin die europäische Garantie für die Neutralität Luxemburgs fehle, und alle übrigen Vertreter stimmten ihm zu, sie bilde einen wesentlichen Theil der allgemein angenommenen Basis der Conferenz. Stanley meinte darauf, Luxemburg stehe bereits seit dem Vertrage von 1839 unter einer europäischen Garantie. Allerdings, erwiderte ihm Bernstorff, ist der Besitz des Landes dem König-Großherzog durch Europa gewährleistet, keineswegs aber dessen Neutralität, was einen wesentlichen Unterschied zwischen dieser und der damals Belgien ertheilten Garantie ausmacht. Man beschloß dann die Berathung der einzelnen Artikel des Entwurfs. Bei Artikel 1, „der König-Großherzog erhält die Bande, welche Luxemburg an das Haus Oranien-Nassau knüpfen, die hohen Contrahenten nehmen Act von dieser Erklärung", meldeten zu allgemeiner Verwunderung die Bevollmächtigten Hollands und Luxemburgs an, daß sie darüber vor der Beschlußnahme erst nach Hause berichten müßten. Zu dem 2. Artikel, welcher die künftige Neutralität Luxemburgs festsetzte, beantragte dann Bernstorff den Zusatz: „dies Princip ist und bleibt unter den Schutz einer collectiven oder gemeinsamen Garantie der Unterzeichner dieses Vertrags gestellt". Alle andern Botschafter traten ihm bei. Stanley sagte, er zöge den ursprünglichen Text ohne den Zusatz vor, wolle aber darüber an das Cabinet berichten, und hoffe in der nächsten Sitzung dessen Entschließung mittheilen zu können. Bei den folgenden Artikeln, die Räumung und Schleifung der Festung Luxemburg betreffend, erklärte wieder der holländische Vertreter, Baron Bentinck, so wie der Luxemburger Baron Tornaco, ohne Instruction zu sein, was ihnen eine scharfe Mißbilligung von russischer und französischer Seite zuzog. Im 4. Artikel war der Termin für den Abzug der preußischen Besatzung offen gelassen, und Bernstorff versprach, darüber so schnell wie möglich die Ansicht seiner Regierung einzuholen.

In der zweiten Sitzung am 9. Mai brachte Lord Stanley die Zustimmung des englischen Cabinets zu Bernstorff's Antrag, und damit das entscheidende Wort für den

Abschluß des ganzen Vertrags. Was noch weiter erörtert wurde, waren Einzelheiten ohne politische Bedeutung. Baron Brunnow, gut und milde wie 1864, betonte den Verlust, welchen die Luxemburger Bürger durch den Abzug der preußischen Besatzung erlitten; als dann aber Tornaco beantragte, die hohen Contrahenten, welche den Abzug im europäischen Interesse verfügten, möchten dafür der Stadt eine Entschädigung zahlen, wurde er einstimmig abgewiesen und erlitt gleich darauf dasselbe Schicksal, als er die Mächte mit ähnlicher Begründung anging, die schweren Kosten für die Schleifung der Festungswerke nicht dem armen Lande aufzubürden, sondern aus der eignen Tasche zu bezahlen. Später hat sich dann auch gezeigt, daß die Stadt zwar durch das Aufhören der Garnison einigen Schaden erlitten, dafür aber durch den Ankauf des Bodens, auf dem die niedergerissenen Werke gestanden, mehrere Millionen gewonnen hatte. Wichtiger war dagegen die Zustimmung der Conferenz zu einer Erklärung Tornaco's, daß die Neutralität des Landes dessen Freiheit zum Abschluß von Zoll- und Handelsverträgen in keiner Weise beschränke. Luxemburg blieb also Mitglied des deutschen Zollvereins.

Eine dritte Sitzung am 10. Mai war ziemlich inhaltsleer, in der vierten am 11. aber kam man zum Abschluß, da Preußen sich mit einer Fassung des 4. Artikels einverstanden erklärte, daß der Abzug seiner Truppen aus Luxemburg gleich nach der Ratification des Vertrags beginnen, und die Fortschaffung der Geschütze und sonstigen Materials so rasch wie möglich vollendet werden sollte. Der Vertrag wurde dann paraphirt und zwei Tage später, jedoch mit Beibehaltung des Datums vom 11. Mai, unterzeichnet, und am 31. die Rati=

ficationen ausgetauscht. Da unmittelbar nachher der Abmarsch der preußischen Truppen erfolgte, war die Krisis, welche mehrere Monate lang den Frieden Europas bedroht hatte, glücklich beseitigt.

Ein widerwärtiges Nachspiel ergab sich noch im englischen Parlament, als dort der Vertrag durch die Regierung vorgelegt wurde. In seiner breiten und polternden Weise rügte im Unterhause der radicale Labouchere, daß die Regierung hier das große Princip der Nichteinmischung verlassen und ohne vorausgegangene Zustimmung des Parlaments eine Garantie auf sich genommen hätte, welche England möglicher Weise wegen einer fremden Sache in einen kostspieligen Krieg verwickeln könnte. Je populärer eine solche Auffassung damals war, desto mehr bemühte sich Lord Stanley, die Bedeutung der „collectiven" Garantie als höchst geringfügig darzustellen. Sie gebe England, war sein Wort, gegen einen Verletzer der Neutralität ein formelles Recht zu kriegerischem Einschreiten; von einer juristischen Verpflichtung dazu aber könne keine Rede sein, höchstens an eine moralische oder Ehrenpflicht könne man denken. Also nur eine „beschränkte Haftbarkeit" habe England auf sich genommen. Noch ärger verlief die Sophistik im Oberhause. Der Premierminister Lord Derby führte höchst unbefangen aus, der Vertrag verpflichte die Unterzeichner zu einer gemeinsamen Garantie der Luxemburger Neutralität gegen jede Störung durch einen Dritten; wenn aber einer der Unterzeichner selbst durch Verletzung Luxemburgs den Vertrag breche, so sei nach allgemeiner Rechtsregel der Vertrag hinfällig, und die übrigen Contrahenten an denselben nicht mehr gebunden. Es war vergebens, daß Lord Houghton und einige andere Lords der Opposition mit energischem Zorne auf die Unwürdigkeit dieser Spiegelfechterei hinwiesen, aus der Entstehungsgeschichte des Vertrags, aus der russischen Basis, der Bismarck'schen Forderung, dem Antrag Bernstorff die allgemein zugestandene Bedeutung der collectiven Garantie darlegten: wenn Lord Stanley diese mit dem jetzt ausgesprochenen Hintergedanken angenommen hätte, so wäre der ganze Vertrag eine unerhörte Mystification der preußischen Regierung gewesen. Gerade die Verhütung solcher Fälle, in welchen nach dieser Mißdeutung der Vertrag leer und nichtig sein sollte, die Verletzung Luxemburgs durch einen der jetzigen Contrahenten, sei nach aller Welt Überzeugung der eigentliche Zweck des Vertrags: wer denn sonst außer den Großmächten werde oder könne Luxemburg verletzen? etwa der Kaiser von China oder der Sultan von Marokko? Es war aber Alles vergebens. Lord Derby beharrte auf seiner Erklärung, und einige ministerielle Redner priesen die bewundernswerthe Geschicklichkeit, welche Lord Stanley bei dieser Unterhandlung bewährt hätte.

Eine solche servile Beugung des Rechts unter eine populäre Strömung war nicht schön, that sonst aber keinen Schaden, da glücklicher Weise niemand mehr daran dachte, Luxemburgs Neutralität anzutasten. Trauriger verlief ein anderes Ereigniß, welches mit der von der Conferenz behandelten Frage in engem Zusammenhange stand. In Hannover war durch die Aussicht auf einen preußisch-französischen Krieg die Aufregung der complottirenden Officiere groß gewesen. Sie erzählten den Soldaten und Bauern die glänzendsten Mährchen, wie gleich nach dem Ausbruch des Kriegs König Georg in Holland erscheinen, alle Getreuen um sich sammeln, und dann, durch französische Heerschaaren unterstützt, die Preußen aus dem Lande jagen und das Welfenreich in alter Herrlichkeit wiederherstellen würde. Eine ansehnliche Zahl junger Bursche ließ sich verlocken und wartete nun mit Ungeduld auf den Ruf des Königs, nach Holland überzutreten. In Hietzing hoffte man, wenn der Sturm erst losginge, würde man auf 20 000 Auswanderer rechnen, und somit dem Kaiser ein ganz ansehnliches Hülfscorps zuführen können, für welches man einstweilen rothe Uniformen und Chassepotgewehre in Bestellung gab. Indessen wuchs in Hannover die Spannung; die Officiere meldeten, die Leute seien nicht lange mehr zurück zu halten, und auch das Geheimniß vor den preußischen Behörden auf die Dauer nicht zu bewahren. Einige Officiere kamen nach Paris, um sich über den Stand der Sache zu erkundigen, und erhielten von dem politischen Agenten des Königs, Regierungsrath Meding, die Versicherung, daß der Ausbruch des Kriegs ganz nahe sei. Nach ihrer Rückkehr, Ende April, fragten sie telegraphisch an, ob die politische Situation noch dieselbe sei, und Meding war so schlecht unterrichtet oder so unachtsam, daß er bejahend antwortete, obgleich, wie wir sahn, damals die Conferenz und der Friede schon so gut wie gesichert war. Darauf gaben in Hannover die Führer der Verschwörung das Signal, und in den ersten Tagen des Mai traten ungefähr 700 waffenfähige Mannschaften über die Grenze und sammelten sich in Arnheim als eine welfische Legion[1]). Acht Tage später war in London der europäische Friede geschlossen, und nun war in Hietzing der Schrecken groß, wie bei den beschränkten Geldmitteln des

---

[1]) So erzählt den Verlauf Meding selbst, Memoiren III, 190. Die Legion verstärkte sich nach einigen Wochen durch zahlreiche Flüchtlinge, als die preußische Polizei die Conspiration entdeckt hatte.

Königs die armen Menschen, die man so leichtfertig aus ihren heimischen Verhältnissen herausgerissen hatte, vor dem Hungertode zu bewahren seien. In Holland war, bei den kräftigen Protesten der preußischen Regierung, ihres Bleibens nicht lange; man führte sie zunächst in die Schweiz, und als auch hier der preußische Gesandte vorstellig wurde, im Januar 1868 nach Frankreich. Hier wurden sie als politische Flüchtlinge gastlich aufgenommen. Die Regierung internirte sie weit von den Grenzen hinweg, gestattete, daß sie in kleine Trupps nach althannoverschen Regimentern vertheilt und in verschiedene Ortschaften gewiesen wurden, wo sie unter ihren Officieren täglich, aber ohne Waffen exercirten; man sah durch die Finger, wenn bei dem Mangel wirklicher Disciplin und dem wachsenden Müßiggang der Leute häufige Unordnungen vorkamen. Es lag auf der Hand, daß die Sache kein anderes Ende haben konnte, als den Untergang der verführten Männer im tiefsten Elend: es dauerte aber noch geraume Zeit, bis König Georg sich von dem Bilde seiner welfischen Legion zu trennen vermochte.

Mit dem Vertrage vom 11. Mai war also die Gefahr eines großen Krieges abgewandt, und für den Augenblick der Friede in Europa gesichert. Nur im äußersten Südosten des Welttheils glomm seit einem Jahre ein kleines Feuerchen, unbedeutend an sich, aber nicht unbedenklich bei der Nähe größerer Brandstoffe. Die Christen der Insel Kreta hatten sich gegen die türkische Herrschaft empört, leisteten in ihren Bergen den Truppen der Pforte zähen Widerstand und wurden darin durch griechische Unterstützung, Waffensendungen und Freischaaren wirksam unterstützt, zu lebhaftem Verdrusse Österreichs und Englands, aber beschirmt durch die kräftige

Sympathie der russischen Regierung. Preußen vermied einstweilen jede Äußerung: der Orient, sagte Bismarck, liegt uns so fern, die Berichte unseres Gesandten in Constantinopel lese ich gar nicht. Endlich Frankreichs Haltung in dieser Frage wurde hier wie überall durch den Widerwillen gegen Preußen bestimmt, leider aber wurden gerade dadurch in diesem Falle die Entschließungen unangenehm erschwert. Marquis Moustier, persönlich ein warmer Gönner der Pforte, und zugleich auf ein wirksames Bündniß mit Österreich gegen Preußen bedacht, wäre also sehr gerne den griechischen und russischen Umtrieben entgegengetreten. Allein nicht weniger lebhaft war sein weiterer Wunsch, dem lästigen Preußen die russische Freundschaft und etwaige Bundeshülfe zu entziehn, und wenn irgend möglich die Sympathien des Petersburger Cabinets für Paris zu erobern. So machte er abwechselnd eine freundliche Verbeugung nach der einen und nach der andern Seite, wobei er es freilich nicht wohl vermeiden konnte, wenn er den Einen anlächelte, den Andern auf die Füße zu treten.

Erzielte auf diesem Gebiete also die französische Politik einstweilen keine Ergebnisse, so fraß sich um so heißer der Zorn und Groll über die in Luxemburg erlittene Niederlage in die Herzen ein. Marquis Moustier erklärte zwar der Volksvertretung mit prunkenden Worten, die Regierung habe, weit von jedem Eigennutz entfernt, zur Sicherung der französischen Grenze den Abzug der Preußen aus der Festung von Europa gefordert und durch einstimmigen Spruch der Mächte erlangt. Aber die Versammlung nahm diese Siegesbotschaft mit eisiger Kälte auf: alle Welt wußte, daß die Regierung die Annexion des Ländchens erstrebt hatte; das

Streben wurde im Grunde von ganz Frankreich gebilligt, sein Mißlingen aber als eine Schmach für den französischen Namen und als Beweis für die Unfähigkeit der Regierung verurtheilt. Daß der Urheber des Unheils kein Anderer als Bismarck wäre, verstand sich bereits von selbst. Wer damals in Paris wahrheitgemäß erzählt hätte, daß Bismarck, um Preußens freundliche Gesinnung zu bethätigen und Frankreichs Aufregung über Sadowa zu beschwichtigen, ernstlich die Cession Luxemburgs zugelassen hätte, wäre verhöhnt und vielleicht mißhandelt worden. Obgleich Bismarck im August 1866 und im Winter auf 1867 mit Benedetti nie ein Versprechen ausgetauscht, immer aber sehr bestimmte Möglichkeiten besprochen hatte, gab es keinen französischen Diplomaten, der ihn nicht wegen seines Verfahrens in der Luxemburger Sache eines schnöden Wortbruchs beschuldigt hätte. Überhaupt fehlte ihnen für die Natur des gewaltigen Mannes, für die seltne Verbindung furchtlosen Voranschreitens mit kühler Berechnung und beherrschender Einsicht jedes Verständniß. Wo er ruhig erschien, dachten sie an verborgene Arglist, wo er kräftig hervortrat, an leidenschaftlichen Jähzorn. Daß er von den Gefühlen der deutschen Nation redete, die er schonen müßte, ebenso wie Napoleon die der französischen, machte vollends keinen Eindruck. Wir kennen eine badische, hessische, sächsische Nation, hatte einst Thiers gesagt, und wollen nicht dulden, daß sie zu einer deutschen unter Preußens Führung verbunden werden. Bismarck aber, davon war man überzeugt, wolle diese Einigung von Deutschland, habe sie von jeher für seinen Lebenszweck erklärt, und werde so bald wie möglich trotz des Widerspruchs der Mächte die Ausführung beginnen. Da nun sowohl Frankreich als Österreich zur Zeit mit einer Neugestaltung ihres Heerwesens beschäftigt, also zu einem bewaffneten Einschreiten nicht befähigt waren, so beschloß man in Paris, einstweilen den jetzigen Status quo sich gefallen zu lassen, unter dem Vorbehalt, jedes weitere Vorbringen Preußens über die Mainlinie hinüber als Kriegsfall anzusehn und danach, wenn möglich, zu verfahren. Was man vor wenigen Monaten den Kammern im Gelbbuche über die Rechte der Südstaaten und den Inhalt des Prager Friedens erklärt hatte, war bei der jetzigen Stimmung vergessen. Die neue Lesart lautete dahin, Preußen habe sich durch den Prager Frieden sowohl dem Pariser als dem Wiener Hofe verpflichtet, daß die Unabhängigkeit der süddeutschen Staaten erhalten bleibe; die beiden Höfe seien also berechtigt, jede Änderung dieses Verhältnisses mit den Waffen in der Hand zu verhindern.

Da noch oft von dem Prager Frieden in diesem Sinne die Rede sein wird, erscheint es zweckmäßig, den betreffenden vierten Artikel hier uns noch einmal zu vergegenwärtigen.

Nachdem darin Österreich die Auflösung des bisherigen deutschen Bundes anerkannt und einer Neugestaltung desselben ohne seine Betheiligung zugestimmt hat, heißt es weiter: ebenso verspricht Seine Majestät der Kaiser von Österreich das engere Bundesverhältniß anzuerkennen, welches Seine Majestät der König von Preußen nördlich von der Linie des Mains begründen wird, und erklärt sich damit einverstanden, daß die südlich von dieser Linie gelegenen deutschen Staaten in einen Verein zusammentreten, dessen nationale Verbindung mit dem norddeutschen Bunde der nähern Verständigung zwischen beiden vorbehalten bleibt, und der eine internationale unabhängige Existenz haben wird.

Zunächst ist es unwiderſprechlich, daß dieſe Beſtimmungen den ſüddeutſchen Staaten, die bei dem Vertrage nicht mitgewirkt hatten, ſchlechthin keine Verpflichtung auferlegen konnten. Auch die beiden Großmächte haben nach dem deutlichen Wortlaut des Artikels ſich nicht zugeſagt, die Gründung eines Südbundes zu veranlaſſen; ſie haben nur die negative Pflicht übernommen, eine ſolche Gründung nicht zu hindern. Die Südſtaaten behielten hierin völlige Freiheit. Wenn ſie ſich in der angegebenen Weiſe vereinten, ſo blieb es dem Gutdünken ihres Bundes überlaſſen, in irgend eine nationale Verbindung mit dem Nordbund zu treten, ohne dadurch die internationale Unabhängigkeit dem Auslande gegenüber einzubüßen. Wenn ſie dagegen die Erſchaffung eines Südbundes unterließen, ſo war der darauf bezügliche Satz des Prager Friedens überhaupt wie nicht mehr vorhanden, und es war rechtlich unmöglich, daraus für die einzelnen Südſtaaten Rechte oder Pflichten abzuleiten, z. B. einem derſelben oder allen den einfachen Eintritt in den Nordbund zu verbieten. Denn mit der Auflöſung des alten deutſchen Bundes hatte jeder von ihnen volle Souveränität und folglich auch freies Verfügungsrecht darüber gewonnen.

Aber Preußen: war es durch den Vertrag nicht verpflichtet, den Eintritt ſüddeutſcher Staaten in den Nordbund abzulehnen? Hierüber gab es auch in Deutſchland verſchiedene Anſichten. Die badiſche Regierung zog den einfachen Schluß, da mit dem Wegfall des Südbundes die betreffende Clauſel über denſelben bedeutungslos werde, ſei ſie auch für Preußen nichtig, und dieſes zu jedem Vertrage mit jedem ſüddeutſchen Staate berechtigt. Daneben aber machte ſich eine ſtrengere Auffaſſung geltend. Der Prager Friede ſtellte ohne Zweifel die Verpflichtung Preußens fest, die Bildung eines Südbundes nicht zu hindern, und da hiegegen die Aufnahme eines Südstaats in den Nordbund das denkbar größte Hinderniß gewesen wäre, so müsse Preußen einen solchen Antrag ablehnen, so lange noch die Möglichkeit des Südbundes gegeben wäre. Diese aber verschwinde, sobald sämmtliche Südstaaten den Eintritt in den Nordbund begehrten, und damit wäre dann auch für Preußen jede Beschränkung durch den Prager Artikel weggefallen. In diesem Sinne erklärte die bayerische Regierung, eine gemeinsame Verhandlung der Südstaaten über Bundesbeziehungen mit dem Norden sei statthaft, die eines einzelnen süddeutschen Staates aber durch den Prager Frieden ausgeschlossen. Europa gegenüber war es nun von entscheidender Wichtigkeit, daß auch die preußische Regierung sich zu dieser strengeren Auffassung bekannte, einen einzelnen süddeutschen Staat nicht ohne Österreichs Zustimmung in den Nordbund aufnehmen wollte, bei einem gemeinsamen Vorgehn aller Süddeutschen aber niemand mehr das geringste Recht zu einem Proteste dagegen zuerkannte.

Ebenso wenig wie Österreich besaß Frankreich ein solches Recht. Allerdings hatte Napoleon als Friedensvermittler in dem Programm vom 14. Juli die von den kämpfenden Parteien nachher angenommene Clausel über den Südbund zuerst aufgestellt. Aber auch hier hieß es nicht: die Südstaaten sollen einen Bund bilden — sondern: ils seront libres u. s. w. Was aber vollends dem französischen Herrscher jedes Recht zur Einmischung entzog, war der Umstand, daß er, wie wir sahen, seine Vertreter in Nikolsburg angewiesen hatte, nicht weiter als Vermittler aufzutreten und die Verträge nicht mit den Übrigen zu unterzeichnen. Offenbar gab es, nachdem er sich an dem Abschluß der Verträge nicht betheiligt hatte, für ihn keinen Rechtstitel mehr, die Ausführung derselben zu überwachen oder als Anwalt der Vertragstreue gegen eine angebliche Verletzung aufzutreten[1]).

Endlich aber, selbst angenommen, es gelte, was der Artikel über den Südbund bestimmte, nach der Beseitigung des Bundes ebenso für die einzelnen Südstaaten, so bot auch dann, was von Preußen bisher geschehn, keinen Anlaß zu einer Beschwerde über Vertragsbruch. Der Südbund sollte berechtigt sein, sich mit dem Norden über eine nationale Verbindung zu verständigen: nun, man sollte denken, der erste und bringendste Schritt zu einer solchen Verbindung sei die Abrede einer gemeinsamen Vertheidigung gegen jede von Außen drohende Gefahr. Beust's Einrede, daß hieburch die in Prag stipulirte Unabhängigkeit des Südens zu stark leide, ist um so unverständiger, als einerseits in der Sache jedes Kriegsbündniß ohne feste Einheit des Oberbefehls seinen Zweck verfehlt, und andrerseits der Friedensvertrag den Grad der erlaubten Abhängigkeit nicht einem Urtheil der Großmächte, sondern der freien Verständigung der beiden Bünde anheimstellt. In noch höherem Maaße gilt dasselbe von der Einladung, welche Preußen Ende Mai an die Südstaaten zu einer kräftigern Neugestaltung des Zollvereins erließ. Wer könnte bestreiten, daß bei der damaligen Lage die Reform des Zollvereins eins der elementaren Bedürfnisse jeder nationalen Verbindung auf deutschem Boden war?

Wir werden sehn, daß Bismarck's weiteres Verhalten in der deutschen Sache nach jeder Seite hin genau dem eben dargelegten Inhalt des Prager Friedens entsprach:

[1]) Dies hat auch Rothan ausdrücklich anerkannt.

keine Zulassung eines süddeutschen Staates in den norddeutschen Bund, so lange sie nicht sämmtlich die Aufnahme begehrten, keine nationale Verbindung mit den einzelnen Südstaaten, welche nicht auch dem Südbunde nach dem Prager Frieden erlaubt gewesen wäre, in jedem Falle aber absolute Zurückweisung jedes Versuchs eines Dritten, welcher den Prager Frieden nicht mitunterzeichnet hatte, in die Ausführung desselben einzugreifen.

Allerdings folgte damals die französische Regierung einer grundverschiedenen Auffassung. Als wenn in der Prager Urkunde kein Wort von einer nationalen Verbindung zwischen Nord- und Süddeutschland stände, hatte sie sich, den eignen Wünschen entsprechend, in die Vorstellung eingelebt, daß der Prager Friede kurzweg jeden Einfluß und jede Herrschaft Preußens im Süden des Mains verbiete. Graf Beust, den man doch für einen sachverständigen Mann halten mußte, that das Mögliche, die französischen Staatsmänner in diesem Irrthum zu bestärken. So erschienen dort die August-Bündnisse und die Einladung zum Zollverein als eben so viele Verletzungen des Prager Friedens, und da die deutsche Geographie den Parisern nicht besonders geläufig war, wußten sie nicht, daß Mainz ebenso wie Frankfurt nördlich vom Maine liegt, und sahn auch in der dortigen preußischen Besatzung eine arge Überschreitung der Mainlinie. Man muß Preußen lehren, hieß es, die Verträge zu achten.

Indessen schwamm Paris, während dieser Sorgen seiner Staatsmänner, in Glanz und Jubel vermöge des gloriosen Erfolges seiner industriellen Weltausstellung. Sie war in der That vortrefflich gelungen. Die Einrichtung war groß gedacht, zweckmäßig und geschmackvoll wie bei keiner frühern; die Fülle und Pracht der aus allen Ländern eingesandten Waaren erschien beispiellos. Producenten und Consumenten, Neugierige und Vergnügungslustige aller Nationen strömten in colossalen Massen herbei. Die gekrönten Häupter Europas hatten ihren Besuch zugesagt, und wenn der römische Papst ausblieb, so hatte dafür der türkische Sultan sein Erscheinen angemeldet. Genug, Paris fühlte sich noch einmal als Hauptstadt der Welt, an der Spitze der Civilisation des Menschengeschlechts. Anfangs Juni traf Kaiser Alexander von Rußland mit dem Vicekanzler Gortschakoff ein; am 6. folgte ihm König Wilhelm, begleitet von Bismarck. Der Empfang war ebenso prunkvoll wie herzlich. Napoleon verstand es, wo sein dynastischer Ehrgeiz sich nicht verletzt fühlte, mit angeborener Freundlichkeit jedem Gaste das Dasein angenehm zu machen, und die Liebenswürdigkeit der schönen und lebhaften Kaiserin Eugenie war hinreißend. Feste aller Art, Schmäuse, Bälle, Jagden, Paraden, folgten sich in ununterbrochener Reihe. Von Politik konnte nur vorübergehend die Rede sein. König Wilhelm hatte eine würdige und zugleich höfliche Art, jedes politische Gespräch abzulehnen; er begnügte sich, seinen vollen Wunsch auf Erhaltung des Friedens zu betonen. Etwas weiter ließ sich Bismarck bei dem Staatsminister Rouher heraus, erläuterte seinen guten Willen in der Luxemburger Sache und versicherte, daß die deutschen Südstaaten bis jetzt durchaus keine Neigung zum Eintritt in den Nordbund zeigten, und er ebenso wenig gesonnen sei, sie dazu anzutreiben. Marquis Moustier suchte mit ihm keine Unterhaltung; er hatte ihm eine scharfe Antwort aus der Zeit des Krimkriegs nicht vergessen, wo er selbst Gesandter in Berlin, und Bismarck zufällig dort anwesend war: Moustier hatte die damals schwankende Politik Preußens gerügt und endlich geäußert: ihr werdet damit bei Jena anlangen. Bismarck entgegnete auf der Stelle: warum nicht bei Leipzig oder bei Waterloo? Moustier, ein leidenschaftlich reizbarer Mann, vermied ihn seitdem. Um so eifriger suchte er den russischen Minister auf und freute sich an Gortschakoff's lebhaftem Entgegenkommen. Dieser pries die hohe Freiheits= liebe der Bulgaren, Serben, Griechen; Moustier entdeckte dahinter aber in Wahrheit den russischen Wunsch, die bekannte Pontus=Clausel des Pariser Friedens zu zerreißen. Leider konnte er darauf nur ausweichend erwidern, daß Frankreich nicht der einzige Theilnehmer an diesem Vertrage gewesen, für sich allein also nichts daran ändern könne. Das Ge= spräch ging dann weiter über die deutschen, so wie über die orientalischen Angelegenheiten. Über Deutschland sagte Moustier: wir bestreiten Preußen nicht das Recht, sich zu organisiren und zu befestigen innerhalb der Grenzen, die wir in Nikolsburg zugelassen haben, jedenfalls aber können wir nicht gleichgültig bleiben bei Bismarck's Anstrengungen, diese Grenzen zu überschreiten. Ihr habt Unrecht, entgegnete Gortschakoff, Euch solche Dinge in den Kopf zu setzen; ich bürge Euch dafür, daß Bismarck entschlossen ist, dem Prager Frieden treu zu bleiben; seine Lage ist schwierig, er kann sich nicht öffentlich gegen die deutsche Einheit erklären, wünscht sie aber nicht, da sie ihm mehr Verlegenheit als Nutzen bringen würde; das Zollparlament ist ihm ein Mittel, die nationale Partei zu beschwichtigen, sonst hat es keine politische Bedeutung.

Was den Orient betraf, so erklärte Gortschakoff, daß Rußland an keine Vergrößerung, sondern nur an die traurige

Lage der türkischen Christen denke; allerdings wünsche es, Kreta mit Griechenland zu vereinigen; dieses müsse dann aber die festesten Garantien für weitere Ruhe geben. Moustier ertheilte dem Allen seine Zustimmung und faßte diesen Inhalt des Gesprächs schriftlich in einen Pro memoria zusammen, als Denkmal des schönen Einverständnisses beider Regierungen.

Unglücklicher Weise hatten schon vor diesen Erörterungen draußen Ereignisse Statt gefunden, welche dem belobten Einverständniß den Boden vollständig entzogen. Am 4. Juni war Kaiser Alexander mehrmals von lauten Rufen: vive la Pologne! verfolgt worden, und am 6., als er zusammen mit Napoleon im Wagen von einer großen Truppenschau zurückfuhr, hatte ein Pole, Berozowski, auf ihn geschossen, aber zum Glücke verfehlt. Napoleon fand trotz des Schreckens ein geistreiches Wort: Sire, sagte er, jetzt sind wir Alliirte, wir haben zusammen im Feuer gestanden. Es machte aber auf den bedrohten Monarchen um so weniger Eindruck, als gleich nach der Verhaftung des Verbrechers mehr als vierzig Pariser Advocaten sich öffentlich zu seiner Vertheidigung bereit erklärten. Bald nachher verließ Alexander Paris in tiefer Verstimmung gegen Frankreich und in gesteigerter Hinwendung zu Preußen. Er gab von dieser auf der Rückreise sowohl dem Herzog von Nassau als der Königin von Würtemberg energischen Ausdruck. Der preußische Monarch schied am 14. Juni in ungetrübter Herzlichkeit von seinen kaiserlichen Wirthen, und sandte ihnen aus Berlin ein warmes Dankschreiben für die herrlichen ihm bereiteten Tage.

Allerdings konnte dadurch der tiefe Schatten, welchen der polnische Mordversuch auf den Glanz der Festwoche geworfen hatte, nicht aufgehellt werden, und leider stand nach kurzer Frist dem französischen Herrscher noch eine weitere, doppelt bittere Erfahrung bevor. Er erwartete jetzt den Besuch des Kaisers und der Kaiserin von Österreich: da kam die Nachricht, daß Franz Joseph's Bruder, Kaiser Max von Mexiko, durch seine republikanischen Gegner überwältigt, am 19. Juni in Queretaro nach kriegsgerichtlichem Spruche erschossen worden sei. Napoleon empfing die Kunde am 1. Juli, als er im Begriffe war, sich in die Ausstellung zur feierlichen Vertheilung der dort beschlossenen Preise zu begeben. Er war tief erschüttert von dem blutigen Ausgange des von ihm mit grenzenlosen Plänen begonnenen Unternehmens. Man konnte nicht eigentlich sagen, daß er dem unglücklichen Fürsten die im Vertrage von 1862 gegebenen Versprechungen gebrochen hätte: immer aber war er der Urheber des unseligen Abenteuers gewesen, und jedenfalls war jetzt der Besuch der österreichischen Majestäten, aus dem vielleicht ein über die Beziehungen Beider Deutschland entscheidender Bundesvertrag emporgewachsen wäre, in jedem Sinne unmöglich geworden. Rings um ihn her regte sich das Gefühl, daß sein Stern verblasse, sein Streben zu stetem Fehlschlag verurtheilt sei.

In Berlin hoffte man nach dem ungetrübten Verlauf der Pariser Zusammenkunft auf dauernde Beruhigung der französischen Gemüther und ein ungestörtes Nebeneinanderleben der beiden Nationen. Aber nur wenige Wochen vergingen, und nach der alten Gewohnheit rührte sich wieder der in Paris selbstverständlich erscheinende Drang, in fremde Angelegenheiten lehrend und meisternd einzugreifen. Es handelte sich wieder um einen Artikel des Prager Friedens, den fünften, den ebenso wie dessen Vorgänger Napoleon zuerst vorgeschlagen, das Recht aber, die Ausführung zu

controliren, durch seine Nichttheilnahme an dem Vertrags=
schlusse natürlich eingebüßt hatte. Es war der Artikel, worin
Österreich seine Anrechte an die Elbherzogthümer dem König
von Preußen unter der Maßgabe überließ, „daß die
Bevölkerungen der nördlichen Districte von Schleswig, wenn
sie durch freie Abstimmung den Wunsch zu erkennen geben,
mit Dänemark vereinigt zu werden, an Dänemark abgetreten
werden sollen." Es liegt auf der Hand, daß diese Verheißung
nicht ohne Weiteres ausgeführt werden konnte, da der Ausdruck
„nördliche Districte von Schleswig" ein völlig unbestimmter
war, und Niemand angeben konnte, wo der Norden aufhörte.
In Kopenhagen meinte man, das solle eben durch die Volks=
abstimmung ermittelt werden: wo diese sich für Dänemark
ausspreche, sei nördliches, also dänisches Land; entgegen=
gesetzter Meinung aber war man in Berlin, zuerst müsse
die Grenze des Nordens zwischen den beiden Höfen fest=
gestellt, und dann nördlich von dieser Grenze das Volk
über seine Zukunft befragt werden. Diese Auffassung war
1864 auf der Londoner Conferenz von den neutralen
Mächten vertreten worden, als England die Abtretung
eines südlichen Theils von Schleswig an Deutschland vor=
geschlagen, Preußen aber die Volksabstimmung in ganz
Schleswig begehrt hatte. Die Mächte erklärten sich für
den Grundsatz: zuerst die Feststellung der Grenze, dann
in dem abzutretenden Theile die Abstimmung des Volks.
Es war dies aber 1867 nicht die einzige Schwierigkeit.
Denn bis hart an die jütische Grenze heran fand man unter
den dänisch redenden Bauernschaften eine ganze Anzahl
deutscher Städte, womit denn die Frage, ob die Abstimmung
nach Zonen oder nach Gemeinden vorzunehmen sei, eine

hervorragend praktische Bedeutung gewann. Jedenfalls war man in Berlin entschlossen, diese deutschen Orte nicht ohne feste Garantien für die Wahrung ihrer Nationalität der Willkür der dänischen Demokratie zu überlassen, wie man sie in der langen Leidenszeit von 1852 bis 1864 hatte erdulden müssen. Ein weiteres Begehren war dann die Übernahme eines verhältnißmäßigen Theils der schleswig= holsteinschen Staatsschuld, je nach der Größe der zu vereinbarenden Landabtretung.

Als Preußen am 8. Mai 1867 in Kopenhagen den Gegenstand zur Unterhandlung brachte, zeigte sich sehr bald, daß die Frage der Staatsschuld geringe Schwierigkeit machen würde, über die Garantien aber für die deutschen Gemeinden eine Übereinstimmung nicht zu erzielen war. Am 1. Juni ging die entschiedene Ablehnung der deutschen Forderung nach Berlin. Die gerechte Gesinnung des Königs, hieß es, die liberale Verfassung, die bestehenden Gesetze machten jede besondere Garantie überflüssig; um so mehr müsse man eine solche verweigern, als man damit einer auswärtigen Macht ein Recht der Aufsicht und der Einmischung in die innern Verhältnisse Dänemarks gewähren und damit die Unabhängig= keit des Staates auf das Ärgste gefährden würde. Bismarck erwiderte am 18. Juni, in der Zeit der alten absoluten Monarchie hätte man der Wirksamkeit einer solchen Erklärung vertrauen können; jetzt aber sei in Kopenhagen die Krone von einem demokratischen Reichsrath abhängig, und Deutsch= land habe erfahren, wie wenig dieser zu einer gerechten Behandlung der deutschen Einwohner geneigt sei. Man müsse also die Landabtretung von der Ertheilung einer förmlichen Garantie abhängig machen.

Die dänische Regierung schwieg darauf, klopfte aber in Paris um freundliche Unterstützung an. Im Jahre 1864 hatte Napoleon, wir wissen aus welchen Gründen, Preußen zur Annexion der Herzogthümer selbst eingeladen, und für sein Verhalten eine allgemeine Mißbilligung in Frankreich gefunden. Jetzt war sein Verhältniß zu Preußen gründlich geändert, die Stimmung aber der französischen Politiker dieselbe geblieben; er wünschte also lebhaft, für Dänemark etwas zu thun, und Marquis Moustier, soeben erst durch Preußens Vorgehn in der Zollvereinssache gereizt, redete mit hohem Unwillen von den stets wachsenden Verletzungen des Prager Friedens. Bismarck, davon sogleich unterrichtet und im Begriffe, für eine Weile in Varzin ländliche Erholung zu suchen, gab durch ein Rundschreiben den preußischen Gesandtschaften Weisung, die Bewegungen der französischen Diplomatie auf das Genaueste zu überwachen. „Wir sind, schrieb er, entschiedene Gegner einer Kriegspolitik; wir sehn keinen Vortheil, den wir jetzt daraus ziehn könnten. Aber nichts würde uns bestimmen, die Größe des Vaterlandes niedrigen Besorgnissen und auswärtigen Erwägungen unterzuordnen. Die dänischen Ansprüche werden uns billig finden, aber wir lassen uns keine Einräumungen abtrotzen, so wenig wir auch zu extremen Entschlüssen geneigt sind, vielmehr wünschen, so weit es möglich, dem Cabinet der Tuilerien Befriedigung zu gewähren."

Er wollte nach wie vor den Frieden, war aber nach allen bisherigen Erfahrungen der Meinung, das beste Mittel, ihn zu bewahren, sei eine entschiedene und furchtlose Abweisung jeder unberufenen Einmischung in die deutschen Angelegenheiten.

Unterdessen war man auch in Petersburg gegen Frankreich mißtrauisch geworden. Gortschakoff klagte über den übertrieben glänzenden Empfang des Sultans in Paris; Moustier entgegnete, man habe demselben ganz im russischen Sinne innere Reformen zu Gunsten der Christen bringend empfohlen. Wir haben, setzte er hinzu, Euer Streben im Orient unterstützt; wir dürfen von Euch gleichen Dienst im Occident erwarten; wenn es dort eine kretische, so gibt es hier eine dänische Frage; wenn Ihr in dieser auf Bismarck einwirken wolltet, so würdet Ihr Euch um Frankreich und den Frieden Europas sehr verdient machen. Gortschakoff war bereit und schrieb einen Privatbrief an Bismarck, so freundschaftlich, so höflich und einschmeichelnd wie möglich, über das Thema, daß Napoleon den Frieden wolle, aber bei längerem Hinschleppen der dänischen Sache eine Überreizung der öffentlichen Meinung in Frankreich befürchte, die ihn in grausame Verlegenheit setzen könnte. Auch Kaiser Alexander habe keinen höhern Wunsch, als Erhaltung des Friedens, obgleich viele Leute glaubten, daß Rußland bei einem Kriege zwischen Preußen und Frankreich nicht verlieren, sondern nur gewinnen könne. Was sei zu thun? Er vermeide jedes Wort, was wie eine Einmischung aussehn könnte. Besser als alle Anderen wisse Bismarck die Lösung zu finden.

Moustier, dem Gortschakoff eine Abschrift des Briefes zusandte, war entzückt und schritt nach diesem russischen Vorspiel unter Napoleon's Beifall zum Werke. Soeben hatte der dänische Minister dem preußischen eine vertrauliche Besprechung in Berlin vorgeschlagen, und um dafür die Wege zu ebnen, schrieb Moustier am 25. Juli eine Depesche an seinen Geschäftsträger beim preußischen Hofe, Herrn

Lefebvre de Behaine (Graf Benedetti war beurlaubt): er beklagte, daß die preußische Note vom 18. Juni so wenig entgegenkommend sei; wäre die Rückgabe Nordschleswigs eine That freier Hochherzigkeit, so hätte Preußen das Recht, beliebige Bedingungen zu stellen; aber Preußen erkennt ja an, daß seine Verpflichtung aus dem Prager Frieden stammt, in welchem der fünfte Artikel die Rückgabe ohne jeden Vorbehalt ausspricht. Preußen habe also kein Recht zu seinem Verlangen, auf dem abzutretenden Boden deutsche Gemeinden unter seinem Schutze einzurichten und dadurch Dänemarks Unabhängigkeit schwer zu beeinträchtigen. Graf Bismarck wisse, mit welchen versöhnlichen Gesinnungen wir uns stets erfüllt gezeigt haben; er könne also den Charakter unserer Bemerkungen nicht mißverstehn. Er werde sich der moralischen Verbindlichkeiten erinnern, die er mit uns eingegangen sei.

Im Besitze dieser Depesche suchte der Geschäftsträger in Abwesenheit Bismarck's den Unterstaatssecretär Herrn von Thile auf. Kaum aber hatte er die Absicht erklärt, einige Bemerkungen über die preußisch-dänische Frage vorzulegen, als ihn Thile unterbrach. Das ist äußerst ernst, rief er. Ich darf Sie nicht anhören, ehe ich die Befehle des Königs eingeholt habe. Am folgenden Tage war er bereit zu hören, beschränkte sich dann aber auch streng auf die Rolle eines aufmerksamen Zuhörers. Lefebvre glaubte im Sinne seiner Anweisungen zu handeln, wenn er ihm die Depesche lesen ließe. Thile nahm Einsicht, machte sich Notizen, sprach aber über den Inhalt keine Meinung aus, erhob keine Einwendungen und stellte nur mit einigem Nachdruck die Thatsache fest, daß der Prager Friede zwischen Preußen und Österreich geschlossen worden sei.

Was diese geschichtliche Bemerkung bedeute, sollte Lefebvre sehr bald erfahren. Der König und Bismarck waren sogleich entschlossen, diesem ersten Versuche eines französischen Ein=redens in deutsche Fragen mit solcher Energie entgegen zu treten, daß die Lust dazu für immer in Paris verginge. Nach wenigen Tagen brachte die officiöse Presse den Vor=gang zur Kenntniß der deutschen Nation. Frankreich habe eine Note über Schleswig eingereicht; es suche sich in Dinge einzumischen, die seiner Beurtheilung nicht unterliegen; man werde ihm nicht gestatten, einen Vertrag anzurufen, welchen es nicht unterzeichnet habe. Diese Polemik fand weit und breit in Deutschland rauschenden Widerhall; auf allen Seiten erscholl der Ruf, kein Fremder solle sich unterfangen, Deutsch=land Vorschriften über deutsche Angelegenheiten geben, Deutschland über die Clauseln deutscher Verträge belehren zu wollen. Keinen andern Inhalt hatten die Eröffnungen, welche Thile dem französischen Geschäftsträger bei ihrem nächsten Gespräche zu machen beauftragt war.

Moustier war von dem Allen überrascht und befremdet im höchsten Maaße. Wie? Frankreich sollte es verboten sein, andern Mächten bei zweifelhaften Fragen guten Rath und ernste Mahnung zu ertheilen? Wo war denn das Land, in dessen Beziehungen und Bestrebungen sich Frankreich nicht eingemischt hätte, sei es nach eigenem Interesse oder nach überlegener Einsicht? War Frankreichs Präponderanz nicht eine geschichtliche, durch die Jahrhunderte bekräftigte Thatsache? Und jetzt wollte ihm das eben empor gekommene Preußen sogar eine höfliche Meinungsäußerung verbieten? Unerträglich!

Moustier griff zunächst eine diplomatische Formfrage auf. Alle Welt, schrieb er an Lefebvre, redet in Deutschland von einer französischen Note; wir haben aber gar keine Note nach Berlin geschickt; fordert die preußische Regierung auf, diesen Irrthum zu berichtigen. Es geschah. Thile erwiderte: allerdings keine Note, jedoch eine Depesche habt Ihr mir zur Lectüre überreicht. Aber, rief Lesebvre, nur vertraulich, nur privatim, wie ich das ausdrücklich bemerkt habe. Ich erinnere mich, sagte Thile, keines solchen Vorbehalts.

Der englische Botschafter bemerkte dem französischen Vertreter, daß auf die Form wenig ankomme. Bismarck zürne über die Thatsache der Einmischung, welche alle Gegner Preußens ermuthigt haben würde. Österreich und Rußland verhielten sich schweigend. Warum hatte auch Napoleon in Nikolsburg jeden Rechtsanspruch zur Einmischung selbst weggeworfen? Jetzt konnte er sie nur kraft seiner Waffenmacht geltend machen. Marschall Niel aber war noch weit entfernt von der Vollendung seiner Heeresreform.

So beschloß Moustier, um dem Lärm ein Ende zu machen, bittern Groll im Herzen, nachzugeben. Er verfaßte eine neue Depesche: wir haben Preußen nicht zur Erklärung seiner Absichten anhalten, wir haben nur unsere Gedanken zu seiner Kenntniß bringen wollen; wir bedauern lebhaft, daß Graf Bismarck die Natur unserer Bemerkungen mißverstanden hat. Er möge sich überzeugen, daß wir unter keinen Umständen uns dem Vorwurf aussetzen würden, die Empfindlichkeit einer benachbarten Macht zu verletzen.

Der französische Geschichtschreiber, dem wir diese Einzelheiten entnehmen, beklagt an dieser Stelle wieder die nervöse und auffahrende Art, womit Bismarck eine ganz vertrauliche Mittheilung zu einem Ereigniß aufbausche, großen Zeitungslärm veranlasse und damit den Frieden Europas gefährde.

Es kommt ihm nicht in den Sinn, zu fragen, ob die Gefährdung des Friedens von dem Empfänger oder von dem Geber der vertraulichen Mittheilung ausgegangen. Es scheint, sagt er, als wolle Bismarck für Deutschland, als eine heilige Arche, eine Art von Monroe=Doctrin zur Geltung bringen. Die Richtigkeit dieser Bemerkung wird ihm niemand bestreiten.

Der Vorfall (oder wie man jetzt im höhern Zeitungsstyl sagt, der Zwischenfall) war geschlossen, die deutsch=dänische Verhandlung in Stocken gerathen, Frankreich durch eine neue diplomatische Schlappe gereizt. Indessen lag bereits eine Gelegenheit vor, auf einer andern Seite Trost und Stärkung zu schöpfen und vielleicht eine künftige Vergeltung für die erfahrene Unbill umsichtig vorzubereiten.

Napoleon hatte dem Schmerze über die Hinrichtung Maximilian's in einem warmen Schreiben an Franz Joseph Ausdruck gegeben. Beust erklärte darauf dem Fürsten Metternich, die Freundschaft zwischen beiden Höfen sei durch das tragische Ereigniß nicht erschüttert worden, immerhin aber sei es wünschenswerth, daß der erste Schritt in dem persönlichen Verkehr der Souveräne von französischer Seite geschehe. Dies führte die Kaiserin Eugenie auf einen feinen Vorschlag: unsere Freunde sind verhindert worden, uns zu besuchen, machen wir ihnen einen Condolenzbesuch. Die Staatsmänner waren mit dem Gedanken der hohen Frau einverstanden; die Botschaft ging nach Wien und wurde dort mit Freude aufgenommen; nur die Mutter Maximilian's, die Erzherzogin Sophie, lehnte ihre Theilnahme ab. Die Zusammenkunft wurde auf den 18. August in Salzburg verabredet.

Der Trauerbesuch nahm nun vom ersten Tage besondere Formen an. Napoleon und Eugenie reisten zwar dem Namen nach incognito, nahmen aber aller Orten die den Souveränen gebührenden Ehren gern entgegen. Sie wurden in Karlsruhe durch den Großherzog von Baden, in Ulm durch den König von Würtemberg feierlich begrüßt, erfreuten sich hier und da der Rufe vive l'Empereur!, wodurch die schwäbischen Demokraten ihre antipreußische Vaterlandsliebe bekundeten, und wurden von Augsburg, wo Napoleon im St. Annen-Gymnasium Erinnerungen an die dort verlebte Schulzeit genoß, bis zur österreichischen Grenze durch König Ludwig von Bayern begleitet. Vollends in Salzburg war die Pracht des Empfangs gewaltig: französische Fahnen und Flaggen auf dem Bahnhof und in allen Straßen der Stadt, Musik und Ehrenwachen, Vorbereitung zu Festlichkeiten jeglicher Art. Dazu kam die Begleitung des österreichischen Monarchen durch dessen Reichskanzler, den Grafen Beust, und den ungarischen Ministerpräsidenten Grafen Andrassy, welchen sich etwas später noch der Finanzminister hinzugesellte. Die Condolenz hatte sich plötzlich in einen politischen Congreß verwandelt, dessen ernste Erwägungen fortdauernd mit dem Schmucke mannichfaltiger Genüsse umgeben wurden. Die Welt war erstaunt und gespannt. Es kam vor, daß Beust mit Napoleon Stunden lang unter vier Augen verhandelte: da flogen dann die Vermuthungen und bald die Versicherungen in alle Lande, daß hier die Urkunde eines festen Trutz- und Schutzbündnisses zwischen beiden Mächten ausgearbeitet würde.

Indessen hier wie so oft eilten die Gerüchte den Wirklichkeiten weit voraus. Wohl wünschten die beiden Kaiser nahe Freundschaft und herzliches Einverständniß. Aber beide waren entfernt von dem Gedanken eines förmlichen Bundesvertrags. Denn Beide fanden sich zu der Zeit nicht in der Lage, einen großen Krieg zu führen, und Beide besorgten, wenn auch aus verschiedenen Gründen, daß ein solcher durch einen Bundesvertrag veranlaßt werden könnte. Napoleon fürchtete, daß ein Bündniß, wenn auch im tiefsten Geheimniß abgeschlossen, doch dem Grafen Bismarck nicht lange verborgen bleiben, und dieser kühne Staatsmann sich dann mit raschem Entschlusse auf die schlecht gerüsteten Gegner stürzen würde. Umgekehrt traute man in Österreich dem gereizten französischen Selbstgefühl nicht so viel Besonnenheit zu, um auf die Kunde von einer österreichischen Allianz den Angriff auf das verhaßte Preußen nur noch einen Tag hinauszuschieben. Also kein Bündniß, hoffentlich aber volles Einvernehmen. Als Grundlage desselben legte Beust eine Denkschrift vor, welche die verschiedenen Momente der deutschen und der orientalischen Frage in kurzen Sätzen vorführte. Sie begann mit dem stark betonten Schlagworte: Aufrechthaltung des Prager Friedens. Österreichs Einfluß in Deutschland wachse durch seine liberale Verfassung, und Frankreichs friedfertige Haltung werde die nationale Gährung beschwichtigen. So lasse sich ein moralischer Druck auf die Südstaaten ausüben, daß sie nicht aus dem Status quo heraustreten. Die Verbindung von Frankreich und Österreich wird sie zum Nachdenken bringen und sie die Nothwendigkeit einer unabhängigen und zurückhaltenden Stellung erkennen lassen. Auch für den Orient bezeichnete die Denkschrift die Erhaltung des Status quo als den leitenden Grundsatz. Man möge England in das Einvernehmen ziehn und Rußland über dessen Pläne für Kreta befragen. Zugleich deutete Beust die

Möglichkeit an, daß Österreich in dem unruhigen Rumänien (wir kommen später darauf zurück) zu bewaffnetem Einschreiten genöthigt sein könnte. Hier aber bemerkte Eugenie: Herr von Beust ist zu lebhaft, und dieser ließ den Punkt fallen. Im Übrigen gab es keine abweichende Meinung; man sprach alle möglichen Fälle durch und fand die Gleichheit der Gesinnungen und der Interessen so vollständig, und damit die Dauer des Einvernehmens so gesichert, daß jede schriftliche Abfassung überflüssig erschien. Was man beiderseits wünschte, war im Orient und im Occident die Erhaltung des Status quo, dort die Abwehr der russischen Wühlerei gegen die Türkei, hier die Verhinderung des preußischen Strebens nach der Gründung eines deutschen Reichs.

So schieden am 23. August die kaiserlichen Gäste aus Salzburg, um gerades Weges in die Heimath zurückzukehren. Daß Napoleon bei dieser Gelegenheit dem preußischen Könige, der ihn kurz zuvor in Paris besucht hatte, nicht den Vorschlag einer Begegnung auf preußischem Boden, etwa in Coblenz, machte, mußte als entschiedene Unfreundlichkeit erscheinen, und gab den argwöhnischen Vermuthungen über Salzburg neue Nahrung. Sowohl in Wien als in Paris fand man sich veranlaßt, den bestimmt auftretenden Zeitungsnachrichten über ein gegen Preußen abgeschlossenes Bündniß, über die Stellung der Südstaaten unter Österreichs Leitung und Frankreichs Schutz u. s. w. durch ein amtliches Actenstück eine ebenso bestimmte Abläugnung entgegen zu setzen. Der Besuch der französischen Majestäten sei einzig und allein durch den Wunsch veranlaßt worden, der kaiserlichen Familie Österreichs ein inniges Zeugniß ihres Mitgefühls zu geben. Wohl hätten die beiden Monarchen bei dem mehrtägigen vertrauten

Zusammensein ihre politischen Auffassungen ausgetauscht: aber, sagte das französische Rundschreiben, es ist nichts geschehn, was im Widerspruch mit den Grundsätzen unseres Circulars vom 16. September 1866 (der Anerkennung der großen Agglomerationen) und allen unsern spätern Erklärungen gestanden hätte. Beide Monarchen haben längst ihre friedliche Gesinnung bekundet. Auch in Salzburg haben sich ihre Unterhaltungen auf die gegenseitige Versicherung beschränkt, in dieser Gesinnung beharren zu wollen. Die erste amtliche Antwort auf die Salzburger Vorgänge kam deutscher Seits von dem trefflichen Großherzog von Baden, der am 5. September die Thronrede bei Eröffnung seines Landtags höchst unbefangen, als wenn die beiden Kaiser nie existirt hätten, mit der Erklärung begann: Die Friedensverträge des vorigen Jahres haben Preußen an die Spitze des norddeutschen Bundes gestellt, und den süddeutschen Staaten vorbehalten, eine nationale Einigung mit diesem Bunde einzugehn. Mein Entschluß steht fest, dieser nationalen Einigung unausgesetzt nachzustreben, und zwar werde ich und mit mir mein getreues Volk die Opfer bringen, die mit dem Eintritt in dieselbe unzertrennlich verbunden sind.

Zugleich fand Bismarck es angemessen, die kaiserlichen Friedensworte ohne irgend eine Kritik anzunehmen, ebenso aber auch sehr bestimmte Consequenzen daraus zu ziehn und damit den eignen Standpunkt in scharfer Beleuchtung den Gegnern vor das Auge zu rücken.

In einem Rundschreiben vom 7. September erklärte er, daß die preußische Regierung den Inhalt jener Versicherungen mit großer Genugthuung aufgenommen habe. Danach, fuhr er fort, sind also die innern Angelegenheiten Deutschlands nicht in der Weise, wie die ersten Nachrichten es voraussetzen ließen, Gegenstand der Besprechungen in Salzburg gewesen. Es ist dies um so erfreulicher, als die Aufnahme, die jene Nachrichten in ganz Deutschland gefunden haben, von Neuem gezeigt hat, wie wenig das deutsche Nationalgefühl den Gedanken erträgt, die Entwicklung der Angelegenheiten der deutschen Nation unter die Vormundschaft fremder Einmischung gestellt oder nach andern Rücksichten geleitet zu sehn, als nach den durch die nationalen Interessen Deutschlands gebotenen.

Übrigens, bemerkte er, haben wir Alles vermieden, was die nationale Bewegung überstürzen könnte, und haben nicht aufzuregen, sondern zu beruhigen gesucht..... Die süddeutschen Regierungen selbst werden uns bezeugen, daß wir uns jedes Versuches enthalten haben, einen moralischen Druck auf ihre Entschließungen zu üben, und daß wir vielmehr auf die Handhabe, welche sich uns zu diesem Zwecke in der Lage des Zollvereins bieten konnte, durch den Vertrag vom 8. Juli d. J. rückhaltlos verzichtet haben. Wir werden dieser Haltung auch ferner treu bleiben. Der norddeutsche Bund wird jedem Bedürfnisse der süddeutschen Regierungen nach Erweiterung und Befestigung der nationalen Beziehungen zwischen dem Süden und dem Norden Deutschlands bereitwillig entgegen kommen, aber wir werden die Bestimmung des Maaßes, welches die gegenseitige Annäherung inne zu halten hat, jeder Zeit der freien Entschließung unserer süddeutschen Verbündeten überlassen.

In den Augustbündnissen, schloß die Depesche, und in der Vervollständigung des Zollvereins erblicken wir eine rechtlich und thatsächlich gesicherte Grundlage für die selbständige Entwicklung der nationalen Interessen des deutschen Volkes.

Hätte Bismarck die Salzburger Denkschrift Beust's gekannt, er hätte nicht zutreffender darauf entgegnen können. Hier erschien, wie in Erz gegraben, die echte Interpretation des Prager Friedens. Wir üben keinen moralischen Druck auf irgend einen Theil des deutschen Südens aus. Sobald aber nach eignem Entschlusse der Süden sich mit uns verbinden will, so werden wir jeden fremden Widerspruch mit deutscher Kraft niederschlagen, und das deutsche Reich wird auferstanden sein.

Zweiundzwanzigstes Buch.

Reform des Zollvereins.

1. Capitel.

Die neuen Zollvereinsverträge.

Bismarck's wiederholte Erklärung, daß Preußen die weitere Entwicklung der deutschen Einheit ganz und gar dem freien Entschlusse der Südstaaten anheimstelle, und diese in keiner Hinsicht drängen, vielmehr jedem auswärtigen Druck auf ihren freien Willen mit aller Macht entgegentreten würde, regte bei den süddeutschen Königreichen sehr gemischte Gefühle an. Gewiß, sie wünschten durchaus nicht, gedrängt zu werden, im Gegentheil, sie meinten, noch recht lange die möglichst unbeschränkte Souveränität zu behaupten. Aber bei der Stärke des Einheitsstrebens, welches auch bei ihren Unterthanen zahlreiche und bedeutende Anhänger zählte, war es nicht angenehm, für die Verzögerung des nationalen Werkes so öffentlich und ausschließlich verantwortlich gemacht zu werden. Übrigens hatte in der That auch nach ihren Sonderinteressen die Sache zwei Seiten. Denn die particulare Unabhängigkeit, auf die man stolz war, bedeutete dem Ausland gegenüber auch völlige Vereinzelung und folglich bleibende Gefährdung. In dem bedeutendsten dieser Staaten, dem Königreich Bayern, wo die innere Selbständigkeit höher als irgendwo sonst geschätzt wurde, war eben deshalb auch die Sehnsucht nach fester Sicherung gegen Außen am Stärksten. Unabläsfig war hier die Regierung mit der deutschen Bundesfrage beschäftigt.

Wir müssen auf den Anfang des Jahres 1867 zurückgehn, um uns die verschiedenen Wendungen der süddeutschen Politik zu vergegenwärtigen.

In Bayern war mit dem Jahreswechsel an von der Pfordten's Stelle als leitender Minister Fürst Chlodwig von Hohenlohe-Schillingsfürst getreten. Er galt als der beste Preußenfreund unter den bayerischen Reichsräthen und hatte dieser Haltung auch wohl in der damaligen Weltlage die Berufung in das Ministerium zu verdanken. Er war gründlich und systematisch im Erwägen, bedächtig und umsichtig im Handeln, erfüllt von humanem Wohlwollen und warmer Vaterlandsliebe, in jeder Stellung ein pflichttreuer und zuverlässiger Charakter. Aber die Aufgabe, die er übernahm, war eine äußerst schwierige. In der deutschen Sache entsprach die von Pfordten im September 1866 verkündete Formel: volle Unabhängigkeit Bayerns im Innern und völkerrechtliche Allianz mit Preußen zur Sicherung nach Außen, durchaus der Gesinnung des jungen, auf seine Kronrechte eifersüchtigen Königs, und ebenso den Wünschen der großen Mehrheit des bayerischen Volkes. Ja, die schon damals recht starke ultramontane Partei hätte trotz Königgrätz der preußischen auch jetzt noch eine österreichische Allianz vorgezogen. Wohl gab es eine national gesinnte Minderheit, aber selbst diese war nicht ohne Furcht, daß ein von Bismarck geleiteter Bund einer zu starken Centralisation verfallen und die bayerische Autonomie und Eigenthümlichkeit völlig vernichten könnte, und auch Hohenlohe war von dieser Besorgniß nicht frei. Aber nichts desto weniger erschien ihm Pfordten's Formel in jeder Beziehung zu eng; die bloß völkerrechtliche Allianz mit Preußen genügte ihm weder als Deckung Bayerns nach Außen, noch als Band zwischen allen deutschen Staaten.. In der erstern Beziehung lud er gleich wenige Tage nach seiner Ernennung die drei andern Südstaaten zu einer Ministerconferenz nach Stuttgart ein, um Abreden zu gleichförmiger Reform ihres Heerwesens nach preußischem System zu nehmen und dadurch der Allianz wahre Lebenskraft zu geben. Was er in Sachen der deutschen Verfassung durchzusetzen wünschte, war ein durch die süddeutschen Staaten mit dem Nordbund abzuschließender weiterer Staatenbund, organisirt nach dem Muster des alten deutschen Bundes, also unter Wahrung der vollen Souveränität der Bundesfürsten, immer aber mit einer stark erweiterten Competenz des alten Bundestags auf dem Gebiete der gemeinnützigen Einrichtungen.

Gleich in der ersten Kammersession, die er als Minister erlebte, gaben ihm verschiedene Anträge über die deutsche Frage Veranlassung, am 19. Januar 1867 sein politisches System nach jeder Richtung hin zu entwickeln. Er begann mit der Bemerkung, daß Preußen durch den Prager Frieden verhindert sei, die Südstaaten in den Nordbund aufzunehmen. Daran schloß er mit wuchtigem Nachdruck die Erklärung, er sehe überdies in der Entwicklung des norddeutschen Bundes eine solche Hinneigung zum Einheitsstaate, daß die Würde der Krone und die Pflicht der Staatsregierung es verbiete, einen bedingungslosen Eintritt in denselben anzustreben. Die Entwicklung Deutschlands auf dem Wege zur Einigung gehe eben langsam vorwärts. Andrerseits sei er fest entschlossen, sich jedem Schritte zu widersetzen, der die Erreichung des Zieles verhindern könnte. Also werde Bayern keinen Süd= bund unter dem Protectorate einer nichtdeutschen Macht abschließen; ein solcher Bund sei heute einfach eine Unmöglich= keit. Unthunlich sei auch ein süddeutscher Bund unter der Führung Österreichs, weil in dieser Monarchie jetzt die nicht= deutschen Elemente überwiegen. Unthunlich sei überhaupt die Bildung eines südwestdeutschen Bundesstaats, weil unzweifelhaft die Übereinstimmung der Regierungen und Bevölkerungen dafür nicht zu erreichen sei, und weil ein solcher Bundesstaat die Kluft zwischen dem Norden und dem Süden noch erweitern würde. Jedoch isolirt könne Bayern, ein Staat zweiten Ranges, nicht ohne Allianz mit einer europäischen Großmacht bestehn, und die Großmacht, an die es sich im Fall eines Krieges anzuschließen habe, sei Preußen. Gegen bestimmte Gewähr für die Souveränität des Königs bringe die Allianz es mit sich, daß im Kriege die bayerischen Truppen unter preußischen Oberbefehl treten, und daß sie schon im Frieden in einer Art und Weise organisirt werden, die eine gemeinschaftliche Kriegführung ermöglicht. Die Regierung bestrebe sich, für eine solche Organisation auch die übrigen süddeutschen Staaten zu gewinnen. Als den Abschluß ihrer Aufgabe betrachte sie aber die Anbahnung eines Verfassungsbündnisses mit den übrigen Staaten Deutsch= lands, sobald und soweit dies unter Wahrung der bayerischen Souveränitätsrechte und der Unabhängigkeit des Landes möglich sei. Sie wisse, daß kein Bundesverhältniß dem nationalen Bedürfniß ohne Opfer der einzelnen Contrahenten entsprechen könne. Sie werde die entgegenstehenden Hinder=

niſſe zu heben ſuchen und ſich bemühn, durch vertragsmäßige Vereinbarung einen Zuſammenſchluß Deutſchlands zu ermöglichen auf Grundlagen, die mit der Integrität des Staats und der Krone vereinbar ſeien. Bis zur Löſung dieſer Aufgabe gelte es, für Bayern eine achtunggebietende Macht zu ſchaffen, nicht durch Organiſation des Heeres allein, ſondern auch durch Ausbau der innern Staatseinrichtungen auf freiſinniger Grundlage, durch Hebung des Selbſtbewußtſeins und des Vertrauens in die eigne Exiſtenz.

Die Ankündigung des zu erſtrebenden Verfaſſungsbündniſſes ſämmtlicher deutſcher Staaten, allerdings unter Opfern, aber mit voller Wahrung der bayeriſchen Kronrechte und Unabhängigkeit, hielt ſich damals, im Januar, noch in unbeſtimmten Umriſſen, begreiflich genug, da in dieſem Zeitpunkt die norddeutſche Bundesverfaſſung noch nicht exiſtirte, und die Schutz- und Trutzbündniſſe noch nicht veröffentlicht waren. Fürſt Chlodwig aber hatte durch ſeine negativen und poſitiven Sätze der Reihe nach die verſchiedenen Fractionen der Kammer befriedigt: ſie Alle zogen ihre Anträge und Gegenanträge zurück im Vertrauen auf die Erklärung des Miniſteriums.

Am 3., 4. und 5. Februar fanden darauf in Stuttgart die von Hohenlohe vorgeſchlagenen Conferenzen der vier ſüddeutſchen Regierungen über eine gleichmäßige Geſtaltung des Militärweſens Statt. Wie oft hatte in frühern Zeiten Preußen vergeblich ſolche Anträge zur Sprache gebracht! Jetzt verliefen die Berathungen raſch und glatt, und wenigſtens über mehrere der entſcheidenden Grundſätze ſcheint kaum eine Meinungsverſchiedenheit beſtanden zu haben. Im Anſchluſſe an das preußiſche Muſter wurde alſo verabredet, daß in jedem der erschienenen Staaten die allgemeine Dienstpflicht einzuführen, die Kriegsstärke der Armee auf zwei oder mindestens 1 1/2 Procent der Bevölkerung, die Friedenspräsenz aber auf die Hälfte dieses Betrages zu erstrecken sei; die Dienstpflicht unter der Fahne betrage drei Jahre, nach deren Ablauf gehöre der Soldat eine ebenso lange Zeit zur Kriegsreserve und dann bis zum 32. Lebensjahr zu der Landwehr; die Kriegsstärke des Bataillons betrage 1000 Mann, die eines Armeecorps aber 30 bis 45 000 Mann, wobei auf jedes Bataillon Fußvolk eine Schwadron Reiterei und drei Geschütze gerechnet würden. Wenn hienach die taktischen Einheiten gleichförmig festgestellt seien, bedürfe es keiner gemeinsamen Bestimmungen über die Exerciervorschriften. Die Waffen seien in möglichste Übereinstimmung zu bringen; da aber für das Infanterie-Gewehr fortdauernd Verbesserungen zur Sprache kämen, sei es nicht zweckmäßig, hierüber schon jetzt bindende Bestimmungen zu treffen.

Fürst Hohenlohe mochte mit diesen Ergebnissen wohl zufrieden sein. Denn die allgemeinen Grundsätze näherten sich dem preußischen System, zugleich aber blieb eine Reihe wichtiger Momente dem particularen Gutfinden überlassen, so die Stärke der jährlichen Aushebung, die Zahl der Cadres, die Ausbildung und die Bewaffnung der Truppen. Alles kam jetzt darauf an, ob die allgemeinen Grundsätze die Billigung der bayerischen Kammern finden, und ob die vorbehaltenen Einzelheiten demnächst in Übereinstimmung mit Bayern auch von den drei andern Südstaaten geregelt werden würden. Wenn dies Alles gelang, so würde sich im Süden ganz von selbst eine leitende Stellung des stärksten Staates ergeben; mit Preußen aber wäre eine gemeinschaftliche Kriegführung ermöglicht, und doch der innere Bestand und die Eigenartigkeit der bayerischen Regimenter der preußischen Einwirkung entzogen. Ganz so gut sollte es nun der bayerischen Regierung doch nicht werden. Die nähere Verbindung mit den süddeutschen Nachbarn wich, kaum verabredet, auf allen Seiten aus den Fugen, und zwar nicht aus Mißtrauen gegen bayerische Herrschsucht, sondern weil man auf diesem Gebiete der bayerischen Anlehnung die preußische vorzog.

Gerade acht Tage nach den Stuttgarter Vereinbarungen meldete trotz derselben die badische Regierung an, daß sie das preußische Zündnadelgewehr für ihre Division angenommen, mithin auf eine besondere, mit Bayern gemeinsame Bewaffnung verzichtet habe. Der Beschluß führte ohne Aufenthalt weiter. Die Annahme des preußischen Gewehrs machte sofort die Einführung des preußischen Exercier-Reglements, und diese für die nächste Zeit die Erbittung preußischer Instructoren nöthig. Es war die offene Ankündigung, daß Baden ohne den Umweg über München in feste Waffengemeinschaft mit Preußen, für den Frieden wie für den Krieg, zu treten gedenke. Es konnte dies die bayerischen Staatsmänner nicht einmal Wunder nehmen. Denn in Baden fuhren Regierung und Volksvertretung einmüthig fort, bei jedem Anlaß sich zu der Überzeugung zu bekennen, daß es für Deutschland kein Heil gebe, als den einfachen Eintritt der Südstaaten in den Nordbund.

Am 7. April, nachdem die preußischen Schutz- und Trutzbündnisse veröffentlicht worden waren, folgte ein zweiter der Südstaaten dem badischen Beispiel, in noch weiterem Umfang, wenn auch mit sehr verschiedener Gesinnung. Wir erinnern uns der vielfachen Unbequemlichkeiten, welche für Hessen-

Darmstadt der Umstand herbeiführte, daß seine nördlich vom Main gelegene Provinz Oberhessen zum Nordbunde gehörte, die beiden andern Provinzen aber, Starkenburg und Rheinhessen, außerhalb desselben geblieben waren. Auf dem Gebiete der innern Verwaltung ließ sich dies ertragen, aber völlig unmöglich war die Fortdauer des Zustandes wie für das Zollwesen, so auch für die militärischen Einrichtungen. Die Theilung der hessischen Division in eine bündische und eine außerbündische Brigade wäre in Bezug auf die Aushebung der Mannschaften, das Avancement der Officiere, die Gestaltung des Budgets auf unlösliche Schwierigkeiten gestoßen, und so grimmig die Abneigung des Ministers von Dalwigk gegen Preußen auch war, es blieb kein anderer Ausweg übrig, als der Abschluß einer Militärconvention mit Preußen, durch welche die ganze hessische Division in das Bundesheer eintrat, in allen Stücken auf preußischen Fuß umgestaltet und für Krieg und Frieden einem preußischen Armeecorps zugetheilt wurde. Auf Grund dieses Vertrags zeichnete der Großherzog auch ein Schutz- und Trutzbündniß mit Preußen, ganz wie die übrigen Südstaaten es im August 1866 gethan hatten. Als im Mai diese Documente ebenso wie die norddeutsche Bundesverfassung den hessischen Ständen zur Genehmigung vorgelegt wurden, erlebte Dalwigk den besondern Verdruß, daß in der zweiten Kammer nicht bloß diese Genehmigung mit überwältigender Mehrheit ertheilt, sondern noch dazu von den conservativen Abgeordneten Golbmann und Hallwachs ein Antrag auf vollständigen Eintritt des Großherzogthums in den norddeutschen Bund gestellt wurde. Früher hatte, sahn wir, Bismarck auf eine entsprechende Anfrage im Reichstag erwidert, wenn die hessische Regierung einen solchen Antrag einbringe, werde er zunächst in Wien und in München sich erkundigen, wie man dort die Sache ansehe, und zweifle nicht, daß diese Höfe dem Begehren der hessischen Regierung nicht entgegen treten würden. Bei dem Erscheinen des Antrags Goldmann wandte sich darauf Dalwigk an den alten Freund und Genossen Beust und erhielt von diesem die erwünschte Auskunft, daß der Prager Friede den Eintritt eines Südstaats in den Nordbund verbiete. Dieses Rückhalts sicher, versagte der geistreiche Staatsmann es sich nicht, den widerwärtigen Antrag mit spöttischer Ironie zu behandeln. Der Antrag, sagte er, sei ein Zeugniß der trefflichsten patriotischen Gesinnung, leider aber habe der Mangel staatsmännischer Einsicht die Urheber verhindert, die völlige Abwesenheit realer Gründe dafür wahrzunehmen. Einen Zerfall des Staats, wie sie ihn besorgten, würde Oberhessens besondere Lage und seine Unterwerfung unter die Bundesgesetze nicht herbeiführen; Rheinhessen habe ganz andere Einrichtungen als Starkenburg; zum Großherzogthum gehören und halten aber beide mit gleicher Festigkeit. Übrigens, wenn die Bundesgesetze gut wären, wer hindere uns, sie auch in den Südprovinzen einzuführen, oder, wären sie schlecht, Gott zu danken, daß wenigstens diese davon verschont blieben? Die Herrn glauben ferner durch den Eintritt des ganzen Staats in den Nordbund einen großen Schritt zur deutschen Einheit zu thun: auch damit reden sie als begeisterte Patrioten, aber auch damit verkennen sie gründlich die Lage. Gerade in seiner jetzigen Stellung, halb innerhalb, halb außerhalb des Bundes, sei Hessen am Besten befähigt, als Pionier für die deutsche Einheit zu wirken; sein Einfluß auf den Süden würde zerrinnen, wenn es einfach ein kleines Stück des norddeutschen Bundes würde. Jedoch, denke man darüber wie man wolle, schlechthin entscheidend gegen den Antrag sei die Thatsache, daß Bismarck im Reichstag das Einspruchsrecht Österreichs anerkannt[1]), sich aber über Österreichs Auffassung zur Sache gründlich getäuscht habe. Österreich würde dem Gesammteintritt Hessens keineswegs zustimmen, sondern darin eine formelle Verletzung des Prager Friedens sehen, und eine solche dem Grafen Bismarck zuzumuthen, sei, wie auf der Hand liege, für die hessische Regierung unmöglich.

Die Kammer aber war trotz alledem anderer Meinung. Unter Verwerfung eines Gegenantrags, die Regierung zu bitten, daß sie für den Abschluß eines Südbundes wirken möge, nahm sie den Antrag Goldmann ebenfalls mit großer Mehrheit an. Dalwigk hatte dann noch die Genugthuung, daß die erste Kammer, Standesherrn, Universität, Prälaten, zwar die drei Regierungsvorlagen nothgedrungen genehmigte, daß die Mitglieder aber, theils nach großdeutscher, theils nach klerikaler Gesinnung, wetteifernd Zorn und Schmerz über diese Documente ergossen und vollends den Antrag Goldmann mit allen gegen eine Stimme in hoher Entrüstung zurückstießen: Wie viel lieber, rief ein Fürst Ysenburg, stimmte ich für die Auflösung dieses Bundes als für den Eintritt in denselben. Niemals, seufzte der gelehrte Kanzler Birnbaum, war Deutschland so zerrissen wie jetzt. Ich kann, erklärte der Vertreter des streitbaren Bischofs Ketteler von Mainz, über diese Bundesverfassung, welche dem Militarismus huldigt, die politische Freiheit vernichtet und Österreich aus

---

[1]) Dies war übertrieben; Bismarck hatte nur gesagt, er würde es für zweckmäßig halten, sich mit Wien über die Auslegung des Prager Friedens zu verständigen.

Deutschland hinausstößt, nur das verwerfendste Urtheil aussprechen. Die zweite Kammer strich als Antwort auf diese Feindseligkeit den von Dalwigk bisher geleisteten jährlichen Geldbeitrag für eine Jesuiten-Niederlassung in Mainz. Die süddeutsche Militärgemeinschaft aber war für Darmstadt wie für Baden beseitigt.

Etwas Anderes hatte seit dem 7. April niemand von Darmstadt erwarten können. Überraschend aber war in dem dritten Südstaat, in Württemberg, eine militärische Maaßregel ganz ähnlicher Tendenz. Denn sonst waren gerade hier fast alle maaßgebenden Kreise, der Hof, das Ministerium, die Mehrheit der Kammern und draußen im Lande die sehr starke demokratische Partei einig in heftiger Abwendung von Preußen, und unter dem Officiercorps selbst gab es eine einflußreiche Gruppe, die im Einklang mit der Volkspartei und in schroffem Gegensatz zu den preußischen Grundsätzen die Württemberger Streitkräfte durch die Einführung des Schweizer Milizsystems auf eine gewaltige Kopfzahl mit kürzester Dienstzeit und geringen Kosten zu bringen trachtete. Ein Führer dieser Richtung, General von Hardegg, war durch populären Einfluß im Jahre 1866 Kriegsminister und dann der Feldherr der Württemberger in dem kurzen Kampfe gegen die preußische Mainarmee geworden. Wir haben gesehn, wie kläglich seine Leistungen bei Tauber-Bischofsheim und in den folgenden Tagen ausgefallen waren, was ihn jedoch so wenig wie den Herrn von Dalwigk hinderte, nach dem Frieden ruhig im Ministersessel sitzen zu bleiben. Allein während der Hof und die Kammern aus den preußischen Triumphen nur doppelten Haß gegen die Sieger zu folgern mußten, hielt es König Carl persönlich für seine Pflicht, unter den Ursachen des Unglücks auch die eignen Fehler aufzusuchen, diese kennen zu lernen und dann hoffentlich abzustellen. Er war weder ein hervorragender Geist noch ein überall selbständiger Charakter, aber erfüllt von redlichem Willen, eifrigem Fleiß und einer selbstlosen Aufrichtigkeit. Unter seinen Officieren war ihm der Verfasser einer Denkschrift über den Stand des militärischen Unterrichtswesens, die er als ganz vortrefflich anerkannt hatte, im Gedächtniß geblieben, ein junger Major im Generalstab, Albert von Suckow, ein Feuerkopf von unaufhaltsamer Logik, unerschrockener Thatkraft und rastlosem Thatendrang, ein Mann von allseitig durchdachten Grundsätzen, ein Idealist, der aus der Begeisterung für seine Ideale den felsenfesten Glauben an den Sieg der guten Sache zog und sich durch keine Feinde und keine Zweifel irre machen ließ[1]). Als er sich bei dem Könige aus dem Kriege zurück meldete, befahl ihm der Monarch: machen Sie mir einen Bericht über Ihre Erlebnisse im Feldzug. Suckow fragte: Befehlen Ew. Majestät, daß die Wahrheit darin steht? Der König sagte: ja, nur die Wahrheit und nur für meine Person. Nach vier Wochen reichte Suckow den Bericht ein, worin er schonungslos das Elend des dortigen Militärwesens so wie die Fehler der Hardeggschen Organisationen und Kriegführung aufdeckte, und so nach den Erfahrungen des Kriegsjahrs zu dem Schlusse kam, wie überhaupt Württemberg politisch nur existieren könne im engsten Verbande mit Preußen, und wie es speciell unmöglich sei, seinen Truppen Werth zu verleihen ohne den vollständigen Anschluß an die preußische Armee. Es seien also alle Einrichtungen der preußischen Armee entweder sogleich en bloc, oder doch nach festem Plane successiv einzuführen, ein preußischer General

---

[1]) Das Folgende nach Aufzeichnungen Suckow's.

an die Spitze zu berufen, und die besten Officiere zur Erlernung des Dienstes nach Preußen zu commandiren, Alles zum Ziele des nationalen Bundes mit Preußen.

Der König las, rief zuweilen seinem Adjutanten Herrn von Spitzemberg zu, es sei doch stark, daß er sich solche Sachen von einem Unterthan sagen lassen solle, fügte aber jedes Mal gleich hinzu, er müsse eigentlich doch froh sein, jemand zu haben, der ihm die Wahrheit so furchtlos sage. Er sprach dies auch gegen Suckow selbst aus und verlieh ihm seinen Kronenorden. Dies ermuthigte Suckow, im November 1866 dem Könige eine neue Studie über die Einführung der allgemeinen Wehrpflicht zu überreichen und in dem Begleitschreiben zugleich die Ersetzung Harbegg's durch den damals in Frankfurt[1]) befindlichen tüchtigen und conservativen Obersten von Wagner anheim zu geben. Als dann im December Harbegg einen Wehrentwurf auf Grundlage des Milizsystems ausarbeiten ließ (sechs Jahre Dienstzeit, in jedem Jahre zwei Monate Präsenz unter der Fahne), forderte der König wieder von Suckow ein Gutachten darüber; wie dies ausfiel, ist nicht nöthig zu sagen. Indessen auch Harbegg hatte einflußreiche Gönner, und die übrigen Minister fürchteten den Zorn der Kammermehrheit; der König schien bereits sich gefügt zu haben, als er sich im April 1867 plötzlich aufraffte, durch ein Immediatschreiben den Obersten von Wagner nach Stuttgart berief, ihn am 27. April zum Chef des Kriegsdepartements und zum Generalmajor ernannte, und ihm den ebenfalls beförderten Suckow zum Adjutanten und Chef des Generalstabs gab.

[1]) Bei der Bundes-Liquidationscommission.

Damit hatten also die preußisch-deutschen Tendenzen im schwäbischen Kriegsministerium festen Fuß gefaßt. Ob dies aber zugleich eine Abwendung von der particularistischen Politik überhaupt bedeutete, mußte um so zweifelhafter erscheinen, als gleichzeitig auch ein Wechsel im Ministerium des Innern Statt fand, und an die Stelle des Herrn von Neurath, eines Parteigenossen von Harbegg, der Obertribunalrath Mittnacht trat, ein Staatsmann, der zwar kein Schwärmer für die Miliz, aber als entschiedener Großbeutscher mit ultramontanen Beziehungen durchaus kein Freund Preußens war. Er besaß, wie seine lange Ministerlaufbahn gezeigt hat, ein weit über das Mittelmaaß hervorragendes Talent, einen fest und stetig zur Herrschaft emporstrebenden Ehrgeiz, eine sichere Beobachtung der zur Zeit am Hofe oder im Lande vorwiegenden Strömung und ein seltnes Geschick, sich von ihr vorwärts tragen zu lassen, ohne dadurch die eigne Zukunft für den Fall eines Umschwungs zu compromittiren. Jetzt bei dem energischen persönlichen Eingreifen des Königs zu Wagner's Gunsten gab er wie die übrigen Minister diesem die Zusicherung, daß ihre gesammte Politik auf loyalen Anschluß an Preußen ausgehe, bemerkte aber zugleich, daß die Einführung des preußischen Militärsystems, z. B. der dreijährigen Friedenspräsenz, in Schwaben bei den Kammern unmöglich sei. Die Lage war also zur Zeit die folgende. Dem Könige war der wesentliche Zweck die Erhaltung einer militärisch tüchtigen Armee; als unentbehrliches Mittel dazu ließ er sich auch eine sonst ihm nicht unbedenkliche Abhängigkeit von Preußen gefallen. Bei Wagner und Suckow fiel Mittel und Zweck zusammen: je vollständiger die Verbindung mit Preußen, desto besser für die Armee und das Land.

Endlich Mittnacht und Varnbüler wünschten recht sehr eine brauchbare Armee, soweit das möglich wäre unter Erhaltung der innern Eintracht mit dem Volke und, darauf gestützt, der particularen Unabhängigkeit nach Außen, ähnlich wie es Hohenlohe in seiner Rede vom 19. Januar ausgeführt hatte. Wagner selbst verzichtete damals auf die dreijährige Präsenz und begnügte sich zu Suckow's großem Kummer mit der zweijährigen, allerdings mit einem stark vermehrten Mannschaftsstand. Auch ließ er sich durch Suckow bestimmen, ohne Zaudern das preußische Zündnadelgewehr einzuführen. Der König genehmigte den Antrag auf der Stelle; der preußische Kriegsminister lieferte umgehend die Gewehre und gab sogar für die Erlegung des Kaufpreises Credit bis zur Bewilligung des Geldes durch die Kammern. Die Folge war wie in Baden die Annahme des preußischen Exercierreglements, zuerst für die Infanterie, bald auch für die Reiterei. Preußische Instructoren wagte bei der höfischen und populären Stimmung gegen die norddeutschen Brüder Wagner noch nicht kommen zu lassen; er begnügte sich einstweilen mit deren badischen Zöglingen.

So war trotz der Conferenzbeschlüsse vom 5. Februar Bayern in der Militärfrage völlig isolirt geblieben. Hohenlohe aber ließ sich dadurch nicht abschrecken, Anfangs Mai in Stuttgart, Carlsruhe und Darmstadt eine Vorlage über den von ihm geplanten weitern Staatenbund zwischen Norddeutschland und den vier Südstaaten einzubringen.

Um die Bedeutung dieser Vorlage, welche in erster Linie das Zoll- und Handelswesen betraf, in volles Licht zu setzen, müssen wir vorher uns der Vergangenheit des Zollvereins erinnern.

Den politischen Werth des Zollvereins in dem ersten Menschenalter seines Bestehens hat man sehr oft erheblich überschätzt. Die Eröffnung eines großen innern Marktes hob rasch den Wohlstand aller betheiligten Territorien, wurde ohne Zweifel von der Mehrzahl der Kaufleute und Fabrikanten als hocherfreulicher Fortschritt empfunden, und gewaltige Waarenmassen gingen unaufhörlich zwischen Norden und Süden hin und her. Der persönliche Verkehr aber zwischen den beiden Ländergruppen blieb auch nach der Entwicklung der Eisenbahnen gering, und namentlich in Bayern und Württemberg ließen die Einwohner sich zählen, welche durch eigne Anschauung sich Kenntniß von den Zuständen Norddeutschlands verschafft hatten. Der Zollverein war also weit entfernt davon, die politischen Gesinnungen in den einzelnen Staaten zu einem nationalen Gesammtgefühl zu verschmelzen; im Gegentheil, er verstärkte eher die particulare Widerhaarigkeit. Denn er war, wie es eben die Zeit mit sich brachte, aus demselben Holze wie der Bundestag geschnitten. Um sich nach Außen zu sichern, schufen die deutschen Staaten den Bundestag; um den innern Wohlstand zu heben, schlossen sie den Zollverein; hier und dort aber wahrten sie auf das Eifersüchtigste ihre souveräne Freiheit und Machtvollkommenheit. Man hatte den Zollverein gegründet, weil in Handelssachen ein wichtiger Bundesbeschluß vermöge der gesetzlichen Vorschrift der Einstimmigkeit niemals zu Stande kam: und siehe da, als der Zollverein gestiftet war, zeigte sich, daß die Staaten das liberum veto auch des Geringsten unter ihnen in den Verein mit hinüber genommen hatten. Damit war, wie im Bundestage, so auch im Verein, jede Änderung und Fortentwicklung verhindert.

Deshalb schloß man den Verein, sicher nicht zum Vortheil der industriellen Interessen, stets nur auf zwölf Jahre; alle Verbesserungen kamen dann bei der Neugründung zur Sprache und erweckten, wie wir gesehn haben, jedes Mal eine heftige Krisis und langdauernde Zwietracht. Und zwar wurden die hier streitenden Interessen nicht von den durch ganz Deutschland verzweigten Parteien, sondern durch die Regierungen der einzelnen Staaten vertreten; der französische Handelsvertrag von 1862 führte zu einem Haber nicht nur zwischen Freihandel und Schutzzoll, sondern auch zu einem Kampfe zwischen Preußen und Sachsen auf der einen, und Bayern und Genossen auf der andern Seite. Man kam schließlich bei jeder solchen Krisis, meist den preußischen Forderungen entsprechend, zu einem Einverständniß, weil doch niemand die pecuniären Vortheile des Vereins einbüßen wollte. Aber Ärger, Widerwille und Argwohn blieben in den Gemüthern gegen Preußens Übergewicht zurück, namentlich bei den Süddeutschen, welche 1864 den preußischen Tarif ebenso unbedingt hatten annehmen müssen, wie zwei Jahre später die preußischen Friedensbedingungen.

Hohenlohe's Vorschlag zu einem Staatenbunde that nun auf den ersten Anblick einen erheblichen Schritt in der Richtung auf das ersehnte Ziel der deutschen Einheit. Der norddeutsche Bund, ebenso wie die süddeutschen Staaten, sollten eine lange Reihe wichtiger Gegenstände, außer dem Zoll- und Handelswesen auch die indirecten Steuern zu Bundeszwecken, das Consulatwesen, das Bankwesen, Münze, Maaß und Gewicht, der Gesetzgebung des neuen Staatenbundes, also Gesammtdeutschlands, überweisen. Zu diesem Behufe würden dann Vertreter der süddeutschen Regierungen zu dem norddeutschen Bundesrathe hinzutreten, und die hieburch erweiterte Behörde Gesetzentwürfe durch Mehrheitsbeschlüsse feststellen, welche darauf durch parlamentarische Zustimmung herrschende Kraft gewinnen würden. Dies Alles hätte durchaus in der Linie des nationalen Fortschrittes gelegen, hätte nicht ein kleiner Zusatz dem Ganzen einen schreiend reactionären Charakter aufgeprägt. Über diese parlamentarische Zustimmung sollte nämlich nicht eine gemeinsame Volksvertretung, sondern für jedes Gesetz im Norbbund der Reichstag, in jedem Südstaat dessen Kammern entscheiden. Damit war denn das geliebte liberum veto in voller Blüthe wieder hergestellt. Und zwar sollte es nicht bloß für das Zollwesen, sondern für den ganzen Kreis der oben angeführten Verwaltungszweige gelten; es sollte ein ablehnender Kammerbeschluß eines einzelnen Staats nicht bloß für diesen, sondern für Gesammtdeutschland das Gesetz beseitigen. Jede Verbesserung auf dem Gebiete der materiellen Interessen wäre auch für den Norbbund von der Erlaubniß der Münchener Reichsräthe, der Württemberger Schutzzöllner, der Darmstädter Standesherrn abhängig geworden. Der neue Staatenbund wäre nichts als ein Auszug aus dem alten Bundestag gewesen. Und es war der freundlichst Gesinnte aller bayerischen Staatsmänner, der eine solche Vorlage einbrachte!

Allerdings ein langes Leben war ihr nicht bestimmt. Varnbüler unterzeichnete sie zwar ohne schweres Bedenken; er mochte meinen, daraus würde niemals etwas, er könne also ohne Gefahr dem Freunde den Gefallen thun. In Carlsruhe aber hob Freydorf unter andern Einwürfen sofort den durchschlagenden Punkt hervor: nicht den einzelnen Kammern,

sondern einem gemeinsamen Parlament müsse die entscheidende
Beschlußfassung überwiesen werden[1]). Er theilte Bismarck
den bayerischen Antrag mit und erhielt umgehend am 17. Mai
die Antwort, die schlechthin verwerfend lautete[2]). Namentlich
in den Zollangelegenheiten sei der einzig annehmbare Modus
nicht die Abstimmung in acht süddeutschen Kammern, sondern
die Bildung eines Zollparlaments; wenn Bayern dies nicht
wolle, so sei die Fortsetzung des Zollvereins mit ihm
unthunlich.

Auch auf diesem Gebiete brachte also die bayerische
Regierung ein süddeutsches gemeinsames Handeln so wenig
wie auf dem militärischen zu Stande.

Um so nachdrücklicher griff in diesem Augenblicke Bismarck
ein. Im Nordbund war seit dem Abschluß des Reichstags
Schritt auf Schritt zur wachsenden Consolidation geschehn.
Ein Landtag nach dem andern genehmigte die Verfassung,
nahm die Postverträge an, hatte keine Einwendung gegen
eine Militärconvention mit Preußen. Bismarck, jetzt auch
über Luxemburg beruhigt, dachte so wenig wie früher an
schleunigen Eintritt der Südstaaten in den Bund, sondern
beschränkte die nächste Aufgabe neben den Schutz- und Trutzbündnissen auf die Neugestaltung des Zollvereins. Zunächst
sprach er auf Grund der Friedensverträge die Kündigung
des Vereins auf den 31. December 1867 aus und lud am
28. Mai die süddeutschen Regierungen auf den 3. Juni zu
Unterhandlungen über die neue Einrichtung des Vereines
nach Berlin ein. Sofort sollte sich zeigen, auf welcher Seite
die reale Macht der deutschen Lebensinteressen wirksam war.

[1]) Freydorf in der 2. badischen Kammer 14. October.
[2]) Poschinger, Bismarck als Volkswirth I.

Hohenlohe suchte vergeblich in einer Conferenz zu Nördlingen am 30. Mai den Stuttgarter Collegen auf den Wegen des bayerischen Staatenbundes festzuhalten. Varnbüler fand durch die Kündigung des Zollvereins die Lage gründlich verändert und eine Verständigung mit Preußen unerläßlich. Allerdings stand nun der am 3. Juni vorgelegte preußische Entwurf im schroffsten Gegensatz zu Hohenlohe's soeben gescheitertem Vorschlag. Er begehrte die Ausmerzung des liberum veto aus der Gesetzgebung über Zoll= und Handels= sachen und über die Besteuerung von Zucker, Salz und Tabak. Die gesetzgebende Gewalt würde ausgeübt durch den erweiterten Bundesrath, in dem jede Regierung so viele Stimmen zu führen hätte, wie einst im Plenum des alten Bundestags, ferner durch den norddeutschen Reichstag, verstärkt durch süddeutsche Abgeordnete, entsprechend den Regeln des im Nordbunde bestehenden Wahlgesetzes und im Besitz aller parlamentarischen Privilegien des Nordbundes. Für jeden Beschluß sei die übereinstimmende Mehrheit der beiden Factoren erforderlich und ausreichend. Das Präsidium führe die Krone Preußen, mit der Befugniß, Handels= und Schifffahrts= verträge vorzubereiten, die Ausführung der Gesetze zu über= wachen und die Änderung einer bestehenden Einrichtung zu verhindern. Die sonstigen speciellen Sätze des Entwurfs können hier um so mehr übergangen werden, als sie großes Theils nur Wiederholung der alten Verträge waren..

Damit also war neben den Schutz= und Trutzverträgen eine weitere nationale Verbindung zwischen dem Norden und und dem Süden, wie sie der Prager Friede vorgesehn hatte, beantragt. Der Zollverein, der eine Nothwendigkeit für beide Theile geworden war, galt jetzt, wenn er von dem alten Krebsschaden des liberum veto gereinigt wurde, aller Welt für alle Zeiten gesichert. Einsichtige Particularisten, welche mit Kummer die Unabweisbarkeit der neuen Wendung erkannten, waren andrerseits erstaunt, daß Bismarck dieses unwiderstehliche Mittel zur Erlangung weiterer Concessionen, z. B. auf dem militärischen Gebiete, schon jetzt aus der Hand gab: es war also wirklich sein Ernst, daß er auf den Eintritt der Südstaaten in den norddeutschen Bund in keiner Weise drängen und pressen wollte. Die Verhandlung kam denn auch zu raschem Abschluß. Auf die angegebenen Bedingungen wurde schon am 4. Juni nicht bloß durch Baden, sondern auch durch Württemberg und am 7. durch Hessen ein Präliminarvertrag bindend unterzeichnet. Nur der bayerische Minister erklärte, da die Grundlagen der Berathung seiner Regierung bisher unbekannt gewesen, könne er den Entwurf des Vertrags nur als preußischen Vorschlag betrachten und seiner Regierung alles Weitere vorbehalten. Indessen als er darauf nach München zurückkam, fand die Regierung ebenso wie die Württemberger die Zurückweisung unmöglich, beschloß aber noch einen Versuch auf Erwerbung etwas günstigerer Bedingungen zu machen. Es wurde also Graf Tauffkirchen nach Berlin geschickt und fand den preußischen Minister äußerst entgegenkommend: es wurde am 18. Juni verabredet, daß Bayern in dem erweiterten Bundesrathe nicht vier, sondern sechs Stimmen erhalten, daß bei Handelsverträgen mit Österreich und der Schweiz die angrenzenden Staaten an den Verhandlungen mit berathender Stimme Antheil nehmen, daß die Vertretung der Bevölkerung des Zollvereinsgebiets den Namen Zollparlament führen sollte, wohl zu abschreckender Erinnerung, daß ihm jede thatsächliche Erweiterung seiner

Competenz über die Zoll- und Handelssachen hinaus verboten sei. Bismarck mochte zu diesen kleinen Begehren die Achseln zucken, blieb aber hier wie immer bei dem Grundsatze, wenn irgend möglich Bayern keine Bedingungen zu stellen, die ihm das Verhältniß zum Nordbunde zuwider machen könnten. Vielleicht hätte es nicht geschadet, den süddeutschen Landsleuten gelegentlich auch einmal die Mißlichkeit ihrer stolzen Vereinzelung zu Gemüthe zu führen. Denn einstweilen machte dort im Lande Bismarck's freundliches Verfahren nicht so sehr den Eindruck, daß man es mit einem patriotischen Genossen und starken Beschützer zu thun hätte, als daß diese Preußen die Überlegenheit des bajuvarischen Kernvolks und die Berechtigung seines Sonderthums, wenn auch wider Willen, anerkennen müßten.

Indessen ging die Natur der Dinge ihren Gang. Am 26. Juni traten in Berlin die Vertreter aller Mitglieder des Nordbundes, sämmtlicher Südstaaten und des Großherzogthums Luxemburg zusammen und unterzeichneten nach kurzer Verhandlung am 8. Juli den definitiven Zollvereinsvertrag auf Grund der vorläufigen Übereinkunft vom 4. Juni mit den vorher erwähnten bayerischen Zusätzen. Die Dauer des Vertrags wurde zunächst auf acht Jahre, vom 1. Januar 1868 bis zum 1. Januar 1876, festgesetzt; von da ab sollte sie, wenn niemand kündigte, sich auf zwölf weitere Jahre erstrecken. Sobald wie möglich würde die Ratification erfolgen, welcher allerdings im Nordbund die Zustimmung des Reichstags, im Süden die der Kammern vorausgehn mußte.

Da man hier zwar manchen Widerspruch voraussah, aber an der endlichen Einigung nicht zweifelte, so ergab sich ein sehr erheblicher Fortschritt in der nationalen Verbindung mit den Südstaaten. Die Schutz- und Trutzbündnisse waren bisher von keiner Seite angefochten, vielmehr hatte in Bayern der leitende Minister sie in der Kammer als absolut nothwendig empfohlen, und in den drei andern Staaten waren die entsprechenden militärischen Einrichtungen wirksam begonnen. Vollends der Abschluß des Zollvereinsvertrags eröffnete für ein Gebiet von erheblicher Bedeutung die Aussicht auf ein gemeinsames Arbeiten aller deutschen Regierungen und Bevölkerungen, welches stärker als jedes andere Mittel die bisherigen Antipathien zwischen Süd und Nord auszulöschen geeignet schien. So war trotz aller Hindernisse eine tüchtige Strecke zum großen Ziel der deutschen Einheit zurückgelegt.

Unterdessen begann, eine so hoffnungsvolle Zukunft vor Augen, König Wilhelm die förmliche Gestaltung der Bundesregierung. Am 14. Juli wurde Graf Bismarck zum Kanzler des norddeutschen Bundes ernannt, am 12. August ein Bundeskanzleramt errichtet, für die dem Bundeskanzler obliegende Verwaltung und Beaufsichtigung der ihm durch die Verfassung zugewiesenen Gegenstände, und Rudolf Delbrück zum Präsidenten dieser Behörde bestellt. Am 15. August eröffnete der Bundesrath seine erste verfassungsmäßige Sitzung und empfing sofort von Bismarck mehrere wichtige Gesetzesvorlagen über Heimathrecht und Post- und Consulatswesen. Am folgenden Tage wurden seine Ausschüsse gebildet, und die allgemeinen Reichstagswahlen auf den 31. August anberaumt.

Mochte nun mehr als eine Partei bei der Behauptung bleiben, daß diese Verwaltung in sich unfertig und unvollkommen und für die Freiheit bedrohlich sei, bei dem Mangel juristisch verantwortlicher Minister und bei der Unklarheit des Verhältnisses zwischen dem Bundeskanzler und den Ministern der Einzelstaaten: eins ließ sich vom ersten Tage nicht läugnen, daß diese Maschine in sicherem und regelmäßigem Gange arbeitete und sehr rasch eine vielseitige und erfolgreiche Thätigkeit entwickelte.

Nur mit kurzen Worten müssen wir an dieser Stelle einige Regungen particularen Sinnes auf dem Boden des preußischen Staates selbst berühren, veranlaßt durch verschiedene Regierungsmaaßregeln in den annectirten Provinzen.

Wie früher berichtet, sollte in den neuen Provinzen die preußische Verfassung erst am 1. October 1867 zur Geltung kommen, und bis dahin die Regierung freie Hand zum Erlaß von Gesetzen haben, die sie zur Vorbereitung der vollständigen Verschmelzung des alten und neuen Staatsgebiets als zweckmäßig erachten würde. Die erste Maaßregel dieser Art, sahn wir, war die militärische Organisation, die Einführung der allgemeinen Dienstpflicht, die Bildung von drei Armeecorps. Dagegen erhob sich an keiner Stelle Beschwerde. Es folgten Verordnungen zur Anbahnung von Freizügigkeit und Gewerbefreiheit, die in Hannover zuerst großes Mißbehagen hervorriefen, bald aber auch ihre Vortheile dem Volke anschaulich machten. Durchaus ungünstig aber wurde im Sommer 1867 die Thätigkeit des Justizministers Grafen zur Lippe aufgenommen. Zwar gegen die Einführung des preußischen Strafgesetzbuches ließ sich kein besonderer Tadel begründen; an sich ist gerade auf diesem Gebiet die Gleichmäßigkeit in allen Theilen des Staates eine Forderung der Gerechtigkeit, und das preußische Gesetz erschien auch inhaltlich den Sachverständigen vorzüglicher als z. B. das hannoversche. Ganz anders aber war die Stimmung, welche das gleichzeitige Erscheinen einer neuen Strafprozeßordnung hervorrief. Es war nicht die bisher in

Preußen geltende, die auch für die alten Provinzen fortdauern sollte, so daß hier also auf die Rechtseinheit im ganzen Staate verzichtet wurde. Man will, sagten die annectirten Juristen, die mit ihrem bisherigen Strafprocesse ganz zufrieden gewesen, mit jenem Berliner Erzeugniß ein Experiment in corpore vili machen. Noch schärfer war die Kritik, als der Justizminister in Hessen und in Hannover eine lange Reihe specieller Aenderungen in dem dort geltenden Civilproceßverfahren einführte, die von den Fachmännern und der Bevölkerung einstimmig als Verschlechterungen und Belästigungen empfunden wurden. Vollends als schwere Beleidigung wurde in jenen beiden Provinzen eine weitere Verordnung angesehn, durch welche für sämmtliche annectirte Lande ein gemeinsames Oberappellationsgericht in Berlin eingesetzt wurde. Denn seit mehreren Menschenaltern war man ebenso stolz in Hannover auf den unwidersprochenen Ruf des höchsten Gerichts in Celle, wie in Kurhessen auf die ebenso anerkannte Tüchtigkeit des höchsten Gerichts in Cassel: wozu diese vom Volke verehrten Tribunale ersten Ranges jetzt zu Appellhöfen zweiter Instanz erniedrigen? Und auch hier war nicht die Einheit des Staats der treibende Grund gewesen. Denn die Verordnung schuf neben dem fortbestehenden preußischen Obertribunal ein zweites höchstes Gericht, während die preußische Verfassung ausdrücklich vorschrieb, es solle für den ganzen Staat nur Ein höchstes Gericht bestehn.

Wenn nun schon diese Dinge vielfachen Verdruß im Lande verbreiteten, so erhob sich mit geringerem Rechte ein wahrer Sturm von Verwünschungen gegen die gleichzeitigen Maaßregeln der preußischen Finanzverwaltung. Es war nicht so sehr das am 1. Juli eintretende preußische System der directen und der Stempelsteuern, welches durch eine recht fühlbare Steigerung der Abgabenlast die Gemüther in so heftige Bewegung brachte. Denn man hatte dies von Anfang an erwartet, da unmöglich fünf verschiedene Steuersysteme in der Monarchie neben einander fortbestehn konnten; auch war es unläugbar, daß wenn der Staat jetzt mehr als früher forderte, er jetzt auch mehr als früher leistete, und daß sein System den Mehrbetrag der Steuer von den Wohlhabenden erhob und die Ärmeren erleichterte. Nach vielfachen Klagen im Einzelnen beruhigte sich also in dieser Beziehung die Stimmung binnen kurzer Zeit. Was aber den Kelch der Verstimmung zum Überlaufen brachte, war eine weitere königliche Verordnung vom 5. Juli, welche alle Activcapitalien der annectirten Staaten mit dem preußischen Staatsvermögen vereinigte und unter die Verwaltung der Generalstaatscasse in Berlin stellte. Dies betraf in Hannover den Domanial-Ablösungs- und Veräußerungsfonds, in Kurhessen den Staatsschatz und den Laudemialfonds (aufgesammelte Ablösungsgelder), in Schleswig-Holstein Überschüsse der Verwaltung aus den letzten Jahren, in Nassau Capitalbestände bei der Domänenverwaltung. Obgleich das Eigenthum an diesen Capitalien und die Verfügung darüber, ohne Beschränkung durch Rechte anderer Personen oder Corporationen, aller Orten der Staatsgewalt zugestanden hatte, und mithin durch die Annexion an den preußischen Staat übergegangen war, sah die öffentliche Meinung vor Allem in Kurhessen in der Verordnung vom 5. Juli einen Act der Gewalt und der Beraubung. Jene Capitalien waren rechtmäßiges Eigenthum Kurhessens und müssen dem rechtmäßigen Eigenthümer bleiben. Vor Allem erregte die Vereinigung des hessischen Staatsschatzes mit dem preußischen Staatsvermögen einen grimmigen Zorn. Denn jener Schatz enthielt die Millionen, welche einst der Landgraf für die zum amerikanischen Kriege verkauften Soldaten von England erhalten hatte, das Blutgeld, über dessen Besitz späterhin Kurfürst und Stände Jahrzehnte lang gestritten hatten, bis endlich durch einen Vertrag von 1831 die eine Hälfte der kurfürstlichen Familie als Hausschatz, der Besitz und die Verwaltung der andern der Staatsregierung unter ständischer Verwaltung als Staatsschatz übertragen wurde. Man behauptete jetzt in Kurhessen, durch jenen Vertrag habe der Staatsschatz den Charakter einer unantastbaren hessischen Landesstiftung erhalten, und so zweifelhaft dieser Rechtsanspruch erscheinen mußte, so begreiflich war nach der Entstehung des Schatzes die tiefe Erbitterung bei der ihm angedrohten Auflösung. Das preußische Ministerium mahnte dagegen die Zürnenden durch einen am 15. Juli veröffentlichten Erlaß, zu bedenken, welche Stellung die Regierung im Hinblick auf das Staatsganze in dieser Frage einzunehmen genöthigt sei. Den neuen Provinzen sei Schonung ihrer berechtigten Eigenthümlichkeiten zugesagt und werde sicherlich gewährt werden. Aber eine Grenze für die Fortdauer bestehender Besonderheiten ergebe sich durch das unerläßliche Erforderniß der Staatseinheit. Das kirchliche, das communale Leben, das Privatrecht, die Verwaltung in den Localinstanzen könne ihre Besonderheiten bewahren. Aber es gebe ein Gebiet, wo jede Besonderheit zu einer Bevorzugung oder Benachtheiligung gegenüber den übrigen Staatsangehörigen werde: das sei die Betheiligung an den Staatslasten und die Nutzung des Staatsvermögens; hier müsse Gemeinschaftlichkeit und Gleichheit durch alle Theile des Staatsgebiets walten. Deshalb also sei jetzt die gleiche Besteuerung für alle Provinzen der Monarchie eingeführt; deshalb sei beabsichtigt, die Staatsschuld der annectirten Provinzen mit der preußischen zu verschmelzen; und nach demselben Grundsatz sollten wie die Schulden so auch die Activcapitalien der neuen Landestheile mit dem übrigen preußischen Staatsvermögen unterschiedlos verschmolzen werden. Gegen alle Gerechtigkeit würde es verstoßen, wenn den neuen Provinzen der Mitgenuß an dem in Altpreußen aufgesammelten Staatsvermögen gewährt, und daneben ihnen allein die dortigen Capitalien als Sondervermögen überwiesen würden. Ganz nach denselben Grundsätzen regelte ein weiterer Erlaß auch die rechtliche Natur und die Verwaltung der Staatsdomänen und Forsten in den neuen Provinzen.

Juristische Einwendungen ließen sich gegen den Standpunkt dieser Erlasse nicht wohl entdecken, und die öffentliche Meinung in Altpreußen stimmte ihnen nachdrücklich zu. Der einzige hier hervortretende Unterschied betraf die Frage der politischen Zweckmäßigkeit. Die extremen Parteien, Hochconservative und Demokraten, hier in seltener Übereinstimmung, erklärten, dieser anmaaßenden Nörgelei gegen alles Preußische müsse man mit doppelter Strenge Respect einbläuen, während die Mittelparteien mahnten, durch versöhnliches Entgegenkommen den nicht ganz unberechtigten Unwillen zu beschwichtigen. Übrigens blieben auch in den annectirten Provinzen die Erlasse nicht ganz ohne Wirkung. In Hannover, Nassau und vollends in Schleswig-Holstein konnte man nicht verkennen, daß man ein recht schlechtes Geschäft gemacht, wenn man die Activa, dann aber auch die Passiva aus der alten Zeit als Sonderbesitz behalten hätte. Nur in Kurhessen fand das umgekehrte

Verhältniß Statt, freilich in kleinem Maaßstabe, mit einer Differenz zu Gunsten der Activzinsen von rund 100 000 Thaler. Übler war die Stadt Frankfurt daran, deren bisherige Steuern zum größten Theil als Communallasten bestehn blieben, dann die preußische Staatssteuer in vollem Umfang neu hinzuwuchs, und endlich bei der Auseinandersetzung der Schulden zwischen Commune und Staat der preußische Fiscus über drei Millionen bisheriger Staatslasten, also von ihm zu übernehmender Schuld, der Commune zuschob.

Indessen so wichtig die Geldfrage den neuen Provinzen erschien und so verschieden sich hier und da das Gewinn- und Verlustconto stellte, auf dem tiefsten Grunde lag bei Allen noch ein anderer Verdruß. Gleich nach der Annexion hatte die preußisch oder national gesinnte Partei die Bitte an die Regierung gebracht, wo Änderungen an den bestehenden Zuständen unvermeidlich würden, sie nicht bloß durch die Berliner Geheimräthe festsetzen zu lassen, sondern dazu den Rath einheimischer, der Sitten und der Bedürfnisse kundiger Vertrauensmänner vorher zu vernehmen. Dieses Gesuch aber war bis dahin unerhört geblieben; beinahe ein Jahr war vergangen, und die Regierung hatte in dieser Zeit die wichtigsten Umwälzungen ohne irgend eine Mitwirkung der davon betroffenen Bevölkerung verfügt. Erst nachdem die harte Einziehung alles Staatsvermögens befohlen war, wurde endlich aus Hannover eine Gruppe Vertrauensmänner zur Besprechung weiterer Reformen nach Berlin berufen; und nach dem bisherigen Verfahren fürchtete man auch von diesen Berathungen nur immer schärferes Centralisiren und Nivelliren, und diese Besorgniß setzte sich durch sämmtliche annectirte Gebiete fort.

Jedoch es kam besser als sie es gedacht. Der Minister des Innern Graf Eulenburg erfüllte, was der Erlaß vom 15. Juli in Aussicht gestellt hatte. In den kirchlichen und communalen Angelegenheiten, im Privatrecht und in der Localverwaltung durch die Landdrosteien und Ämter sollten keine wesentlichen Neuerungen Statt finden; für die provinzialen Interessen sollten als Vertreter der Bevölkerung Kreisstände und ein Provinziallandtag eingerichtet werden. Nur als die Vertrauensmänner erklärten, zu gedeihlichem Wirken dieser Selbstverwaltung seien materielle Mittel, also ein angemessener Theil des Staatsvermögens, als Provinzialfonds unerläßlich, erwiderte Graf Eulenburg, da den altländischen Provinziallandtagen solche Geldmittel fehlten, sei er zur Zeit nicht in der Lage, darüber eine bestimmte Zusicherung zu geben.

Indessen auch diesem Wunsche stand bei einer höhern Instanz die Erfüllung bevor, und sollte dann für ganz Preußen der Ausgangspunkt einer folgenreichen Entwicklung werden.

König Wilhelm weilte damals zum Gebrauche seiner gewohnten Brunnenkur in Ems, also im annectirten Lande. Er war eifrig bemüht, die neuen Verhältnisse kennen zu lernen, und verstand zu fragen. Dorthin kam der aus kurfürstlicher Zeit bestehende Ausschuß des hessischen Landtags, um ihm eine ausführliche Immediateingabe über das kurhessische Staatsvermögen zu empfehlen und insbesondere die dringende Bitte um Erhaltung des durch das Blut der Landeskinder erworbenen Staatsschatzes vorzutragen. Das Herz des milden Monarchen wurde bewegt: er trat in eine eingehende Verhandlung mit den Herrn ein und beschied sie am 30. Juli, er habe die Maaßregel vom 5. sistirt und eine neue Untersuchung angeordnet, in welcher die Ansprüche des Landes volle Würdigung finden würden.

Wenige Tage nachher, am 4. August, kam Bismarck nach Ems und blieb dort unter täglichen Vorträgen bei dem Könige bis zum 9. Natürlich wurde dabei neben den norddeutschen Bundessachen auch die Einrichtung der neuen Provinzen besprochen. Später hat Bismarck, wie wir sehn werden, die Ansicht des Königs energisch vertreten; jedesfalls hat er damals keine Umstimmung desselben bewirkt.

Denn als der König am 15. August die Rückreise nach Berlin antrat, machte er den Umweg über Frankfurt und erklärte hier der Deputation des Senates ebenso unumwunden wie vorher den Hessen, es seien Irrthümer und Mißverständnisse in Beziehung auf ihre Stadt vorgekommen, die er von Berlin aus zu beseitigen hoffe. Dann am Abend in Cassel, wurde er mit lebhaftem Jubel empfangen und wiederholte, was er ihnen in Ems gesagt, die gemachten Fehler könnten verbessert werden und sollten deshalb auch Abhülfe finden; jedenfalls sollte der hessische Staatsschatz nur für Bedürfnisse des hessischen Landes verwandt werden.

Dieses persönliche Eingreifen des Königs, die plötzliche Sistirung eines von ihm genehmigten Ministerial-Erlasses, der öffentlich über seine höchsten Berather verhängte Tadel machte im ganzen Lande einen um so tieferen Eindruck, je weniger es den gewohnten Vorstellungen über constitutionelle Regierung entsprach. Der König sagte gleich nach seiner Ankunft in Babelsberg: ich bin zurückgekommen, um wieder gut zu machen, was meine Herrn Minister verdorben haben. „Ich sah," schrieb er im weitern Verlaufe der Angelegenheit,

„daß jene Menge von Verordnungen im Juni die Stimmung in den neu erworbenen Landestheilen in hohem Grade verschlimmerten. Als ich dies nach genauer Prüfung erkannt, und von den Mißgriffen der Behörden mich überzeugt hatte, war es meine Pflicht, Maaßregeln zu ergreifen, um diese Mißgriffe wieder gut zu machen. Noch ist Preußen nicht daran gewöhnt, seinen König von den Maaßregeln seiner Regierung zu trennen. Daher muß der König zu Zeiten in die Bresche treten, wenn er Fehler in dem umgeschaffenen Staatskörper sieht."

Immerhin war damit die Sache noch nicht erledigt. Denn der in erster Linie betroffene Finanzminister von der Heydt reichte sogleich seine Entlassung ein, was dann dem Könige ebenso unerwünscht war wie die Mißstimmung der Annectirten. Nähere Erörterungen zeigten dann, daß in der Sache eine Verständigung sich erreichen ließ. Der hessische Staatsschatz war freilich weggegeben. Im Übrigen mochten die sonstigen Capitalien in der Hand der Centralregierung bleiben, und diese dann nach der Weisung des Königs weiter erwägen, welche Geldmittel der Provinz Hannover, und weiterhin auch den andern für ihre Specialinteressen zu überweisen seien. Dem Streite über Frankfurt machte der König ein rasches Ende, indem er die Summe, welche der Stadt nach seiner Auffassung zu Unrecht entzogen war, ihr aus seiner Privatchatoulle erstattete. So blieb von der Heydt Minister, und die Regierung schritt auf dem mit den hannoverschen Vertrauensmännern begonnenen Wege weiter fort. Eine Versammlung kurhessischer, eine andere schleswig-holsteinscher Vertrauensmänner folgten rasch auf einander mit gleichen Berathungen und Ergebnissen wie die der Hannoveraner.

Das Auftreten des Königs in Ems und Cassel hatte in der That dort seinen Zweck auf der Stelle erreicht. Die schmerzliche Aufregung legte sich; ein allgemeines Ruhebedürfniß machte sich fühlbar. Die Reichstagswahlen vollzogen sich am 31. August unter mäßiger Theilnahme der Bevölkerung, und das Ergebniß war, gerade in den annectirten Provinzen, ein Wachsthum der regierungsfreundlichen Mehrheit.

2. Capitel.
Ratification der Zollvereinsverträge.

Nachdem Bismarck durch das Rundschreiben vom 7. September 1867 den Charakter der deutschen Bundespolitik so energisch festgestellt hatte, beschränkte sich am 10. September die Thronrede König Wilhelm's bei Eröffnung des ersten ordentlichen Reichstags des norddeutschen Bundes auf die Darlegung der geschäftlichen Aufgaben, die Ankündigung mehrerer Gesetzentwürfe, so wie die Vorlage des Jahresbudgets, und schloß mit der Erklärung: es ist eine Arbeit des Friedens, zu der Sie berufen sind, und ich vertraue, daß unter Gottes Segen das Vaterland sich der Früchte Ihrer Arbeit in Frieden erfreuen wird.

Die sofort beginnenden Wahlprüfungen lieferten bis zum 17. September 191 genehmigte Mitglieder und damit die Beschlußfähigkeit des Hauses. Es wurde gleich an diesem Tage zur Präsidenten-Wahl geschritten, und schon hier zeigte sich die relative Stärke der Hauptparteien. Der altliberale Simson erhielt unter Zusammenwirken aller Liberalen mit den Freiconservativen 132, der conservative Graf Eberhard Stolberg 53 Stimmen. Bei der Wahl des ersten Vice=

präsidenten vereinigten sich Liberale und Conservative auf den freiconservativen Herzog von Ujest mit 158 gegen 27 Stimmen der Fortschrittspartei für Löwe (Calbe). Zweiter Vicepräsident wurde Bennigsen mit 99 liberalen gegen 44 conservative und 29 fortschrittliche Stimmen.

Die Fortschrittspartei hatte also bei den letzten Wahlen wenig gewonnen. Um so fester war ihr Entschluß, jedem Widersacher bei jeder Gelegenheit ihre radicale Kritik fühlbar zu machen.

Dem Hause lagen zwei Anträge auf Erlaß einer Adresse als Antwort auf die Thronrede vor, ein nationalliberaler von Miquel und Genossen, ein anderer des Grafen Stolberg im Namen der conservativen Partei, beide ziemlich gleiches Inhalts und eigentlich nur verschieden in der Ausdrucksweise. Es bezeichnete die vorherrschende Stimmung, auf dem Boden der einmal angenommenen Verfassung so einig und so rasch wie möglich vorzugehn, daß ohne große Mühe ein Ausschuß der Nationalliberalen, Conservativen und Freiconservativen aus den beiden Entwürfen einen dritten gemeinsamen herausarbeitete, der also, wenn die Regierung ihm nicht widersprach, einer großen Mehrheit sicher war.

Neben der Erklärung der Dankbarkeit für das bisher im nationalen Sinne Erreichte war darin der Hauptpunkt eine kräftige Zustimmung zu dem Rundschreiben vom 7. September; wir werden, hieß es, jedem Wunsche der Südstaaten zu nationaler Verbindung mit dem Norden freudig entgegenkommen; erst mit ihrem Eintritt in den norddeutschen Bund wird das große nationale Werk vollendet sein. Der Prager Friede, sagte am 24. September der Berichterstatter Planck, ist dagegen kein Hinderniß: er spricht Oesterreichs Zustimmung zu einer künftigen Neugestaltung Deutschlands (des ganzen, nicht bloß des nördlichen) aus; er gibt den Südstaaten die Freiheit, einen besondern Bund unter gewissen Modalitäten zu bilden; die Südstaaten sind aber nach der Auflösung des alten Bundes vollkommen unabhängig und souverän, und da sie alle von einem Südbund nichts wissen wollen, so ist der ganze diesen betreffende Satz der Friedensurkunde null und nichtig. Wir aber, fuhr Planck fort, haben die Pflicht, die Verbindung mit dem Süden zu betonen und unsere Übereinstimmung mit dem Rundschreiben vom 7. zu erklären. Im Süden ist die Stimmung getheilt; um so mehr müssen wir auf die kräftigen Schritte Badens antworten und unsere Gesinnungsgenossen in den andern Staaten ermuthigen.

Zuerst die Fortschrittspartei erhob sich zum Widerspruch. Allen süddeutschen Thatsachen in das Angesicht erklang wieder in mannichfachen Variationen die alte Melodie, daß nur durch Gewährung größerer Freiheitsrechte der Süden zu gewinnen sei. Begnügt Euch nicht mit leeren Worten, rief ein sächsischer Abgeordneter, proclamirt die Grundrechte von 1849, das wäre eine That. Vergebens hatte Hohenlohe unter dem Beifall der ganzen bayerischen Kammer vor der übermäßigen Centralisation des Nordbundes gewarnt; jetzt rief der Abgeordnete Günther: nur der constitutionelle Bundesstaat könnte im Süden Anklang finden, d. h. also ein verantwortliches Reichsministerium, und damit Verstärkung der Centralisation. Dann folgten Klagen, daß die Anrufung des Südens in der Adresse dem französischen Kaiser als eine Herausforderung erscheinen, neue Kriegssorgen, Störung des Verkehrs, Sinken des Credits veranlassen könnte. Nationales Selbstbewußtsein zeigte sich in diesen Worten, die nur den

Pariſer Gegnern den Muth zur Einmiſchung erfriſchen konnten, ebenſo wenig wie politiſche Vorausſicht.

Darauf erneuerten die Polen ihre Verwahrung, daß ſie nicht in einen deutſchen Bund gehörten und gehören wollten. Nach ihnen klagte Bebel die Regierung an, daß ſie Luxemburg nicht im deutſchen Bunde feſtgehalten hätte. Bismarck erwiderte, jetzt unumwundener als am 1. April, daß ſowohl Luxemburgs Bundespflicht als Preußens Beſatzungsrecht mit der Sprengung des alten Bundes erloſchen geweſen: wer von Ihnen, fragte er, hätte deshalb einen großen Krieg auf ſich nehmen wollen? In anderer Weiſe lehnte er Hänel's Vorwurf über die Preisgebung Nordſchleswigs an eine Abſtimmung der überwiegend däniſchen Bevölkerung ab. Dort wohnen, ſagte er, Deutſche und Dänen gemiſcht durcheinander, das Nationalitätsprincip kann alſo an dieſer Stelle keine Anwendung finden. Alles ſtände übrigens beſſer, fügte er hinzu, wenn die Haltung der Schleswiger weniger particulariſtiſch geweſen, wenn ſie nicht zu Gunſten dynaſtiſcher Intereſſen vergeſſen hätten, daß ſie Deutſche ſind.

Gegen die Adreſſe erhob Bismarck ſeinerſeits keine Einwendung. Der Reichstag, ſagte er, erklärt darin dem Süden, dem Auslande, den Bundesregierungen, auf welche Überzeugungen bei ihm gerechnet werden kann. Immer aber machte Bismarck den Vorbehalt: wir verſtehn ihn dahin, daß er uns nicht zu ſchnellerem Betreiben des Eintritts auffordern will. In dieſer Frage iſt nichts zu übereilen. Wenn einmal die Zeiten ſich erfüllen, wenn der ganze Süden mit dem ganzen Norden die Einheit will, dann wird auch kein deutſcher Staatsmann ſtark genug ſein, ſie hindern zu können, und keiner muthig oder kleinmüthig genug, um ſie hindern zu wollen.

Unter Ablehnung aller Änderungsanträge wurde darauf die Adresse mit 157 gegen 58 Stimmen angenommen.

König Wilhelm war damals abwesend auf Burg Hohenzollern. Er empfing dort die Adresse aus Simson's Hand am 3. October. Mit Freuden, sagte er, nehme ich sie entgegen, denn sie liefert den Beweis, daß die Saat des vorigen Jahres glücklich aufgegangen ist; sie spricht Gesinnungen und Hoffnungen aus, welche die Meinigen sind, und die einst ihrer Erfüllung entgegen reifen können. Auch ihm also lag daran, vor aller Welt zu bekunden, daß er bei voller Achtung vor den Rechten der süddeutschen Souveräne von dem nationalen Gedanken erfüllt sei.

Zu besserer Übersicht der Thätigkeit des Reichstags wird es zweckmäßig sein, über seine Arbeiten nicht nach deren chronologischen Folge zu berichten, sondern sie nach ihrem Inhalt in drei Gruppen zusammen zu fassen, die Berathungen über die Finanzen, über die Gesetzesvorlagen und schließlich, mit dem Hinblick auf die süddeutschen Kammern, über die Zollvereinsverträge.

Zunächst trat der Reichstag in die Berathung des Finanzetats für 1868 ein. Im Allgemeinen herrschte die Ansicht, daß hier, wenige Monate nach der Gründung des Bundes, nur vorläufige Ansätze möglich, und folglich auch nur summarische Beurtheilung am Platze sei. Immerhin kam es an einzelnen Stellen zu lebhaften Erörterungen. Zum Etat des neugeschaffenen Bundeskanzler-Amtes erläuterte Delbrück, daß zu seinem Wirkungskreise demnächst Post und Telegraphie, ein Theil des Handels- und Gewerbewesens, die Thätigkeit der Consulate und die Aufsicht über die Verwaltung der Zölle und der indirecten Steuern gehören würde. Für dies

Alles würde also der Bundeskanzler verantwortlich sein. Sofort aber erhoben sich Bedenken. Es sollten doch auch Bundessache das Kriegswesen, die Marine, die Auswärtigen Angelegenheiten sein. Wenn sie hier beim Bundeskanzler-Amte keine Erwähnung finden, sollen sie fortfahren, von den betreffenden preußischen Ministern unter deren Verantwortung verwaltet zu werden? sollen diese dann der Bundesgewalt oder nur im preußischen Staate verantwortlich sein? Das unerschöpfliche Thema der Ministerverantwortlichkeit ließen sich bei so schöner Gelegenheit die Redner der Fortschritts-partei natürlich nicht entgehn. Allerdings war es einleuchtend, daß eine feste Abgrenzung der Competenz für die preußischen und die Bundesbeamten auf die Dauer nicht zu entbehren war, aber nicht minder lag zu Tage, daß die Bundesbehörden noch im Beginn ihrer Entwicklung standen, und nichts richtiger war, als gemäß den Bedürfnissen der Praxis erst künftig ihre definitive Gestaltung festzustellen. Bismarck machte dem ziellosen Streite durch die Erklärung ein Ende, daß er auch für Heer, Marine und Auswärtiges die Verantwortung für die Anordnungen des Präsidiums als Bundeskanzler über-nehme, mithin, soweit auf diesem Gebiete preußische Minister beschäftigt blieben, als deren Vorgesetzter handeln werde.

Der Militär-Etat wurde bekanntlich nach der Verfassung einstweilen dem Hause nur zur Kenntnißnahme vorgelegt, von sachlicher Kritik konnte also keine Rede sein. Dennoch aber fand die Opposition einen Punkt heraus, um nach ihrer Auffassung des Budgetrechts eine Lanze dafür zu brechen. Wir erinnern uns jener Militärconventionen zwischen Preußen und den verbündeten Kleinstaaten; deren Contingente waren dadurch, von einigen Ehrenrechten abgesehn, unter preußische

Verwaltung getreten; dafür hatte Preußen einen Nachlaß an den verfassungsmäßigen Kosten der Truppe (225 Thaler für den Kopf) bewilligt, der dann stufenweise geringer würde, so daß bis zum Jahre 1876 überall der volle Betrag erreicht wäre. Die Kleinstaaten hatten sämmtlich erklärt, ohne eine solche Erleichterung würde durch die plötzlich eintretende Last ihr ganzer Haushalt zerdrückt werden, und auch im Reichstag hatte gegen die Einrichtung kein Mensch etwas einzuwenden. Immerhin betrug für 1868 der Erlaß rund eine Million, so daß die Matricularbeiträge für das Bundesheer von 67 auf 66 Millionen heruntergingen, damit aber auch eine etwas ungleiche Belastung für die verschiedenen Staaten entstand. Deshalb bedurften dann nach der Verfassung jene Verträge, so weit sie sich auf die Geldfrage bezogen, der Zustimmung des Reichstags. Die Regierung hatte bei der Harmlosigkeit der Sache geglaubt, diese Zustimmung durch eine kurze Erwähnung der Verträge bei der betreffenden Position im Etat erwirken zu können, wurde aber von Lasker, Planck und Bennigsen belehrt, daß dazu die Vorlage der Verträge und ein förmlicher Antrag auf deren Genehmigung erforderlich sei, welche dann auch unbedenklich erfolgen würde. Es gab aber noch einen andern Standpunkt. Walbeck erklärte, daß er nimmermehr die Verträge genehmigen werde; denn, einmal anerkannt, verpflichteten sie bis 1876 den Reichstag, die danach festgesetzten Matricularbeiträge zu bewilligen. Nun, bewilligen wolle er allerdings diese Beiträge, Jahr für Jahr, aber in jedem Jahr nur nach freier Entschließung, nicht gebunden durch Vertragspflicht. Er beantragte also, die Erwähnung der Verträge im Etat zu streichen, damit das Budgetrecht des Hauses ungebunden und ungeschmälert bleibe. Dieses Wort rief bei den altpreußischen Nationalliberalen alle Erinnerungen an die Conflictszeit wach; die Partei spaltete sich, und Waldeck's Antrag wurde mit 113 gegen 110 Stimmen angenommen.

Es war freilich eine kurze Siegesfreude. Einige Wochen später erfolgte die amtliche Vorlage der Verträge an das Haus, und nach kurzer Verhandlung trotz Waldeck's erneuertem Einspruch die Genehmigung durch eine überwältigende Mehrheit.

Einen ähnlichen Verlauf hatte die Erörterung des Marine-Etats. Die Regierung dachte 1868 so mäßige Summen zu verbrauchen, daß die Vertreter der Hansestädte diese Bescheidenheit lebhaft beklagten. Zugleich aber legte sie einen Gründungsplan für die Kriegsflotte vor, nach welchem binnen zehn Jahren eine ganz stattliche Zahl von Schlachtschiffen, Korvetten und kleinern Fahrzeugen erbaut, und zugleich für die Küstenvertheidigung gesorgt werden sollte; zur Bestreitung der Kosten wurde die Bewilligung einer Anleihe von zehn Millionen Thalern vorgeschlagen. Die Mehrheit nahm den Entwurf beifällig auf, aber auch hier regte die Opposition schwere Zweifel an. Obgleich man wegen der Bedürfnisse der Kleinstaaten die Matricularbeiträge um eine Million hatte herabsetzen müssen, empfahl Herr von Kirchmann die im Marine-Etat für 1868 begehrten $3^{1}/_{2}$ Millionen nicht durch eine Anleihe, sondern durch Matricularbeiträge aufzubringen, da auf diese Art das Budgetrecht des Hauses besser gesichert würde. Waldeck stimmte ihm mit Nachdruck bei. Einst hatte im preußischen Abgeordnetenhause die Opposition einzelne Marine-Ausgaben verweigert, weil kein Gründungsplan für die Flotte vorlag, an dessen Ausführung sich die Regierung für mehrere Jahre gebunden, dessen Genehmigung aber auch das Haus zur entsprechenden Bewilligung der Kosten auf mehrere Jahre verpflichtet hätte. Heute lag der Gründungsplan vor, Waldeck aber kehrte jetzt den Spieß um: wir dürfen unser Budgetrecht nicht auf lange Jahre aus der Hand geben, also keine Anleihe für zehn Jahre, sondern nur die Kosten für 1868 bewilligen. Er wollte zudem das neugeborene Kind, den norddeutschen Bund, nicht gleich mit Schulden belasten, und fand überhaupt Deutschland zu schwach für die Schöpfung einer großen Schlachtflotte. Mit derselben heitern Unbefangenheit, mit der er im März die Mittel zur Annexion von Böhmen und Mähren verkündet hatte, lehrte er jetzt, die Vorbedingung zur Entwicklung einer deutschen Seemacht bestehe darin, daß man Dänemark und Holland, diese Ausläufer des deutschen geographischen Gebiets, die sehr gut zu Deutschland gehören könnten, nothwendig an sich ziehe.

Twesten erledigte das constitutionelle Bedenken durch einen von der Regierung sofort genehmigten Antrag, in jedem Jahre solle der aus der Anleihe zu verwendende Betrag durch den Etat festgesetzt werden. Darauf wurde die Anleihe mit großer Mehrheit genehmigt.

Zu den wichtigsten Einnahmequellen des Bundes gehörte das Salz und die Post. Beide waren neu zu reguliren.

In Preußen hatte früher das Salzmonopol bestanden, mit dem Verkaufspreis von 2¼ Thalern für den Centner. Hannover hatte eine Steuer von 2 Thalern auf den Centner. Eine Anzahl der kleinern Staaten erfreute sich des Monopols. So gab es trotz des Zollvereins auf norddeutschem Boden eine Menge Salzgrenzen zu schwerer Belästigung des Verkehrs und nicht geringen Kosten der Verwaltung. Deshalb hatte Preußen im Frühling allen Staaten des Zollvereins den Vorschlag gemacht, überall eine Salzsteuer von 2 Thalern als gemeinschaftliches Einkommen des Zollvereins zu verabreden, natürlich unter der Voraussetzung, daß der Zollverein erhalten bleibe. Die Norddeutschen waren sogleich einverstanden gewesen, die Süddeutschen hatten sich eine Zeitlang gesträubt, weil sie mehr Salz verbrauchten als die Bevölkerung im Norden, also bei der Ertragsgemeinschaft einigen Schaden erlitten. Endlich aber legten sie sich zum Ziele, und der Vertrag wurde am 8. Mai geschlossen. Auch im Reichstage wurden seine Vortheile allgemein anerkannt, das Sinken des Salzpreises von 2¼ auf 2 Thaler, das Verschwinden der Salzgrenzen. Aber die Fortschrittspartei erklärte, eine jede Steuer auf ein so nothwendiges Lebensbedürfniß auch der ärmern Classe sei absolut verwerflich, und Herr von Hoverbeck stellte den Antrag, die Steuer von 2 Thalern solle wegfallen am 1. Januar 1877 (dem Termin, bis zu dem der neue Vertragsentwurf den Zollverein einstweilen erstreckte). Delbrück erwiderte, jeder Zusatz zu dem verabredeten Text vernichte den Vertrag vom 8. Mai, die Südstaaten würden dann mit Freuden zurücktreten, im Norden aber Monopol und Salzgrenzen bleiben. Wie solle man andrerseits den Ausfall der Steuer, beinahe 8 Millionen, ersetzen? Waldeck that bei dieser Frage die charakteristische Äußerung: wenn Hoverbeck's Antrag verworfen wird, so stimmen wir gegen das ganze Gesetz; darin besteht der Unterschied zwischen uns und der andern Seite des Hauses, daß wenn wir ein gutes Gesetz nicht erlangen können, wir das schlechtere verwerfen, die Andern aber in diesem Falle dieses annehmen.

Das Unerreichbare begehren, das Erreichbare zurückweisen, jedes Compromiß verachten, das ist in der That die Politik des Radicalismus. Indessen bekannte sich dazu nur eine kleine Gruppe im Reichstag. Hoverbeck's Antrag wurde mit 143 gegen 52 Stimmen abgelehnt, und darauf das unveränderte Gesetz auch von einem Theile der Opposition, also fast einstimmig, angenommen.

Was das Postwesen betraf, so hatte auch hierüber die preußische Regierung im Juli durch eine Conferenz mit den Südstaaten zu einigen gemeinsamen Einrichtungen zu kommen gesucht, die beiden Königreiche aber hatten sich dabei schlechthin ablehnend verhalten und die völlige Unabhängigkeit ihres Postregals als ein unveräußerliches Kronrecht betrachtet. Um so leichter kam im Reichstag die neue Organisation auf Grund der früher von Stephan verhandelten Verträge zu Stande. Die Commission des Hauses hatte den Gesetzentwurf so sachverständig behandelt, daß ihre sämmtlichen Änderungen sofort von den Bundescommissaren angenommen wurden. Nur ein von Becker-Dortmund (Fortschritt) veranlaßter Zusatz, das Briefgeheimniß und dessen gesetzliche Ausnahmen betreffend, wurde aus formalen Gründen heftig bestritten. Jedoch ließ sich der Bundesrath bei der zweiten Lesung den Satz des lieben Friedens wegen gefallen. Denn, sagte man, der Bundesrath will, wie das Haus, das Briefgeheimniß, und wie er, will auch das Haus die Ausnahmen. Was ferner seit Jahren vergeblicher Wunsch gewesen, das einstufige Briefporto, ein Groschen für den frankirten Brief bis zu einem Loth Gewicht, ohne Unterschied der im Bundesgebiet zu durchlaufenden Entfernung wurde damals erreicht, und damit eine weitere

Erleichterung des Verkehrs von größter Tragweite geschaffen. Wie sehr die hier begründete Verwaltung, damals unter Philippsborn's, später unter Stephan's Leitung, in stets wachsendem Maaße ihre Solidität und Leistungskraft während Friedens- und Kriegszeiten bekundet, welche mächtigen Verdienste sie weit über die Grenzen des Vaterlandes hinaus sich um die Entwicklung des gesammten Weltverkehrs erworben hat: das steht glänzend vor Aller Augen.

Nicht minder bedeutend war für die Festigkeit des Bundes der glückliche Abschluß eines vielumstrittenen, unzählige Male geforderten legislativen Actes, des Gesetzes über die Verpflichtung zum Kriegsdienste. Auferbaut auf den in der Bundesverfassung festgestellten Grundlagen passirte es jetzt die Stadien der parlamentarischen Verhandlung fast ohne Widerspruch. Die Commission des Hauses hatte 22 Verbesserungsanträge eingebracht, der Regierungskommissar erklärte zum Beginn der ersten Lesung, daß der Bundesrath 19 davon als solche anerkenne und annehme. In der Generaldebatte entwickelte Waldeck noch einmal seine Begeisterung für die Landwehr als die echte Volkskraft im Gegensatz zur Linie, Liebknecht aber empfahl das Milizsystem der Schweiz, bei dem das Volk selbst seine Freiheit nach Innen und Außen schütze, während das preußische Linienheer 1806 von dem auswärtigen Feinde sich habe schlagen lassen, 1849 die Freiheit in Sachsen und Baden erdrückt habe. Im französischen Revolutionskrieg seien die deutschen Linientruppen an dem französischen Volksheer zerschellt; als Napoleon dieses allmählich zum Linienheere gemacht, sei er 1813 der preußischen Volkskraft erlegen. Es war nicht wohl möglich, den historischen Thatsachen stärker zu widersprechen, als es diesen beiden

Rednern gelang[1]). In der Specialdebatte wurde die von der Regierung vorgeschlagene Dienstfreiheit der Quäker und der Mennoniten gestrichen, eine von Hoverbeck bestrittene Vollmacht für die Regierung, bei erscheinendem Bedürfniß einzelne Kriegsreservisten auf kurze Zeit auch im Frieden einzuberufen, anerkannt, sonst das Gesetz nach den Commissionsbeschlüssen genehmigt, und damit die erste Quelle des großen Armeeconflicts auf langehin geschlossen.

Für den innern Ausbau des jungen Bundesstaates waren noch drei Gesetzentwürfe, über die Nationalität der Kauffahrtei-Schiffe, die Bundesconsulate und das Bundesschuldenwesen, bestimmt, von welchen die beiden letzten wesentlich nach dem Muster der entsprechenden preußischen Gesetze ausgearbeitet waren. Die beiden ersten fanden nach eingehender Prüfung die Zustimmung des Hauses. Bei dem letzten bewirkte der freiconservative Bethmann-Hollweg eine vom finanziellen Standpunkt aus nicht unbedenkliche Vorschrift, daß eine Zins-

---

[1]) Es mag hier nur kurz daran erinnert werden, daß in Preußen die Linie ebenso wie die Landwehr zur Volkskraft, und die Landwehr ebenso wie die Linie zu einer geschulten und disciplinirten Armee gehört. Der Unterschied zwischen beiden besteht nur darin, daß die Soldaten der Linie unter, die der Landwehr über 27 Jahre alt sind, und jene ausschließlich von Berufsofficieren geführt werden.

Im Jahre 1813 waren Linie und Landwehr gleich oberflächlich ausgebildet, und bezahlten dies mit entsetzlichen Verlusten. Es wird nur zu häufig übersehn, daß Napoleon's große Armee 1812 zu Grunde gegangen war, und der größte Theil seiner Truppen 1813 ebenfalls aus oberflächlich ausgebildeten Recruten bestand, die höchst widerwillig zum Dienst gepreßt worden, und deshalb der todesmuthigen Begeisterung der Preußen nicht gewachsen waren.

Über das französische „Volksheer" von 1793 bitte ich den rittend Band meiner Geschichte der Revolutionszeit, so wie die trefflichen Schriften von Camille Rousset über die Freiwilligen von 1792 und die levée en masse von 1793 zu vergleichen.

convertirung nur unter Genehmigung des Reichstags erfolgen dürfte; ferner aber setzten Miquel und Genossen einen Zusatz durch, welcher die Beamten der Schuldenverwaltung civilrechtlich haftbar für jede Abweichung von den Vorschriften des Gesetzes erklärte und dem Reichstag zur gerichtlichen Verfolgung der Schuldigen Vollmacht gab. Delbrück äußerte auf der Stelle schwere Bedenken gegen den Beschluß. Es lag auf der Hand, daß die Verfolgung solcher Fehler eines Beamten gesetzlich die Pflicht seiner vorgesetzten Behörde, hier also in letzter Instanz des Bundeskanzlers, war; auf diesen also wäre nach Miquel's Antrag eine gerichtliche Verantwortung gelegt worden, welche bei der Berathung der Verfassung der Reichstag abgelehnt hatte. Der Bundesrath setzte in der That den Beschluß über das so umgestaltete Gesetz einstweilen aus, verfügte also in milder Form die Ablehnung, womit dann allerdings auch die Realisirung der eben für Marinezwecke beschlossenen Anleihe von 10 Millionen Thaler bis zur Verständigung über die durch Miquel angeregte constitutionelle Streitfrage hinausgeschoben wurde. So verdrießlich diese Folge des Zwiespalts für die Regierungen auch war, so fest blieben sie auch in der Behauptung des bestehenden Verfassungsrechtes, welches weder eine gerichtliche Verantwortlichkeit des Bundeskanzlers, noch ein darauf gerichtetes Klagerecht des Reichstags kannte. Um so gewisser aber dachten sie durch die That zu zeigen, daß auch eine Regierung ohne verantwortliche Minister ein warmes Herz für die Freiheitsrechte des Volkes haben konnte. Ein von dem Bundesrathe vorgelegter Gesetzentwurf hob mit einem Federstrich den Paßzwang auf, der mehrere Menschenalter hindurch alle Schichten der Bevölkerung beim Reisen behindert und am Schwersten auf der dienenden und arbeitenden Classe gelastet hatte, die bei der geringsten Ortsveränderung ihre Wanderbücher vorzulegen hatte. Dabei waren die Vorschriften in den einzelnen Staaten, ja sogar in einzelnen Städten desselben Staates äußerst verschieden. In Preußen war seit 1862 diese Verwaltung in mehrerer Beziehung milder geworden; nur in Berlin blieb durch eine gesetzlose Praxis der Polizei die Befugniß, jedes ihr bedenkliche Individuum, Ausländer oder Inländer, aus der Stadt zu weisen. Die Mittelstaaten hatten 1865 für die höhern Stände Erleichterung gewährt, die Pflicht der niedern aber ungeändert gelassen. Die glänzendsten Beispiele polizeilicher Allmacht wurden aus Mecklenburg berichtet, wo genau genommen kein Staatsbürger ohne ministerielle Genehmigung sich eine Reise in das deutsche Ausland verstatten durfte. Das neue Gesetz verwandelte für die gesammte Bevölkerung den Paßzwang in ein Paßrecht. Liebknecht, der in frühern Jahren mehrmals durch polizeiliche Ausweisung aus Berlin schwere Beschädigung erlitten hatte, beantragte, von Lasker unterstützt, Verbot jeder Ausweisung auch der Ausländer, fand aber bei der Mehrheit kein Gehör. Das Gesetz wurde unverändert angenommen.

In engem Zusammenhange hiemit stand eine weitere Regierungsvorlage, ein Gesetz über die Freizügigkeit im ganzen Bundesgebiet. Delbrück, der gleich im Beginn der Verhandlung die Zustimmung des Bundesraths zu allen Verbesserungsvorschlägen der Commission bis auf einen erklären konnte, bezeichnete die Aufgabe des Gesetzentwurfs als die erste Entwicklung des fruchtbaren Keims, der durch den Begriff des Bundesindigenats in der Verfassung niedergelegt sei. Mit Freuden hätte man die Entwicklung weiter geführt, es sei aber zur Zeit ohne eine vollständige Zerrüttung der äußerst verschiedenen Gemeindeordnungen in den Bundesstaaten unmöglich gewesen. Das Gesetz, wie es zur Beschlußnahme gelangte, gestattete jedem Bundesangehörigen Aufenthalt und Niederlassung an jedem Orte des Bundes, stellte in dieser Beziehung alle Confessionen gleich (was bisher nicht überall geschehen war), verfügte die Fähigkeit zum Erwerb für Grundbesitz, ertheilte die Freiheit zum Betrieb eines Handwerks mit gleichem Recht wie den Einheimischen. Nicht berührt wurden durch das Gesetz die Rechtsordnungen über die Gemeindeangehörigkeit, das Ortsbürgerrecht, die Theilnahme an den Gemeinde-Nutzungen und an der Armenpflege. Die Ansiedlung wurde in jeder Hinsicht erleichtert, und die polizeiliche Befugniß zur Ausweisung auf einzelne bestimmte Fälle beschränkt. Noch einmal wiederholte Liebknecht hier seinen oben erwähnten Antrag, um so weniger mit Erfolg, als er ihn mit einer von giftigem Haß gegen Preußen, das Land der Sclaverei, erfüllten Rede motivirte.

Das Gesetz wurde einstimmig angenommen.

Noch haben wir von zwei wichtigen aus der Initiative des Reichstags hervorgegangenen Gesetzentwürfen zu berichten.

Schon in dem preußischen Landtag dieses Jahres hatte Lasker einen Antrag auf Aufhebung der gesetzlichen Zinsbeschränkungen eingebracht, der von dem Abgeordnetenhause angenommen, in dem Herrnhause aber bis zum Schlusse der Session verschleppt worden war. Jetzt im Reichstage entwickelte Lasker auf's Neue die jetzt zum Gemeingut gewordenen Gründe, daß Geld wie alle andern Güter eine im Werthe schwankende Waare sei, daß der ohnmächtige Versuch, diesen Werth gesetzlich zu fixiren, gerade dem verständigen

Wirthe die Anschaffung der ihm nöthigen Capitalien erschwere, den liederlichen Schuldenmacher aber vor der Aussaugung durch den Wucherer nicht zu schützen vermöge. Die Grundbesitzer der conservativen Partei sahn auf den Antrag mit mißtrauischen Blicken; sie fürchteten davon bei ihren Anleihn schwerere Zinsbelastung und beantragten Aussetzen des Beschlusses, bis für den Credit des Grundbesitzes durch eine verbesserte Hypothekenordnung und Einrichtung von Hypothekenbanken anderweitig gesorgt wäre. Die liberalen Parteien waren mit diesen Wünschen vollkommen einverstanden, wollten aber ihren Antrag deshalb nicht in eine unbestimmte Zukunft verschieben. Da erhob sich Bismarck mit der Erklärung, daß er Lasker's Antrag zustimmen würde, auch wenn es noch nicht gelänge, seine Verbindung mit einer Reform des Hypothekenwesens herbeizuführen. Wohl aber halte er diese für höchst wünschenswerth, und werde fortfahren in dem Bestreben, durch die Bundesgesetzgebung zu erreichen, was er seit fünf Jahren vergeblich auf dem Gebiete der Landesgesetzgebung erstrebe. Die Fesseln der Hypothekengesetze schädigten den Credit viel stärker als die Zinsbeschränkung; ihn durch Errichtung von Hypothekenbanken — allerdings ohne Zuschüsse des Staats — zu befreien, heiße eine Ungerechtigkeit wegschaffen, welche der Bund gewiß nicht so lange fortfristen würde, wie es die Landesgesetzgebung gethan hat. Mit lebhafter Freude begrüßte Lasker dies Versprechen des Kanzlers, das Hypothekenwesen „der todten Hand der preußischen Gesetzgebung" zu entziehn und in den Reichstag zu verlegen, und hier mit frischer Energie Übelstände fortzuräumen, die nur durch ihre Zähigkeit sich bisher behauptet hätten.

Noch in anderer Beziehung ist diese Verhandlung merkwürdig. Es ist die erste, in der ein deutsches Parlament das socialdemokratische Banner in offener Entfaltung sah. Die Zahl der anwesenden Socialisten war noch nicht groß, vier oder fünf, wenn ich nicht irre, und diese unter einander durch bittern Haß gespalten: die nationalgesinnten Lassalleaner Schweitzer und Försterling, die Kosmopoliten Bebel und Liebknecht, und dazu der christlich=sociale Geheimrath Wagener. Über Lasker's Antrag nahm Schweitzer das Wort. Er verkündete den socialistischen Grundsatz von der Todfeindschaft zwischen Capital und Arbeit, von der rechtlosen Ausbeutung der Arbeiter durch den Capitalisten, von dem innern Kriege unter den Capitalisten selbst im unbarmherzigen Wetteifer der Concurrenz. Jetzt wolle man, rief er, dem schmählichsten Wucher die gesetzliche Weihe geben und damit die Waffen des großen Capitalisten zur Vernichtung des kleinen vermehren. Er freue sich dieser Maaßregel, da sie den Prozeß der Selbstauflösung des ganzen Systems beschleunige; ich stimme, sagte er, für den Antrag aus Bosheit.

Lasker und Braun (Wiesbaden) legten mit scharfem Nachdruck die Grundlosigkeit der ganzen Erörterung dar. Braun stellte ihm das liberale Princip entgegen: es ist Thorheit, von einem Gegensatz zwischen Capital und Arbeit zu reden, Capital ist aufgespeicherte Arbeit, Arbeit ist flüssiges Capital. Wir werden sogleich noch Weiteres über das Thema vernehmen.

Das Haus nahm den Antrag Lasker mit kleinen Änderungen an, und auch der Bundesrath gab ihm nach kurzer Zeit seine Zustimmung.

Nach weitern 25 Jahren fand sich allerdings die Gesetz=
gebung veranlaßt, mit harten Strafvorschriften gegen den
Wucher sich zu beschäftigen. Nachdem der nationalliberale Führer für weitere Befreiung
des Capitals gewirkt hatte, kam gleich nachher ein Antrag
der Fortschrittspartei, Schulze=Delitzsch, Becker=Dortmund und
Genossen, auf weitere Befreiung der Arbeit zur Erörterung.
Seit langer Zeit bestanden in Preußen und anderwärts
Verbote von Verabredungen und Vereinigungen, sei es der
Arbeitgeber oder der Arbeiter, behufs der Erlangung günstiger
Arbeitsbedingungen, namentlich mittelst Einstellung der Arbeit
oder Entlassung der Arbeiter; weiterer strafrechtlicher Ver=
folgung unterlagen dabei vorkommende Contractbrüche, sowie
gewaltsame Versuche, jemanden zur Theilnahme an einem
Ausstande zu zwingen.

Der Antrag Schulze begehrte kurz und rund die Auf=
hebung aller dieser Bestimmungen, mit dem Zusatze, daß
jeder Arbeitgeber jeden Arbeiter annehmen, jeder Arbeiter
bei jedem Arbeitgeber eintreten könne, unter Wegfall aller
hindernden Vorschriften der bestehenden Gewerbe=Ordnungen.

Im Allgemeinen begegnete der Antrag einer günstigen
Stimmung im Hause, wenn es auch zweifelhaft erschien, ob
er nicht in einzelnen Punkten zu weit ginge, und ob er unter
den gegebenen Rechtsverhältnissen so kurzer Hand sich würde
durchführen lassen, eine Frage, welche die Antragsteller nach
radicaler Weise keiner Berücksichtigung werth erachteten. Es
kam denn auch von den Freiconservativen ein Gegenantrag:
den Bundeskanzler aufzufordern, auf Grundlage eines 1866
im preußischen Landtage eingebrachten, aber nicht zum Beschluß
gediehenen Entwurfs (welcher die Coalitionsfreiheit ertheilte,

aber ihren Mißbrauch mit Strafe bedrohte), eine näher erwogene Gesetzvorlage ausarbeiten zu lassen.

Die Nationalliberalen standen dem Antrag Schulze näher und begnügten sich mit zwei Verbesserungsvorschlägen, einem von Bähr und Genossen, nach welchem das Gesetz auf Seefahrer und auf Hausgesinde keine Anwendung finden solle, einem andern von Lasker und Genossen, daß jedem Theilnehmer an einer unter dies Gesetz fallenden Coalition jeder Zeit der Rücktritt von solchen Verabredungen freistehe, und aus letzteren weder Klage noch Einrede Statt finde.

Die Debatte richtete ihre Aufmerksamkeit, wie begreiflich, weniger auf die Arbeitgeber, als auf die Arbeiter. Hier erörterte sie nach allen Seiten deren Lage und Bedürfnisse, und vor Allem den Anspruch jedes Arbeiters auf gleiche persönliche Freiheitsrechte mit allen andern Classen der Bevölkerung. Die Frage, in welche Stellung der Staat gegenüber einer weitern Entwicklung der socialistischen Arbeitercoalitionen gegenüber einem fest geschlossenen Verbande von vielen tausend Clubs mit Millionen Mitgliedern gerathen könne, wurde nicht aufgeworfen, trotz der nahe liegenden Erinnerung an die Leistungen der französischen Jacobiner von 1792.

Im Namen der Antragsteller bezog sich Becker (Dortmund) in erster Linie auf das allgemeine gleiche Stimmrecht. Es sei unmöglich, einer großen Classe von Bürgern das Vereinsrecht zu verschränken, nachdem man ihnen die höchste Function, die Wahl der Gesetzgeber, eingeräumt habe. Bismarck schwieg zu dieser logisch sehr anfechtbaren Folgerung aus dem von ihm bevorzugten Wahlsystem. Wagener (Neustettin) erklärte sich gegen den Antrag, als völlig nutzlos für die Verbesserung der Lage der Arbeiter. Ricardo und Lassalle, sagte er, haben das eherne Lohngesetz bewiesen, nach welchem die Concurrenz den Lohn des Arbeiters niemals über das Minimum der Kosten seiner Existenz emporsteigen lasse: daran könne so wenig, wie an irgend einem Naturgesetz, die Coalitionsfreiheit etwas ändern. Helfen könne den Arbeitern nur die Einrichtung von Productiv-Associationen, wobei eine Genossenschaft von Arbeitern selbst die Leitung und das Risico des Geschäfts übernähme, der Staat aber das erforderliche Gründungscapital dazu liefere.

Es ist verwunderlich, mit welcher Sicherheit damals das Evangelium vom ehernen Lohngesetz verkündet wurde, obgleich schon in jener Zeit einleuchtend sein mußte, daß die Concurrenz, die Voraussetzung des angeblichen Gesetzes, in jedem Augenblick durch Vereinigung der Concurrenten aufgehoben werden kann. Bekanntlich hat dann auch neuerlich die socialistische Partei das eherne Lohngesetz officiell zum alten Eisen geworfen, da ihre Arbeiter selbst dessen vernichtende Widerlegung lieferten, indem sie alljährlich Tausende und Hunderttausende für ihre Parteizwecke zu ersparen vermochten. Die Rentabilität der Productiv-Associationen in ihren verschiedenen Formen ist heute noch eine offene Frage: uns interessirt an dieser Stelle besonders die Erklärung, mit der Lasker die von Lassalle und Wagener geforderte Staatshülfe zu deren Errichtung ablehnte.

Nachdem er die Coalitionsfreiheit nach denselben Gesichtspunkten wie Becker (Dortmund) gefordert, wandte er sich gegen die angebliche Todfeindschaft zwischen Capital und Arbeit, welche mit wachsender Bildung und deshalb auch mit wachsender Freiheit der Arbeiter mehr und mehr verschwinden würde. Der Antrag wolle also den Arbeitern freieres Feld für ihre Thätigkeit und deren Früchte verschaffen. Aber, fuhr er fort, man solle nicht, wie Wagener, ihnen sagen, daß sie einen Anspruch auf Geschenke vom Staate hätten, ohne dafür das Entsprechende geleistet zu haben. Wenn ein Mensch in seiner Jugend nichts lerne, als Steine klopfen oder Lasten tragen, so sei er nicht berechtigt, vom Staate hohe Einkünfte zu begehren.

So einfach dies für viele seiner Zuhörer klingen mochte, so scharf bezeichnete es den vielleicht tiefsten Gegensatz zwischen der liberalen und der socialistischen Partei, die höhere Werthschätzung hier der geistigen, dort der Handarbeit.

Die Verhandlung wandte sich darauf zu der Prüfung, ob und wie dem möglichen Mißbrauch der Coalitionsfreiheit durch gesetzliche Vorschriften zu steuern sei. Vor Allem zwei Fragen kamen hier zur Sprache:

Die erste: soll in dem Verhältniß zwischen Arbeitgeber und Arbeiter der Contractbruch unter Strafe gestellt werden?

Die zweite: soll ein Specialgesetz die Arbeiter mit Strafe bedrohn, die bei einem Ausstande ihre fortarbeitenden Genossen thätlich mißhandeln oder in Verruf erklären?

Der freiconservative Abgeordnete Devens sprach kräftig dagegen. Die Urheber des Verrufs werde man nicht erkennen; Mißhandlungen würden schon nach dem allgemeinen Gesetz bestraft: wozu also ein Ausnahmegesetz, welches bei den Arbeitern als eine sie allein treffende Freiheitsbeschränkung die furchtbarste Erbitterung hervorrufen würde? In gleichem Sinne erklärte Schweitzer: die Ausstände, wenn auch Anfangs verlustreich für die Arbeiter, werden sich fort und fort als das einzige Mittel zur Regulirung der Löhne wiederholen;

thun Sie also dazu, durch Fortschaffung aller Schranken Ordnung und Mäßigung zu bewahren.

Ganz anders lautete die Ausführung des Abgeordneten Stumm. Die Coalitionsfreiheit sei überhaupt nicht durchführbar vor einer Revision der in den Bundesstaaten bestehenden Gewerbe-Ordnungen. Sodann mache sie auch eine Revision der Armen-Gesetze erforderlich. Wenigstens würde nach den preußischen die Gemeinde die durch selbstgewollten Ausstand hungernden Arbeiter ernähren müssen, was doch unmöglich die Absicht des Hauses sein könne. Unter allen Umständen müsse bei der Coalitionsfreiheit die Minorität gegen den Zwang der Majorität geschützt sein, sowohl durch den Antrag Lasker, daß aus Verabredungen dieser Art kein Klagerecht erwachse, sondern jedem Theilnehmer zu jeder Zeit der Rücktritt freistehe, als auch durch besonders scharfe Strafbestimmungen gegen Verruf und Mißhandlung der Minorität. Denn beides sei nicht Verletzung, sondern Erhaltung der persönlichen Freiheit.

Gegen die strafrechtliche Verfolgung des Contractbruchs bei einem Ausstande hatten Lasker und Andere die Gehässigkeit eines Ausnahmegesetzes betont, welches die Arbeiter vor das Strafgericht weise wegen einer Handlung, die sonst in aller Welt nur die civilrechtliche Klage auf Entschädigung zur Folge habe.

Stumm bemerkte dazu, ohne auf die juristische Erörterung einzugehn: die Aufhebung des Strafgesetzes gegen Contractbruch würde in erster Linie den Arbeitern schaden. Denn da die Civilklage auf Entschädigung fast immer unfruchtbar sein würde, so würden mit dem Wegfall der Strafdrohung die Arbeitgeber sich genöthigt sehn, bei ihren Contracten jede Kündigungsfrist auszuschließen, oder eine Cautionsleistung durch Lohnabzüge herbeizuführen.

Die Gegner rügten, daß Stumm das ganze Verhältniß durchaus einseitig vom Standpunkte des Arbeitgebers betrachte. Nun wohl, Stumm war ein Arbeitgeber, aber daß er zugleich ein nach allen Beziehungen einsichtiger Beobachter war, haben die nächsten Jahrzehnte nach seiner Rede in volles Licht gesetzt. Seit der Aufhebung der Strafe gegen Contractbruch hat sich, wie er es vorausgesagt, die Beseitigung jeder Kündigungsfrist für beide Parteien im Arbeitvertrag durch immer weitere Zweige unserer Industrie verbreitet. Daß seine Forderung des kräftigen Schutzes der Minorität bei Arbeiter-Coalitionen wohl begründet war, hat die Erfahrung in stets wachsendem Maaße gezeigt; man kann sagen, sie sei zum springenden Punkte in der socialistischen Bewegung geworden. Das Verfahren der im Ausstande befindlichen Schaar, die fortarbeitenden oder neu eintretenden Werkleute mit Waffengewalt zum Ausstande zu zwingen, wird aller Orten so weit wie möglich geübt und laut als unveräußerliches Freiheitsrecht verkündet. Dieses Freiheitsrecht zur Erdrückung der Freiheit ist logisch widersinnig, praktisch aber höchst begreiflich. Denn gelangt es zur Anerkennung, so sind die Arbeiter die Herrn der Industrie, und Herrschaft, nicht Freiheit ist das Ziel der Partei.

Entsprechend den ersten Worten Stumm's erhob sich jetzt Delbrück zu der Erklärung, daß ohne Zweifel die Zeit der Beschränkungen der Coalitionsfreiheit vorüber sei. Aber für die sofortige Erlassung eines Gesetzes sei die Lage der Dinge noch nicht reif; es sei unerläßlich, daß eine Revision der Gewerbe-Ordnungen ihr vorhergehe.

Auf die Entschließungen der Mehrheit hatte diese Erklärung, daß für jetzt aus der Sache nichts werden würde, wenn überhaupt einen Einfluß, dann nur den, daß man bei der Abstimmung im Einzelnen nicht mehr an das Erreichbare, sondern nur an das Wünschenswerthe dachte. Die beiden nationalliberalen Amendements wurden angenommen, sodann die Strafdrohungen gegen Contractbruch und Mißhandlung der Minorität beseitigt, der aufschiebende Antrag der Frei= conservativen und ein Antrag auf Einrichtung von Schieds= gerichten abgelehnt, und schließlich der ganze Gesetzentwurf mit 129 gegen 71 Stimmen angenommen.

Der Bundesrath versagte ihm dann die Bestätigung.

Wir wenden uns jetzt zu der Hauptaufgabe der ganzen Session, der Verhandlung über die Zollvereinsverträge vom 8. Juli, in welche der Reichstag am 8. October eintrat.

Die Lage der Dinge im Süden war damals die folgende.

Bereits ist oben erwähnt worden, mit welcher Ent= schlossenheit noch vor Bismarck's Rundschreiben der Groß= herzog von Baden am 5. September in seiner Thronrede zur Eröffnung des Landtags seinen Willen ausgesprochen hatte, der nationalen Einigung mit dem norddeutschen Bunde nachzustreben. Ganz in diesem Sinne empfahl der patriotische Fürst seinen Ständen die Annahme der preußischen Schutz= und Trutzbündnisse, die vollständige Durchführung der nord= deutschen Kriegsverfassung bei dem badischen Contingent, die Zustimmung zu der neuen Form des Zollvereins. Er stellte im Innern eine Reihe liberaler Gesetzentwürfe über Minister= verantwortlichkeit, über den Schutz der parlamentarischen Rede= freiheit, über die Presse, das Vereinswesen, den Volksunterricht, sowie eine fortschreitende Erweiterung des Eisenbahnen= und Landstraßen=Netzes in Aussicht, und ersuchte um die Bewilligung der zu diesen Zwecken erforderlichen Steuererhöhung. Zum Schlusse deutete er die Hoffnung an, daß eine gemeinsame deutsche Ordnung des Post- und Telegraphen-, des Münz-, Maaß- und Gewichtswesens bald zu erreichen sein werde.

Am 10. September sprach die mit allen gegen eine Stimme angenommene Adresse der ersten, am 16. die mit allen gegen fünf Stimmen beschlossene Adresse der zweiten Kammer die vollständige Übereinstimmung der Volksvertretung mit dem Inhalt der Thronrede aus. Vierzehn Tage später genehmigte die zweite Kammer, wieder mit allen gegen eine Stimme, die gesetzliche Einführung der allgemeinen Wehrpflicht, und am 5. October trat die erste Kammer einstimmig diesem Beschlusse bei. Schon damals war also irgend ein Zweifel an der Annahme der Verträge durch Baden unmöglich.

In scharfem Gegensatze zu dieser Gesinnung wurden die Verträge in Württemberg mit einem Chorus wilder Verwünschungen begrüßt. Die Volkspartei und die Schutzöllner wetteiferten, in den gräßlichsten Farben das Verderben Württembergs zu schildern, wenn es dem Landesverräther, der politischen Windfahne, dem Urheber dieser Schandverträge, dem Minister Varnbüler, gelänge, die Kammern zur Genehmigung seines Werkes zu zwingen, und damit den edlen schwäbischen Stamm zum Vasallen und Sclaven des preußischen zu machen. Allen voran erhob sich der Abgeordnete Moriz Mohl zu einem „Mahnruf vor den äußersten Gefahren", einem Buche von mehr als 400 Seiten, das in zehn Tagen zwei starke Auflagen erlebte. Wir geben eine Auswahl der bezeichnendsten Stellen, da wir alle in den süddeutschen Kammern damals erhobenen Angriffe gegen die Verbindung mit Preußen hier gesammelt finden. Wie verblendet, rief Mohl, muß ein Süddeutscher sein, wie arm an Herz für sein biederes Volk, für sein schönes Vaterland, um es hingeben zu wollen an die Oberherrschaft des preußischen, unserem Volke im innersten Herzen antipathischen Volksstammes. Die Herrschaft Preußens über Deutschland, hieß es an einer andern Stelle, würde ein nach seinem Ursprung und dessen gesellschaftlichen Folgen halbslavisches Wesen zur Geltung bringen und dem auf ganz anderen gesellschaftlichen Grundlagen beruhenden freiheitlicheren Wesen der rein=deutschen Stämme Süddeutschlands nicht entsprechen. Dies wird nun nach allen Seiten weiter ausgeführt. In Schwaben ist Alles edel und schön, eine herrliche Natur, ein fruchtbarer Boden, ein freies Volk, ein fester Rechtsstaat, eine glorreiche Bildung bis hinauf zu den Geistesheroen, dem Wieland, dem Schiller, dem Uhland, dem Auerbach, und allen Andern. Dagegen in der norddeutschen Tiefebene zeigt sich ein armer, sandiger Boden, das dürre Land vertheilt unter hochmüthige Junker mit Schaaren von dürftigen Tagelöhnern, der Staat ein Erzeugniß von rastloser Eroberung, von Blut und Eisen, das Volk gequält durch eine erdrückende Militär= und Steuer=last, im Heere geplagt durch ablige Officiere, und in der Verwaltung durch ablige Landräthe; die Regierung allmächtig gegenüber der Volksvertretung, despotisch gegen ihre Bundesgenossen, beunruhigend für alle Nachbarn. Sie allein hat die Schuld an der Zersprengung des deutschen Bundes, unter welchem Deutschland fünfzig Jahre lang glückseligen Frieden genossen, an dem blutigen Bürgerkrieg, der Deutschland in drei Fetzen zerrissen, an dem Niedergang des deutschen Gewerbfleißes durch ihre die fremde Concurrenz herbeirufenden Handelsverträge. Mit einem solchen Staate sollten wir uns verbünden?

Nimmermehr. Schützen kann er uns ja doch nicht; nur für
seine Zwecke würde er das Blut unserer Söhne verbrauchen.
Das Höchste, was wir ihm zusichern dürfen, wenn er mit
Frankreich in Krieg geräth, ist unsere Neutralität. Überhaupt
aber wollen wir so wenig wie möglich mit ihm zu schaffen
haben, und fordern demnach unsere Kammern auf, auch den
neuen Zollverein abzulehnen, bei dem nur Vortheil für
Preußen und Schaden für uns die Folge sein würde (was
dann insbesondere an der vorgeschlagenen neuen Salzsteuer
nachgewiesen wurde). In dem Zollparlament würden unsere
Abgeordneten einer colossalen preußischen Majorität gegenüber sitzen: auch hier, wie bei dem Militärwesen, würden
wir nicht vollkommene Gleichberechtigung, die Bedingung
jeder gesunden Bundesverfassung, erlangen, sondern von
einer schrankenlosen Übermacht geknechtet werden.

So oft damals im Süden von preußischem Hochmuth
geredet wurde, möchte es doch schwer sein, eine preußische
Schrift jener Zeit nachzuweisen, die ein Beispiel größerer
Selbstüberhebung und Verblendung lieferte, als es hier Mohl
gegeben hat. Ich möchte nicht den Ausdruck Arroganz aus
Ignoranz gebrauchen, denn ein Ignorant war Moriz Mohl
wahrhaftig nicht; aber der fanatische Abscheu gegen Alles,
was preußisch hieß, war bei ihm so heftig, daß bei jeder
Erwähnung Preußens ihm alle Gedanken durch einander
kollerten, alle Logik zusammenbrach, und die entgegengesetzten
Schmähungen nach allen Richtungen durch einander hagelten.
Die Preußen sind so stark, daß sie ganz Europa beunruhigen,
aber sie sind so schwach, daß sie den Oberrhein nicht vertheidigen können. Sie sind arme Hungerleider unter dem
Joche ihres Adels, aber ihre Industrie ist so entwickelt, daß

sie viel mehr in den Süden ausführen als der Süden nach Preußen, und folglich auf die Dauer unsere Production zu Grunde richten. Deshalb könne Preußen den Zollverein auch viel weniger entbehren als der Süden; wenn Württemberg die Verträge energisch zurückstoße, werde Preußen demüthig günstigere anbieten und allen Staaten das liberum veto wieder zubilligen. Die Schilderung des despotischen Druckes, der auf Preußen laste, übernimmt er aus den Zeitungen und Kammerreden der preußischen Fortschrittspartei; daß aber eine solche, und neben ihr zahlreiche Schutzzöllner, auch im Zollparlament existiren werden, hat er völlig vergessen. Er selbst hat in dem gesegneten Württemberg sein Lebenlang gegen die Regierung und die halb feudale, meist servile, immer aber ohnmächtige Kammermehrheit geeifert; er erkennt an, daß manche Mitglieder der jetzigen Preußenfreunde ihm in diesen innern Händeln tapfer beigestanden haben; in der jetzigen Krisis aber ist das Alles ausgelöscht; mit bitterem Hohne ruft er ihnen zu: wenn Euch die Brandenburger Sandbüchse so wohlgefällt, so wandert doch aus dahin und laßt uns in unserem Elend allein.

Zur Zeit war in Württemberg der Landtag nicht versammelt, die amtliche Vorlage der Verträge erfolgte also am 16. September an den zwischen den Sessionen bestehenden ständischen Ausschuß. Dieser beschloß einstimmig, daß für die Annahme der Verträge die bei Verfassungsänderungen nöthige Zweibrittel-Mehrheit erforderlich sei, über die Frage aber, ob die Annahme den Ständen zu empfehlen sei, spaltete sich der Ausschuß mit vier gegen vier Stimmen. Auf der einen Seite entwickelte Mohl die Gewißheit, daß nach der vorgeschlagenen Verfassung des neuen Zollvereins die süddeutschen Regierungen im Bundesrath und die süddeutschen Abgeordneten im Zollparlament nur eine verschwindende Minderheit bilden und nicht im Stande sein würden, die Interessen ihrer Länder gegen die erdrückende preußische Übermacht zu schützen, und daß schon jetzt die vorgeschlagenen Salz- und Tabaksteuern für Württemberg eine jährliche Schädigung von mehr als zwei Millionen Gulden herbeiführen müßten. Andrerseits erinnerte der Abgeordnete Zeller, bei jedem Vereine würden sich für jeden Genossen einzelne Vortheile und einzelne Nachtheile ergeben; es komme darauf an, diese gegen einander und gegen den Gesammtnutzen der Vereinigung abzuwägen; eine solche Rechnung ergebe auch für Württemberg ein mächtiges Übergewicht des Gewinns; man möge bedenken, daß die Verwerfung der Verträge den Ausschluß Württembergs aus dem Zollverein bedeute. Diese Erörterungen wiederholten sich dann in den Beschlüssen einer Landesversammlung der nationalen Partei am 27. September, die sich dabei einstweilen nur als einen nicht eben starken Theil der gebildeten Classe herausstellte, und einer Landesversammlung der demokratischen Volkspartei am 29. September, wo unter großem Zulauf die Ablehnung der Verträge und jeder neuen Steuer, die Absetzung Varnbüler's, die Einführung des Milizsystems und eine Revision der Verfassung gefordert wurde.

Noch war nicht abzusehn, wie die schließliche Entscheidung ausfallen würde.

Was endlich Bayern betraf, so trat dort der Landtag am 30. September wieder zusammen und erhielt sogleich die Erklärung der Regierung, daß die neuen Verhältnisse eine Steuererhöhung von fünfzig Procent nöthig machten: was allerdings nicht dazu beitrug, die neuen Verhältnisse dem Volke angenehm erscheinen zu lassen. Immerhin empfahl am 4. Oktober eine gut besuchte Landesversammlung der nationalen Partei nicht bloß die Annahme der Verträge, sondern forderte offen den Eintritt Bayerns in den norddeutschen Bund. Im Übrigen aber war damals das Land erfüllt mit dem Geräusche einer doppelten ultramontanen Agitation gegen die liberalen Tendenzen der Regierung, wie sie Fürst Hohenlohe im Januar zur innern Stärkung Bayerns und fester Begründung seiner Unabhängigkeit unter dem Beifall der Kammer angekündigt hatte. Der eine Ansturm, von Regensburg ausgehend, richtete sich speciell gegen ein von der Regierung entworfenes Schulgesetz mit den bekannten Reden, daß die Leitung des Unterrichts nach Gottes Ordnung ein unveräußerliches Recht der Kirche sei. Der andere suchte von Passau aus eine Adresse an den König in allen Gemeinden des Landes zu verbreiten, daß man in der Mehrheit der zweiten Kammer nicht mehr die Vertreter des bayerischen Volkes erkenne und deshalb die sofortige Auflösung derselben begehre.

Dem Ministerium Hohenlohe standen also schwere Tage bevor, und jedermann wußte, daß seine klerikalen Widersacher auch aufrichtige Feinde des norddeutschen Bundes waren.

Diese Unsicherheit der süddeutschen Verhältnisse übte begreiflicher Weise einen starken Einfluß auf die Verhandlungen des norddeutschen Reichstags über den Zollverein aus, ja bildete im Grunde beinahe den einzigen Gegenstand derselben. Denn von einem sachlichen Widerspruch gegen den Zollverein und dessen neue Gestaltung war hier keine Rede; der Berichterstatter Michaelis, wohl der durchgebildetste Nationalökonom des Hauses, legte unter allgemeiner Zustimmung die Vortheile der vorgeschlagenen Einrichtungen bar, wandte sich dann aber zu einer Erwägung der Folgen, welche die Annahme der Verträge durch die Südstaaten herbeiführen könnte, und dieses Mal klangen seine Schlüsse nichts weniger als einladend und drängend zu sofortiger Vereinigung. Im Gegentheil, mit höflichen aber deutlichen Wendungen betonte er, daß widerwillige Genossen mehr Schaden als Nutzen bringen würden; der Eintritt einer Schaar von süddeutschen Abgeordneten könnte leicht sehr bedenkliche Verschiebungen in den Parteiverhältnissen des Reichstags herbeiführen; solche Besorgnisse könnten nur in dem Maaße schwinden, in welchem Nord und Süd immer vollständiger zur Einheit verschmölzen; er stelle also anheim, die Aufnahme in den Zollverein nur den Staaten zu bewilligen, welche sich zu fester Aufrechthaltung auch der Schutz- und Trutzbündnisse verständen. Dies ging unmittelbar an die Adresse der Württemberger Kammern, da nach der bayerischen Verfassung die Bündnisse einer ständischen Genehmigung nicht bedurften. Überhaupt aber enthielt es eine bestimmte Erklärung gegen die von Mohl geäußerte Meinung, Preußen werde nach Ablehnung des Vertrags vom 8. Juli den Zollverein mit dem liberum veto noch weiter fortsetzen. Carlowitz schärfte den hier angeschlagenen Ton, indem er die im Juni der bayerischen Regierung gemachten Zugeständnisse bedauerte; im Gegentheil, er hätte es lieber gesehn, wenn Preußen den provisorischen Zustand, den Zollverein auf halbjährige Kündigung, noch hätte fortdauern lassen. Braun (Wiesbaden) gab den süddeutschen Kammern zu bedenken, daß der heutige Beschluß des Reichstags nur ein vorläufiger sei und erst in der zweiten Lesung ein endgültiger werde; der Ausgang würde dann von ihrem Verhalten abhängen, da Norddeutschland den Zollverein entbehren könne, der Süden aber nicht in dieser günstigen Lage sei. Übrigens hoffe er das Beste, denn die Zahl der Gleichgesinnten im Süden sei größer, als der Lärm der feindlichen Parteien vermuthen lasse.

Der Vertrag vom 8. Juli wurde darauf mit allen gegen eine Stimme genehmigt.

Es zeigte sich sehr bald, daß Braun's und Michaelis' Bemerkungen nicht gegenstandslos gewesen waren. Zwar empfahl an demselben Tage, dem 8. October, Fürst Hohenlohe der zweiten Kammer die Annahme der Verträge, und wiederholte dazu die frühere Erklärung, daß er auf einen Staatenbund des ganzen Südens mit dem Norden, unter voller Wahrung der bayerischen Unabhängigkeit, und dann auf eine Allianz dieses Staatenbundes mit Österreich sinne. Auch der Ausschuß, an welchen die Kammer die Vorlagen verwies — den Zollvertrag, den Salzvertrag, das Wahlgesetz für die Abgeordneten zum Zollparlament — kam zu dem Beschlusse, die Annahme des Ganzen der Kammer nachdrücklich zu empfehlen. Aber nachdem der Berichterstatter Feustel am 21. October dies beredt und eindringlich ausgeführt hatte, erhob sich doch ein Redekampf von seltner Leidenschaft und Erbitterung. Dies ist die dritte Sclavenkette, rief der ultramontane Ruland, die um Bayerns Hals gelegt wird nach dem französischen Handelsvertrag und den Friedensschlüssen des vorigen Jahrs: glücklich preise ich den verstorbenen Herrn von Lerchenfeld, daß er die Schande seines Vaterlandes nicht mehr erlebt hat. Nach ihm verhöhnte sein Parteigenosse Jörg den Minister, daß er verheißen habe, über die Linien seines Programms nicht hinausgehn zu wollen. Die Consequenz der Thatsachen werde ihn unwiderstehlich weiter drängen, bis die Unterwerfung Bayerns vollständig sei. Unerträglich werde die Stellung der bayerischen Abgeordneten im Zollparlamente sein: sie werden naturgemäß aus dieser Lage herausdrängen, und das können sie nur, indem sie den Eintritt Bayerns in den Nordbund anstreben. Ich prophezeie Ihnen, sagte er, so viel Zolldeputirte Sie nach Berlin schicken, so viel Missionäre für den Gesammteintritt Bayerns in den Nordbund werden zu Ihnen zurückkehren. Es schien ihm also Berlin doch kein so abschreckender Ort zu sein, wie seinem schwäbischen Mitkämpfer Mohl. Indessen beeilte er sich, das unvorsichtige Wort wieder zurückzuziehn. Von Preußen, fügte er hinzu, erwarte ich jede Art von Centralismus, Säbelherrschaft, Cäsarismus; wir müssen auch den Zollverein an die Rettung der Freiheit wagen. Wenn dies hohe Haus Nein zu diesen Verträgen sagt, so wird das ein Schlag sein, der durch ganz Europa nachzittern wird. An Selbstgefühl, sehn wir, fehlte es Jörg so wenig wie Herrn Moriz Mohl.

Jedoch, weder die Kammer noch das Land wollte, um Europa zittern zu machen, die Früchte des Zollvereins wegwerfen. Nach zweitägiger Debatte genehmigte die Kammer am 22. October den Zollvereinsvertrag mit 117 gegen 17 Stimmen, und am 23. die beiden andern Vorlagen mit einer noch stärkern Majorität. Man hielt damit die Sache für erledigt. Allein gleich am folgenden Tage zeigte sich, daß die erste Kammer, die hohen Herrn Reichsräthe, von denselben politischen Anschauungen wie die Darmstädter Standesherrn erfüllt waren. Ihr Ausschuß stellte mit allen gegen eine Stimme den Antrag auf Verwerfung der Verträge.

Da ging denn nun freilich kein Zittern durch Europa, wohl aber eine mächtige Unruhe durch das bayerische Land.

Die handel- und gewerbtreibende, die gesammte städtische Bevölkerung gerieth in fieberhafte Aufregung. Unaufhörlich liefen Telegramme und Adressen gegen die Zerreißung des Zollvereins bei den hohen Herrn ein. Einigen Eindruck brachten sie immerhin hervor. Der Berichterstatter des Ausschusses, Freiherr von Thüngen, beantragte am 26. die Verwerfung, darauf aber brachte Fürst Löwenstein einen Vermittlungsvorschlag ein: die Verträge unter der Bedingung anzunehmen, daß dem Staate Bayern das bisher gewährte Recht der Zustimmung oder Ablehnung auch in den neuen Verträgen erhalten bleibe. Durch eine gewisse Partei, bemerkte der Fürst, und selbst durch preußische Agenten sind im Lande große Besorgnisse verbreitet worden, so daß ein panischer Schrecken herrscht. Zuerst der Ausschuß, und dann das hohe Haus nahm den Antrag beinahe einstimmig an.

Noch am Abend reisten Hohenlohe und Thüngen nach Berlin, um bei Bismarck für die Errettung des liberum veto thätig zu sein. Bereits aber hatte dort ihr Beschluß eine ihren Wünschen gerade entgegengesetzte Wirkung herbeigeführt.

In denselben Stunden, in welchen Löwenstein redete, am 28. October, begann der norddeutsche Reichstag seine Schlußberathung der Verträge. Man kannte Thüngen's Antrag auf deren Verwerfung; die Folge war, daß man den Preis steigerte, für dessen Bezahlung Bayern ihre Vortheile erlangen könnte. Braun (Wiesbaden) stellte den Antrag, die Genehmigung der Verträge zu ertheilen, und zwar für jeden der süddeutschen Staaten nur unter der Bedingung, daß die rechtliche Verbindlichkeit des von ihm mit Preußen geschlossenen Schutz- und Trutzbündnisses nicht in Frage gestellt werde, und ferner das Bundespräsidium zu ermächtigen, falls der Vertrag nicht mit allen Staaten zur Ausführung komme, dann im Texte die daraus sich ergebenden Änderungen herzustellen.

Also gewiß keine Änderung des Vertrags im particularen Sinne. Im Gegentheil, wer das Zollbündniß wünschte, mußte das Waffenbündniß hinzunehmen.

Wie in Süddeutschland legten auch hier Demokraten und Ultramontane dagegen Verwahrung ein.

Herr von Mallinckrodt, in dessen Innern hinter einer streng festgehaltener Ruhe ein leidenschaftlicher Grimm gegen die Ergebnisse von 1866 kochte, führte aus, daß Braun's Zusätze, da sie ohne Vorwissen der süddeutschen Regierungen erschienen, dem Vertrage vom 8. Juli die bindende Kraft nähmen; es sei übrigens gegen alle Logik, zwei so himmelweit auseinander liegende Dinge wie Zollverein und Waffenbund in einem Vertrag zusammenkoppeln zu wollen, und endlich, wie könne ein verständiger Politiker solchen Schutz- und Trutzbündnissen, die nicht auf einen speciellen Anlaß und Zweck geschlossen worden, irgend eine Bedeutung beilegen.

Löwe (Calbe) und Waldeck schätzten die Bündnisse. Aber weshalb die Regierung in Sachen des Zollvereins daran binden? Dieses Mal sind wir es, welche der Regierung freiere Bewegung lassen wollen.

Miquel antwortete zunächst durch eine Unterscheidung zwischen den Gegnern. Löwe und seine Freunde wollen wie wir den Nationalstaat und wünschen nur andere Mittel als wir. Mallinckrodt und Genossen aber wollen diesen Nationalstaat nicht und bezeugen uns durch ihren Widerspruch die Wirksamkeit unserer Vorschläge. Die Erörterungen der ultramontanen Partei können wir also weder im Norden noch im Süden acceptiren. Ihr Münchener Hauptorgan, der Volksbote, strebt offen zu einer Annäherung an Frankreich hin. Die bayerischen Reichsräthe fordern laut die Verwerfung der Verträge. Wie Mallinckrodt diesen unsern Gegnern, wollen wir unsern Freunden im Süden zu Hülfe kommen.

Wenn Mohl geklagt hatte, daß durch die neue Salzsteuer der Süden benachtheiligt werde, so erhielt er hier die Antwort. In den Zollsachen, sagte Miquel, hat der Norden dem Süden stets das höchste Entgegenkommen gezeigt: durch die Vertheilung der Erträge nach der Kopfzahl der Einwohner hat der Süden ein thatsächliches Präcipuum von drei Millionen jährlich, das er mit dem Austritt aus dem Zollverein einbüßte.

Mallinckrodt rügt, es bestehe keine rechtliche Verbindung zwischen Zollverein und Kriegsbündniß. « Ganz recht, eben deshalb soll unser Antrag sie schaffen. Wir wollen keine Gemeinschaft, wo der Genosse uns erklärte, er wolle ihre Vortheile genießen, aber ihre Gefahren nicht mittragen.

Der letzte Theil unseres Antrags soll vor Allem Baden die ausdrückliche Sicherheit geben, daß, wenn die beiden Königreiche die nationale Fahne verließen, dies kein Grund wäre, Baden zurückzuweisen.

Jetzt erklärte auch Bismarck die Stellung der verbündeten Regierungen. Leider sei nach den Telegrammen von heute früh die Verwerfung der Verträge durch die bayerischen Reichsräthe höchst wahrscheinlich: für diesen Fall stehe er nicht an zu erklären, daß der Antrag Braun die Anschauungen des Bundesraths vollständig ausdrücke. Es liege hierin keine Drohung gegen die Süddeutschen; es sei nur die Wahrung der Freiheit der Entschließungen, die man den süddeutschen Brüdern nie verkümmert habe.

Daraus, fuhr er fort, habe ich nie ein Hehl gemacht, daß die wirthschaftliche Gemeinschaft mit der Wehrgemeinschaft Hand in Hand geht. Wir hätten die Zollverträge nicht abgeschlossen, wenn wir den leisesten Zweifel an der Sicherheit der Bundesverträge gehabt hätten, und auch heute noch habe ich kein Mißtrauen gegen die Bundestreue der süddeutschen Souveräne; sie, die Schwächern, sind es ja gewesen, die uns den Antrag auf die Bündnisse entgegen gebracht haben. Würden diese in Frage gestellt, so würden wir den Zollverein sofort kündigen.

Der Ausgang der Verhandlung stand fest seit ihrem ersten Worte. Die Verträge wurden genehmigt, und der Antrag Braun mit 177 gegen 26 Stimmen angenommen. Am Nachmittag fand der Schluß der Reichstagssession statt, wobei auch die Thronrede hervorhob, daß die unentbehrlichen Reformen in der Verfassung des Zollvereins vorübergehenden Schwierigkeiten nicht geopfert werden dürfen, und daß die Gemeinschaft der wirthschaftlichen Interessen die nationale Verpflichtung des gemeinsamen Schutzes derselben zur vertragsmäßigen Voraussetzung hat.

Mit gutem Grunde pries die Thronrede die bedeutenden Erfolge der Session, welche in wenigen Wochen durch das patriotische Zusammenwirken des Reichstags und des Bundesraths gewonnen worden waren.

Diese Lage der Dinge also fanden die beiden bayerischen Commissare vor, als sie im Laufe des 27. Octobers in Berlin anlangten. Alle, aber auch alle Instanzen waren einig in der Ablehnung ihres Antrags und für die Kündigung des Zollvereins, wenn Bayern darauf beharren sollte. Während sie nun am 27. und 28. hoffnungslose Gespräche darüber führten, tobte in ihrer Heimath der populäre Ansturm auf den hohen Reichsrath fort; alle Welt war sicher, daß die Commissare mit leeren Händen zurückkommen würden; die Energie der Bewegung für den Zollverein wuchs stündlich, und gleich nach der Rückkehr der Commissare beschloß die zweite Kammer mit allen gegen zwölf Stimmen die Ablehnung des Zusatzes Löwenstein. Was wollten die hohen Herrn beginnen? Die Unterwerfung war unvermeidlich: zuerst ihr Ausschuß mit 8 Stimmen gegen eine, dann am 31. October die Kammer selbst mit 35 gegen 13 Stimmen vollzog die unbedingte Genehmigung der Verträge.

Endlich in Württemberg, wo der Landtag erst am 18. October zusammengetreten war, hatten die Dinge einen ähnlichen Verlauf. Trotz alles Zeitungslärms erhob sich, je näher die praktische Entscheidung über den Zollverein rückte, die öffentliche Meinung, wenn auch nicht so einmüthig wie in Bayern, jedoch völlig überwiegend für den Zollverein. Größere und kleinere Volksversammlungen, theils für, theils gegen, folgten sich in allen Theilen des Landes; sämmtliche Handelskammern und die städtischen Behörden der Residenz forderten die Genehmigung der Verträge, und, was bei der Abhängigkeit zahlreicher Volksvertreter von der Regierung sehr wichtig war, König Karl sprach sich bei mehreren Anlässen öffentlich mit großem Nachdruck für die Annahme des Schutz- und Trutzbündnisses und des Zollvereins aus. Zuerst stand das Bündniß am 29. October auf der Tagesordnung der zweiten Kammer. Es hatte unverkennbar zahlreichere Gegner als der Zollverein, die auch trotz des Berliner Beschlusses vom 26. fest auf ihrem Sinne blieben. Varnbüler, der als Urheber des Bündnisses, wie wir sahn, auf das Wüthendste angegriffen wurde, nahm zu seiner Vertheidigung das Wort mit einer glänzenden, für die Person und die Sache gleich charakteristischen Rede. Mit stolzer Haltung trat er in den Streit ein. Man werfe ihm Unbeständigkeit seiner Politik vor. Wie es auch früher gewesen, im Jahre 1866 habe die Geschichte gesprochen und die deutsche Frage gelöst; die Anerkennung dieser Thatsache sei uns in dem Frieden dictirt; wenn er fortan nicht von dieser Grundlage aus handle, müsse er sich einen Träumer nennen. So der Beginn, und nicht anders am Schlusse: ich stehe nicht vor der Kammer, um sie um Verzeihung zu bitten; ich habe die Überzeugung, einen guten Vertrag geschlossen zu haben; ich spreche hier zugleich im Namen meiner Collegen; das Haus mag entscheiden, ich erwarte festes Muths den Richterspruch der Geschichte Württembergs.

In der That war die Darlegung der sachlichen Gründe für den Abschluß ebenso packend wie überzeugend; die Unmöglichkeit eines Anschlusses an Österreich, die Unmöglichkeit eines Südbundes, die Unmöglichkeit dauernder Isolirung, das Alles wurde unwiderleglich in's Licht gestellt. Man begehre für uns eine permanente Neutralität. Belgien und Luxemburg zeigen, was eine solche werth ist. Wer wird sie respectiren? Oder lebt bei uns die Kraft der Entsagung und Opferwilligkeit, um sie bis auf den letzten Blutstropfen zu vertheidigen? „Diese Kraft, es thut mir Leid, es zu sagen, findet man bei uns nicht."

So weit war dem geistvollen Manne Alles trefflich gelungen. Dann aber gelangte er zu zwei Einwürfen, womit die Gegner die Verfassungswidrigkeit des Vertrags nachzuweisen meinten, und demnach eine (nicht vorhandene) Zweidrittelmehrheit für die Annahme forderten. Der Minister, auf die Rettung der Verträge bedacht, war hier wie immer nach seinem starken Selbstbewußtsein bereit, für den augenblicklichen Erfolg auch die für die Zukunft bedenklichsten Mittel einzusetzen. Man hatte ihm vorgehalten, die unbedingte Zusage voller Bundeshülfe bei jedem preußischen Kriege verletze das Kronrecht des eignen Königs: er erwiderte, der Vertrag lasse der Regierung das Recht, bei jeder vorkommenden Verwicklung erst zu prüfen, ob der casus foederis vorliege; er könne das beweisen, denn bei dem Luxemburger Streit habe Bismarck selbst ihn gefragt, ob Württemberg hier den Bündnißfall anerkenne. Er ließ dabei die Thatsache unberührt, daß das Bündniß dem Genossen die Integrität seines Gebiets gewährleiste, und in diesem Falle also allerdings die Frage entstehn konnte, ob ein Garnisonsrecht im Auslande unter den Schutz des Bundes falle, daß daraus aber eine allgemeine Folgerung durchaus nicht zu ziehn war. Als auf Varnbüler's Beispiel hin der französische Gesandte in München den Fürsten Hohenlohe befragte, auch er erkenne doch seiner Regierung das Recht der Prüfung des Bündnißfalles zu, entgegnete Hohenlohe, das sei eine werthlose Doctorfrage; bei irgend einer Verwicklung zwischen Preußen und Frankreich würde das bayerische Volk dem Könige gar keine Wahl lassen. Ohne Zweifel, es war der solidere und vorausschauende Staatsmann, der so redete.

Die schwäbischen Demokraten hatten ferner sich beschwert, daß das preußische Bündniß das Land mit einer schädlichen Militärlast bedrohe. Varnbüler erläuterte: nach Bismarck's Erklärungen stelle Preußen uns die Regelung unseres Militärwesens völlig anheim. Es sei offenbar die Pflicht der Regierung und der Kammer, aus eignem Antrieb dafür zu sorgen, daß Württemberg eine gute Armee erhalte, aber der Allianzvertrag an und für sich nöthige sie nicht dazu.

Es war nach dem Wortlaute des Vertrages völlig wahr, aber ein Hohn gegen den Zweck desselben.

Sehr schön, sagten darauf die Demokraten, wenn wir also nur drei Soldaten halten, diese aber sämmtlich Preußen zu Hülfe schicken, so haben wir unsere Bundespflicht vollständig erfüllt. Eine solche Gesinnung bedrohte die auch von Varnbüler gewünschte Armeereform mit schweren Gefahren, für den Augenblick half sie dem Minister zu vollständigem Sieg. Nach seinen Erläuterungen erklärte die Kammer, daß das Schutz- und Trutzbündniß keine Verfassungsänderung in sich schließe, zur Annahme also die einfache Mehrheit ausreiche, und vollzog dann die Genehmigung mit 58 gegen 32 Stimmen. Am 31. October folgte die Annahme der Zollvereinsverträge mit 73 gegen 16 Stimmen. Die erste Kammer bestätigte am 1. November die Zollvereinsverträge einstimmig, das Bündniß mit 23 gegen 6 Stimmen. So waren alle Hindernisse überwunden, der Wehrverein bekräftigt, der Zollverein hergestellt und von dem Boden des alten Staatenbundes hinweg zu der gemeinsamen Angelegenheit eines jungen Bundesstaats erhoben. Als in Berlin am 6. November die Ratificationen ausgetauscht wurden, erklärte Preußen, daß die des Nordbundes nur unter der Voraussetzung erfolge, daß die Schutz- und Trutzbündnisse nicht in Frage gestellt würden. Bayern legte gegen diesen Vorbehalt Protest ein, konnte aber damit die Thatsache nicht aus der Welt schaffen. Einige Wochen später erklärte Varnbüler der Kammer, es sei entschiedene Ansicht der Regierung, daß, nachdem sie durch den Abschluß der beiden Verträge mit Preußen ihre nationale Pflicht erfüllt habe, kein Grund vorliege, über diese Grenzlinie hinauszugehn.

Bismarck war zur Zeit derselben Meinung. Es wurde wohl gesagt, man könne den bayerischen Reichsräthen nur dankbar sein, daß durch ihren Widerspruch gegen den Zollverein jener Sturm im Lande hervorgerufen worden, bei dem die Stärke des nationalen Gedankens auch im Süden sich bekundet hatte. Immer aber war daneben auch eine Energie des particularen Hasses an das Tageslicht getreten, von der bis dahin in Norddeutschland nur wenige Menschen eine Ahnung gehabt hatten. Wenn Bismarck's Gedanke richtig war, nur solche Genossen in den Bund aufzunehmen, die mit voller Freude einträten, so stand die Vereinigung mit Bayern und Württemberg noch in weiter Ferne. Für jetzt konnte höchstens die Erfüllung des badischen Wunsches auf Theilnahme am Nordbunde zur Sprache kommen. Hier aber hing die Antwort nicht allein von den innern Verhältnissen Deutschlands ab.

Ehe wir jedoch hierauf eintreten, vergegenwärtigen wir uns die politischen Strömungen in Preußen selbst, welche im Übergange von 1867 auf 1868 die Politik der Regierung bedingten.

Drittes Capitel.

Preußische innere Politik. Anfang 1868.

Nach der allseitigen Ratification des neugestalteten Zollvereins Anfang November 1867 eröffnete sich für den Grafen Bismarck die Aussicht auf eine lange, nur durch geringe Pausen unterbrochene Reihe parlamentarischer Arbeiten das kommende Jahr hindurch, im preußischen Landtag, im norddeutschen Reichstag, im Zollparlament, dann wieder im Reichstag und nochmals im Landtag. Noch schienen bei den allgemeinen Landtagswahlen am 7. November der Regierung günstige Sterne zu leuchten. Von ihren beiden Stützen behauptete die conservative Partei die bisherige Stärke, die nationalliberale aber verdreifachte die ihrige, wesentlich durch die Wahlen der annectirten Lande, während die radicale Opposition beinahe vierzig ihrer bisherigen Sitze einbüßte. Der nationale Schwung der Gemüther, wie ihn die Triumphe von 1866 erweckt hatten, schien also noch fortzudauern, und für die weitere Entwicklung in dem fernern Zusammenwirken in und mit den beiden großen Fractionen der Regierung eine zuverlässige Mehrheit gesichert zu sein.

Aber nur zu bald sollte Bismarck erfahren, daß die Zeit des nationalen Enthusiasmus im Schwinden begriffen war, daß nur seine letzten Wellen noch einige Einwirkung auf die Landtagswahlen geübt hatten. War doch schon mehr als ein Jahr seit den herrlichen Jubeltagen verflossen, die Aufregung begann sich zu legen, die alten Lebensgewohn=
heiten, die Parteistimmungen und Particularinteressen kamen wieder zum Vorschein. Überhaupt war es in Deutschland mit zuverlässigen Mehrheiten und vollends mit ministeriellen Parteien schwach bestellt. Hier fehlte der Grund der straffen Parteidisciplin, der in England den Ministern den Gehorsam der Majorität sichert, die Ernennung der Minister durch die Majorität, die mit einer Niederlage des Ministeriums das Ende der eignen Herrschaft erlebt. So fand im deutschen Parlament der deutsche Individualismus fröhliche Entfaltung. Der Ehrgeiz des deutschen Abgeordneten ging sehr selten dahin, ein Stück der Regierung zu werden, sondern er strebte als unabhängiger Charakter die Regierung zu beaufsichtigen, jede ihrer Vorlagen zu kritisiren und zu amendiren, sie zu billigen, so weit sie mit den eignen Ansichten und Interessen überein=
stimmten, und sie sonst zu verwerfen, mochte die Ablehnung noch so sehr die in sich zusammenhängende Politik eines übrigens hochgeschätzten Ministers stören. Der Drang gewissen=
hafter Gründlichkeit, der jeden etwas erheblichen Gesetzentwurf mit einer Masse einander kreuzender Amendements bedeckte, führte ohne Frage in vielen Fällen wichtige Verbesserungen herbei, auf der andern Seite zerriß er aber auch recht häufig die innere Einheit größerer Gesetze und hinterließ damit den kommenden Geschlechtern schwere Aufgaben der juristischen Auslegung.

Dieselbe Gewissenhaftigkeit bethätigte sich auch in der Bildung oder Zersetzung der Parteien. Nur sehr selten kam es vor, daß eine Partei ihren Mitgliedern ihre Abstimmung vorschrieb, weil ein solcher Beschluß gelegentlich den Austritt der Dissidenten zur Folge gehabt hatte; um so häufiger erlebte man, daß ein Neugewählter sich mit keiner der vorhandenen Parteien nach jeder Beziehung im Einverständniß befand und dann mit einigen Gleichgesinnten eine neue selbständige Gruppe bildete. Ende 1867 war die Zahl der Fractionen auf acht gewachsen, ein Zustand, der sehr geeignet war, die Bildung einer geschlossenen und zuverlässigen Mehrheit zu erschweren.

Wie im Innern der Parteien, hatte das Wort Disciplin auch bei der Gesammtheit der Volksvertretung einen wenig erfreulichen Klang. Aus jeder Steigerung der parlamentarischen Disciplinargewalt nach englischem Muster sah man die Gefahr einer wachsenden Unterdrückung der Minorität hervorgehn. Auch meinte man, daß im Kreise der Erwählten der Nation bei einer etwaigen Ungebühr die öffentliche Beschämung durch den Ordnungsruf des Präsidenten — und man besaß ja damals im Landtag wie im Reichstag an Forckenbeck und Simson ebenso kluge wie energische Präsidenten — zur Sicherung von Recht und Anstand ausreichen würde. Für die Zukunft baute man auf die Sitte und den idealen Zug im Charakter des deutschen Volkes.

Dies war damals sehr begreiflich, immerhin aber etwas unvorsichtig gegenüber den Möglichkeiten einer weniger idealen Zukunft, wie sie seitdem zu Wirklichkeiten geworden sind, der Häufigkeit der Ehrenkränkung abwesender Privatpersonen, sowie der Verdächtigung des sittlichen Charakters der politischen

Gegner im Hause selbst, ferner der unbefangenen, öffentlichen Nichtbeachtung wichtiger Vorschriften der Verfassung durch Wähler und Gewählte. In der Zeit, mit der wir uns beschäftigen, dachte man an dergleichen Ungebühr nicht; die vorher erwähnten Schwächen der damaligen Volksvertretung entsprangen theils aus dem deutschen Nationalcharakter, theils aus der allgemeinen Lage der Dinge; was aber das Personal unserer Parlamente in dieser Epoche betrifft, so ergibt um so bestimmter die historische Betrachtung, daß die nächsten Jahre vor und nach dem französischen Krieg die classische Höhe des parlamentarischen Wirkens in Deutschland bezeichnen, wie sie weder früher noch später erreicht worden ist. Jener ideale Zug hatte durch die lange fruchtlose Erstrebung der deutschen Einheit, dann durch den heftigen Kampf um Freiheit und Macht in der Conflictszeit, und endlich durch die Begeisterung über die begonnene Verwirklichung des nationalen Gedankens seine volle Entfaltung gefunden. Wie immer, dauerte die heiße Begeisterung nicht gar lange, aber sie hatte ihre bleibende Frucht in vollem Maaße getragen. In dem politisch thätigen Theile unserer Nation hatte sie eine Fülle der geistigen Kräfte geweckt und trotz alles Individualismus ihnen die Richtung auf patriotischen Gemeinsinn gegeben. Die unter solchen Eindrücken gewählten Versammlungen enthielten eine solche Menge hochgebildeter, scharfsinniger und beredter Männer, daß man beinahe zweifeln könnte, ob das Orchester nicht zu viele Solisten in sich schließe, hätten sie nicht ohne persönlichen Eigennutz und hitziges Sonderinteresse ihr ganzes Dasein dem Gesammtwohl des Staates und der Nation gewidmet. Ihre Beredsamkeit hielt eine glückliche Mitte zwischen der vor hundert Jahren in England angestrebten rednerischen Pracht eines Burke und Sheridan und der trocknen Dürre der rein geschäftlichen Erörterung in der spätern Zeit. Fast immer hatte der Hörer den Eindruck, sich in einer geistreichen, von idealem Streben getragenen Gesellschaft zu befinden. Die weiterhin im Culturkampfe aufgewucherte Neigung zur persönlichen Invective erschien nach dem Schlusse der Conflictszeit nur in seltenen Fällen und fand geringen Beifall.

Diese Vorzüge zeigten sich bei allen Parteien. Nur wenige der talentvollen Führer sind jetzt, am Ausgange des Jahrhunderts, noch unter den Lebenden, aber unvergessen, wenn nicht sämmtlich im ganzen Volke, so doch sicher in den Kreisen ihrer Gesinnungsgenossen, sind die Namen der Conservativen Moltke, Blanckenburg, Wagener, der Freikonservativen Bethusy-Huc und Friedenthal, der Nationalliberalen Twesten, Lasker, Schwerin-Putzar, der katholischen Gruppe Mallinckrodt, Windthorst, Peter Reichensperger, der Fortschrittsmänner Waldeck, Schulze-Delitzsch, Löwe-Calbe. Bei Weitem nicht Alle haben gleichwerthigen Ersatz erhalten.

Übrigens ist nicht zu übersehn, wie die Geisteskraft des Lenkers der preußisch-deutschen Politik dazu beitrug, die Verhandlungen der Abgeordneten auf der erlangten Höhe zu erhalten. Er stärkte ihr Vermögen durch die fort und fort sich folgenden großen Aufgaben, die er ihnen stellte, und wer mit ihm streiten wollte, mußte, daß er die eignen Mittel auf das Höchste anzuspannen hatte, um ihm einen Erfolg abzuringen. Sie machten ihm bei hundert Anlässen das Leben sauer; aber sie bewunderten ihn und wünschten die Fortdauer seiner Macht; der Neid der strebenden Mittelmäßigkeit gegen die schöpferische Größe war der Mehrzahl dieser Generation fremd. Und doch zeigte sich gerade in den beiden großen Parteien ein abwechselndes Schwanken zwischen der Unterstützung und der Bekämpfung der Regierung, und auch der Grund davon ist leicht zu erkennen. Das rasche und folgenreiche Ergreifen des nationalen Gedankens hatte die Richtung und die Bedürfnisse der preußischen Politik vollständig verwandelt, und nicht überall war man sich dieser entscheidenden Thatsache bewußt geworden. Zur Durchführung seines Werkes konnte Bismarck weder konservativer noch liberaler Gesetze und Maaßregeln entbehren; er mußte also gute Freundschaft mit beiden Parteien suchen und eine Verständigung mit und zwischen ihnen auf dem Boden der großen nationalen Aufgabe erstreben. Manches Mal gelang es; aber nur zu häufig geschah, daß sein liberales Thun die Conservativen mit tiefem Mißtrauen erfüllte, ob ihr alter Führer in revolutionäres Treiben hinabgleite, und kräftiger Widerstand geboten sei, während umgekehrt die Nationalliberalen bald hier bald dort bei ihm einen Rückfall in reaktionäre oder absolutistische Gelüste wahrzunehmen glaubten und zu deren Eindämmung die Machtbefugnisse des Parlaments auf allen Seiten zu festigen oder zu erhöhen strebten.

Gleich im Anfang der Landtagssession kam es nach solchen Stimmungen zuerst zu einem heftigen Zusammenstoß zwischen der Regierung und den liberalen Fractionen, der sich durch mehrere Monate hindurchzog, und sodann folgte gleich nach dessen Erledigung ein nicht minder lebhafter Ausbruch angesammelter Verstimmung der Conservativen gegen Bismarck. In beiden Fällen war es eine Folge der Ereignisse von 1866, die zu diesen Spaltungen den Anlaß gab, und die wir also etwas näher zu betrachten haben.

Schon im November 1866 hatte der englische Gesandte Lord Augustus Loftus in Berlin den dringenden Wunsch seiner Regierung angemeldet, Preußen möge mit König Georg V. ein Abkommen über das in Hannover mit Beschlag belegte welfische Hausvermögen treffen, dessen Nutznießer der König war, an dessen Eigenthum aber alle Agnaten des Hauses Theil hatten. Der Kaiser von Rußland, der, wie wir sahen, den Sturz der drei deutschen Fürstenhäuser mit peinlichen Gefühlen erlebt hatte, gab dem Antrag seinen lebhaften Beifall. Bismarck war ganz einverstanden, da er sich von der Maaßregel eine günstige Wirkung auf die Gefühle des hannoverschen Volkes versprach und bei der damals sehr bedenklichen Lage seiner französischen Unterhandlung allen Grund hatte, sich das Wohlwollen der befreundeten Höfe zu sichern. Er ließ also an den König Georg den Vorschlag gelangen, ihm gegen Verzicht auf die hannoversche Krone und Rücklieferung von 23 Millionen Thalern nach England geflüchteter Staatsgelder anstatt der früher aus den hannoverschen Domänen bezogenen Civilliste von jährlich 400 000 Thaler eine jährliche Rente von 700 000 Thaler zu überweisen und diese durch ein, zunächst gerichtlich zu deponirendes, Capital von 16 Millionen Thalern sicher zu stellen[1]). Der König, der ein in England angelegtes Privatvermögen von 10 bis 12 Millionen Thalern besaß, also auch ohne den Vertrag sich in einer sehr reichen Vermögens=

---

[1]) Es war das letzte Ergebniß langwieriger Verhandlungen über verwickelte Rechtsfragen, auf die ich hier nicht näher eingehe. Man kann sie in den Landtagsreden Miquel's, Lasker's, Twesten's und Waldeck's vom 1. Februar, sowie in Meding's Memoiren III, 1 entwickelt finden.

lage befand, hatte Anfangs geringe Neigung, mit dem bitter gehaßten Feinde zu verhandeln, und lehnte vor Allem den begehrten Verzicht auf die Krone höchst entschieden ab. Bismarck ließ sich dies nicht besonders anfechten. Bei dem Spiel um eine Krone pflegt nach alter Erfahrung der nach legitimistischen Begriffen unerlaubte und deshalb nichtige Verzicht genau so lange in Kraft zu bleiben, als der Prätendent keine Mittel hat, den Thron zurück zu gewinnen. Sobald sich eine günstige Aussicht zeigt, fliegt der Verzicht in alle Winde. Weshalb also sollte Preußen auf eine so leere Formalität Gewicht legen? Bismarck ließ demnach den Artikel fallen, und im Mai 1869 kam die Unterhandlung über das Hausvermögen unter stetem Beirath des englischen Gesandten in Fluß.

Bismarck hatte die Abfindungssumme so äußerst freigebig beinahe auf das Doppelte der frühern Einkünfte des Königs aus gutem Grunde bemessen. Er hatte bei der Verhandlung mit England die Königin Victoria über die Höhe der Abfindung zu Rathe gezogen, und sie hatte geantwortet, der König würde, um in England als Royal duke zu leben, ein jährliches Einkommen von 100 000 Pfund Sterl. bedürfen, worauf dann Bismarck die Summe auf 700 000 Thaler abrundete. Als dann Bismarck die Weigerung des Königs erwähnte, auf die Krone zu verzichten, erklärte die Königin, das sei ganz gleichgültig. Wenn Georg das Geld nehme, sei er durch Ehrenpflicht gebunden (bound in honour), fortan keine Störungen des seit 1866 bestehenden Zustandes zu unternehmen.

Aber völlig davon verschieden war die Denkweise des Königs Georg. Für ihn war es nicht bloß die strengste

Ehrenpflicht, sondern auch das höchste Moralgesetz in aller Welt, daß dem Welfenhause die von Gott geordnete Herrschaft über Hannover bis an das Ende der Dinge erhalten bliebe. So stand er auf dem Buchstaben seines Vertrags, aus dem er jeden Verzicht getilgt hatte; das Geld, das man ihm anbot, war ihm widerrechtlich geraubt; warum sollte er es nicht für die Herstellung seiner Krone verwenden? Und eben jetzt fand er sich trotz seines Reichthums in schwere Geldnoth verwickelt. Wir erinnern uns der heimlichen Werbungen für seine Welfenlegion, deren Mannschaften durch das Ungeschick seiner Agenten gerade in dem Augenblick aus Hannover nach Holland übertraten, wo in London die Conferenz den Frieden sicherte. Da war der Schrecken an seinem Hofe zu Hietzing groß; jetzt mußte er seine Soldaten ernähren und sah damit sein Vermögen schwer belastet. So trat er in den Vertrag ein, genau zu dem Zwecke, den Bismarck für undenkbar gehalten hatte, um gerade mit dem von Preußen gespendeten Gelde die Waffenrüstung gegen Preußen aufrecht zu halten. Seine Anhänger lobten Gott, weil er Preußen so verblendet habe, daß es selbst dem Könige die Mittel zum Kampfe liefere. Es wurde dann nach vielfachem Hin- und Her-Feilschen der Vertrag am 29. September gezeichnet, gleich nachher ratificirt, und alle seine Bestimmungen ausgeführt. Die 23 Millionen Staatsgelder kamen nach Hannover zurück, die 16 Millionen für den König wurden einstweilen gerichtlich hinterlegt, bis über ihre Verwaltung ein Abkommen mit den Agnaten getroffen wäre.

Zugleich erhielt auch der vertriebene Herzog Adolf von Nassau mit entsprechender Freigebigkeit eine Abfindungssumme von neun Millionen Thalern, die er, verschieden von König Georg, als wirkliche Abfindung betrachtete und danach handelte.

Beide Verträge waren noch in dem Jahre der königlichen Dictatur über Hannover abgeschlossen worden und bedurften deshalb nach Ansicht der Regierung trotz ihrer verspäteten Ratification keiner Genehmigung durch den Landtag. Jedoch hatte der Finanzminister die zu ihrer Vollziehung nöthigen Gelder aus der zu Kriegs- und Marinezwecken bestimmten Anleihe von 1866 entnommen, bemerkte dies im Etat und bat in einer erläuternden Denkschrift um die nachträgliche Zustimmung des Abgeordnetenhauses.

Allein noch einmal mußte Bismarck erleben, wie empfindlich die altpreußischen Liberalen in der Erinnerung an den großen Verfassungsstreit bei jeder Budgetfrage fortdauernd waren. Also wieder, hieß es, ohne vorheriges Einverständniß mit der Volksvertretung die alte ministerielle Willkür. Ein Bruch des Vertrauens ist es, rief der sonst gemäßigte Twesten, und nicht bloß die Fortschrittspartei, sondern auch die große Mehrheit der Nationalliberalen stimmten ihm eifrig bei. Zunächst wurde die Vorlage der Verträge, und über die darin verschenkten Millionen neben der Erwähnung im Etat ein besonderes Finanzgesetz gefordert. Die Regierung erfüllte dies Begehren sogleich im December, im Januar 1868 berieth darüber eine Commission, welche nach gründlicher Prüfung die Annahme des Gesetzes beantragte. Hierauf fand am 1. Februar die entscheidende Verhandlung im Plenum mit einem großen Aufwande von Beredsamkeit und Leidenschaft Statt. Die Linke wies Verträge und Finanzgesetz zurück, als eine gewissenlose Verschwendung, die bei dem Mangel des Verzichts durch Georg V. völlig erfolglos bleiben würde.

Der Zorn war auf das Höchste gestiegen, als im Laufe des Januar die welfische Legion in schönster militärischer Ordnung unter Officieren und Unterofficieren nach Frankreich übertrat, von französischen Officieren inspicirt und von französischen Behörden einquartiert wurde. Bismarck, Zweck und Ziel seines Verfahrens fest im Auge, auch über die welfischen Umtriebe noch nicht vollständig unterrichtet, erklärte, daß für die persönliche Theilnahme des blinden Königs daran die Beweise fehlten, setzte die Vortheile der Verträge in den annectirten Provinzen und bei den europäischen Höfen in helles Licht und stellte endlich die Cabinetsfrage. Die Rechte, Conservative und Freiconservative, waren nach ihrer royalistischen Gesinnung von Anfang an auf seiner Seite gewesen und hatten großen Anstoß an dem Mangel von Treue und Ehrfurcht genommen, womit die hannoverschen Abgeordneten von ihrem vertriebenen König redeten. Indessen bei der Abstimmung schlossen auch diese, so wie die Nassauer, Kurhessen und ein Theil der Schleswig-Holsteiner sich an, und so wurde mit 254 gegen 113 Stimmen das Finanzgesetz unverändert angenommen, und damit auch die Verträge anerkannt.

Trotz dieses Siegs blieb für den Minister die sehr unangenehme Thatsache bestehn, daß von den beiden Hauptstützen seiner jetzigen Politik die eine, der er vor Kurzem in wichtigen Fragen eine offene Annäherung an ihre Wünsche in der innern Politik bekundet hatte, jetzt bei einem Streite von europäischem Belang sich wegen bedeutungsloser Budget-Formalitäten gespalten, und ihm theils die begehrte Indemnität, theils die Zustimmung in der Sache selbst verweigert hatte. Das gab unerfreuliche Aussichten für die Zukunft. Aber schon nach drei Tagen war ihm auf der entgegengesetzten Seite des Hauses eine noch schwerer wiegende Erfahrung gleicher Art zu machen bestimmt, wieder bei einer aus der Annexion Hannovers entsprungenen Frage. Wir haben oben gesehn, wie trotz der abweichenden Ansicht des Finanzministers König Wilhelm persönlich den Kurhessen ihren Staatsschatz gelassen, wie damit ein entsprechendes Begehren der Hannoveraner unabweislich geworden, wie zugleich aus jeder der annectirten Provinzen die Vertrauensmänner die Herstellung von Provinzial- und Kreisständen zu freier Selbstverwaltung ihrer localen Angelegenheiten beantragt hatten. Die Regierung war darauf ohne Schwierigkeit eingegangen, allerdings der König und Bismarck mit lebhafterem Eifer, als der zunächst betheiligte Minister des Innern, Graf Friedrich Eulenburg. Es erschien denn ein Gesetzentwurf zunächst für die Provinz Hannover, worin ihr aus Domanial-Einkünften ein Capital überwiesen wurde, welches der einzuführenden localen Selbstverwaltung ein jährliches Einkommen von 550 000 Thalern liefern sollte. Aber sofort erhob sich zu Bismarck's peinlicher Überraschung gegen diese, durch die persönliche Einwirkung Sr. Majestät veranlaßte, Vorlage der heftigste Widerspruch der großen conservativen Partei, dieses Mal in seltenem Bunde unterstützt durch Georg von Vincke's rücksichtslose, mit Witz und Spott gesättigte Polemik und durch Walbeck's dröhnendes Begehren, mittelst Zerreißung des unnatürlich zusammengeflickten Königreichs das hochmüthige Selbstgefühl der Hannoveraner mit der Wurzel auszurotten. Das nächste Thema der Gegner war der Satz, daß die reiche Ausstattung Hannovers eine schmähliche Verletzung der alten Provinzen sei. Wir haben, hieß es, seit 1823 eine auf engen Kreis bemessene provinziale Selbstverwaltung, deren Kosten aber haben wir stets aus der eignen Tasche bezahlen müssen; hier gibt man doppelt weitere Rechte und dazu eine verschwenderische Dotation: wir, die alten Getreuen, sind plötzlich zu Stiefkindern Preußens geworden. Man würde den conservativen Herrn Unrecht thun, wenn man für ihren Verdruß allein die Geldfrage als Quelle bezeichnete. Der letzte Grund der Mißstimmung war der oben erwähnte Argwohn, daß Bismarck sich seit 1866 verwandelt habe und seinen Übertritt aus dem conservativen in das liberale Lager vorbereite. Schon daran nahmen sie Anstoß, daß der überlastete Minister den alten Kameraden stets nur kurz seinen Willen zur Nachachtung bekannt machte, während er die neuen Freunde, die liberalen Führer, und besonders jene der annectirten Lande, stets mit ausgesuchter Liebenswürdigkeit behandelte. Daran schlossen sich die sachlichen Bedenken: die Einführung des allgemeinen Stimmrechts, die Ernennung des liberalen Delbrück zum Präsidenten des Reichskanzleramts, die in der Bundesgesetzgebung herrschenden Tendenzen. Es fehlte nicht an heimlichen Hetzern — der frühere, längst mit Bismarck verfeindete Finanzminister von Bodelschwingh wird besonders genannt —, welche der Partei den Abfall Bismarck's, seine unerträgliche Herrschsucht, seinen Zorn bei jedem Widerspruch in grellen Farben anschaulich zu machen verstanden. Die Hauptsache aber war, daß ihre Mehrzahl, ganz wie ihre liberalen Gegner, die Erinnerung an die große Conflictszeit nicht los zu werden vermochte. Damals waren sie das Werkzeug gewesen, womit das Vorwärtsdrängen der liberalen Parteien vereitelt worden war; da hatte ihre gesammte Politik sich in dem einen Worte zusammengefaßt: kein parlamentarisches, sondern ein königliches Regiment. Zu diesem Parteiruf hatte dann auch seit 1848 die Verwerfung der nationalen Idee gehört: das fest ummauerte Preußen solle nicht in dem demokratischen Urbrei der sogenannten deutschen Einheit versinken. Jetzt aber meinten sie, Bismarck, der täglich den Schöpfern des Nationalvereins die Hand drückte, auf geradem Wege zu dem revolutionären deutschen Kaiserthum zu sehn, welches einst Friedrich Wilhelm IV. mit Verachtung zurückgewiesen hatte.

Der Kriegsminister von Roon, damals wegen Krankheit im Süden abwesend, war ein Altconservativer wie Einer, ein strammer Preuße und ein ebenso strammer Officier, aber durch lange Regierungsthätigkeit in warmer Freundschaft mit Bismarck über die Mehrzahl seiner Partei zu weiterem Blicke emporgewachsen. Auf die Kunde von dem ausgebrochenen Haber schrieb er einem Freunde[1]): die Partei muß endlich begreifen, daß ihre heutigen Auffassungen und Aufgaben wesentlich andere sind, als zur Zeit des Conflicts; sie muß eine Partei des conservativen Fortschritts werden und die Rolle des Hemmschuhs aufgeben, so nothwendig eine solche zur Zeit der Übermacht des demokratischen Fortschritts auch sein mochte.

Allein für solche Gedanken war bei der einmal aufgeflammten Erbitterung kein Raum. Vergebens erinnerte Bismarck daran, wie er fort und fort seine wesentliche Stütze in der conservativen Partei gesucht, wie er es nach so langen Jahren ihres Zusammenwirkens als selbstverständlich betrachtet habe, daß sie ein für alle Male auf seiner Seite stehn würde,

---

[1]) Denkwürdigkeiten aus Roon's Leben II, 877 ff.

so lange er nicht ein großes conservatives Princip verletze. Davon aber könne doch bei dieser Vorlage, welche aus dem Willen des Monarchen selbst entsprungen sei, entfernt nicht die Rede sein. Wie sollte denn eine constitutionelle Regierung ohne eine feste Majorität möglich bleiben, eine Majorität, die, wo es sich nicht um principielle Gegensätze handle, auch einmal einer Vorlage, die sie für eine Thorheit halte, zustimme, in Anbetracht, daß dieses Ministerium auch viele gute Maaß= regeln geliefert hätte, vielleicht in größerer Zahl als künftig ein anderes thun würde? Fehlte der Regierung eine solche Majorität, so müßte sie sich eine andere zu bilden suchen; dann entstünden Coalitionsministerien mit all ihren Schwächen; die Regierung müßte verschiedenen Richtungen Rechnung tragen und käme nicht von der Stelle; die Verwaltungs= maximen würden in stete Schwankungen gerathen, die für das ganze Staatswesen und am Meisten für die conservative Partei die nachtheiligsten Wirkungen haben könnten. Wenn Sie uns die Majorität versagen, schloß er, so werden Sie nicht erwarten, daß wir fortfahren, alle Unannehmlichkeiten der Stellung zu ertragen, ohne Abhülfe zu suchen; Sie werden uns nicht zumuthen, daß wir uns zum Organe Ihrer vereinzelten Partei machen, und es darauf ankommen lassen, ob die ganze für das Land bedrohliche Situation des Conflicts sich erneuert. Ich fürchte den Conflict nicht, das habe ich gezeigt. Aber ihn zur permanenten nationalen Institution zu machen, das ist nicht mein Wille.

So eindringlich diese Mahnung war, so völlig verfehlte sie ihren Zweck. Der germanische Eigenwille blühte in voller Pracht. Wir sind, erklärte Herr von Branchitsch, nicht auf den Namen des Ministers gewählt, daß wir in blinder Dienstwilligkeit ihm auf Schritt und Tritt folgen sollen. Verzichten wir auf die Freiheit, zu widerstehn, so fehlt uns auch die Kraft, zu stützen. Unsere Wähler haben volles Vertrauen zu Bismarck's auswärtiger Thätigkeit, aber schwere Bedenken bei seiner innern zum Liberalismus neigenden Politik. Wir haben als unabhängige Männer zu wirken, als Männer von Charakter und Gewissen. Nicht bloß, wo es sich um die Verletzung der politischen Grundsätze, sondern auch, wo es sich wie im vorliegenden Falle um ein Rechenexempel handelt, müssen wir ein Jeder nach der eignen Überzeugung das Facit ziehn und danach stimmen. Hier ist keine Rede, bekräftigte Vincke, von einer politischen Frage, sondern von einer Rechtsfrage, einer Frage um Mein und Dein, um die Verkürzung der andern Provinzen zu Gunsten Hannovers: da dürfen wir nicht aus politischen Rücksichten das Recht beugen lassen, da hat ein Jeder als gewissenhafter Richter sein Urtheil auszusprechen, wie es Artikel 83 der beschworenen Verfassung vorschreibt: jeder Abgeordnete soll nach seiner freien Überzeugung stimmen.

In Wahrheit schreibt der Artikel 83 vor, daß jeder Abgeordnete ohne Rücksicht auf Aufträge und Instructionen seiner Wähler nach eigner freier Überzeugung stimmen soll. Ob er seine Überzeugung nur nach der Beschaffenheit des einzelnen Falls oder nach Erwägung des Zusammenhangs der ganzen politischen Lage zu bilden hat, darüber redet der Artikel gar nicht.

Ungleich einsichtiger als die Conservativen verhielten sich dieses Mal die Nationalliberalen. Bei ihnen war, hauptsächlich in Folge von Gneist's Schriften über die englische Verfassung, die Ansicht verbreitet, daß in England das Gedeihn des parlamentarischen Wesens auf der von ministerieller Willkür unabhängigen Localverwaltung der Kreise und Bezirke beruhe, und schon deshalb brachten sie dem Gesetze, welches zunächst in Hannover eine solche freie Selbstverwaltung einführen sollte, ihre warme Sympathie entgegen. Sie freuten sich, als auch Bismarck das Gesetz empfahl, nicht bloß, weil es dem Volke in Hannover erwünscht wäre, sondern auch, weil es eine erste Bresche in die ihm verhaßte bureaukratische Centralisation der ganzen preußischen Staatsverwaltung lege, bei der im fernsten Winkel des Landes kein Zaun aufgerichtet, keine Brückenbohle gelegt werden dürfe, ohne in fünf Instanzen, vom Ortsgendarmen bis zum vortragenden Ministerialrath, gebilligt zu sein. Solche Stimmungen gegen die Bureaukratie waren sonst auch den Conservativen nicht fremd, aber sie stießen als preußische Particularisten das Gesetz zurück, weil es der Selbstverwaltung Hannovers größere Geschenke machte, als sie für ihre Provinzen seit 1823 empfangen hatten. Die Nationalliberalen aber griffen mit beiden Händen zu, nach der richtigen Meinung, daß das System, einmal in einer großen Provinz begonnen, sich unaufhaltsam auch für alle andern durchsetzen würde. Sie hatten bereits im Budget einzelne Posten in diesem Sinne behandelt und stellten jetzt neben das Gesetz eine Resolution, in welcher das Haus die Regierung aufforderte, gleich in der nächsten Session die für diese allgemeine Reform erforderlichen Vorlagen einzubringen.

Indessen als es am 6. Februar zur Abstimmung über ein von der Regierung angenommenes Amendement des Herrn von Kardorff kam, welches der Provinz Hannover für die Zwecke ihrer Selbstverwaltung zwar kein Capital, wohl aber eine jährliche Rente von 500 000 Thalern zuwies, siegte die Regierung über die verbündeten Conservativen und Radicalen mit einer Mehrheit nur von fünf Stimmen. Bismarck war entrüstet, nahm unbestimmten Stadturlaub und erschien nicht wieder im Landtag. Am Abend war ein großes Hoffest, und der König nahm die Gelegenheit wahr, den Conservativen, wie sie ihm gerade in den Wurf kamen, den deutlichsten Ausdruck seines Allerhöchsten Unwillens zu geben. Dies blieb bei den alten Royalisten nicht ohne Wirkung, und auch Bismarck gegenüber begannen die Herrn zu überlegen, daß es schwerlich im Interesse ihrer Partei liegen könne, durch eine förmliche Absage den mächtigen Mann in die Stellung eines liberalen Parteihaupts selbst hinein zu drängen. So wurden am 7. Februar das Gesetz und die Resolution mit verstärkter Mehrheit angenommen, und auch das Herrnhaus fand es zweckmäßig, diesem Beispiel trotz alles Widerwillens in der Sache am 18. Februar zu folgen. So hatte denn Bismarck auch in dieser Sache schließlich die Genehmigung des Landtags errungen. Aber der Riß zwischen ihm und der conservativen Partei war innerlich nicht geschlossen, sondern nur oberflächlich zugedeckt, und sollte ihm noch lange Jahre hindurch schwere Stunden bereiten.

Übrigens beeilte er sich, jetzt auch über das Verhältniß zu König Georg einen unzweideutigen Abschluß zu veranlassen. Es war ihm gelungen, urkundliche Beweise für die, von niemand und wohl auch von ihm nicht bezweifelte, Thatsache zu gewinnen, daß die Wühlereien in Hannover und die Aufstellung der Welfenlegion unter der persönlichen Leitung und Bezahlung des Königs vor sich gingen. Er legte jetzt ben befreundeten Höfen die beiden Verträge als Ausdruck des guten Willens Preußens vor, ersuchte sie aber zugleich, dem Könige ernstlich zu erklären, daß die Einstellung aller Feindseligkeiten gegen Preußen die unerläßliche Voraussetzung der bedungenen Geldzahlungen sei. Die Mächte verhießen, das Mögliche in diesem Sinne zu thun. König Georg aber beeilte sich, dem preußischen Wunsche die öffentliche Abfertigung zu geben. Am 18. Februar begrüßte er eine zur Feier seiner silbernen Hochzeit gekommene hannoversche Deputation mit einem feurigen Trinkspruch, auf die Wiederherstellung des Welfenreichs und des Welfenthrons, auf baldiges Wiedersehn in Hannover. An demselben Tage genehmigte in Berlin das Herrnhaus die Verträge, nachdem der Finanzminister den Entschluß der Regierung ausgesprochen hatte, bei weitern feindlichen Umtrieben des Königs die Beschlagnahme seines Vermögens zu erneuern. Als darauf die Rathschläge der Höfe unwirksam geblieben waren, vielmehr die Werbungen für die Legion fortdauerten, veröffentlichte bald nach dem Schlusse des Landtags der Staatsanzeiger neben einander die beiden Verträge, zugleich aber auch eine königliche Verordnung, welche das welfische Hausvermögen, unter Vorbehalt einer nachträglichen Zustimmung des Landtags, so wie aller Rechte des Gesammthauses Braunschweig, von Neuem mit Beschlag belegte.

Um nicht wieder auf die leidige Sache zurückkommen zu müssen, schalten wir hier ihren weitern Verlauf bis zu ihrem Ausgang ein. Als die Legion in kleinen Abtheilungen von der deutschen Grenze entfernt jenseit der Loire unter=

gebracht war, ließ König Georg in Hannover die heimliche Werbung zu ihrer Verstärkung für einen Kriegsfall fortsetzen, bezahlte dafür ansehnliche Summen, verwandte auf den Unterhalt der Legionäre jährlich 350 000 Thaler und bestritt mit Beihülfe einer mühsam aufgebrachten Anleihe von einer halben Million die Anschaffung von Uniformen und Waffen für 10 000 Mann, auf deren Zusammenkunft nach einer französischen Kriegserklärung der König mit Sicherheit rechnete, und welche dann als Vortrab der siegenden Franzosen in Deutschland einbrechen und den Welfenthron wieder aufrichten sollten. Nun werden wir sehn, wie im Sommer 1868 badische und rumänische Vorgänge in Wien und in Paris eine lebhafte Aufregung hervorriefen, und die Luft sich überall mit Kriegsgerüchten erfüllte. Am Hofe zu Hietzing stiegen die Hoffnungen hoch, und zugleich meldete sich als deutscher Bundesgenosse auch der Kurfürst von Hessen bei ihm an. Wie oben erwähnt, hatte dieser Herr 1866 mit Preußen einen Vertrag abgeschlossen, worin er gegen Entbindung seiner bisherigen Unterthanen von ihrem Treu-Eide die freie Verfügung über sein hessisches Privatvermögen zurückerhielt und dann auf seinen böhmischen Besitzungen Wohnung nahm. Jetzt aber, im September 1868, trat er mit einer Denkschrift hervor, worin er seine rechtswidrige Beraubung durch Preußen in drohender Sprache darlegte, vor Gott und Menschen Protest dagegen erhob und darauf aufmerksam machte, daß er in seinem nach dem Vertrage erlassenen Manifest seine Unterthanen nur in soweit von dem Eide entbunden habe, als er nicht in der Lage sei, die Regierung zu übernehmen. Ganz wie König Georg verkündete er, daß er niemals auf seinen Thron verzichten werde, und seine Hoffnung auf

Gottes Gerechtigkeit, auf die unerschütterliche Liebe und Treue seiner Unterthanen und den Beistand aller edeldenkenden Mächte setze. Exemplare dieser Denkschrift sandte er an alle Souveräne und vornehmlich an den Kaiser Napoleon.

Die Folge war, daß die preußische Regierung jetzt auch auf sein Vermögen Beschlag legte und bei der Wiedereröffnung des Landtags beide Verordnungen bei dem Hause der Abgeordneten zur Genehmigung einbrachte. Bismarck erläuterte den Thatbestand, die förmliche Kriegserklärung beider Fürsten gegen Preußen, die militärischen Rüstungen, die diplomatischen Allianzversuche, die revolutionären Umtriebe in zwei preußischen Provinzen unter Anknüpfung mit den süddeutschen Republikanern. Zur Zeit sei das Alles verächtlich, bei dem Ausbruch aber eines großen Krieges, dem man erst vor Kurzem nahe gestanden, könne es sehr gefährlich werden. Es sei die Pflicht der Regierung, solchen Bestrebungen die Geldmittel so weit wie möglich zu entziehn, und diese zur Entdeckung und Abwehr der feindlichen Machinationen, mithin als geheime Fonds, zu verwenden; etwaige Überschüsse könnten den Interessen und Bedürfnissen der beiden Provinzen zu Gute kommen.

Die vorberathende Commission empfahl die Annahme der Gesetze, mit dem Zusatze, daß die Aufhebung wieder nur auf dem Wege der Gesetzgebung, also unter Zustimmung des Landtags, erfolgen solle. Indessen fehlte es nicht an Widerspruch. Windthorst, der als Bevollmächtigter König Georg's den hannoverschen Vertrag unterhandelt hatte, erklärte mit vollem Brustton juristischer Überzeugung, daß der König nicht einen Buchstaben des Vertrags verletzt habe, einen Verzicht auf die Krone habe der König stets verweigert, sichere Beweise für seine angebliche Feindseligkeit seien nicht vorhanden, auf Zeitungsartikel und Berichte bezahlter Spione sei nichts zu geben, die Verordnung enthalte also eine willkürliche und verfassungswidrige Confiscation. Die radicale Partei war getheilt in ihren Ansichten. Walded beklagte, daß man es bei einem Sequester bewenden ließ und das Vermögen der beiden Fürsten nicht einfach für preußisches Staatsgut erklärte. Dagegen schloß sich Virchow den juristischen Erörterungen Windthorst's an, forderte Achtung vor dem Privateigenthum auch eines Feindes, verwarf die Verwendung so großer Summen durch die preußische Regierung ohne parlamentarische Aufsicht und weissagte als Folge der Maaßregel ein scheuß= liches Anwachsen von Spionage und Angeberei.

Allein er brachte damit keinen Eindruck hervor. Zu offenkundig lagen die Thatsachen vor den Augen der Welt; zu naiv war die Zumuthung an die Regierung, einem erklärten Feinde die Gelder selbst zu zahlen, womit er gegen sie Truppen rüsten und Meuterei anstiften wollte. Der Landtag genehmigte den Commissionsantrag mit großer Mehrheit.

König Georg unterhielt dann auf Kosten seines Privat= vermögens noch bis zum Frühling 1870 die Mannschaften der welfischen Legion in ihren französischen Quartieren, ge= tragen durch die stets sich erneuernde Hoffnung auf eine Kriegserklärung Napoleon's gegen Preußen. Als diese aber auch im Jahre 1869 ausblieb, sah er allmählich nicht bloß seine Renten, sondern demnächst auch seine Capitalien durch die Kosten seiner Rüstungen und Agitationen gefährdet. Durch gewissenlose Speculanten ließ er sich dann zu einem letzten Versuche, zur Gründung einer großen Bank, als Quelle neuer

Reichthümer verleiten. Als jedoch das Unternehmen nach kurzem Bestande in einem unsaubern Krach zusammenstürzte, gab er die Hoffnung auf und verfügte die Auflösung der Legion, indem er jedem Soldaten zum Abschied 400 Franken auszahlen ließ, um sich damit vielleicht in Amerika eine neue Existenz zu gründen.

Wenige Wochen später erfolgte der so lange von ihm ersehnte französische Angriff auf Deutschland. So hatte die preußische Beschlagnahme seines Vermögens der welfischen Legion wenigstens die Schande erspart, in einem heillosen Kampfe gegen ihr Vaterland zu Grunde zu gehn.[1])

Wir wenden uns wieder zum Februar 1868 zurück.

Wie heftig und bitter auch in den beiden hannoverschen Fragen die wechselnden Angriffe der Parteien auf die Regierung gewesen, so wenig war von systematischer Opposition irgend einer Mehrheit die Rede. Es ist nicht unsere Aufgabe, näher in die preußische Specialgeschichte einzugehn; es mag kurz bemerkt werden, daß das Haus allen finanziellen Wünschen der Regierung mit voller Freigebigkeit entgegen kam. Nur eine große politische Action, welche leider eine lange und trübe Vorgeschichte hatte und sich auch jetzt durch den ganzen Verlauf der Session hindurchzog, muß hier erwähnt werden, weil sie sich bald nachher auch im Reichstag fortsetzte.

---

[1]) Über das Verhalten des Königs Georg lassen die in Meding's Memoiren Band III veröffentlichten Documente, Briefe und Berichte keinen Zweifel mehr bestehn. Auch General Dammers, der in seinen Lebenserinnerungen im Übrigen auf Meding sehr schlecht zu sprechen ist, hat den Inhalt jener Actenstücke nicht zu widerlegen versucht.

Eine im Hause am 20. Mai 1865, also in dem glühendsten Höhenpunkte der Conflictszeit, gehaltene Rede des Abgeordneten Twesten, die mit schonungsloser Schärfe das Verhalten der preußischen Justizbehörden und Gerichte angriff, und bald nachher eine Rede des Abgeordneten Frentzel, welche schwere Anklagen gegen den Königsberger Polizeipräsidenten erhob, veranlaßte den damaligen Justizminister Grafen zur Lippe, die Staatsanwaltschaft zu gerichtlicher Verfolgung der beiden Herren anzuweisen. Allein bei beiden erfolgte Freisprechung sowohl in der ersten als in der zweiten Instanz, weil der Artikel 84 der preußischen Verfassung erkläre, daß die Mitglieder der beiden Häuser wegen ihrer Abstimmungen im Hause niemals, wegen ihrer darin ausgesprochenen Meinungen nur innerhalb des Hauses auf Grund der Geschäftsordnung zur Rechenschaft gezogen werden könnten. Auf die von dem Staatsanwalt eingelegte Berufung kam die Sache an die höchste Instanz, das Berliner Obertribunal, welches durch Urtheil vom 29. Januar 1866 die Meinungsfreiheit der Abgeordneten anerkannte, dann aber weiter erläuterte, unter dem Worte Meinung sei das Ergebniß eines Denkprocesses zu verstehn, keineswegs aber die Behauptung von Thatsachen, die, wenn sie zum Zweck der Verläumbung oder der Erregung von Haß und Verachtung geschehn sei, unter das Strafgesetz und die strafrechtliche Verfolgung fiele. Das Urtheil zweiter Instanz wurde hienach aufgehoben, und die Sache zu erneuerter Verhandlung an die erste Instanz zurückgewiesen.

Sofort stellte Hoverbeck am 6. Februar im Hause der Abgeordneten den Antrag, das Haus wolle das Verfahren der Staatsanwaltschaft und des Obertribunals für eine Verletzung der Verfassung und für einen unbefugten Eingriff in eins der wichtigsten Rechte der Volksvertretung erklären und Protest erheben gegen die Rechtsgiltigkeit dieses Verfahrens und aller sich daraus ergebenden Folgen. Das Haus nahm den Antrag nach dreitägiger höchst erregter Debatte mit 263 gegen 35 Stimmen an, nachdem Graf Lippe seinerseits Verwahrung dagegen als gegen einen rechtlosen Eingriff in die verfassungsmäßige Unabhängigkeit der Gerichte erhoben, und Bismarck ihn durch eine schneidige Kritik eines Privilegs unterstützt hatte, welches Verläumbung und Ehrenkränkung Dritter unbestrafbar machen sollte. Da Twesten sich mit gewohnter Kraft an der Debatte betheiligt hatte, wurde auch diese Rede unter Anklage gestellt, dem Präsidenten des Hauses aber der amtlich der Regierung übersandte Beschluß desselben als verfassungswidrig zurückgeschickt. Es war das letzte parlamentarische Gefecht der Conflictszeit.

Bald nachher trat mit den großen Ereignissen des Sommers der gewaltige Umschwung der preußischen Politik ein, der innere Hader wurde geschlossen, bei der Berathung des Reichswahlgesetzes im Abgeordnetenhause ein Satz zur Sicherung der unbedingten Redefreiheit eingefügt. Unter diesen Umständen wiederholten die Gerichte erster und zweiter Instanz trotz des Urtheils des Obertribunals die Freisprechung Twesten's und Frentzel's auf Grund des Artikels 84. Alle Welt hielt es jetzt für zweifellos, daß hiemit die Sache zu Ende, und die spitzfindige Auslegung des Obertribunals zu den Todten gelegt sei. Aber über die Zähigkeit des Grafen Lippe sollte man noch besondere Erfahrungen machen: gegen die Freisprechung sowohl Twesten's als Frentzel's legte die Staatsanwaltschaft Ende Februar 1867 die Nichtigkeitsbeschwerde beim Obertribunal ein. Wieder hoben sich dann die Hoffnungen der Liberalen, als Bismarck am 4. März dem Reichstag den Entwurf der Bundesverfassung vorlegte, worin kurz und rund den Mitgliedern des Reichstags für jede in ihrem Beruf gethane Äußerung die Unverfolgbarkeit zugesichert wurde. Es war deutlich, daß die Wege der das Jahr zuvor so enge verbundenen Minister auseinander zu gehn begannen: wie wäre es denkbar, daß die Regierung, was sie für den Reichstag anerkannt, dem in gleichartiger Thätigkeit wirkenden Landtag bestreiten sollte? Jedoch dem Obertribunal erschien dies ganz natürlich: am 26. Juni hob es die freisprechenden Urtheile der zweiten Instanz nochmals auf und wies die Processe zu erneuerter Behandlung nach Maaßgabe des von ihm bekräftigten Rechtsgrundsatzes in die erste Instanz zurück. Daneben war noch ein Disciplinar= verfahren gegen Twesten und Lasker (beide waren richterliche Beamte) beim Berliner Kammergericht anhängig, theils wegen der Parlamentsreden vom 10. Februar 1866, theils wegen späterer Wahlreden. Der Hof verurtheilte darauf am 3. Juli die beiden Abgeordneten wegen der Wahlreden zu einer Geld= buße und einem Verweis, erklärte aber auf's Neue, daß die Parlamentsreden nach Artikel 84 der Verfassung unverfolgbar seien. Der Zorn darüber war groß im Justizministerium, und die Staatsanwaltschaft legte Berufung ein, weil das Gericht nicht, wie es sich gebührt hätte, auf Amtsentsetzung erkannt habe.

In der ersten Instanz, für Twesten dem Berliner Stadt= gericht, nahm man sich Zeit zu der neuen Beschlußfassung über Twesten's Rede von 1865. Hier erwog man, daß nach der Entscheidung des Obertribunals über den Artikel 84 dem Gerichte nur noch die Bestimmung des Strafmaaßes überlassen, und dann nach dem Inhalt der Rede auf die höchste zulässige Strafe, zwei Jahre Gefängniß, zu erkennen sei. So wurde am 11. November geurtheilt. Graf Lippe verfügte darauf sofort die Suspension Twesten's von seinem Amte.

Die Erbitterung über diese Vorgänge war grimmig bei allen Liberalen im Landtag und im Lande. Kaum hatte der neue Landtag am 20. November sich constituirt, als Lasker den Antrag auf eine gesetzliche Declaration des Artikels 84, im Sinne unbedingter Redefreiheit, einbrachte. Außer der conservativen Partei waren alle andern, Freiconservative und Altliberale, Nationalliberale und Fortschrittspartei, einverstanden in der Sache. Der Abgeordnete redet nicht aus persönlicher Willkür, sondern zur Erfüllung seiner Berufspflicht, wozu es gehört, daß er die ihm bekannt gewordenen Übelstände im Staatswesen zur Sprache bringt; es kann also niemals bei ihm eine beleidigende Absicht (animus iniuriandi) angenommen werden. Darüber, und über die tiefe Schädigung des gesammten parlamentarischen Wesens durch eine Beeinträchtigung dieser Freiheit, darüber, wie gesagt, waren Alle einig. Aber nach deutscher Weise durfte es an Amendements nicht fehlen. Die Fortschrittspartei beantragte, daß der Artikel 84 völlig klar und ausreichend sei, das Haus also sein Recht durch das Verlangen einer Declaration selbst in Zweifel stelle, daß man also über Lasker's Antrag zur Tagesordnung übergehn, und die Initiative der Staatsregierung zu überlassen habe.

Umgekehrt fanden die Freiconservativen die Auslegung des Artikels 84 durch das Obertribunal nicht so zweifellos verwerflich, begehrten also nicht eine Declaration, sondern eine Änderung des Artikels im Sinne des Artikels 30 der Reichsverfassung.

Indessen, als es nach zweitägiger Verhandlung in der Vorberathung zur Abstimmung kam, fanden beide Amendements nur eine sehr geringe Stimmenzahl, und Lasker's Antrag wurde mit 180 gegen 161 Stimmen angenommen. Fast genau dasselbe Ergebniß lieferte am 2. December die Schlußberathung.

Bismarck hatte bei der ersten Debatte noch einmal seinen Collegen, wenn auch mit geringer Energie, in Schutz genommen; trotzdem war dem Grafen Lippe die Regierung überhaupt zu liberal geworden; er fand es angenehmer, mit der äußersten Rechten als mit dem Ministerium zusammen zu gehn: am 5. December erbat und erhielt er seine Entlassung und trat der ehemalige, hannoversche Minister Leonhardt an seine Stelle.

Da Lasker's Antrag einen Artikel der Verfassung betraf, mußte nach drei Wochen eine zweite Lesung Statt finden. Sie erfolgte am 8. Januar 1868. Noch einmal stellte die Fortschrittspartei den Gegenantrag auf motivirte Tagesordnung als die einzig richtige Maaßregel, und als sie damit nicht durchdrang, stimmte sie, charakteristisch für ihre Eigenart, mit den Conservativen gegen Lasker. Indessen die Mehrheit blieb fest, und mit 174 gegen 144 Stimmen wurde der Antrag angenommen.

Leonhardt begnügte sich dabei mit der Erklärung, daß das Staatsministerium einen Beschluß in dieser Frage noch nicht gefaßt habe, sie aber später wohl in Überlegung nehmen werde. Wenn damit die gesetzliche Lösung einer ungewissen

Zukunft überlassen blieb, so zeigte wenigstens die Praxis, wie sehr in den Regierungskreisen der Wind umgesetzt hatte. Zunächst zog Leonhardt die vom Staatsanwalt erhobene Berufung gegen das Urtheil des Disciplinarhofs zurück. Als dann das Kammergericht als zweite Instanz in dem Prozesse wegen Twesten's Rede von 1865 das harte Urtheil des Stadtgerichts vom 11. November vernichtete, an die Stelle der Gefängnißstrafe eine Geldbuße setzte und zugleich erklärte, daß es nur durch die Entscheidung des Obertribunals zu einem solchen Urtheil gezwungen sei, selbst aber kraft des Artikels 84 bei der Ansicht von der Unverfolgbarkeit einer Parlamentsrede beharre, da legte auch hier der Staatsanwalt keine Berufung ein. Vielmehr wurde jetzt die in Folge des Urtheils der ersten Instanz über Twesten verhängte Amtssuspension wieder aufgehoben, und weiterhin auch die erkannten beiden Geldstrafen als unter die Amnestie von 1866 fallend erlassen.

Lasker's Declarationsantrag war unterdessen dem Herrnhause übermittelt worden. Er kam dort zur entscheidenden Berathung fast gleichzeitig mit dem Entschlusse des Hauses, nach dem harten Kampfe mit Bismarck über den hannoverschen Provinzialfonds sich dem Willen der Regierung hierin zu fügen. Um so eifriger aber war dann das Haus bereit, der jetzt ebenfalls von der Regierung offenbar begünstigten Tendenz des Antrags Lasker mit allem Nachdruck entgegen zu treten und für die im andern Hause von der conservativen Partei erlittene Niederlage gründliche Vergeltung zu üben. Am 15. Februar verwarf es den Antrag mit allen gegen 14 Stimmen. Damit wurde die Unsicherheit des Rechtszustandes erhalten, und Lasker beschloß, in dem nahe bevorstehenden Reichstag die Erlangung eines Heilmittels zu versuchen. Immer gab es in der Frage bei Bismarck's und Leonhardt's Haltung keinen feindlichen Gegensatz zwischen Regierung und Volksvertretung mehr, sondern nur noch einen Unterschied des Zeitmaaßes in dem Vorwärtsschreiten zu demselben Ziel.

Als am 29. Februar König Wilhelm den Landtag schloß, konnte er seine Freude über die erlangten Ergebnisse in gnädigen Worten aussprechen und der Hoffnung auf baldige Weiterentwicklung Ausdruck geben. Indessen zeigten sich anderwärts bedenkliche Symptome für die nächste Zukunft. In ganz Europa lastete die Sorge vor einer schweren Friedensstörung — wir werden bald näher davon reden — auf dem Betriebe der Industrie und des Handels, und die Staatscasse empfand die Rückwirkung in ihren Einnahmen. In Preußen kamen dazu die durch die schlechten Erndten veranlaßte Steigerung der Verpflegungskosten in der Armee und ein starkes Sinken der Posterträge durch die vorigjährige Herabsetzung der Porti. Es bestand kein Zweifel, daß Beides nur ein vorübergehender Schade war, aber man verbarg sich nicht für das nächste Jahr das Herannahn eines erheblichen Deficit. Die einzige Hülfe dagegen lag in der Hand des in vier Wochen bevorstehenden Reichstags und des bald nachher eintretenden Zollparlaments. Während des ganzen Winters war der norddeutsche Bundesrath mit den dafür bestimmten Vorlagen beschäftigt, und am 2. März trat auch der Zollbundesrath zu gleichem Zweck zusammen. Da eine große Anzahl der Staaten sich in ähnlicher Finanzlage wie Preußen befand, war man sehr bereit, auf Vermehrung der Einnahmen durch Finanzzölle und Verbrauchssteuern einzugehn. Leider aber waren schon vor dem Beginn dieser Berathungen die Hoffnungen auf ein Gelingen des Werkes durch den Verlauf der Parlamentswahlen in Süddeutschland stark gesunken, und sanken immer tiefer bei dem weitern Fortgang der Bewegung. Zwar in Hessen-Darmstadt hatte die nationale Partei mit überwältigender Mehrheit alle sechs Mandate, und in Baden acht Sitze gegen sechs Gegner erobert. In Bayern aber, wo vor wenigen Monaten ein kräftiger Aufschwung des Bürgerthums gegen den Sondergeist der Reichsräthe das Verbleiben in dem reformirten Zollverein erzwungen hatte, führte dicht vor den Wahlen ein lang vorbereitetes Eingreifen der gesammten katholischen Priesterschaft einen plötzlichen Umschlag herbei. Hier erlebte man, welche Macht das allgemeine gleiche Stimmrecht innerhalb einer katholischen Bevölkerung dem Klerus in die Hand gab. Während seine Partei in der zweiten Kammer nur über ein Zehntel der Sitze verfügte, erlangte sie für das Zollparlament von den 48 bayerischen Wahlbezirken in 26 den Sieg, wozu dann noch ein demokratischer Particularist hinzutrat. Die nationale, oder wie sie hier hieß, die Fortschrittspartei, sandte 12 Mitglieder in das Zollparlament, also ein Viertel des bayerischen Contingents, während sie in der zweiten Kammer beinahe ein Drittel bildete. Den Rest von 9 Parlamentswahlbezirken behauptete eine etwas farblose Mittelpartei, die in der Kammer bisher die Mehrheit besaß. Charakteristisch für den Hergang war ferner, daß die Candidaten des Klerus überwiegend vornehme Edelleute und höhere Beamte waren, obgleich die Partei damals in scharfer Opposition gegen das Ministerium Hohenlohe stand, andererseits aber die gewählten Industriellen sämmtlich der nationalen Partei angehörten, und die protestantische Bevölkerung durchgängig national gewählt hatte.¹)

In dem Wahlkampfe wurde, wie sich versteht, ein Weniges auch von Zöllen und Steuern gesprochen, aber der Brennpunkt der Verhandlungen war und blieb aller Orten die Frage der nationalen Einheit, bei der damaligen Lage also die Erweiterung des Zollparlaments zum Vollparlament oder der Eintritt Bayerns in den norddeutschen Bund, der von der Fortschrittspartei lebhaft begehrt, von der klerikalen heftig zurückgestoßen wurde. Bei den Volksmassen hatte die letztere ganz entschieden die Oberhand. Wir sind, hieß es, viel echtere Deutsche als die Preußen; deshalb wollen wir freie Bayern bleiben.

Noch entschiedener war endlich in Württemberg die Niederlage der nationalen oder, wie sie dort kurzweg genannt wurde, der preußischen Partei, der schwäbischen Preußen, die noch schlimmer seien als die preußischen. Auch dort traten vom ersten Tage des Streits die wirthschaftlichen Fragen vor der politischen in den Hintergrund. Wir sahn, wie gleich nach der Ratification des Zollvereins das Ministerium erklärte: Württemberg hält den Wehrbund und den Zollbund, damit ist es aber auch genug. Dagegen erhob sich auf der Stelle die nationale Partei: der Zollverein sei gut und schön, aber sein höchster Werth bestehe darin, daß sein Parlament die Brücke zu der vollen Einheit Deutschlands, zu dem Eintritt Württembergs in den Nordbund bilden könne und bilden müsse. Um die Nothwendigkeit dieses Schrittes darzulegen, ergingen ihre Organe sich in bitterer Kritik der vorhandenen Zustände in Württemberg, wo das Schreiberregiment allmächtig, die

¹) Schultheß, Geschichtskalender 1868, S. 141.

Verwaltung corrumpirt, das Volk durch leere Freiheitsphrasen mit einem thörichten Dünkel erfüllt sei. Auf der andern Seite tobten die republikanisch gesinnten Demokraten, daß die Regierung durch ihre Verträge die Unabhängigkeit des edlen Schwabenvolkes an die halbslavischen Preußen verrathen habe; von dem Zollparlament wollten sie so wenig wissen, daß sie durch Parteibeschluß zuerst völlige Wahlenthaltung verkündeten, um dann in der Kammer die Regierung wegen ihres Treibens zu strenger Rechenschaft zu ziehn. Der Regierung waren diese Aussichten auf jeder Seite äußerst widerwärtig, und als sich in der letzten Stunde die Volkspartei doch eines Bessern besann, beschloß die Regierung bei der geringen Zahl ihrer unbedingten Anhänger die Freundschaft der Volkspartei gegen das Wachsthum des preußischen Einflusses aufzubieten. Die ministerielle Partei setzte sich darauf mit den Demokraten und Klerikalen in enge Verbindung zum gemeinsamen Widerstande gegen die Verpreußung des in seinem Freiheitsglanze strahlenden Württemberg. Auf allen Seiten entbrannte der Wahlkampf mit der höchsten Leidenschaft, ganz in dem vor einigen Monaten von Moritz Mohl angeschlagenen Tone. Das Ergebniß war, daß die deutsche Partei in allen 17 Wahlbezirken unterlag, obgleich ihre Candidaten von der Gesammtzahl der abgegebenen Stimmen etwas mehr als ein Viertel, rund 46 000 von 175 000 erlangt hatten. Von den Gewählten vertraten sechs, nämlich die Minister Varnbüler und Mittnacht nebst vier Anhängern, die Regierungspolitik, die andern eilf gehörten der großdeutschen oder demokratischen Partei an. Durch deren Reihen ging der Ruf: Keine neuen Steuern, keine Finanzzölle, keine erweiterten Befugnisse des Zollparlaments!

So entsandte der Süden nach Berlin neben 35 Nationalgesinnten 50 stramme Particularisten, erfüllt von dem Entschlusse, stets zu verneinen. Das gab schwache Hoffnung für den gewünschten Bruderbund zwischen Nord und Süd, während draußen am europäischen Horizont der Himmel sich fortdauernd mit düstern, einander jagenden Wolken bedeckte.

Viertes Capitel.

Italienische und spanische Wirren.

Trotz des Glanzes der Pariser Weltausstellung und der Erneuerung des deutschen Zollvereins lag über Mitteleuropa ein allgemeines Gefühl der Unsicherheit, unter welchem zunächst der materielle Wohlstand aller Länder schweren Schaden litt. Niemand traute dem Frieden; die Geschäfte stockten, die Industrie lag banieder, der Börsenverkehr notirte tiefe Unlust. Es war kein Wunder. In Deutschland und in Italien drängte die Unfertigkeit der neuen Zustände zur Vollendung der nationalen Einheit: beiden aber stellte sich die Eifersucht des französischen Volkes hemmend und drohend in den Weg, und so wenig Bismarck der treibenden Ungeduld der nationalen Wünsche genug that, so sehr Napoleon die Erhaltung des Friedens wünschte: unberechenbar blieben auf beiden Seiten die Zuckungen der populären Leidenschaften, und mit tiefem Mißtrauen beobachtete jede Partei alle Schritte der andern.

Daß Napoleon den Frieden wünschte, daran kann kein Zweifel bestehn. Die beiden mächtigen Völker dicht vor dem großen Ziele auf die Dauer festzuhalten, hielt er für unmöglich; in Lavalette's Rundschreiben hatte er selbst die Berechtigung ihres Strebens ausdrücklich anerkannt. Aber er sah auch, wie einsam er mit dieser Anschauung im eignen Lande stand. Ohne Zweifel war durch das Emporkommen der beiden neuen Reiche an seiner Ostgrenze Frankreichs Machtstellung relativ gesunken; unter den großen Katastrophen waren die Andern gewachsen, Frankreich hatte nicht eine Scholle Landes davongetragen. Der politisch active Theil des französischen Volks verzieh es dem Kaiser nicht, daß er es dahin hatte kommen lassen; ein bitterer Haß gegen Preußen und Italien erfüllte die Armee und den Klerus, die Volksvertreter und die Zeitungspresse. Auch die liberale Opposition, deren Grundsätze sonst das freie Selbstbestimmungsrecht aller Völker gefordert hatten, ließ sich jetzt keinen Anlaß entgehn, die heillose Schwäche der Regierung und die Entwürdigung Frankreichs allem Volk zu verkünden. Napoleon sah sich gezwungen, mit diesen Stimmungen zu rechnen. Nicht nach eigner Neigung, sondern durch sein Volk gedrängt, faßte er seine Stellung dahin: wir nehmen den vorhandenen Zustand an, dürfen aber keinen weitern Fortschritt der Andern dulden, bis wir selbst eine entsprechende Stärkung gewonnen haben.

Wir haben gesehn, wie er sich in diesem Sinne mit Österreich verständigt hatte: die Trennung Süddeutschlands vom Nordbund muß kraft des Prager Friedens erhalten bleiben. Es war ein Begehren im Widerspruch gegen die Natur der Dinge, und zugleich haltlos in seiner rechtlichen Begründung, da man bekanntlich in Deutschland die Worte des Prager Vertrags ganz anders als in Paris und Wien auslegte. Von Herstellung des Vertrauens und Sicherung des Friedens blieb man bei dieser Haltung gleich weit entfernt. Indessen wurde einstweilen der Bruch vermieden, da Bismarck sich zwar alle Wege offen hielt, aber die Dinge kommen ließ und seinerseits nicht drängte.

Schlimmer gestalteten sich aus gleicher Ursache die Verhältnisse in Italien. Hier hatte Napoleon selbst den nationalen Einheitsgedanken entfesselt und dann ihm freie Bahn gelassen bis hart an das letzte Ziel: hier aber trat er ihm mit herrischem Verbot entgegen, Rom sollte nicht die Hauptstadt Italiens werden, sondern als ein Fideicommiß der katholischen Christenheit dem Papste bleiben. Wieder war es nicht ein Entschluß der eignen Überzeugung, sondern die Furcht vor dem Zorn der französischen Klerikalen, und wieder war es eine Forderung gegen die Natur der Dinge, deren Vertreter hier nicht in ruhiger Überlegung der Zukunft vertrauen wollten, sondern mit südlicher Leidenschaft den entscheidenden Kampf zu beginnen trachteten. König Victor Emanuel hatte in jungen Jahren die furchtbaren Niederlagen seines Landes erlebt und seitdem sein ganzes Dasein der Aufrichtung und Vereinigung Italiens gewidmet. Er hatte den eisenfesten Glauben an das gute Recht und die heilige Pflicht seines Strebens, er begriff, daß in dieser Sache die unbegrenzte Offenheit auch die beste Staatsklugheit sei, und so hat er stets das Ziel seiner Bemühungen mit rückhaltloser Energie der Welt verkündet und niemals einen Menschen in Zweifel gelassen, um welchen Preis seine Freundschaft zu haben und zu behaupten sei. Um so mehr war er darauf bedacht, seine unaufhörlich wechselnden Mittel in möglichst tiefes Geheimniß zu hüllen; neben seiner amtlichen Diplomatie hatte er auf allen Punkten seine persönlichen Agenten und Correspondenten; er gebrauchte Regierungsmittel, parlamentarische Einflüsse und revolutionäre Beziehungen, wie die

Lage des Augenblicks es zu fordern schien. Nach der alten Tradition des Hauses Savoyen suchte er stets auf der Seite des Siegers zu stehn, so lange dieser bereit wäre, ihm den gebührenden Antheil an der Beute zu überlassen. So unterhielt er einen laufenden Briefwechsel mit Napoleon, bei dem er ein unerschütterliches Vertrauen auf Italiens Dankbarkeit für 1859 zu befestigen wußte; zugleich aber correspondirte er auch mit den Todfeinden des Kaisers, den Häuptern der republikanischen Actionspartei, Mazzini und Garibaldi, deren Agenten stets geheimen Zugang zu dem königlichen Cabinette fanden; dann wieder hatte er persönliche Beziehungen mit dem Todfeinde seines eignen Werkes, dem Papste Pius, der bei allen Gegensätzen auch ein italienisches Herz hatte, ebenso wie der König ein katholisches. Boshafte Kleriker meinten, der König habe vor Gott keine Furcht, aber er scheue vor der Frage, ob es nicht doch einen Teufel gebe. Jedenfalls erschien in diesem Fürsten eine merkwürdige Verbindung von einer beinahe fanatischen Begeisterung und von gründlich geriebener Schlauheit, stets war er bereit, ein tollkühnes Spiel zu wagen oder nach den Umständen mit wechselnden Intriguen vorsichtig zu sondiren, immer aber in unbedingter Hingebung Alles an Alles, an die Lösung der hohen Aufgabe zu setzen. Er war eben durch und durch Soldat, als König, als Diplomat, als Staatsmann: wer sich ihm auf dem Zuge nach Rom in den Weg stellte, mit dem fand er sich im Kriegsstand, und im Kriege sind alle Mittel geboten, Schwertschlag und Hinterlist, ritterliches Fechten und nächtlicher Überfall, vor allen Dingen aber unbeugsamer Muth und immer wieder Muth. In der Auffassung des Septembervertrags hatte er sich vom ersten Tage zu einer von der französischen völlig abweichenden Ansicht bekannt. Napoleon zog seine Truppen aus Rom zurück, in dem Vorbehalt, wieder einzugreifen, sobald Italien an der Lage des Papstes rüttelte. Der König hatte versprochen, keine Gewalt gegen den Papst zuzulassen, übrigens aber erklärt, alle Rechte Italiens auf Rom aufrecht zu halten; dagegen aber hätte Frankreich den Grundsatz der Nichtintervention anerkannt und seine Truppen auf Nimmerwiederkehr aus Rom abziehn lassen.

So traute ihm Napoleon nach der Ausführung des Vertrags nicht über den Weg. Schon im December 1866 ließ er ihm ankündigen, es handle sich zwischen den Mächten um eine Garantie des päpstlichen Patrimoniums; er forderte ihn auf, einer solchen Abrede beizutreten. Der König sagte, er werde das Patrimonium nicht antasten, aber niemals einem Antrag zustimmen, dessen Inhalt ein Hinderniß gegen die Verwirklichung des nationalen Rechtes bilden würde; durch den Patriotismus Italiens und die Weisheit des Papstes werde sich ein Ausgleich der verschiedenen Ansprüche finden, die sich in dem Worte Rom zusammenfassen.

Im Januar 1867 sandte ihm darauf Napoleon einen seiner vertrautesten Officiere, den General Fleury, einen rauhen und kriegslustigen Herrn, um mit verstärktem Nachdruck den unzweideutigen Verzicht auf Rom, und zwar ausdrücklich nach Frankreichs Aufforderung, zu begehren. Der König wiederholte seine Erklärung, und das Gespräch steigerte sich zu solcher Hitze, daß Fleury mit barscher Drohung von den hunderttausend Bajonetten zu reden begann, welche die katholischen Mächte für den Papst bereit hielten. Ich werde, erwiderte der König, mit der doppelten Zahl Italiens Recht beschützen. Napoleon rief darauf den General zurück.

Um so lecker wurde dann von der entgegengesetzten Seite her die Frage in Angriff genommen. Kaum hatten die Franzosen den Kirchenstaat verlassen, so erhob die Revolutionspartei ihr Haupt. Schon vorher hatte ein römisches Nationalcomité den General Garibaldi dazu aufgefordert, und dieser ging gleich Anfang 1867 eifrig an das Werk. Der Papst hatte ungefähr 11 000 Mann fremder Soldtruppen angeworben; während der September-Vertrag die Befreiung des italienischen Bodens von fremden Streitkräften verheißen habe, rief Garibaldi, dauere hier eine fremde Kriegsmacht in der schmutzigsten Gestalt, eines zusammengelaufenen Gesindels aus aller Herrn Ländern, fort; Italien sei an den hiemit gebrochenen Vertrag nicht mehr gebunden. Garibaldi dachte demnach in Genua eine Expedition, wie einst gegen Sicilien, so jetzt gegen die römische Küste zu rüsten, während andere Schaaren sich in den Abruzzen sammeln und dann von Süden her in den Kirchenstaat einbrechen würden. Der König, hievon unterrichtet[1]), ging nun auch seinerseits an die Entfaltung der „moralischen" Mittel, die ihm Rom als Hauptstadt verschaffen sollten. Am 17. Januar 1867 legte das Ministerium Ricasoli der zweiten Kammer einen Gesetzentwurf vor, welcher den Verzicht des Staates auf alle Aufsichtsrechte über die Kirche, auf das Ernennungsrecht der Bischöfe u. s. w. aussprach, die volle Freiheit der Kirche in ihren Angelegenheiten decretirte und ihr, nach Abzug von 600 Millionen, ihr ganzes colossales Vermögen, unter der einzigen Bedingung des Verkaufs ihrer Landgüter, zu freier Verwaltung zurückgab. Die Meinung war weiter, wenn der Papst den Italienern Rom überlasse, ihm volle Exterritorialität, also souveräne Unabhängigkeit zu

---

[1]) Daran ist kein Zweifel möglich.

garantiren und ihm eine stattliche Dotation und eigne Post und Telegraphie zu sicherem Verkehr mit der Außenwelt zu gewähren. Der König meinte, unter solchen Bedingungen in Italien unter einem ihn anbetenden Volke zu weilen, müsse dem Papste eine Freude sein.

Allein es sollte dem Könige erspart bleiben, diesen schönen Plan vom Papste verächtlich zurückgestoßen zu sehn. Kaum war er in der Kammer vorgelegt, so erhob sich dort lebhafter Widerspruch von verschiedenen Seiten. Man zürnte, daß durch das Gesetz der Pfarrklerus der Herrschaft der Bischöfe schutzlos Preis gegeben, daß den Bischöfen erlaubt sei, den Erlös ihrer Güter auch im Auslande zu gefährlichen Reactionszwecken anzulegen. Die Regierung besaß keine feste Mehrheit in der Kammer; sie lebte von der Spaltung der Opposition in mehrere Gruppen: hier aber wurde das Gesetz von dem vereinten Unwillen aller Unabhängigen getroffen; es kam zu einem Mißtrauensvotum und darauf am 12. Februar 1867 zur Auflösung der Kammer.

Als aber im März die Neuwahlen die bisherige Versammlung beinahe ungeändert in den Palast des Parlaments zurückführten, war das Schicksal des Gesetzes und damit auch das des Ministeriums Ricasoli entschieden. Es kam dazu eine Einwirkung der auswärtigen Politik, nämlich die mit Anfang April bedenkliche Entwicklung der Luxemburger Frage und somit die Gefahr eines deutsch-französischen Krieges. Sofort flammte bei Victor Emanuel der Gedanke auf, damit wäre ja Frankreichs Macht vollständig anderwärts beschäftigt; man brauche nur Garibaldi ungestört seinen Romzug beginnen zu lassen, um dann als Retter und Ordner einzuschreiten, und Italien würde seine Hauptstadt besitzen. Für ein solches

Unternehmen war freilich der stolze, feste, von conservativen Grundsätzen geleitete Ricasoli nicht gemacht; am 4. April erhielt er seine Entlassung, und am 11. wurde sein alter Nebenbuhler Ratazzi mit der Bildung des neuen Ministeriums beauftragt. Ein größerer Gegensatz zwischen zwei Naturen war nicht denkbar, als hier zwischen dem abgehenden und dem neu eintretenden Minister. Ricasoli ein vornehmer Baron, ein stolzer, beinahe starrer Charakter, ein ernst und tief religiöser Mann von durchgearbeiteter und deshalb selbständiger Überzeugung, über den man in Rom zweifelhaft war, ob man ihn für einen Calvinisten oder einen Jansenisten halten sollte, in der innern Politik von unerschütterlichen conservativen Grundsätzen, dabei entflammt von dem Gedanken der italienischen Einheit und deshalb bestrebt, die französische Vormundschaft abzuschütteln, indem er während des Kriegs fest zu Preußen hielt und nach demselben auf eigne Hand Versöhnung mit dem Papste suchte. Ratazzi war als piemontesischer Beamter emporgekommen, überall geschickt und befähigt, ohne jeden Grundsatz, als den einen, den eignen Vortheil zu wahren, ein Mann, von dem man sagte, er schwimme lieber in trübem Wasser als in klarem, nach innerer Neigung demokratischen Tendenzen zugewandt, bei dem Könige aber, dem Ricasoli's Eigenwille oft lästig war, als stets gefälliger und auskunftsreicher Wohlredner in großer Gunst, dabei bisher als eifriger Anhänger Napoleon's bekannt, dessen Vertrauen er durch dieselben Künste wie jenes Victor Emanuel's gewonnen hatte[1]). Die Nachricht von seiner Ernennung rief dann auch in ganz Europa höchst bestimmte Gerüchte von einer bevorstehenden französisch-italienischen Allianz hervor,

---

[1]) Vgl. Reuchlin, Italien, Band IV. S. 348 ff. und sonst.

die auch in Berlin nicht ohne eine gewisse Unruhe vernommen wurden[1]).

Aber nicht zu diesem Zwecke war Ratazzi ernannt worden. Wohl mochte der König hoffen, daß der alte Günstling Napoleon's leichter als ein anderer Mensch den Kaiser von der Nothwendigkeit überzeugen würde, kraft des eignen Princips, kraft der Souveränität des nationalen Willens auch der italienischen Nation ihren freien Willen zu lassen. Aber er meinte nicht, diese Freiheit erst durch einen Krieg um Luxemburg zu erkaufen. Der französische Gesandte Malaret meldete am 21. April: die Italiener loben unsere Mäßigung, tadeln den preußischen Ehrgeiz, nehmen aber kein Interesse an Luxemburg; sie werden uns nur mit guten Wünschen unterstützen. Zwei Tage später berichtete er ausführlich über den Kern der italienischen Politik, über die wachsende Agitation für einen Freischaarenzug gegen Rom.

Zwar machte die Londoner Conferenz im Mai der europäischen Kriegsgefahr und den daran geknüpften Hoffnungen ein Ende, und Ratazzi hielt um so mehr inne, als die italienische Bevölkerung bisher nur schwaches Interesse für das große Unternehmen gezeigt hatte. Um so stärker aber fand sich das Nationalgefühl beleidigt, als im Juli der französische General Dumont, auf Befehl des Kriegsministers Niel, in Rom erschien, um in einer päpstlichen, aus Franzosen bestehenden Soldtruppe, der sogenannten Legion von Antibes,

---

[1] Vgl. Boullier, Mazzini et Victor Emanuel, und Bismarck's Depesche an Usedom bei Schultheß 1867, S. 155 ff. Ob die letztere in dieser Form jemals abgesandt worden, lasse ich bei Bismarck's Stimmung über Usedom dahingestellt; wahrscheinlicher ist mir, daß ein eifriger Reporter in diesem Rahmen den Niederschlag der damaligen Berliner officiösen Presse angesammelt hat.

die völlig zerrüttete Disciplin wieder herzustellen. Der Ruf erscholl sogleich durch ganz Italien, trotz des September-Vertrags verfüge also Frankreich nach wie vor über die im Kirchenstaat befindlichen, scheinbar auf den Namen des Papstes geworbenen Truppen: damit sei der Vertrag zerrissen und Italien der Weg zu seiner Hauptstadt eröffnet. Jetzt kam Zug und Leben in die Bewegung; Garibaldi eröffnete in allen Städten seine Werbebureaux; binnen sechs Wochen hatte er einige Tausend Rothhemden zusammen und vertheilte sie an den Grenzen des päpstlichen Gebiets. Ratazzi schrieb dem Gönner an der Seine, der Strom sei unaufhaltsam, irgend etwas müsse geschehn, sonst sei ein furchtbarer Ausbruch gewiß. Napoleon erklärte sich darauf bereit zu einem Vermittlungsversuch; vor allen Dingen aber müsse Ratazzi dem wüsten Unfug der Freischaaren Einhalt thun und das römische Gebiet vor ihrem Angriff decken. Ratazzi sandte demnach einige Regimenter zur Sicherung der Grenze hinaus und verfügte sogar, als Garibaldi zwischen deren Posten hindurch seine Banden in dem Patrimonium Petri streifen ließ, die Verhaftung des Generals und bald nachher dessen Internirung auf Caprera, wo er dann von italienischen Kriegsschiffen bewacht wurde. Darauf that Napoleon den verheißenen Schritt und schlug dem Papste vor, er möge, um Rom zu retten, auf die Landschaften des Patrimoniums verzichten[1]). Er hätte die Antwort voraus wissen können: dem Papste lag nach dem Beispiel seiner Vorgänger das Krönchen seines Kleinstaats ebenso sehr am Herzen wie das Triregnum seiner geistlichen Weltherrschaft; er erwiderte den Antrag mit kate-

---

[1]) Rothan, l'Allemagne et l'Italie II, 28. Rothan benutzt Malaret's Correspondenz.

gorischer Abweisung. Die Folge war, daß Ratazzi den jetzt von Garibaldi's Sohn Menotti geführten Freischaaren kein Hinderniß mehr in den Weg legte, und Menotti mit 8000 Mann am 29. September die Feindseligkeiten gegen die päpstlichen Truppen, 11000 Mann unter General Kanzler, begann. Der Erfolg war freilich nicht glänzend, da die Päpstlichen an Zahl, Disciplin und Schulung den Rothhemden überlegen waren, jedoch konnte Menotti, durch die Gesinnung der Einwohner und fortdauernden Nachschub gestärkt, den kleinen Krieg fortspinnen, bis im October sein Vater, von Caprera glücklich entwischt, wieder den Oberbefehl übernahm und mit verdoppelter Energie seine Schaaren zu dem entscheidenden Marsche auf Rom vereinigte. Auch Kanzler verfuhr in gleichem Sinne, räumte das Land ohne weitere Kämpfe und versammelte seine Truppen in und bei Rom zur Sicherung der Curie. Der Gedanke liegt nahe, daß seine Regierung ihn von seiner Übermacht keinen Gebrauch machen ließ, weil sie lieber durch französische Hülfe als von den eignen Streitkräften gerettet sein wollte, um dann auf's Neue wieder eine bleibende französische Besatzung für Rom, wie vor dem Septembervertrag, zu erhalten. Aussicht dazu war vorhanden. Denn seit dem Einbruch der Garibaldiner hatte sich in Deutschland, Spanien und Frankreich eine gewaltige klerikale Agitation erhoben; zu colossalen Sturmpetitionen für den heiligen Stuhl wurden die Volksmassen herangetrieben, und Napoleon wußte, wie gefährlich ihm bei den künftigen Wahlen die Feindschaft der Geistlichen werden konnte. Er schwankte zwischen dieser Sorge und der alten Liebe zu Italien in grausamer Unentschlossenheit. Auch seine Rathgeber waren gespalten, aber gerade die beiden Männer, auf die es in dieser Sache zunächst ankam, Moustier und Niel, forderten mit voller Energie sofortiges Einschreiten zur Aufrechterhaltung des September-Vertrags als einer französischen Ehrensache. Vergebens schlug der italienische Gesandte Nigra vor, die Entscheidung der Sache einem europäischen Congreß zu übertragen; Napoleon lehnte es nicht ab, aber die vorläufige Forderung stand fest, daß kein italienischer Soldat auf päpstlichem Gebiete bleiben dürfe. Am 17. October setzte Moustier eine Note nach Florenz durch, so schneidend, daß Ratazzi seine Entlassung nahm. Mehrere Tage lang gingen darauf die Schwankungen der Ministerkrisis auf und nieder. Dem entsprachen die wechselnden Entschlüsse Napoleon's: fünf Mal erhielten die in Toulon zusammengezogenen Regimenter Befehl zur Einschiffung und Gegenbefehl zur Wiederausschiffung; endlich kam der letzte Gegenbefehl zu spät an, als die Flotte bereits in See gestochen war. Am 28. October rückten ihre ersten Bataillone unter dumpfem Schweigen der Bevölkerung in Rom ein. Garibaldi erklärte darauf seinen Truppen, gegen die Franzosen werde er nicht fechten, und trat den Rückmarsch in die Heimath an. Am 3. November aber stieß er bei Mentana, ganz nahe bei Rom, auf einen päpstlichen Posten von 3000 Mann; es entspann sich ein Gefecht, bei dem die Papalinen mit zäher Ausdauer Stand hielten, bis am Nachmittag die französische Brigade Polhès herankam und durch ihr mörderisches Schnellfeuer nach kurzem Kampfe die Garibaldiner vollständig auseinander sprengte. Die Chassepots, berichtete General Failly nach Paris, haben Wunder gethan. In Florenz hatte der König bereits den klerikalen General Menabrea zum leitenden Minister gemacht, welcher Garibaldi's Agitation sofort unterdrückte, ihn selbst auf's Neue einsperren ließ, übrigens aber alle Rechte Italiens auf Rom vorbehielt.

So war die üble Sache beendigt, Victor Emanuel tief gedemüthigt, im italienischen Volke Zorn und Haß gegen Frankreich entzündet. Der Papst war vergnügt, aber nicht eben dankbar; er sagte sehr trocken, Napoleon habe seine Pflicht erfüllt. Um so eifriger trug in allen katholischen Landen die klerikale Partei dem Kaiser jubelnde Anerkennung seiner Energie gegen die Verwüster der heiligen Kirche entgegen, und in Berlin schloß sich die Kreuzzeitung salbungsvoll jenen Stimmen an. Inmitten dieser Beräucherung befand sich Napoleon in der verdrießlichsten Stimmung. Er kannte die Herzensneigung, welche Victor Emanuel mit ihm verband; er mußte, daß Italien für ihn stets ein bereitwilliger Bundesgenosse sein würde: und nun hatte diese nichtswürdige römische Frage, der er seit zwei Jahren entronnen zu sein gehofft, ihn wieder in ihre Schlingen verwickelt und die Massen des italienischen Volks gegen Frankreich erbittert. Um jeden Preis mußte er diese Last von seinen Schultern abwerfen. Wenn die Ultramontanen erklärten, Rom gehöre nicht Italien, sondern als Sitz des Papstes der Welt an, nun wohl, so möge die Welt die Lösung der Aufgabe in die Hand nehmen. Nigra habe ganz Recht gehabt: Frankreich müsse einen europäischen Congreß zur Entscheidung berufen.

Am 10. November erließ Marquis Moustier ein Rundschreiben an die französischen Gesandten an allen europäischen Höfen außer Griechenland und der Türkei, worin er die Vorgänge erzählte und die Regierungen aufforderte, zu einer Conferenz zusammen zu treten und gemeinsam die römische Frage, diesen Quell steter Beunruhigung für ganz Europa, endgültig zu regeln. Acht Tage später eröffnete Napoleon die Sitzung der Kammern mit einer Thronrede, worin er die zum Schaden von Industrie und Verkehr überall herrschenden Besorgnisse beklagte: trotz Frankreichs friedlicher Haltung habe man den Glauben verbreitet, daß jede Umänderung der innern Einrichtungen Deutschlands eine Ursache des Conflicts sein müsse. Mit größtem Nachdruck erklärte er: dieser Zustand der Ungewißheit darf nicht länger dauern; man muß die jenseits des Rheins eingetretenen Änderungen offen annehmen, und gegen den Willen der Bevölkerungen sich nicht einmischen. Dies hätte nun freilich beruhigend gewirkt, wäre nicht sofort der Zusatz gefolgt, der Alles wieder ungewiß machte: „so lange unsere Interessen und unsere Würde dadurch nicht bedroht sind". Nach einem Blicke rückwärts auf die Weltausstellung und vorwärts auf das eingebrachte neue Armeegesetz wandte sich der Kaiser zu den römischen Wirren, wo Frankreich ohne Gefährdung der italienischen Einheit und Unabhängigkeit kraft des Septembervertrags die revolutionären Umtriebe niedergeworfen habe. Jetzt sei die Ordnung hergestellt, und man könne den nahen Zeitpunkt der Heimkehr der Truppen berechnen. Da die Beziehungen Italiens zum heiligen Stuhle ganz Europa interessiren, habe man den Mächten den Vorschlag einer Conferenz zur Regelung der Frage gemacht.

Diese Einladung nöthigte dann auch Norddeutschland, in der Angelegenheit bestimmte Stellung zu nehmen.

Es war nicht das erste Mal, daß eine ähnliche Aufforderung aus Paris nach Berlin gelangte. Gleich im December 1866, nach Bismarck's Rückkehr aus Putbus, war ihm die Frage vorgelegt worden, ob Preußen sich an einem

Vertrage betheiligen wollte, wodurch dem Papste der Rest des Kirchenstaats gewährleistet würde. Bismarck beschränkte sich auf die Zusage, bei beiden Parteien auf einen friedlichen modus vivendi zu wirken[1]). Dann erweckte, wie erwähnt, Ratazzi's Ernennung die Sorge vor einem französisch-italienischen Kriegsbündniß. Als bald darauf das gerade Gegentheil hievon eintrat, und durch das römische Unternehmen die Gefahr eines Krieges zwischen Frankreich und Italien emporstieg, wurde Bismarck durch Agenten sowohl Ratazzi's als Garibaldi's sondirt, in wie weit Italien auf Preußens Beistand hoffen dürfe[2]). Er erwiderte Beiden, ihr Angriff auf Rom werde von Napoleon ganz sicher nicht geduldet; Frankreich habe ein vertragsmäßiges Recht zur Einmischung, und Preußen könne deshalb einer befreundeten Nation nicht feindlich entgegen treten. Er war also weit entfernt davon, Italien zu seiner Romfahrt anzufeuern; im Gegentheil, er wünschte bringend, daß Italien es nicht zum Äußersten, zum offenen Bruch mit Frankreich, treibe. Denn es liegt auf der Hand, bemerkte er, daß für Frankreich, wenn es wirklich, woran ich bisher zweifle, kriegerische Tendenzen gegen Deutschland hätte, der Vorwand zu einem Kriege ein viel günstigerer sein würde, wenn Deutschland genöthigt werden könnte, gegen das den Papst schützende Frankreich mit einem Angriffskrieg zu Gunsten der Unabhängigkeit Italiens zu interveniren; die französische Kriegspartei würde dadurch der Unannehmlichkeit überhoben, einzugestehn, daß es die nationalen Bestrebungen Deutschlands sind, welchen man den Krieg erklärt.

[1]) Rothan Luxembourg.
[2]) Bismarck an Usedom l. c. Benedetti, mission p. 246.

Die Lage erschien eben ungewiß auf allen Seiten. Man konnte nicht wünschen, daß Italien in volle Abhängigkeit von Frankreich geriethe, man war aber auch bei Victor Emanuel's bekannter Liebe zu Napoleon keineswegs sicher, ob er nicht plötzlich mitten im Kampfe von dem preußischen Freunde hinweg zu dem französischen Gegner überträte, und endlich, man fühlte sich verpflichtet, den religiösen Gefühlen der deutschen Katholiken in Bezug auf eine würdige Stellung des Papstes Rücksicht zu schenken. So war man zufrieden, als Italien den Schlag von Mentana hinnahm, ohne seinerseits zum Schwerte zu greifen, und König Wilhelm verhieß am 15. November dem preußischen Landtage in seiner Thronrede, die Regierung werde bemüht sein, einerseits den katholischen Wünschen für die Unabhängigkeit des Papstthums gerecht zu werden und andrerseits den Pflichten zu genügen, welche für Preußen aus den politischen Interessen und internationalen Beziehungen Deutschlands erwachsen.

Die Frage war jetzt, ob die große europäische Conferenz das richtige Mittel zur Lösung des Problems sein würde.

Bismarck war nicht der Meinung. Zunächst kam die Einladung nicht von den streitenden Parteien; es wurde bald bekannt, daß Italien nur aus Furcht vor Frankreich zustimmte, aber im Stillen bei den andern Höfen gegen den Congreß arbeitete, und ebenso erfuhr man, daß der Papst dem Congresse jede Befugniß zu einer Entscheidung absprach und die Beschickung desselben nur zu dem Zwecke verhieß, gegen die kleinste Schmälerung des alten Kirchenstaats kräftige Verwahrung einzulegen. Und wie stand es bei den Höfen der Großmächte? Österreich war des Wunsches voll, dem Papste das Concordat von 1855 zu kündigen, war also wenig geneigt, dessen Stellung durch eine europäische Garantie zu stützen. Das schismatische Rußland, mit der Curie in stetem Haber über die katholische Kirche in Polen, hatte dieselbe Gesinnung in noch höherem Maaß. England wollte mit dem Congresse nichts zu schaffen haben, denn die Nation hatte lebhafte Sympathien mit Italien, und die Regierung strebte mit dem Papste auf gutem Fuß zu bleiben, weil sie sich in Irland gegen die Fenier auf den katholischen Klerus stützte. Ganz ähnlich aber stand es in Preußen. Die Mehrheit des Volkes nahm Partei für Italien, eine starke Minderheit für den Papst. In der innern Politik sprach Manches zu Gunsten der katholischen Begehren, in der auswärtigen war ein gutes Einvernehmen mit Italien ein Interesse ersten Ranges. Also wünschte man, sich mit der dornigen Frage überhaupt nicht zu befassen, keine Meinung auszusprechen, keinen Congreß zu beschicken; denn dort würde es unvermeidlich sein, eine der streitenden Parteien oder vielleicht beide zu verletzen.

Bismarck fragte den Grafen Benedetti, auf welches Programm die französische Regierung die Conferenz berufen, und welche Anträge sie in derselben stellen wollte. Der Botschafter mußte erwidern, daß seine Regierung eine solche Absicht überhaupt nicht habe, sondern von der Weisheit der Conferenz Vorschläge und Entscheidung erwarte. Dies war nun vollends nicht ermuthigend zu dem Entschlusse, sich selbst in die Lage zu versetzen, aus welcher Napoleon sich so eifrig herauszuwickeln suchte. Alle Bemühungen Benedetti's, den Kanzler von der Heilsamkeit und Nothwendigkeit des Congresses zu überzeugen, blieben erfolglos. In seinem Eifer erhitzte er sich täglich mehr; er sprach die Überzeugung aus, daß Bismarck gegen den Congreß arbeite, weil er wünsche, einen ansehnlichen Theil der französischen Streitkräfte gegen Italien festgelegt und demnach unverwendbar am Rheine zu sehn; daraus ergebe sich dann unwidersprechlich die weitere Folgerung, daß er wahrscheinlich in kurzer Frist die Ausführung seiner herrschsüchtigen Pläne, die Einverleibung Süddeutschlands trotz des Prager Friedens, beabsichtige. Denn welcher andere Grund hätte sonst ihn abhalten können, durch aufrichtige Unterstützung des Congreßgedankens sich Napoleon's Dankbarkeit und Frankreichs Wohlwollen zu sichern?

Diese Hirngespinnste des überscharfsinnigen Mannes, der vor den handgreiflich zu Tage liegenden Motiven Bismarck's eigensinnig die Augen schloß, würden keine Erwähnung verdienen, wenn sie nicht dazu beigetragen hätten, in Paris das durch die Zollvereinsverträge angeregte Mißtrauen gegen Preußen wesentlich zu verschärfen.

Während dieser Verhandlungen empfing Bismarck von dem Grafen Usedom eine Note Mazzini's vom 17. November, worin dieser die Versicherung wiederholte, daß zwischen Napoleon und Victor Emanuel ein Kriegsbündniß gegen Preußen bestehe, daß er aber die Mittel habe, wenn Preußen ihm eine Million Franken und 2000 Hinterlader schicke, ein solches Bündniß durch einen Angriff auf die französischen Truppen in Rom unmöglich zu machen. Bismarck, obwohl mit den französischen Neigungen Victor Emanuel's bekannt, fand dennoch bei Napoleon's persönlicher Kriegsscheu die Meldung kaum glaublich, und antwortete dem Grafen Usedom, man könne mit dem Schreiber der Note erst dann verhandeln, wenn er die Beweise seiner Behauptung vorlege. Mazzini hielt darauf jeden seiner Sätze aufrecht, erklärte seine Agenten für absolut zuverlässig, wollte sie aber nicht nennen. Damit war die Sache erledigt.

Mazzini's Meldung war im Einzelnen nicht genau, daß sie aber keineswegs aus der Luft gegriffen war, sollte sich sehr bald zeigen[1]). Immer konnte Bismarck's Abneigung, sich in die italienischen Wirren einzulassen, dadurch nur gesteigert werden.

Die Verhandlungen über die große Conferenz gingen unterdessen zwischen den einzelnen Höfen hin und her, stockten aber überall an der auch von Bismarck aufgeworfenen Frage über die französischen Absichten. Nach allen bisherigen Weigerungen erhielt sie plötzlich eine sehr bestimmte Antwort in den Verhandlungen des gesetzgebenden Körpers zu Paris. Als am 2. December Jules Favre die Regierung wegen ihrer römischen Expedition heftig tadelte, erwiderte Moustier mit einer unumwundenen Anklage gegen Ratazzi, daß er vom ersten Tage an Frankreich betrogen und den Zug Garibaldi's selbst veranlaßt habe, in der Hoffnung, dann als scheinbarer Beschützer Rom sich anzueignen; einer solchen Betrügerei habe Frankreich nicht unthätig zusehn können, sondern seinen Vertrag mit seiner Fahne decken müssen. Die Verhandlung setzte sich am 4. und 5. fort, bis sich der Staatsminister Rouher erhob und nach längerer Erörterung, im Auftrage, wie er ausdrücklich bemerkte, der Regierung, die Erklärung abgab: der Papst und Italien müssen lernen, neben einander in Frieden zu existiren. Sollte Italien noch einmal den September-Vertrag zu verletzen suchen, so würde es Frankreich an dessen Stelle finden; niemals wird sich Italien Roms bemächtigen, nein, niemals, ist das klar? Weder Roms, setzte er hinzu, noch des Patrimoniums in seinem jetzigen

---

[1]) Vgl. Diamilla-Müller, politica segreta italiana p. 387. Der Verfasser war einer der intimsten Vertrauensmänner Mazzini's und stand zugleich bei der italienischen Regierung in großem Ansehn.

Umfange. Die Kammer lohnte ihm durch unendlichen Beifall und sprach mit 237 gegen 17 Stimmen der Regierung ihr Einverständniß aus.

Wieder einmal mochte Napoleon sich eines Wortes erinnern, welches ihm ein alter Staatsmann gleich nach seiner ersten römischen Expedition im Jahre 1849 ausgesprochen: ich habe gesehn, wie Sie nach Rom hineingekommen sind; ich begreife aber nicht, auf welchem Wege Sie wieder herauskommen werden.

Bei dieser Stellung Frankreichs war von der Conferenz keine Rede mehr. Keine der übrigen Großmächte war geneigt, mit ihm die neu übernommene Verantwortung zu theilen, keine aber auch, ihm feindlich dabei in den Weg zu treten. Zwischen ihm und Italien schien das Band vollständig zerschnitten.

Aber Napoleon III. und Victor Emanuel waren andere Naturen als die Mehrzahl der Menschen. Napoleon vermochte über keine einmal gefaßte Stimmung hinweg zu kommen, und trotz aller Nachgiebigkeit gegen den Klerus liebte er Italien. Der König aber that trotz jedes widersprechenden Gefühls, was seinem großen Lebenszwecke dienlich sein konnte, und trotz des Jammers über die Opfer von Mentana, trotz des Zornes über Rouher's Niemals! beschloß er doch, mit dem Starken Freund zu bleiben.

Wenige Tage nach seiner tapfern Rede sandte Rouher einen vertraulichen Brief an den König: es sei nicht so schlimm gemeint; er habe sich durch den Schwung der eignen Rede und gedrängt durch die Leidenschaft der Versammlung zu dem scharfen Worte fortreißen lassen; Italien könne stets auf die günstige Gesinnung des Kaisers rechnen. In Florenz aber gab es einflußreiche Männer, die sich die echten Schüler Cavour's nannten, weil sie das französische Bündniß, mit dem jener 1859 sein Werk begonnen, auch für das einzige Heilmittel in den Nöthen von 1867 hielten: die La Marmora, Menabrea, Cialdini. Sie drängten den König, unbeirrt an der Verbindung mit Frankreich festzuhalten. Man habe, sagten sie, das Unheil selbst verschuldet, indem man das im März angebotene Bündniß mit Frankreich nicht ergriffen, sich nicht durch Unterstützung Frankreichs gegen Preußen Napoleon's Hülfe gegen Rom erkauft habe; es sei die höchste Zeit, auf die richtige Bahn zurückzulenken[1]). La Marmora ging selbst nach Paris, und zu Anfang 1868 begann eine Verhandlung über den Abschluß eines Defensivbundes zwischen den beiden Staaten[2]), welche dann durch den Hinzutritt Österreichs zu einer ganz Europa beherrschenden Triple-Allianz heranwachsen sollte.

Die italienischen Vorschläge enthielten mehr als einen für Napoleon bedenklichen Punkt, immer fiel der Antrag schwer genug in das Gewicht, um den Kaiser zu vorläufigem Eintritt in die Verhandlung zu bestimmen. Die Bekräftigung der süddeutschen Wehrbündnisse mit Preußen, die Erneuerung des Zollvereins durch die süddeutschen Staaten, der offen verkündete Wunsch Badens auf Zutritt zum norddeutschen Bunde, das Alles bildete, nach der mit Wien verabredeten Auffassung, eine grobe Verletzung des Prager Friedens, es konnte mithin ein Kriegsfall werden, wenn Paris darob ergrimmen sollte. Das Gelingen einer starken Allianz erschien mithin um so erfreulicher, als im Laufe des Winters die Kammerverhandlung

---

[1]) Rothan l. c. II, 36.
[2]) Massari, Vittorio Emm. II, 351 ff.

über die beabsichtigte Heeresreform einen für die Regierung sehr unerwünschten Verlauf gehabt hatte. Nach dem Plane des Kriegsministers, Marschalls Niel, sollte die jährliche Recrutirung so weit vermehrt werden, um die Kriegsstärke der Feldarmee, Linie und Kriegsreservisten, binnen acht Jahren auf 800000 Mann zu erhöhn. Die Dienstzeit war auf neun Jahre normirt, jedoch mit Fortbauer der Stellvertretung. Als weitere Reserve, der preußischen Landwehr entsprechend, sollte eine mobile Nationalgarde von ungefähr 400000 Mann dienen, die allerdings zum größten Theile aus Mannschaften bestehn würde, die nicht gedient hatten, sondern nur in periodischen kurzen Übungen eine oberflächliche Ausbildung erhalten sollten. Zugleich war Niel unablässig bemüht, die erforderliche Vermehrung des Materials an Waffen, Kleidern, Nahrungsmitteln u. s. w. zu erreichen. Aber unüberwindliche Schwierigkeiten stellten sich ihm in den Weg. Es waren dazu mehrere neue Gesetze und starke Geldbewilligungen durch die Kammern nöthig. Dieselbe Opposition aber, welche unaufhörlich die Regierung wegen ihrer Schwäche gegen die italienische und die deutsche Einheitsbewegung angriff, welche in allen Tönen die Vergeltung für Sadowa forderte und Frankreichs Ehre und Größe durch die Schuld der Regierung für verletzt erklärte, eben diese Opposition tobte mit verdoppeltem Eifer gegen alle Forderungen des Kriegsministers. Denn als durch diese die Möglichkeit eines Bruches mit Preußen sich in dichter Nähe zu erheben schien, dachten sie dann auch an glänzende Siege auf deutschem Boden, welche dem Kaiser erneute Glorie und Stärke zuführen und ihm die Mittel zur Vernichtung aller innern Gegner geben würden. In dieser Sorge warfen sie die Revanche für Sadowa über

Bord, stimmten Friedensgesänge an und bekämpften mit allen Kräften Niel's Heeresreform.

Eine solche Erhöhung des Friedensstandes in der Armee, riefen sie, sei vernichtend für alle productive Arbeit im Lande; der nationale Wohlstand werde zu Grunde gehn bei der begehrten Vermehrung der Steuerlast; die vorgelegten Ziffern über die Streitkräfte der Gegner seien grundlose Phantasiegebilde; das Volk verwerfe eine Steigerung des Militarismus, sollte es einmal zum Kriege kommen, so werde das Volk selbst sich in seiner Riesenkraft erheben und den frechen Feind zermalmen. Für den deutschen Leser ist es nicht nöthig, die Auszüge aus diesen Debatten zu vermehren: er braucht sich nur an die Reden Eugen Richter's, Dr. Lieber's und Bebel's im deutschen Reichstag von 1893 zu erinnern, so weiß er fast wörtlich genau, was 25 Jahre früher in Paris Thiers, Jules Favre, Picard und Genossen geleistet haben; er weiß freilich auch, daß diesen nach kurzer Frist in dem Worte Sedan die zerschmetternde Antwort zu Theil geworden ist. Die Kammer, sonst damals noch der Regierung äußerst gefügig, hatte in diesem Falle vor Augen, wie unbeliebt bei ihren Wählern jede Steigerung der Militärlast war. Die Bauern, dem Kaiser zwar vollkommen ergeben, scheuten vor der verstärkten Recrutirung, von der sie wußten, daß der größte Theil auf ihre Schultern fallen würde. Die städtische Bevölkerung wollte von keiner Maaßregel wissen, welche als Vorbote einer kriegerischen Politik gedeutet werden konnte und dann sofort empfindliche Störungen in Handel und Gewerbe hervorrufen mußte. Im höchsten Grade unpopulär war die Einrichtung der Mobilgarde, die man als einen ersten Schritt zur allgemeinen Dienstpflicht betrachtete: wie, riefen die jungen Herrn der höhern Classen, nächstens will man uns als gemeine Soldaten in die Casernen einsperren? nein, eine solche Gemeinheit wollen wir den Preußen über= lassen[1]). Dabei war mit Ausnahme des Kaisers und weniger Generale alle Welt von der Unbesiegbarkeit der französischen Armee auch in ihrem bisherigen Bestande überzeugt. In vier Welttheilen hatte sie überall siegreich gefochten, Araber und Chinesen, Spanier und Mexikaner, Russen und Öster= reicher waren vor ihren Bajonetten geflohn. Und diese Armee sollte den widerwärtigen Preußen nicht gewachsen sein? Oder diese Preußen sollten ihr gegenüber die Kühnheit haben, von einem Angriff auf Frankreich zu träumen? Niemand wollte das glauben, nichts erschien überflüssiger, als eine so drückende Verstärkung der Armee zur Sicherung Frankreichs. Hinter diesen Anträgen lauerten, wie man meinte, offenbar ganz andere Pläne der kaiserlichen Herrsch= sucht, die von der Opposition ganz zutreffend signalisirt würden. Es kam dazu, daß Niel's Bestrebungen selbst in den höchsten Regierungskreisen Widerstand fanden. Der bisher allmächtige Staatsminister Rouher war ein Mann des Friedens, unbesorgt über eine preußische Offensive, um so mehr aber von Eifersucht gegen den Marschall Niel erfüllt, dessen Einfluß bei einem großen Kriege den seinigen über= flügeln würde, und dem er zutraute, daß er deshalb so eifrig rüste, um dann den Kaiser zum Angriff auf Deutsch= land zu bestimmen. Das wurde unmöglich, wenn die Kammer dem Marschall die erforderlichen Geldmittel für die Reform des Heeres versagte, und Rouher's Vertrauensmänner, die in diesem Sinne die Abgeordneten bearbeiteten, fanden

[1]) Prosper Mérimée, lettres à uno Inconnue.

freudiges Gehör. So wurden Niel's Anträge auf allen Seiten beschnitten, die Geldforderungen verkürzt, die Bestimmungen über die Mobilgarde bis zur Unbrauchbarkeit verstümmelt. Niel, in halber Verzweiflung, mußte sich fügen. Er richtete ein, was mit den gegebenen Mitteln möglich war, und erklärte im Herbste 1868, damit das Ausland es erfahre, die Armee sei schlagfertig[1]). Er selbst wußte, daß in erster Linie die active Feldarmee nach Abzug der im Innern und Algerien nöthigen Garnisonen zur Zeit nur eine Stärke von kaum 300000 Mann, das norddeutsche Heer allein also eine gewaltige Überzahl haben würde; er sagte dem Kaiser Napoleon: ich würde mich eher in vier Stücke zerreissen lassen, ehe ich zustimmte, daß Frankreich ohne zuverlässige Bündnisse einen Krieg gegen Deutschland begänne.

Unter diesen Umständen ging also Napoleon mit bestem Willen auf die nähere Berathung des italienischen Vorschlags eines Dreibundes, Frankreich-Italien-Österreich, ein, trotz alles Verdrusses, den ihm Italien in der römischen Frage bereitet hatte.

Aber auch jetzt rückte die Verhandlung nicht vom Fleck, stets wieder festgebannt durch dieselbe unlösliche römische Frage. Denn die Italiener forderten als conditio sine qua non aller sonstiger Anerbietungen die vollständige Rückkehr zum Septembervertrag, und zwar in dem von Italien stets behaupteten Sinne: Italien erneuert die Zusage, dem Papste weder Gewalt anzuthun noch anthun zu lassen; Frankreich aber zieht seine Truppen aus dem Kirchenstaat zurück und spricht die unverbrüchliche Anerkennung des Grundsatzes der Nichtintervention aus. Auf dieser Grundlage würde nach

---

[1]) Jarras, souvenirs p. 8. Thiers, dépositions I, p. 11.

italienischem Antrag ein Vertheidigungsbund zu Dreien
geschlossen, mit der Verheißung gemeinsamer Verhandlung
bei jeder politischen Frage, sowie im Kriegsfalle der Garantie
für den Besitzstand der drei Mächte; bei einem glücklichen
Ausgang des Krieges würde Italien Welschtyrol und eine
Flottenstation in Tunis erhalten. Bei einer Papstwahl
würden die drei Mächte für die Erhebung eines ihnen
erwünschten Candidaten zusammen wirken. Damit der Ver=
trag geheim bliebe, sollte er zunächst durch eigenhändige
Briefe der drei Monarchen bekräftigt werden[1]).

Auffallen könnte in einem Vertragsentwurf, bei dem
auch Österreich als Theilnehmer gedacht war, die italienische
Forderung von Welschtyrol. An der vollständigen Einigung
der italischen Nation fehlte eben Welschtyrol ganz so wie
Rom, und die italienische Forderung konnte dahin verstanden
werden, daß Italien als Preis für sein Bündniß sich einst=
weilen mit Welschtyrol begnügen würde, vorausgesetzt, daß
Napoleon seine Truppen aus Rom sofort und zwar auf
Nimmerwiederkehr abrufe. Nun aber mußte es äußerst fraglich
erscheinen, ob Österreich auch bei reicher anderweitiger Ent=
schädigung Welschtyrol abtreten würde, und dann blieb wieder
Italiens Drang nach Rom ohne Ablenkung noch Aufschub
in Kraft. Demnach lehnte Napoleon die Rückberufung seiner
Truppen aus Rom entschieden ab, so lange nicht bestimmtere
und für den Papst annehmbare Garantien für dessen Sicherheit
und Unabhängigkeit festgestellt seien. Da es aber auf der
Welt kein Angebot gab, welches für Italien möglich gewesen
und zugleich dem Papste annehmbar erschienen wäre, so blieb
nach unendlichem Briefwechsel zwischen Victor Emanuel und

[1]) Massari l. c. II, 354.

Napoleon die italienische Unterhandlung über den Dreibund ohne Entscheidung zu großer Verstimmung Italiens liegen. Um so mehr aber stieg Napoleon's Wunsch, sich auf andere Weise von der Fessel der römischen Frage zu befreien, die in ihrer jetzigen Lage bei einem europäischen Brande Italien ebenso leicht zum Verbündeten Preußens wie Frankreichs machen konnte. Nun hatte, bereits Ende October 1867, die eifrig katholische Königin Isabella von Spanien ihm ihre Mitwirkung zum Schutze des heiligen Vaters angeboten, der Kaiser damals aber das Erbieten abgelehnt, weil die Sache nur zwischen Frankreich und Italien anhängig sei[1]). Jetzt aber, immer mehr über eine deutsche Kriegsgefahr beunruhigt, griff er auf Isabella's Bereitwilligkeit zurück, und machte ihr geradezu den Vorschlag, die französische Besatzung des Kirchenstaats nach Einverständniß mit dem Papste durch eine spanische abzulösen[2]). Isabella, die nicht wie Napoleon mit getheiltem Herzen bei der Sache war, ging mit Feuereifer auf den Gedanken ein; ihre Truppen, wie es hieß, 40 000 Mann, würden nach Rom mit der Weisung kommen, bei der geringsten Feindseligkeit gegen den Papst den Kampf nicht bloß gegen die Garibaldiner, sondern auch gegen die königlichen Regimenter Italiens aufzunehmen, so daß Napoleon jeder Sorge auf dieser Seite überhoben gewesen wäre. Im September 1868

---

[1]) Massari l. c. II, 306.

[2]) Ich kann darüber keine amtlichen Quellen anführen; jedoch redeten damals die Pariser Zeitungen von einem solchen Plane, ohne Widerspruch zu erfahren, und ausführliche Mittheilungen darüber macht Meding, Memoiren III, 360 ff., der als Bevollmächtigter des Königs Georg von Hannover in Paris sowohl mit dem französischen Ministerium als später mit der Königin Isabella in vertrautem Verkehre stand.

kam Isabella nach San Sebastian, Napoleon nach Biarritz, und auf einer persönlichen Zusammenkunft der beiden Souveräne sollte der Plan im Einzelnen festgestellt werden. Aber Napoleon's Glückstage waren vorüber; auch diesem schönen Entwurfe war im Augenblicke der Vollendung ein plötzliches Scheitern bestimmt. Seit Jahren hatte das dictatorische Regiment des Ministerpräsidenten Generals Narvaez, eines klugen, muthigen und herrischen Mannes, in weiten Kreisen Spaniens Unzufriedenheit und Gährung verbreitet. Nach seinem plötzlichen Tode im April 1868 erklärte sein Nachfolger Gonzalez Bravo die Absicht, die Politik Narvaez's fortzusetzen; es zeigte sich bald, daß er ebenso weit an Geschick hinter ihm zurückstand, wie er ihn an Brutalität übertraf. Als er im Juli bedenkliche Stimmungen in der Armee wahrzunehmen glaubte, ließ er an einem Tage acht der hervorragendsten Generale ohne irgend ein Proceßverfahren verhaften oder verbannen, und zugleich den Schwager der Königin, den Herzog von Montpensier, aus dem Lande weisen. Dadurch stieg der allgemeine Unwille auf den höchsten Grad. Die verschiedenen Parteien der Opposition, die gemäßigt liberale Union, die radicalen Progressisten und die republikanischen Demokraten vereinigten sich zur Abschüttlung des Jochs. Die verbannten Generale beeilten ihre Rückkehr, und am 17. September erhob in Cadix Admiral Topete, Führer der dort stationirenden Flotte, das Banner der Empörung. In den nächsten Tagen sammelten sich daselbst die Generale, an ihrer Spitze Serrano und Juan Prim; bis zum 20. war ganz Andalusien mit allen Garnisonen in ihrer Hand. Rasch nach einander folgten sich die revolutionären Erhebungen in allen Provinzen; am 28. September besiegte Serrano eine königliche Truppen=

abtheilung bei Alcolea an der Brücke über den Guadalquivir; darauf verkündeten Madrid, Barcelona und Saragossa ihren Beitritt zur Revolution, ohne irgend welchen Widerstand zu erfahren, und am 30. entfloh die Königin aus San Sebastian über die französische Grenze. Der gegen Italien gerichtete Plan war damit in die Luft gesprengt.

Wie üblich, verkündeten die Pariser Zeitungen, der allgegenwärtige Unheilstifter Bismarck habe auch hier die Hand im Spiele gehabt und die rebellischen Generale für ihr Verbrechen bezahlt. Von dem Schatten eines Beweises war keine Rede, und die amtliche Widerlegung folgte in Berlin auf der Stelle[1]). Dennoch blieb in Frankreich, wie wir sehn werden, der Argwohn in den Gemüthern haften.

Dazu kam, daß sich im fernen Osten neue Gefahren für die Ruhe Europas entwickelt hatten, die zum Theile demselben großen Unruhstifter von aller Welt zur Last geschrieben wurden. So erhitzte sich die Stimmung gegen Preußen in Paris mehr und mehr; niemand wagte vorauszusagen, ob das Jahr 1868 in gedeihlichem Frieden oder mit einem gewaltigen Kriegsbrande abschließen würde.

---

[1]) Rothan, im damaligen Frankreich einer der unterrichtetsten und vergleichsweise unbefangensten Beurtheiler deutscher Dinge, ist doch auch nicht frei von dieser Liebhaberei, überall den Schatten des gefürchteten Ministers zu sehn. Dessen Mitschuld an der spanischen Revolution dünkt ihm erwiesen durch die Anekdote, daß eine befreundete Dame die Gräfin Bismarck besucht, und während ihrer Anwesenheit der Kanzler, ein Zeitungsblatt in der Hand, eintritt und den Damen freudig erzählt: endlich ist diese Isabella gestürzt. Er hat sich über ihren Sturz gefreut, folglich hat er ihn bewirkt. Der Schluß wäre jedenfalls gewagt: leider ist aber die ganze Anekdote ohne thatsächlichen Grund, sondern aus freier Phantasie erfunden.

Fünftes Capitel.

Deutsche und orientalische Frage.

An einer frühern Stelle unserer Erzählung[1]) haben wir die rumänische Revolution vom Februar 1866 und deren nächste Einwirkung auf die europäische Politik erwähnt. Wir müssen hier etwas näher auf den Verlauf dieser Dinge eingehn, da sie auch für spätere große Katastrophen höchst folgenreich geworden sind.

Gleich nach der Verjagung des bisherigen Hospodars Cusa und der Wahl des Grafen von Flandern zu seinem Nachfolger erhob die Pforte dagegen Protest, zog Truppen in Bulgarien zusammen und beantragte auf Grund des Pariser Friedens von 1856, der ihr ein einseitiges bewaffnetes Vorgehn verbot, eine Conferenz der Großmächte, die sich dann auch im März zu Paris constituirte.

Was die Großmächte betraf, so gingen die Meinungen auseinander. Frankreich beharrte auf seinem schon früher vertretenen Standpunkte, nur durch Erhebung eines fremden Fürsten mit erblicher Thronfolge lasse sich in dem von Parteihaber zerrissenen Rumänien eine bleibende Ordnung erzielen.

¹) Buch 15, Capitel 3.

Alle übrigen Regierungen aber unterstützten den Anspruch der Pforte, daß nur ein Inländer die Würde des Hospodars erhalten dürfe, am Schärfsten Rußland, welches bei der Wahl eines Fremden das Land militärisch zu besetzen drohte, England und Österreich nach ihrer Gunst für die türkische Integrität, endlich auch Preußen, damals hart an der Schwelle des Kriegs mit Österreich, ohne großes Interesse am Orient, um so mehr also auf gutes Einvernehmen mit Rußland bedacht.

Kaiser Napoleon aber ließ sich durch dies Alles nicht beirren[1]). Zwar nach Brüssel sandte er einen so deutlichen Wink, daß König Leopold die Wahl des Grafen von Flandern auf der Stelle ablehnte. Sofort ließ Napoleon an die rumänische Regierung unter der Hand eine Mittheilung gelangen, sie möge dem Volke zur Fürstenwahl den Prinzen Karl, zweiten Sohn des Fürsten Karl Anton von Hohenzollern-Sigmaringen, vorschlagen. Mit dem letztern stand der Kaiser seit langer Zeit in vertrauter Freundschaft; auch hatte der Fürst nahe verwandtschaftliche Beziehungen mit dem Hause Bonaparte, da seine Mutter eine Prinzessin Murat, und seine Schwiegermutter eine Adoptivtochter Napoleon's I., also, wenn nicht dem Blute, so doch dem Gesetze nach eine Cousine des dritten Napoleon war. Der Kaiser mochte also hoffen, durch die Erhebung des Prinzen Karl würde der französische Einfluß, der schon unter dem Fürsten Cusa dort geherrscht hatte, erneuert, und durch die Stärkung der rumänischen Einheit

---

[1]) Über das Folgende vgl. die Aufzeichnungen „eines Augenzeugen aus dem Leben des Königs Karl von Rumänien" in der deutschen Revue Jahrgang 17, Band 1 ff., sowie das englische Blaubuch über die Pariser Conferenz. Einzelne Details erfuhr ich schon 1867 bei meiner Anwesenheit im Norddeutschen Reichstag und gleich nachher bei meinen Archivstudien in Paris aus zuverlässiger Quelle.

dem Vordrängen Rußlands ein fester Damm entgegengesetzt werden. Auch würde schwerlich die preußische Regierung die Wahl eines Hohenzollern ernstlich bekämpfen, ja, vielleicht einen Liebesdienst darin erblicken und zum Danke den eben angemeldeten französischen Wünschen auf Landgewinn im Falle preußischer Siege gefälliger werden. Wie dem nun auch sei, als umgehend aus Bukarest die Antwort kam, die Regierung werde mit Freuden den Prinzen Karl zur Wahl vorschlagen, ließ Napoleon erkennen, er werde einen Prinzen dieses Hauses jedem andern deutschen Fürsten vorziehn. Übrigens blieb er in dem ganzen Verlaufe der Sache bei dem Grundsatze, nur im Stillen zu wirken, ohne seine Minister von seinen wirklichen Absichten irgendwie in Kenntniß zu setzen.

Am 31. März 1866 erschien einer der einflußreichsten rumänischen Staatsmänner, Joan Bratianu, am Hofe Karl Anton's, um ihm die Absicht seiner Regierung anzukündigen. Der Vater und der Sohn verhielten sich äußerst zurückhaltend und erklärten, ohne Berathung mit König Wilhelm keine Antwort geben zu können. Jedoch war Karl Anton von Anfang an dem Unternehmen nicht abgeneigt, und auch die Persönlichkeit des Abgesandten hatte einen guten Eindruck gemacht. Bratianu war ein stattlicher Mann von gewinnender Haltung und zweifelloser Begabung.

Ehe wir in der Erzählung weiter fortschreiten, müssen wir, um das Verhalten König Wilhelm's in der so unvermuthet an ihn persönlich herantretenden Frage verständlich zu machen, auf die Stellung des fürstlichen Hauses zur Krone Preußen einen Blick werfen. Die gemeinschaftliche Abstammung beider Linien war zwar von König Friedrich Wilhelm IV. amtlich anerkannt worden, nachdem Graf Stillfried und Archivar

Märker einen gemeinsamen Stammvater nachgewiesen hatten; dieser Urahn aber hatte den Vorzug oder den Fehler, daß er bereits um das Jahr 1200 gelebt hatte, worauf dann die beiden Linien in völliger Trennung auseinander gegangen waren, thatsächlich also nur noch von einer Namenverwandtschaft die Rede sein konnte. Rechtlich war nach der Vereinigung des kleinen Landes mit der preußischen Monarchie das Verhältniß durch König Friedrich Wilhelm IV. auf Grund des von ihm sanctionirten Sigmaringer Hausgesetzes von 1821 festgestellt worden. Nach diesem hatte der regierende Fürst die väterliche Gewalt über sämmtliche Mitglieder des fürstlichen Hauses, mit allen Rechten des Familienhauptes, welche, hieß es weiter, sich vornehmlich äußerten in Bezug 1) auf den Eintritt der Prinzen in auswärtigen Civil= oder Militärdienst, 2) auf den Aufenthalt unvermählter Prinzessinnen außer Landes, 3) auf abzuschließende Heirathen und 4) auf Anordnung von Vormundschaften. In Folge der Abtretung des Landes an die Krone Preußen übertrug Fürst Karl Anton durch Urkunde vom 26. März 1851 diese Rechte dem preußischen Könige als nunmehrigem Oberhaupte des Gesammthauses Hohenzollern, königlicher und fürstlicher Linie. Hienach regelte König Friedrich Wilhelm am 19. Juli 1851 die Stellung der Hohenzollern'schen Herrn in Preußen. Er versagte ihnen den Titel Königliche Hoheit und, was vor Allem charakteristisch und auch für die große Politik bedeutsam war, jeden Anspruch auf ein preußisches Thronfolgerecht. Im Übrigen räumte er ihnen alle äußern Ehrenrechte preußischer Prinzen ein, genehmigte die Hohenzollern'sche Hausverfassung, acceptirte die auf Grund derselben ihm als Familienhaupt zustehenden Rechte und erklärte, daß den Mitgliedern der fürstlichen Linie die Pflichten der Treue, des Gehorsams und des Respects gegen das höchste Oberhaupt obliegen würden.

Es waren also Rechte doppelter, in der Urkunde genau unterschiedener Art, welche der König als Familienhaupt über die Mitglieder des fürstlichen Hauses erworben hatte. Zunächst der Anspruch auf Ehrfurcht, Treue und Gehorsam, den jeder preußische Unterthan, insbesondere jeder Staatsbeamte und Abgeordnete, seinem königlichen Souverän gelobt. Sodann auf Grund des Hausstatuts das Recht und die Pflicht der unbedingten Entscheidung in den oben angeführten vier Fällen. In deren Reihe findet sich nun, wie der Augenschein lehrt, die Frage der Annahme einer angebotenen fremden Krone mit Nichten. Nach dem formellen Rechte konnte hier der Berufene nach eignem freiem Willen Entschluß fassen. Der König mochte nach der Ehrfurcht und Treue des Prinzen erwarten, daß er ihm Kenntniß gebe und seinen Rath erbitte. Gerade bei einer Frage dieser Art konnte er voraussetzen, daß sein Rath mit entscheidender Kraft in's Gewicht fallen werde. Aber ein formelles Recht, zu befehlen oder zu verbieten, hatte er in diesem Falle nicht.

In der rumänischen Sache hatte König Wilhelm keinen Augenblick einen Zweifel. Er war durchaus gegen die Annahme einer etwaigen Wahl durch den Prinzen Karl, nach persönlicher Stimmung und politischen Gründen, über die er sich mit dem Grafen Bismarck in vollkommenem Einverständniß befand. Er beschloß also, dem Fürsten Karl Anton, gegen den und dessen Familie er ein warmes Wohlwollen im Herzen trug, persönlich zu schreiben, abzurathen und zu warnen. Weiter aber zu gehn und amtlich mit einer Königlichen Willenserklärung einzuschreiten, daran hinderte ihn das unerschütterliche Rechts- und Pflichtgefühl, welches jeden Schritt auf seiner ruhmreichen Laufbahn bestimmt hat. Er hatte keinen gesetzlichen Titel zu einem Verbot oder zu einer dem Verbote gleich wirkenden Maaßregel: damit war sein Verfahren entschieden. Aber ebenso beharrte er bei Abrathen und Warnen, auch als Napoleon sein Wort wiederholte, er habe stets für einen fremden Erbfürsten gestimmt, und vollends die Wahl eines Prinzen aus dem Hause Hohenzollern, für welches er die freundschaftlichsten Gefühle hege, werde er zwar nicht selbst vorschlagen, wohl aber, wenn sie erfolge, freudig unterstützen.

So hatte die Entwicklung ihren Verlauf. Fürst Karl Anton blieb trotz der Bedenken des Königs der Candidatur seines Sohnes geneigt. Am 11. und 14. April erschienen in Bukarest zwei Proclamationen der provisorischen Regierung, die den Stempel ihres französischen Ursprungs unverkennbar an der Stirne trugen. In der einen wurde das rumänische Volk aufgefordert, kraft seines souveränen Nationalwillens den erblichen Thron dem Prinzen Karl von Hohenzollern durch ein Plebiscit zu übertragen, bekanntlich eine Erfindung des napoleonischen Staatsrechts, die bisher bei den Völkern des Orients nicht in Übung gewesen; die Abstimmung sollte in den Tagen vom 14. bis zum 20. April erfolgen. In der zweiten Urkunde wurde der Prinz, sein Vater und sein Haus den Rumänen durch Aufzählung aller denkbaren Tugenden und Verdienste empfohlen. Unter Anderm wurde seine Verwandtschaft mit den beiden großen Herrscherhäusern, dem preußischen und dem französischen, betont. Von dem preußischen wurde erwähnt, daß es der Welt Friedrich den Großen gegeben; von dem Hause Bonaparte hieß es, daß es die beiden

Napoleone hervorgebracht, die, von der Welt wie Halbgötter verehrt, die Völker zur Demokratie und zur Achtung der Nationalitäten geleitet hätten. Bei dem rumänischen Volke war die Wirkung vollständig: schon am 15. April kam ein Telegramm Bratianu's an den Fürsten Karl Anton, daß ganz Rumänien mit Begeisterung sich zur Wahl dränge.

Der Fürst gab dies weiter an den König. Dieser aber schrieb dem Prinzen, der damals als Dragoner-Officier in Berlin war: Du hast Dich ganz passiv zu verhalten, da große Bedenken obwalten; Rußland und die Pforte sind gegen die Wahl eines Fremden. Der Prinz antwortete in vorsichtigem Ausdruck, des Königs Vorschriften würden stets sein Anhalt sein. Dem Vater aber theilte er brieflich seinen festen Entschluß mit, die Krone anzunehmen und gegen den Willen der Conferenz nach Bukarest zu reisen. Mit jugendlichem Muthe war er bereit, den Sprung in das Dunkle zu wagen; in rühmlichem Ehrgeiz trat er trotz aller Gefahren an die Aufgabe heran, auf dem Boden eines halbcivilisirten Landes zum Segen eines hochbegabten Volks eine feste Staatsordnung aufzurichten. Noch aber mahnte auch sein Vater sich zu gedulden, bis die Bedenken des Königs und der Minister gehoben seien.

In diesen Tagen trat nun auf dem Congreß eine Wendung ein, welche für die Wünsche Hohenzollerns äußerst günstig wirkte. Da bisher ein Einverständniß der Mächte sich unerreichbar gezeigt hatte, brachten Österreich und England am 14. April den Antrag ein, die definitive Entscheidung zu vertagen und einstweilen die Verwaltung Rumäniens einem inländischen Hospodar auf vier Jahre zu überweisen. Damit wäre über die Fürstenthümer eine langjährige Unsicherheit aller Verhältnisse verhängt worden. Bei den weiteren Verhandlungen räumte Napoleon ein, die Wahl eines fremden Fürsten sei allerdings, wie Österreich behauptete, den europäischen Verträgen von 1856 und 1858 zuwider, dennoch aber sei und bleibe sie in der Sache das einzig Verständige und Richtige. In Berlin aber hielt man es für sehr wahrscheinlich, daß bei Annahme des Antrags der dann einzusetzende Hospodar ein ausgesprochener Parteigänger der Antragsteller sein würde, und dieser Möglichkeit gegenüber erschien die sonst bedenkliche Wahl des Prinzen Karl doch als die bessere Auskunft. So beschloß Bismarck, zwar amtlich in der Conferenz weder zu fördern noch zu hindern, im Stillen aber dem Prinzen den Muth zu stärken und die Wege zu ebnen.

Am 19. April lud er den jungen Herrn zu sich ein und sagte ihm, nicht als Staatsmann, wie er bemerkte, sondern als Rathgeber und Freund: er rathe ihm, den kühnen Entschluß zu fassen und direct nach Bukarest abzureisen; vom Könige möge er nicht ausdrücklich die Zustimmung dazu, sondern nur Urlaub in das Ausland erbitten, was der König verstehn werde. Er solle dann im tiefsten Incognito nach Paris reisen, da er ohne Napoleon nichts erreichen könne; denn Rußland und die Pforte würden gegen seine Wahl protestiren und Preußen ihn dagegen nicht unterstützen. Sind Sie einmal erst in Rumänien, fuhr er fort, so ist die Frage viel leichter zu lösen: die Conferenz steht dann vor einer vollendeten Thatsache, und die protestirenden Mächte werden schließlich eine Thatsache, die nicht rückgängig zu machen ist, anerkennen müssen. Übrigens, schloß er, sollte die Sache dennoch mißlingen, so würden Sie für Ihr ganzes Leben die angenehme Erinnerung an ein pikantes Abenteuer haben.

Eine Auffassung, bemerkte der oben citirte „Augenzeuge", welche der Prinz doch nicht zu theilen vermochte.

Der Prinz begab sich darauf zum Könige und theilte ihm Bismarck's Ansicht mit. Der König aber wollte nichts davon wissen, sondern blieb bei seiner Abmahnung, worauf der Prinz seinen Entschluß in begeisterter Rede vertheidigte. Das Ende war eine Erklärung des Königs, er müsse auf seinem Standpunkt beharren; wenn den Prinzen jedoch ein innerer Drang unaufhaltsam vorwärts treibe, könne er ihn nicht hindern. Der König gewährte ihm Urlaub nach Düsseldorf; er umarmte beim Abschied den jungen Helden; sein letztes Wort war: Gott behüte Dich!

Eine Reise nach Paris, wie sie Bismarck empfohlen hatte, erschien doch bedenklich. Statt dessen beschloß man Erkundigungen durch geheime Canäle, wobei man über die Pariser Politik besondere Erfahrungen machte. Eine vornehme, mit dem Minister Drouyn de Lhuys befreundete Dame wurde veranlaßt, diesen zu sondiren: der Minister antwortete, Napoleon werde nie eine vollendete Thatsache anerkennen. Darauf schrieb der Prinz an eine Dame in Paris, Frau Cornu, auf die Napoleon persönlich ein großes Vertrauen setzte; die umgehende Antwort mahnte dringend zur Schaffung der vollendeten Thatsache. Am 1. Mai erschien Bratianu als Führer einer rumänischen Deputation, welche das Schlußergebniß des Plebiscits überbrachte; der Prinz sprach ihr seine Zustimmung aus; da aber der König noch einmal wegen des Widerspruchs der Mächte abgerathen hatte, reiste der Fürst Karl Anton nach Berlin, um einen günstigern Bescheid zu erwirken. Am 5. kam er zurück. Der König weigerte nach wie vor die Ertheilung einer Erlaubniß; er wolle ihm aber Urlaub geben, unter der Bedingung, daß er bei der Überschreitung der Grenze seinen Abschied einreiche; ein preußischer Officier könne im Augenblick der Mobilmachung nicht außer Landes gehn. Am 11. Mai verschwand darauf der Prinz plötzlich aus Düsseldorf und erschien, auf der Reise durch das ihm feindselige Österreich, halb verkleidet und von Niemand bemerkt, am 20. plötzlich in Rumänien, wurde von unermeßlichem Jubel empfangen und nahm ohne Weiteres in Bukarest von der Regierung Besitz. Es zeigte sich bald, daß Bismarck und Fürst Karl Anton richtig gerechnet hatten. Wohl erklärte die Conferenz in Paris einstimmig die Vertragswidrigkeit und folglich die Ungesetzlichkeit der Wahl, aber als darauf die hohe Pforte die Vollmacht zu Zwangsmaaßregeln forderte, erfuhr sie Zurückweisung auf allen Seiten. Die Türkei wünschte keine russischen, Rußland keine türkischen Truppen in Rumänien zu sehn, Österreich aber, welches soeben in den Kampf gegen Preußen hineinschritt, hatte keine Sehnsucht, in seinem Rücken irgend ein Kriegsfeuer auflodern zu sehn. So konnte Fürst Karl ungestört sein Ministerium bilden, Truppen an den türkischen Grenzen aufstellen, die Verwaltung des Landes in vorläufige Ordnung bringen. Daheim aber erklärte Preußen allen Mächten, daß der Prinz vollkommen selbständig verfahren sei und für seinen Schritt die Erlaubniß des Königs weder nachgesucht noch erhalten habe. Es entsprach vollkommen den Thatsachen; aber kein Mensch wollte es glauben. Eine solche Behauptung, daß unter einem so willensstarken König wie Wilhelm I., unter einem so energischen Minister wie Graf Bismarck ein preußischer Prinz einen solchen Schritt ohne königliche Zustimmung gewagt hätte, erschien aller

Welt als eine Fabel. Niemand dachte an das Sigmaringer Hausgesetz und den strengen Rechtssinn des Königs.

Indessen fuhr das Glück fort, dem Muthigen hold zu sein. Der Ruhmestag von Königgrätz, wo einer seiner Brüder den Heldentod fand, sicherte den Fürsten vor jeder Bedrohung durch Österreichs Abneigung, und der plötzlich ausbrechende Aufstand der Insel Kreta lenkte die Sorgen und die Kräfte der Pforte auf das Gründlichste von dem Eindringling auf dem rumänischen Throne ab. Fürst Karl beeilte sich, das Ereigniß benutzend, dem Sultan die Unterwerfung unter dessen lehnsherrliche Rechte entgegen zu tragen; so erlangte er im October die feierliche Investitur als erblicher Beherrscher Rumäniens unter türkischer Oberhoheit. Damit war denn auch für die Großmächte jeder Rechtsgrund gegen seine Erhebung beseitigt, und eine nach der andern vollzog die diplomatische Anerkennung des jungen Herrschers.

Es ist nicht unseres Ortes, die innere Entwicklung Rumäniens darzustellen; die Welt weiß, mit welchem Erfolge die politische Begabung Karl's I. seine schwierige Aufgabe gelöst hat. Wir haben nur auf einzelne Momente hinzuweisen, die für die allgemeine Politik Europas und insbesondere für die Stellung Preußens in Betracht kamen.

Fürst Karl hatte in seiner preußischen Stellung gelernt, daß die erste Grundlage eines sicher geordneten Staats ein tüchtig ausgebildetes und disciplinirtes Heer ist. Was er aber von dergleichen in der neuen Umgebung vorfand, war trostlos: kräftige und muthige Jünglinge in Fülle, im Übrigen jedoch Mangel und Entblößung, Unbildung und Zuchtlosigkeit. Was eine französische Militärcommission, die auf den Wunsch der frühern Regierung gesandt war, seit 1864 zu Stande gebracht hatte, war während der letzten Unruhn weggeschwemmt worden. In dieser Noth richtete der Fürst seinen Blick auf die alte Heimath und bat den König um einige preußische Officiere als Lehrmeister und um die Gestattung eines Ankaufs von 20 000 Hinterladern in den königlichen Waffenfabriken. Der König fand diese Wünsche verständig und angemessen, allein der Kriegsminister von Roon erklärte sehr bestimmt, zuerst müsse die preußische Armee alle in ihrem Waffenmaterial während des Krieges erlittenen Schäden wieder ergänzt haben, ehe sie zu so großen Verkäufen schreiten könne. Es vergingen darüber fünf Vierteljahre, und als endlich im Frühling 1868 der erste Waffentransport abgesandt werden sollte, waren in dem Zustande Rumäniens erhebliche Änderungen eingetreten. Fürst Karl hatte, auf bringendes Anrathen Preußens, in seiner auswärtigen Politik sich mehr und mehr dem russischen Hofe anzunähern und ohne formelle Verpflichtungen die Gunst des Zaren mit Erfolg zu gewinnen gesucht. Im Innern behauptete sich an der Herrschaft seit März 1867, auf eine starke Mehrheit der Volksvertretung gestützt, die radicale Partei, unter dem leitenden Einflusse Joan Bratianu's, eines von der Natur mit blendenden Vorzügen, Erfindungskraft, Beredsamkeit, demagogischem Talente ausgestatteten Mannes, dem seine durch heiße Ehrsucht aufgestachelte Fantasie maaßlose Ziele emportrieb, der aber nicht die Fähigkeit zu gründlicher Arbeit und zu klarer Berechnung der für die wilden Entwürfe erforderlichen Mittel besaß. Ihm stand das Bild eines großen dako-rumänischen Reichs vor der Seele, wozu Bulgarien auf der einen, Bessarabien, Siebenbürgen, Bukowina und Banat auf der andern Seite gehören sollten. Schon als er Anfang Mai 1866 die rumänische Deputation nach Düsseldorf führte, um dem Prinzen Karl seine Wahl anzukündigen, hatte er ihm, um den Reiz des Angebots zu erhöhn, eine Karte von Großrumänien vorgelegt, auf der alle jene Landschaften als Eigenthum der rumänischen Krone eingezeichnet waren. Der Prinz aber hatte von so ausschweifenden Plänen nichts wissen wollen. Jetzt aber lenkte Bratianu als Minister des Innern die Verwaltung des Landes, und ohne den Fürsten, der ihm volles Vertrauen schenkte, viel zu fragen, schritt er zu einer weiten revolutionären Agitation. Im Juni 1867 kam es in mehreren bulgarischen Orten zu Aufständen, die jedoch von dem türkischen Pascha auf der Stelle blutig unterdrückt wurden. Türkischer Seits wurden Anregung und Unterstützung der Tumulte der rumänischen Regierung zur Last gelegt, von dieser, wie sich versteht, die Anklage bestritten, von der übrigen Welt aber um so mehr geglaubt, als einige Wochen später in Bukarest ein großer Congreß von Vertretern der dako-rumänischen Nation aus allen oben genannten österreichischen Provinzen mit großem Pomp zusammentrat, allerdings nach seinem Programme lediglich mit der harmlosen Absicht, eine dako-rumänische Akademie zu begründen. Damals war es, daß in Salzburg Graf Beust von der Möglichkeit einer Besetzung Rumäniens durch Österreich redete, und Kaiserin Eugenie, zur Zeit dem Fürsten Karl günstig, dem Minister zurief: „Sie sind zu lebhaft, Herr von Beust." Allein Bratianu arbeitete weiter, in seinen Hoffnungen gesteigert durch den ernsten und unermüdlichen Eifer, womit Fürst Karl der Neubildung und Entwicklung des rumänischen Heerwesens oblag, während der Minister durch seine patriotischen Fantasien die Kammer für die Bewilligung eines reichen

Militärbudgets begeisterte. Bald war denn auch in ganz Europa der Argwohn verbreitet, dort in Rumänien werde eine Mine geladen, deren Ausbruch den Brand der ganzen orientalischen Frage entzünden könne. Der Aufstand in Kreta dauerte fort, von der griechischen Regierung durch Waffensendung und Freischaaren offen unterstützt, von Rußlands Diplomatie nicht weniger offen begünstigt. Da Rußland mit Österreich im Orient ebenso wie mit der Türkei auf gespanntem Fuße stand, so erkennt man den weiten Zusammenhang, in dem sich ein Angriff Rumäniens auf Bulgarien oder Siebenbürgen fühlbar machen mußte. Da flogen im Frühling 1868 die Gerüchte durch Europa, rumänische Banden seien in Bulgarien eingebrochen: es war dieses Mal nicht wahr, aber es reichte hin, um Österreich und die Türkei zu entschiedenen Vorkehrungen gegen die aus Bukarest drohende Feindseligkeit zu veranlassen. Frankreich war Anfangs in der kretischen Sache Hand in Hand mit Rußland, Preußen und Italien gegangen, um die Lage der christlichen Bevölkerung in Kreta zu verbessern, begann jetzt aber aus dieser Verbindung sich heraus zu ziehn, um gemeinsam mit Österreich und England die Integrität der Türkei zu schirmen. Damit sank auch Fürst Karl wegen seiner Annäherung an Rußland in der Gunst seines ursprünglichen Beschützers.

Nun geschah im Juli, daß in der That bewaffnete Schaaren aus Rumänien einen Angriff auf Bulgarien versuchten, dort aber schon nach wenigen Tagen besiegt, zerstreut und größten Theils niedergemacht wurden. Das Aufsehen, welches der Vorgang überall erregte, wurde nach wenigen Wochen gewaltig gesteigert, als die Welt erfuhr, daß ein großer preußischer Waffentransport auf weitem Umwege durch

Rußland unter der Aufschrift „Eisenbahn-Materialien" im August nach Rumänien gelangt sei. Jetzt schien kein Zweifel mehr möglich, daß Bratianu's Treiben durch die beiden Großmächte gefördert, wenn nicht veranlaßt, daß der europäische Friede ernstlich bedroht sei.

Ganz so schlimm stand es nun in Wahrheit nicht. Jener Transport enthielt einen Theil der vor mehr als einem Jahr von Rumänien in Berlin gekauften Hinterlader, bei deren Bestellung Fürst Karl so wenig wie die preußische Regierung an kriegerische Unternehmungen gedacht hatte. Zur Zeit wußte man, daß weder Österreich noch die Türkei eine Waffensendung nach Bukarest gelangen lassen würden, und so wählte Herr von Roon den Transport über Rußland und, um jeden Lärmen zu vermeiden, die falsche Declaration, deren Bekanntwerden dann freilich die Aufregung verdoppelte. Bratianu's Verfahren blieb ganz geeignet, den Argwohn immer mehr zu steigern. Die bewaffneten Einfälle in Bulgarien wiederholten sich, eine türkische Beschwerde wurde unter Abläugnung jeder Theilnahme an den Angriffen in grobem Tone beantwortet, mit hastigem Eifer auch bei den Regierungstruppen weiter gerüstet, die Recrutirung verstärkt, eine große Volksbewaffnung eingeleitet, und zugleich bei den Siebenbürger Rumänen ganz offen eine lebhafte nationale Wühlerei entfaltet. Kurz, der Schein war vollständig, daß der preußische Waffentransport das Mittel und zugleich das Signal zu einer allgemeinen Erhebung der daco-rumänischen Nation unter preußisch-russischem Schutz zur Befreiung und Vereinigung der bisher von Türken und Österreichern abgetrennten Stammesbrüder sein sollte.

Während auf solche Art durch die Rumänen Österreich in seinem Besitzstand bedroht und die französische Beschützung der Türkei mißachtet wurde, fand sich außerdem Napoleon durch stete Fortschritte Preußens auf dem Wege zur deutschen Einheit an einer besonders empfindlichen Stelle beunruhigt.

Wir haben gesehn, wie bereits im Herbste 1867 die Erneuerung des Zollvereins zwischen Nord- und Süddeutschland ihn unangenehm berührt hatte. Indessen war dabei in Bayern und Württemberg eine so starke Abneigung gegen die preußische Vormacht sichtbar geworden, daß hier an den Eintritt in den Nordbund nicht zu denken war. Ganz anders aber stand es bekanntlich in Baden, wo Fürst und Volk fortdauernd den Eintritt erstrebten und vorbereiteten. Freilich war es der schwächste der drei Staaten, dessen volle Angliederung Preußens Macht wenig verstärken würde. Hier aber galt, was einst Maria Theresia von Piemont gesagt hatte: dessen König wäre schon ein braver Mann, wenn nur die verwünschte Geographie nicht wäre. Dieses lange schmale Baden erstreckte sich dicht an der französischen Rheingrenze von Weißenburg bis Basel, und seine Höhen schauten aus nächster Nähe auf die Wälle von Straßburg herab. Hier nun aller Orten norddeutsche Truppen und preußische Fahnen einziehn zu sehn, würde bei dem französischen Volke die höchste Erbitterung erzeugen. Kein französischer Herrscher, sagte Napoleon, würde dem Sturme des nationalen Zornes widerstehn können, wenn die preußische Regierung Baden in den norddeutschen Bund aufnähme — und nach dem in Frankreich üblichen Brauche waren die Zeitungen überzeugt, daß alle preußenfreundlichen Regungen in Baden von dem Urheber alles Übels, von Bismarck, bezahlt oder doch angestiftet wären.

Dies war nun genau so wahr, wie die ebenfalls in Paris verbreitete Meinung, daß Bismarck's Agenten den Romzug Garibaldi's veranlaßt und unterstützt hätten. Im Gegentheil, nach den in Bayern und Württemberg soeben gemachten Erfahrungen schwärmte Bismarck weniger als jemals für eine übereilte Heranziehung der Südstaaten in den Nordbund, so daß ihm für den Augenblick Badens patriotischer Eifer im Interesse des innern Gedeihns und des europäischen Friedens weniger erfreulich als unbequem war. Am 17. November 1867 hatte ihm Mazzini jene Warnung vor einem französisch-italienischen Bündniß zugesandt; am 18. wandte sich an ihn ein alter Freund und Exilgenosse Mazzini's, der damalige badische Ministerpräsident Mathy, ein Mann, der sich seit 1848 von Mazzini's doctrinärer Schwärmerei abgewandt hatte und mit festen Schritten auf den Bahnen preußisch-deutscher Realpolitik zu seiner jetzigen Stellung emporgestiegen war. Er schickte dem Kanzler eine ausführliche Denkschrift, worin er den Eintritt Badens in den Nordbund beantragte, und bat, wenn die europäischen Verhältnisse dies noch nicht thunlich erscheinen ließen, um Vollmacht zu einer Erklärung an die Kammern, daß der Eintritt, eventuell auch ohne Bayern und Württemberg, gesichert, und nur der Zeitpunkt dem Ermessen der Regierungen vorbehalten sei. Bismarck selbst schrieb ihm keine Antwort; der preußische Gesandte in Karlsruhe theilte Mathy mit, daß der Kanzler die gewünschte Erklärung nicht geben könne[1]).

Indessen entwickelte sich die Lage weiter. Mathy starb bald nachher, und sein Nachfolger Jolly erklärte den Kammern, er könne über sein Programm sich kurz fassen: es sei genau

---

[1]) Freytag, Karl Mathy, S. 415.

das seines Vorgängers. Zugleich bewilligte der Landtag ein um zwei Millionen Gulden erhöhtes Militärbudget, um die preußischen Einrichtungen in dem Heere vollständig durchzuführen. Wenige Tage später nahm der preußische Militärbevollmächtigte General von Beyer seine Entlassung und trat als Kriegsminister in den badischen Staatsdienst über; Chef des Generalstabs wurde der bisher preußische Oberst von Lescinsky. Im März 1868 verstattete Preußen, daß fünfzig badische Officier-Aspiranten im preußischen Cadettencorps ihre militärische Ausbildung erhalten sollten. Im April wurden preußische Officiere nach Baden berufen, um die Landwehr durchaus nach den Vorschriften des norddeutschen Bundes zu organisiren. Genug, es fehlte nur noch die amtliche Erklärung, um das badische Contingent ganz einfach als Heertheil des norddeutschen Bundes erscheinen zu lassen.

Trotz alledem fand sich Bismarck nicht berufen, seinerseits in der deutschen Sache den wohlerwogenen Standpunkt aufzugeben, auf welchem keinem Einzelstaate, sondern nur der süddeutschen Gesammtheit der Eintritt in den Nordbund zu gestatten wäre. In Bayern aber und Württemberg dauerten die antinationalen Bestrebungen mit wachsendem Erfolge fort; gewannen doch in Württemberg damals die Anhänger des Reichsgedankens nicht einen einzigen Sitz im Zollparlament — was natürlich in Berlin die Sehnsucht nach baldigem Erscheinen der Schwaben auch in dem Reichstag erheblich abkühlte. Und dennoch wirkte in Württemberg wie überall das thatsächliche Schwergewicht der Verhältnisse so zwingend, daß gerade von dort aus ein kräftiger Anstoß zur weitern Consolidirung der deutschen Gesammtheit erfolgte. In Stuttgart hielten der Kriegsminister Wagner und der Chef des

Generalstabs Suckow unerschütterlich trotz aller Schwierigkeiten an der Durchführung des preußischen Wehrsystems fest und wurden hierin, wie wir sahen, von dem sonst nicht preußenfreundlichen Könige, der aber seine Truppe nicht durch die Verehrer einer Volksmiliz zerrütten lassen wollte, kräftig unterstützt. Anfang Mai 1868 genehmigte der König eine Reise Suckow's nach Berlin zur Informirung in Sachen „Mobilmachung und Verwandtes"¹). Nach den erwähnten Verhältnissen fand Suckow Anfangs eine sehr zurückhaltende Aufnahme. Am 6. Mai sprach er Moltke: er sei gekommen, um zu fragen, was Württemberg bei einem plötzlichen Einbruch der Franzosen in Süddeutschland zu thun habe. Moltke antwortete mit der Gegenfrage, was Württemberg leisten könne, und wie schnell; aufrichtig sagte er, daß er die dortige Leistung nicht bloß als eine schwache, sondern auch als eine unzuverlässige ansehn müsse; am Besten sei es, ihnen zu sagen: sich zu, wie Du Dir selbst hilfst; die Dinge werden um so schneller gehn, je ungestörter Varnbüler sein Treiben fortsetzt. Für Preußen sei der Thüringer Wald eine viel bessere Flanke als der Oberrhein. Es war keine Freude für Suckow, auf solche Art Süddeutschland als auswärtigen Kriegsschauplatz betrachtet zu sehn; er erwiderte, es könne Preußen doch nicht gleichgültig sein, wenn Süddeutschland dem Demagogenthum verfiele und in französische Vasallenschaft geriethe. Moltke erkannte das an und trat in eine nähere Besprechung der strategischen Verhältnisse und der daraus folgenden militärischen Bedürfnisse ein. Als Suckow darauf seine Auffassung entwickelte, klärte sich Moltke's Angesicht auf: ich sehe schon, sagte er, daß wir zwei Generalstabs-

---

¹) Aus ungedruckten Memoiren.

officiere uns leicht verstehn werden bei den richtigen Anschauungen, die Sie haben.

Am 11. Mai hatte Suckow eine Besprechung mit Bismarck im Parke des Kanzler-Palais, wobei Bismarck sich in folgender Weise äußerte: „Die Wahlen zum Zollparlament haben gezeigt, daß der Süden vorerst keine weitere Verbindung mit dem Norden haben will als Zollverein und Allianzvertrag. Der Norden hat keinen Grund, mehr zu verlangen; denn strategisch genommen ist die Verbindung mit dem Süden keine Verstärkung für uns, und politisch haben wir kein Bedürfniß, uns mit den heterogenen Elementen im Süden zu verschmelzen, wo man nicht weiß, ob die Particularisten oder die Demokraten die ärgeren Feinde Preußens sind. Wir tragen alle die nationale Einigung im Herzen, aber für den rechnenden Politiker kommt zuerst das Nothwendige und dann das Wünschenswerthe, also zuerst der Ausbau des Hauses und dann dessen Erweiterung. Erreicht Deutschland sein nationales Ziel noch im 19. Jahrhundert, so erscheint mir das als etwas Großes, und geschähe es in 10 oder gar 5 Jahren, so wäre das etwas Außerordentliches, ein unerhofftes Gnadengeschenk von Gott. Zuerst sollen also einmal die Vertreter im Zollparlament ein Paar Jahre bei einander gesessen sein; dann wird Versöhnlichkeit eintreten, und werden die Süddeutschen sehn, daß es sich nicht um Vergewaltigung handeln kann. Unsere ganze Sympathie gehört dem süddeutschen Bruder, dem wir jeder Zeit die Hand reichen wollen, aber zwingen wollen und dürfen wir ihn nicht, dieselbe zu ergreifen. Die Möglichkeit eines Krieges anlangend, so ist der norddeutsche Bund eine Macht, welche jeder andern gewachsen ist. Für Süddeutschland liegt die Sache einfach so, welchen

Alliirten es sich wählen will; Österreich kann es nicht sein; wir hätten nichts dagegen, aber Österreich will entschieden nicht, und Frankreich wird dem deutschen Süden weniger Schutz gewähren als der norddeutsche Bund."

Übrigens erwähnte Bismarck noch, man habe bayerischer Seits Besorgnisse wegen Suckow's Entsendung nach Berlin geäußert; er habe geantwortet, einem Jeden geschehe dasselbe wie jenem: Auskunftsertheilung, wenn eine solche gewünscht wird.

Suckow trat dann noch zweimal mit Moltke zusammen; das Ergebniß war ein unbedingtes gegenseitiges Vertrauen zwischen den beiden Männern, eben was Suckow zu erreichen als eigentlichen Zweck seiner Reise sich vorgesetzt hatte. Am 14. Mai erwogen sie die Möglichkeit eines plötzlichen Einbruchs der Franzosen nach Süddeutschland; es wurde verabredet, daß in diesem Fall die Württemberger Truppen sich bei Heilbronn und nöthigen Falls bei Würzburg concentriren sollten, um dadurch der Vereinigung mit der heraneilenden Hülfe des Nordens näher zu sein. Ein Protokoll oder sonst eine schriftliche Aufzeichnung wurde über diese Absprachen in Berlin nicht gemacht. Als Wagner dem König Carl darüber Vortrag hielt, schien dieser geringes Interesse an der Sache zu nehmen, erhob aber keinen Widerspruch.

Im Juni erbat sich darauf in der That ein bayerischer Unterhändler bei Bismarck die verheißene Auskunft. Die Verhandlung führte hier zu demselben Beschlusse, wie die Württemberger, und da das Einverständniß des Großherzogs von Baden von Anfang an sicher war, so konnte Moltke schreiben[1]:

„Man hatte sich überzeugt, daß bei directer Vertheidigung

[1] Generalstabs-Werk über den Krieg von 1870/71 I, 74.

des obern Rheins und des Schwarzwaldes Norddeutschland eine wirksame unmittelbare Hülfe im ersten Augenblicke schon der Entfernung nach zu leisten nicht in der Lage sei, daß eine weit größere Sicherung des deutschen Südens aus der Vereinigung aller deutschen Streitkräfte am mittleren Rhein erwachse, welche von dort, sei es auf dem rechten oder dem linken Ufer, offensiv in die Flanke der feindlichen Invasion vorgingen, und diese nothwendig sehr bald zum Stehn oder zur Umkehr zwingen müßten."

Moltke hob dabei hervor, daß die süddeutschen Fürsten, diesen Ansichten beipflichtend, in Hingebung an die gemeinsame Sache und im Vertrauen auf die obere Heeresleitung bereit gewesen, das eigene Landesgebiet von ihrer activen Militärmacht zu entblößen, um sie dem norddeutschen Heere unmittelbar anzureihn. Um so schwerer wiege dabei die Verpflichtung, welche der Norden übernahm.

Es bedarf keiner Ausführung, wie wichtig die so gewonnenen Absprachen waren, zumal es nicht Preußen, sondern der eigne Entschluß der süddeutschen Fürsten gewesen, der sie veranlaßt hatte. Die bittern Erfahrungen, welche im Kriege von 1866 die Zersplitterung der Streitkräfte zum Schutze jedes kleinen Vaterlandes zur Folge gehabt, waren unvergessen geblieben.

Alle diese Vorgänge blieben natürlich im Auslande nicht unbemerkt und bewirkten, wenn man auch die Ergebnisse der Berliner Conferenzen nicht zu erkunden vermochte, eine wachsende Aufregung vor Allem in Paris und Wien. Wie sehr auch Napoleon durch quälende Krankheit und durch Unzulänglichkeit seines Heerwesens von jeder Kriegslust ferne gehalten wurde, wie war auf die Dauer ein Ausbruch zu verhüten, wenn Bismarck, was man damals in Paris für zweifellos hielt, durch Unterstützung Bratianu's dem russischen Ehrgeiz die Bahn nach Constantinopel frei machte und dann, seinerseits wieder im Rücken durch Rußland gedeckt, Baden und damit ganz Süddeutschland in den preußischen Militär= verband hineinzog? War es gegenüber einer solchen Gefahr nicht eine dringende Pflicht für Frankreichs Sicherheit, die von Italien angeregten, bisher verschleppten Bundespläne so rasch wie möglich zu verwirklichen? Diesen Gedanken kam nach gleichen Erwägungen das Wiener Cabinet wenigstens halbes Wegs entgegen. Bratianu's Umtriebe bedrohten ganz offen Österreichs Territorialbesitz, und auch in Wien und dem bisher preußenfreundlichen Ungarn meinte man darin Bismarck's Hand zu erblicken. Man hatte also Grund genug, zur Deckung gegen eine solche Feindseligkeit eine feste Ver= bindung mit Frankreich willkommen zu heißen. Aber so ent= schieden wie möglich war Graf Beust der Meinung, gerade in diesem Verhältniß alle Mittel aufzubieten, um den Frieden zu erhalten. Ihm verbot nicht bloß die Finanznoth, die Unfertigkeit der Armee, die Unsicherheit der innern Zustände jede Kriegspolitik. Für die Stellung Österreichs in Europa schien es ihm durchaus wünschenswerth, daß Frankreich und Preußen sich fortdauernd im Gleichgewicht hielten, und dadurch Österreich die Möglichkeit bewahrte, die süddeutschen Staaten immer sicherer seinem Einfluß zu unterwerfen. Denn käme es zwischen Beiden zum Kriege, und führte dieser zu einer gründlichen Niederlage Preußens, so war Süddeutsch= land, der Rhein und Belgien die sichere Beute des Siegers, dem gegenüber sich dann Österreich in vollständiger Abhängig= keit befinden würde. Leistete aber Preußen einen unerwartet zähen Widerstand, so träte die Gefahr ein, daß sich Napoleon mit ihm verständigte auf Überlassung Süddeutschlands an Preußen, des Rheins und Belgiens an Frankreich. Einen dritten Fall hielt Beust für schlechthin unwahrscheinlich. So erschien als das einzig richtige Ziel für Österreichs Politik ein Defensivbündniß mit Napoleon, also vertrauliche Freundschaft als Rückhalt für jede eigne Gefahr, Zügelung des Vordringens preußisches Ehrgeizes, so weit wie möglich aber auch bestimmender Einfluß in Paris für die Aufrechthaltung des europäischen Friedens.

Äußerlich war das Verhältniß der beiden Höfe seit lange ein vortreffliches. Der Besuch des Kaisers Franz Joseph im October 1867 hatte in Paris den allergünstigsten Eindruck hinterlassen; der französische Botschafter in Wien, Herzog von Gramont, wurde wegen seines Preußenhasses in Wien höher geschätzt, als in den Tuilerien wegen seiner Fähigkeiten; vollends der österreichische Botschafter in Paris, Fürst Metternich, wurde dort fast mehr wie ein Hausfreund der kaiserlichen Familie als wie der Vertreter einer auswärtigen Macht behandelt. Eben dies aber verminderte in Wien das Gewicht seiner stets rosig gefärbten Berichte; man entschloß sich, bei dem Mißtrauen, welches sowohl den Kaiser als den Grafen Beust gegen Napoleon erfüllte, einen zweiten unbefangenen Beobachter hinzusenden, um den dortigen Boden nach allen Richtungen zu sondiren. Es wurde dazu ein alter Vertrauter Beust's aus dessen sächsischer Zeit ausersehn, Graf Vitzthum, den er vor Kurzem in den österreichischen Dienst sich nachgezogen und für den Gesandtschaftsposten in Brüssel bestimmt hatte, ein vielerfahrener, reichbegabter und auch bei Napoleon wohlgelittener Diplomat, der jetzt bei diesem durch einen Privatbrief des Kaisers Franz beglaubigt wurde. Er sprach den etwas leidenden Imperator in Fontainebleau und fand ihn beunruhigt durch den Gang der deutschen Dinge. Wie steht Ihr zu Preußen? fragte er den Grafen. Wie immer, antwortete dieser; wir stehn auf dem Prager Frieden und verwahren uns gegen weitere Fortschritte Preußens in Süddeutschland. Auf eine Frage Napoleon's, wie man in Deutschland über einen französisch-preußischen Krieg denke, erwiderte er, man halte ihn dort für kaum vermeidlich; er bitte jedoch, ihn nicht als ein leichtes Werk anzusehn; es würde ein furchtbarer Nationalkampf, und die Südstaaten in denselben fortgerissen werden, ein Kampf, bei dem für Frankreich der Besitz von Elsaß-Lothringen auf dem Spiele stehn würde[1]).

Welchen Eindruck diese Worte auf Napoleon gemacht haben, muß dahingestellt bleiben: jedenfalls fand er gegenüber den deutschen und rumänischen Vorgängen ein völliges Schweigen nicht mehr rathsam, und im Juli ließ er durch Metternich dem österreichischen Cabinet den Vorschlag übermitteln: Österreich und Frankreich sollten gemeinsam eine Interpellation an Preußen richten wegen des neuerlich stärker hervortretenden Strebens, die Mainlinie zu überschreiten. Das konnte als ein Versuch zur Aufklärung im Interesse des Friedens gedacht sein; sehr möglich aber war auch dann eine so scharfe Abweisung der Frage durch Bismarck, daß dadurch der offene Bruch sofort herbeigeführt würde. Beust entschied sich also zur Ablehnung des Antrags; er legte dar, eine solche französische Einmischung würde das beste Mittel sein, der Überschreitung der Mainlinie in Deutschland neue

---

[1]) Aus ungedruckten Memoiren.

Anhänger in Masse zu gewinnen¹). Die Interpellation unterblieb hienach, und Napoleon wandte sich bald nachher seiner spanischen Unterhandlung über die Besetzung Roms zu. Indessen wünschte Beust dringend, mit den Tuilerien in freundlicher Fühlung zu bleiben, und erwog im August mit Vitzthum, der seither sein Amt in Brüssel angetreten hatte, einen nach Paris zu sendenden Gegenvorschlag, mit dessen wesentlichem Inhalt Vitzthum schon seit Jahren sich beschäftigte, und der den großen Zweck, Dämpfung des angeblichen preußischen Vordringens, mit friedlichen Mitteln erreichen sollte. Es handelte sich dabei um eine Aufforderung zu allgemeiner Abrüstung, die von Napoleon ausgehn und in einem offenen Briefe zunächst an den preußischen König gerichtet werden sollte²). Napoleon würde darin erklären, daß er den Prager Frieden trotz mehrerer Bedenken aufrichtig angenommen habe; er sei jetzt im Begriffe, seiner Armee eine stärkere Organisation zu geben: nun aber wünschten alle Völker dringend eine Verminderung der jährlich anschwellenden Militärlast; er sei dazu bereit, wenn Preußen ihm durch eine befriedigende Zusage über die Beachtung des Prager Friedens die Möglichkeit dazu geben würde. Eine ausführliche Denkschrift begründete den Vorschlag zunächst durch den Hinweis auf die außerordentliche Popularität, welche ein solcher Schritt des Kaisers ihm in Frankreich bei den nächsten Wahlen verschaffen würde; was Preußen betreffe, so werde es entweder dem französischen Antrag Genüge leisten, womit der jetzige Besitzstand und folglich der Friede Europas gesichert sei, oder Bismarck würde Schwierigkeiten machen, dadurch

---

¹) Beust aus drei Vierteljahrhunderten II, S. 340.
²) Beust a. a. O. Dazu ungedruckte Memoiren.

aber das Mißtrauen sämmtlicher Mächte auf sich ziehn, und vor Allem bei der durch Napoleon bekundeten Friedensliebe von keinem deutschen Reichstage weitere Geldmittel zu militärischen Rüstungen erhalten. Übrigens knüpfte die Denkschrift an den alten Lieblingsgedanken Napoleon's an, die Berufung eines großen europäischen Congresses, der nach Schlichtung aller schwebenden Streitfragen den Kaiser zum Erlasse der obigen Aufforderung einladen würde. Beust war mit Allem einverstanden und beauftragte Vitzthum, im September nach Paris zurückzugehn und dort den Inhalt der Denkschrift zur Annahme zu empfehlen.

Damals befand sich Napoleon in Biarritz, und da Beust ein unliebsames Aufsehn befürchtete, wenn Vitzthum sich dort eine Audienz erwirkte, so mußte der Graf in Paris mit dem Staatsminister Rouher in Verhandlung treten. Zunächst suchte er sich über Frankreichs früher so unsichere Haltung in den orientalischen Händeln zu vergewissern, da ohne eine Übereinstimmung auf diesem Gebiete ein Zusammengehn der beiden Mächte überhaupt undenkbar war. Ich kann Euch, sagte Rouher, hierüber volle Beruhigung geben; wir stehn fest, wie Ihr, auf dem Boden der vertragsmäßigen Besitz- und Rechtsverhältnisse; der junge Fürst Karl, der mit Bratianu für Rußland arbeitet und eine Schildwache Preußens ist, muß aus Rumänien wieder entfernt werden. Hierauf sah sich Vitzthum in der Lage, die große Denkschrift zu überreichen. Rouher prüfte sie, schenkte, so weit wir sehn, dem so oft mißlungenen Congreßplane keine Beachtung mehr, sprach aber mit dem Grundgedanken des Ganzen, der Aufforderung zur Abrüstung, sein Einverständniß aus und war bereit, dem Kaiser die Ausführung zu empfehlen. Aber nach einiger Zeit kam ein trocken ablehnender Bescheid Napoleon's zurück, nach der praktischen, schlagend richtigen Bemerkung: bei der preußischen Landwehr-Verfassung wäre eine beiderseitige, gleichmäßige Verminderung der Feldarmee ein Selbstbetrug (marché de dupe). Rouher machte darauf den Versuch, diesem Einwande entsprechend, den österreichischen Vorschlag näher auszuarbeiten. Nach diesem neuen Entwurfe sollte in Berlin beantragt werden: für die nächsten zehn Jahre wird die Friedensstärke der beiden Armeen auf je 250 000 Mann festgesetzt, die Kriegsreserven ihrer Pflicht entbunden, die preußische Landwehr und die französische [einstweilen auf dem Papier stehende] Mobilgarde aufgelöst. Napoleon mochte nach seiner Kenntniß der preußischen Zustände der umgehenden Ablehnung eines solchen Vorschlags sicher sein; er hielt ihn aber auch nach seiner eignen Stellung für unthunlich. Er wies Rouher's Arbeit beinahe unwillig zurück. Ein Napoleon, sagte er, kann nicht entwaffnen, geschweige das Signal zu einer allgemeinen Abrüstung geben; er würde damit seine Krone auf das Spiel setzen[1].

So kam er Mitte October aus Biarritz nach Paris zurück, gebeugt durch das spanische Mißgeschick, beunruhigt durch die wachsenden Verwicklungen im Orient, vor Allem gereizt durch die Möglichkeit, daß ein weiteres Vorgehn Bismarck's in Deutschland alle kriegerischen Leidenschaften des französischen Volks entfesseln möchte. Er fand in Paris den ihm seit lange befreundeten Lord Clarendon vor, der soeben in Berlin zur Eintracht mit Österreich gemahnt hatte und jetzt mit dem Grafen Vitzthum in gleichem Sinne redete. Kein besseres Ereigniß, sagte er, könne Europa erleben, als

[1] Aus ungedruckten Memoiren.

eine Aussöhnung zwischen Österreich und Preußen. Auf das Bestimmteste wies er den Argwohn zurück, daß Bismarck den spanischen Aufstand bezahlt habe. Ihm schüttete jetzt Napoleon sein Herz aus. Ich kann, erklärte er, für den Frieden nur so lange einstehn, als Bismarck den jetzigen Zustand respectirt; wenn er den deutschen Süden in den Nordbund hinein zieht, werden unsere Kanonen von selbst losgehn[1]).

Indessen hatte unmittelbar vorher eine mehrmonatliche Conferenz der drei Südstaaten über gemeinsame militärische Einrichtungen in München Statt gefunden, die zwar ebenso unfruchtbar geblieben, wie alle bisherigen Entwürfe über den Südbund, jedenfalls aber kein Symptom einer Annäherung an den Nordbund war. Preußen hatte unbeweglich zugesehn. Und jetzt trat ein völlig überraschender Umschwung in den orientalischen Wirren ein. Der angebliche Agitator Rumäniens, der immer schlimme und unberechenbare Bismarck, fegte plötzlich mit zwei starken Strichen den im Norden und im Süden der Türkei glimmenden Kriegsfunken von dem Boden hinweg und sicherte damit auf dieser Seite den europäischen Frieden.

Bismarck hatte dem rumänischen Treiben bis dahin sehr gelassen zugesehn. Bei dem gegenseitigen zwischen ihm und Beust vorhandenen Mißtrauen hatte er wenig einzuwenden, wenn durch Bratianu's Wühlerei Beust's Aufmerksamkeit für eine Weile vom Prager Frieden und Süddeutschland abgelenkt wurde. Er wollte keinen Einfluß Österreichs in Rumänien aufkommen lassen und mahnte den Fürsten stets zu vertrautem Anschluß an Rußland. Die revolutionäre Unruhe Bratianu's mißfiel ihm gründlich, er dachte jedoch,

---

[1]) Nach ungedruckten Memoiren.

die sichere und besonnene Art des Fürsten würde den Unfug in Schranken halten. Aber war es nun, daß der Einfluß des phantastischen und begabten Menschen den Fürsten bis zu einem gewissen Grade mit sich fortriß, oder daß der Fürst von dem Treiben seiner Minister in dem für ihn noch fremden Lande keine ausreichende Kenntniß erhielt, das Übel nahm in jedem Monat größern Umfang an. Die Pforte hatte längst eine förmliche Untersuchung des Verhaltens der rumänischen Regierung durch großmächtliche Commissare beantragt, und, was dem Grafen Bismarck viel wichtiger war, auch der Nationalstolz der Magyaren, die bisher so gute Freunde der deutschen Sache gewesen, fing Feuer, als die Rumänen die Hand nach Provinzen der Stephanskrone, und zwar, wie man jetzt auch in Ungarn annahm, unter preußisch-russischem Schutze, auszustrecken wagten. Die magyarische Presse schlug einen gewaltig hohen Ton an. Wir haben, hieß es, volle Sympathie mit der deutschen Entwicklung; wir wollen weder den Wiedereintritt Österreichs in den deutschen Bund, noch einen Widerspruch gegen die Überschreitung der Mainlinie durch Preußen, und wir wissen, daß auch Beust denselben Willen hat; denn er will nur, was er kann, und er kann nur, was Ungarn will: sollte aber durch preußische Intriguen die Unversehrtheit des Donaureiches bedroht werden, so würde dies Alles in sein Gegentheil umschlagen, dann würde die Freundschaft mit Preußen in Rauch aufgehn und Ungarn mit Österreich vereint alle Mittel zur Niederwerfung des Friedensstörers aufbieten.

Bismarck war nach wie vor der Ansicht, nicht als Störer, sondern als Erhalter des Friedens zu wirken. Noch immer hielt er es für gewiß, daß Napoleon keinen Angriffskrieg gegen Preußen suche, und daß er, auch wenn das französische Volk ihn zu einem solchen dränge, ohne eine große Allianz doch schwerlich losschlagen würde. Da Rußland damals fest zu Preußen hielt, kam mithin Alles auf Österreich, und hier wieder Alles auf Ungarn an. So lange dieses deutschfreundlich blieb, gab es für Napoleon keine Allianz; sobald es sich gegen Preußen wandte, war für Frankreich die Möglichkeit der Allianz und damit des Kriegs gegeben. In diesem Zusammenhang war Bismarck's Entschluß sehr bald gefaßt. Die officiösen Berliner Zeitungen erklärten den Rumänen ein über das andere Mal, es sei Wahnsinn zu meinen, daß Preußen ihren Träumereien zu Liebe seine guten Beziehungen zu Ungarn stören lassen würde, und am 22. November 1868 wies Bismarck den preußischen Generalconsul in Bukarest, Grafen Keiserling, an, von dem Fürsten die sofortige Entlassung seines Ministeriums zu fordern, und im Weigerungsfall seine Pässe zu begehren. Der Fürst, obwohl bereits durch Keiserling mehrmals gewarnt, war schwer betroffen. Seit Bratianu's erstem Besuche in Düsseldorf hatte er Wohlgefallen an ihm gefunden und dann seine feste Leitung der Kammern bewundert. Die Trennung war ihm schmerzlich, aber er fügte sich dem Unvermeidlichen. Das dacorumänische Reich war vor seiner Geburt gestorben.

Im Süden war es der Pforte noch nicht gelungen, die Empörung auf Kreta zu überwältigen. Zwar lag die Kraft der aufständischen Bevölkerung in den letzten Zügen, aber die fortdauernde Unterstützung aus Griechenland durch Nahrungsmittel, Waffen und Freischaaren, noch im December 1868 über 900 Mann, hielt die Bewegung immer lebendig. Die Pforte aber fand sich unaufhörlich durch die diplomatischen

Rathschläge der großen Mächte bald nach der einen, bald nach der andern Seite gezogen, immer aber in ihren militärischen Operationen aufgehalten und behindert. Endlich entschloß sie sich, gegenüber dem Zwiespalt unter den Mächten, Preußen und Rußland auf der einen, England und Österreich, Frankreich und Italien auf der andern Seite, ganz nach dem rumänischen Muster von 1866 eine vollendete Thatsache zu schaffen. Am 1. December sandte die Regierung nach Athen ein Ultimatum mit der Forderung, jede bewaffnete Unterstützung des Aufstandes einzustellen und zu verhindern, sowie künftig die Verträge und das Völkerrecht zu achten; die nächste Folge der Ablehnung würde die Abberufung des türkischen, die Ausweisung des griechischen Gesandten, die Schließung aller türkischen Häfen gegen den griechischen Handel und die Verbannung aller in der Türkei angesiedelten Hellenen sein. Am 11. December wurde dies Ultimatum der griechischen Regierung überreicht, und nach Ablehnung desselben am 15. die angedrohten Zwangsmaaßregeln in Kraft gesetzt. Zugleich ging der Engländer Hobart Pascha mit einem stattlichen Geschwader in die griechischen Gewässer ab, und in Thessalien zog Omer Pascha ein starkes Armeecorps zum eventuellen Vormarsch auf Athen zusammen. Die Versuchung für die Pforte war groß; denn die innern Zustände in Griechenland waren trostlos: ein absoluter Mangel in den Finanzen, eine vollständige Unordnung in der Verwaltung, ein wüthender Parteienhaß in der Bevölkerung. Indessen die Pforte erwog, daß ein erster Kriegsfunke einen Brand von unabsehbarem Umfang entzünden könnte, und ließ es für's Erste bei jenen friedlichen, für Griechenland höchst empfindlichen Maaßregeln bewenden.

Da griff denn derselbe Friedensstifter wie vier Wochen früher in Rumänien ein. Für Preußen lagen die Dinge ähnlich wie 1859 bei dem italienischen Krieg. Wenn die orientalischen Kämpfe die Großmächte in ihre Strudel hineinrissen, so bedeutete Preußens Theilnahme daran das Abziehn der französischen Kriegsmacht aus dem Orient an den Rhein, für eine Streitigkeit, deren Gegenstand für Preußen damals ein viel geringeres Interesse hatte als ein Menschenalter später. Blieb aber bei einem solchen Kriege Preußen neutral, so fand sich Rußland einer gefährlichern Coalition gegenüber als beim Krimkrieg, und würde dem preußischen Freunde für das Ausbleiben der Hülfe schlechten Dank wissen. Für Bismarck ergab sich aus alledem das kräftigste Bestreben für die Erhaltung des Friedens, also bei Rußland die Aufforderung, der gegnerischen Gruppe die erforderlichen Zugeständnisse zu machen. Das Nähere darüber ist nicht bekannt; jedenfalls fand Bismarck bei dem Zaren die entsprechende Gesinnung, die Abneigung gegen die Entzündung eines Weltkriegs.

Am 21. December schlug im Einverständniß mit dem russischen Cabinet Bismarck der französischen Regierung die Behandlung des türkisch-griechischen Streits durch eine Conferenz der Großmächte in Paris oder London vor. Frankreich ging sofort darauf ein und übernahm es, als auch die übrigen Mächte zugestimmt hatten, ein Einvernehmen über das der Unterhandlung zu Grunde zu legende Programm herbei zu führen.

Der weitere Verlauf und das schließliche Ergebniß der Conferenz hat für unsere Erzählung kein Interesse. Das Wesentliche ist, daß eine Verständigung erreicht wurde, in der Hauptsache unter Anerkennung der allerdings unzweifelhaften Rechte der Pforte.

Zum zweiten Male hatte Bismarck den europäischen Friedensstand vor einer Störung durch die orientalische Frage bewahrt. Kaiser Napoleon aber sah mit Selbstgefühl, daß die von ihm beschützte Partei schließlich den Platz behauptet hatte.